초보자를 위한 한국어 말뭉치 길잡이

연구용 말뭉치 구축의 기초

초보자를 위한 한국어 말뭉치 길잡이

연구용 말뭉치 구축의 기초

김한샘·최정도 지음

머리말

　말뭉치라는 말을 처음 들은 것이 1994년이었으니 벌써 25년이 넘었다. 그해 여름에 말뭉치 표본으로 선정된 책을 도서관에서 빌려와 복사하는 일을 했다. 얼마 전 한글박물관 전시회 때문에 언어정보연구원 복도에 놓인 책장의 복사물을 꺼내어 보면서 책의 제목과 지은이, 출판사, 출판 시기를 적어 놓은 학부 시절 손글씨를 확인하니 말뭉치와 오랜 시간 인연을 맺어 온 것이 실감이 났다. 말뭉치 입력을 위한 자료를 복사하는 것에서 시작하여 말뭉치를 기반으로 사전 원고를 쓰고, 프롤로그, 펄 등의 프로그래밍 언어를 배워서 말뭉치를 분석해 보고 주석 방법을 고민하는 동안, 국립국어원의 연구원을 거쳐 모교에서 같은 고민을 하는 제자들과 함께 호흡하게 되었다. 초기 말뭉치의 복사본을 다시 들추어 보고 'corpus'를 '말뭉치'로 번역하고 메타 정보 주석의 표지를 한글 자모로 정하면서 최초의 한국어 말뭉치를 만들었던 선생님들의 고민을 느끼게 되면서 한국어 말뭉치 언어학의 맥을 제대로 잇고 있는 것인지 반성을 하게 되었다.

　세월이 흐르면서 말뭉치는 빅데이터의 한 유형이 되었고, 자연 언어 처리는 인공지능의 중요한 부분으로 각광 받게 되었다. 양이 늘고 컴퓨터로 처리하는 것이 쉬워지면서 말뭉치는 한국어 연구의 중요한 재료로 자리를 잡았고 말뭉치를 활용해 한국어를 분석하려는 연구자들의 수가 부쩍 늘어났다. 말뭉치를 또는 말뭉치로 연구하는 방법은 말뭉치에 내가 찾는 표현이 얼마나 있는지, 어떤 식으로 쓰이는지를 확인하는 것에서부터 대량의 말뭉치를 통계적으로, 공학적으로 분석하는 것에 이르기까지 매우 다양하다. 이 책은 말뭉치를 연구의 근거로 삼고자 하는 초심자들이 쉽게 연구용 말뭉치를 구축하고 기초적인 정보를 확인할 수 있도록 돕는 것을 목적으로 한다.

　그간 말뭉치로 연구를 하고 싶은데 어떻게 시작해야 할지 모르겠다는 질문을 많이 받아 왔다. 내가 분석하고 싶은 자료를 가지고 있는데 무엇부터 해야 할지 조언을 해 달라는 요청도 수없이 들어왔다. 어떤 경우에는 가르쳐 드리기도 하고, 급한 상황이면 자료를 뽑아서 제공하거나 학생을 연결해 드리면서 한 해 두 해가 흐르다 보니 한국어 말뭉치의 세계에 처음 발걸음을 딛는 분들을 위한 책이 있으면 좋겠다는 생각을 하게 되었다. 뜻을 같이하는 후배 최정도 선생님과 함께 책을 만들어 보겠다고 계획한 지 몇 년이 지나서야

겨우 책을 내놓는다. 언어 연구를 컴퓨터에 기대면 기댈수록 변화의 속도가 빨라져 말뭉치를 분석하는 방법론도 하루가 다르게 발전하다 보니 오랜 시간 붙잡고 있던 책을 내는 것을 망설이도 했지만 이제 첫발을 떼는 분들에게는 도움이 되지 않을까 하는 생각에 이 책이 빛을 보게 되었다. 한국어 말뭉치의 뿌리를 내리신 남기심 교수님과 이상섭 교수님, 말뭉치 공부를 평생의 업으로 삼게 해 주신 서상규 교수님, 말뭉치 분석의 재미를 느끼게 해 주신 홍윤표 교수님 , 한영균 교수님, 이민행 교수님, 연구 활동을 격려해 주시는 이석재 교수님, 유태거를 활용할 수 있도록 해 주신 옥철영 교수님, 말뭉치 관련 국제 활동을 경험할 수 있게 해 주신 최기선 교수님, 이 책의 이모저모를 잘 살펴보아 준 장연지 연구원과 이유원 선생님께 감사의 말씀을 전한다. 어려운 작업을 선뜻 맡아 주신 경진출판 양정섭 대표님이 아니었으면 이 책이 나오기 힘들었을 것이다.

2020년 2월
대표 저자 김한샘

목차

2장 구축 말뭉치로 검색하고 빈도 내 보기 385

말뭉치 만들기

과거에는 말뭉치 자체를 접할 기회가 적었기 때문에 이미 배포되어 있는 말뭉치와 그에 맞는 도구를 이용하여 연구를 진행하는 경향이 짙었었다. 그러나 현재는 다양한 텍스트 장르별 언어 현상에 대한 연구가 심화되고 활발해지면서, 연구자 자신이 직접 연구 목적에 적합한 자료를 구축하여 연구를 진행하는 경향이 두드러지고 있다. 이에 1장에서는 '21세기 세종계획 균형 말뭉치'와 '세종 말뭉치' 외에 연구자 자신만의 말뭉치를 만드는 방법에 대해서 설명하고 2장에서는 이렇게 만들어진 말뭉치를 이용하여 검색하고 빈도를 산출하는 방법에 대해서 설명하고자 한다.

1.1. 기본 준비물

말뭉치를 이용한 언어 연구에서는 '말뭉치'가 언어 자료(Data)이기 때문에 직관을 이용한 연구처럼 노트와 필기구만 갖추고 연구를 진행할 수는 없다. 따라서 몇 가지 기본적인 준비물이 필요한데, 여기서는 꼭 필요한 것만 몇 가지를 제시하고자 한다.

첫째, 가장 먼저 말뭉치와 프로그램을 설치할 것이기 때문에 온전히 자신만의 컴퓨터가 필요하다. 컴퓨터의 사양은 다른 무엇보다 메모리(램)의 성능이 높은 것이 좋은데, 8GB 이상이 되도록 갖춘다면 대용량의 자료를 다루어도 컴퓨터에 무리가 가지 않을 것이다.[1]

둘째, 나만의 말뭉치를 만들기 위한 원자료, 즉 분석하고자 하는 텍스트(글)가 필요하다 (일반적인 '문어'의 경우). '음성'의 경우는 전사한 것(transcribe)이 필요한데, '흔글'과 같은 워드프로세서에서 입력(전사)하여 저장해 놓으면 된다. 결과적으로 분석 대상이 되는 텍스트가 입력된 파일이 필요하다.

셋째, 말뭉치 구축과 분석, 그리고 검색을 위한 도구가 필요하다. 크게는 '텍스트에디터'와 '(말뭉치) 분석 도구', '검색 도구(검색 프로그램)'가 필요한데, '텍스트에디터'에는 '에디트플러스', '이엠에디터' 등이 있고, '(말뭉치) 분석 도구'에는 '지능형 형태소 분석기', '유

---

1) 메모리(램)가 8GB 이하여도 상관없다. 8GB 이상을 갖춘다면 말뭉치 검색 도구를 이용하기에 불편함이 없다는 의미이다.

1장 말뭉치 만들기   9   말뭉치

태거(UTagger)' 등이 있으며, '검색 도구'에는 , '글잡이Ⅱ(직접)', '글잡이Ⅱ(색인)', '한마루 1.0', '한마루2.0' 등이 있다.

- **'텍스트에디터'류**
  - '에디트플러스(Editplus)' 3.5/3.8/4.0 등
  - 이엠에디터(Emeditor)
  - 울트라에디터(Ultraeditor)
- **'분석 도구'류**
  - 지능형 형태소 분석기
  - 유태거(UTagger)
- **'검색 도구'류**
  - 글잡이Ⅱ(직접), 글잡이Ⅱ(색인)
  - 한마루1.0, 한마루2.0

이 중 '텍스트에디터'는 인터넷에서 일정 기간의 무료 사용 버전을 얻을 수 있고, '분석 도구'와 '검색 도구'는 '언어 정보 나눔터(https://ithub.korean.go.kr/user/main.do)'에 가입 하여 내려 받을 수 있다.

- 내려받기 경로[2]
  - 말뭉치: 말뭉치 ⇨ 기타 참고자료 ⇨ 2페이지(일련번호 27~41)
  - 프로그램: 통합자료실 ⇨ 프로그램 ⇨ 5페이지(일련번호 1~8)

자! 이렇게 '텍스트에디터'와 '분석 도구', '검색 도구' 등이 준비되었다면 지금부터 자신만의 말뭉치를 만들어 보도록 하자.

1.2. 원시 말뭉치 만들기

보통 컴퓨터가 읽어 들일 수 있는(machine readable) 파일의 형식으로, 자료를 원전 그대로 입력한 것을 '원시 말뭉치(raw corpus)'라고 한다. 물론 순수하게 원자료의 내용만을 입력한 것도 '원시 말뭉치'라고 할 수도 있다. 하지만 보통은 그러한 자료가 일반적인 도구와 컴퓨터 환경에서 사용이 가능하도록, 입력된 내용에 '마크업(markup)'과 '헤더(header)'라고 하는 문서 정보를 부가한 것을 '원시 말뭉치'라고 한다.

- 원시 말뭉치 만들기
  (1) 내용 입력하기
  (2) 마크업 달기
  (3) 헤더 달기

초보자에게는 '마크업'과 '헤더'라는 낯선 정보가 다소 어렵게 느껴질 수도 있으나 실제 원시 말뭉치를 만드는 방법은 의외로 간단하다. 앞서 언급하였듯이 '마크업'과 '헤더'가 입력되어 있으면 더할 나위가 없겠으나, 말뭉치를 다루는 도구의 특징에 따라 이들을 입력할 수도 있고 입력하지 않을 수도 있다. 예를 들어 '한마루2.0'에서 말뭉치를 사용하고자 한다면 이들 '마크업'과 '헤더'는 반드시 부가되어야 할 정보가 된다. 다만 '글잡이Ⅱ(직접)'을 사용하거나 '한마루2.0'에서 '일반 텍스트 파일'을 선택하여 사용한다면 '마크업'과 '헤더'를 부가하지 않아도 된다. 따라서 자신이 사용하고자 하는 도구에 맞추어 원시 말뭉치를 만들어 주면 된다. 하지만 '형태 분석 말뭉치'나 '형태 의미 분석 말뭉치' 등을 구축하여 이를 '한마루2.0'에서 사용하고자 한다면, '마크업'과 '헤더'는 반드시 입력해 주어야 하는

---

2) 위에서 제시한 언어정보나눔터의 페이지 번호는 조금씩 달라질 수 있음에 유의할 수 있도록 하자. 다만 업로드의 일련번호는 고유 번호이기 때문에 바뀌지 않으므로, 일련번호로 해당 자료를 찾을 수 있도록 하자.

정보가 된다. 다만, 이를 만들어 부가하는 것이 그리 어렵지 않으니 이 책의 설명을 천천히 따라가면 오류 없는 말뭉치를 만들 수 있을 것이다.

1.2.1. 내용 입력하기

여기서는 말뭉치를 입력하는 방법에 대해서 설명하고자 한다. 말뭉치에서 핵심을 이루는 부분은 아무래도 원전의 '내용' 부분이 아닐까 한다. 입력된(입력할) 자료의 내용은 말뭉치 구축에서 90% 이상의 비중을 차지한다고 해도 과언이 아닐 정도로 중요하다. 그러면 지금부터 간단한 원시 말뭉치를 만들어 보도록 하자.

먼저 말뭉치는 컴퓨터가 읽어 들일 수 있는 형식으로 구축되어야 하기 때문에, 말뭉치를 입력할 수 있는 '텍스터에디터'나 '워드프로세서'가 준비되어야 한다. 한국에서는 보통 '워드프로세서'로 '흔글' 프로그램을 많이 사용하는 편이니, '흔글'에서 아래 그림과 같이 빈 문서를 하나 실행해 보자.[3]

여기에 '애국가'의 가사를 직접 입력해 보자. 만약 '애국가'를 모두 외우고 있지 못하다면 인터넷에서 찾아 복사하여 붙여 넣어도 좋을 것이다.[4]

---

3) 만약 자신의 컴퓨터에 상용인 '워드프로세서'가 설치되어 있지 않다면 '시작 〉 모든 프로그램 〉 보조 프로그램'에서 '메모장'이나 '워드패드'를 열어 말뭉치를 입력해도 된다.

애국가

동해물과 백두산이 마르고 닳도록
하느님이 보우하사 우리나라 만세
무궁화 삼천리 화려강산
대한 사람 대한으로 길이 보전하세

남산 위에 저 소나무 철갑을 두른 듯
바람서리 불변함은 우리 기상일세
무궁화 삼천리 화려강산
대한 사람 대한으로 길이 보전하세

가을 하늘 공활한데 높고 구름 없이
밝은 달은 우리 가슴 일편단심일세
무궁화 삼천리 화려강산
대한 사람 대한으로 길이 보전하세

이 기상과 이 맘으로 충성을 다하여
괴로우나 즐거우나 나라 사랑하세
무궁화 삼천리 화려강산
대한 사람 대한으로 길이 보전하세

보통 인터넷에서 애국가의 가사를 찾아 보면 위와 같이 한 절에 네 개의 행으로 된 형식이 대부분일 것이다. 그래서 문맥을 잘 확인하기 위해서 한 절을 두 개의 행으로 구성하고자 하는 사람은 아래의 형식으로 수정해도 된다.

애국가

동해물과 백두산이 마르고 닳도록 하느님이 보우하사 우리나라 만세
무궁화 삼천리 화려강산 대한 사람 대한으로 길이 보전하세

남산 위에 저 소나무 철갑을 두른 듯 바람서리 불변함은 우리 기상일세
무궁화 삼천리 화려강산 대한 사람 대한으로 길이 보전하세

가을 하늘 공활한데 높고 구름 없이 밝은 달은 우리 가슴 일편단심일세
무궁화 삼천리 화려강산 대한 사람 대한으로 길이 보전하세

이 기상과 이 맘으로 충성을 다하여 괴로우나 즐거우나 나라 사랑하세
무궁화 삼천리 화려강산 대한 사람 대한으로 길이 보전하세

---

4) 노래 가사이기 때문에 임의로 마침표(.)나 쉼표(,)는 입력하지 않고 진행하고자 한다.

아래 그림과 같이 말뭉치를 만들고자 하는 텍스트의 내용을 모두 키보드를 이용하여 손으로 직접 입력하면 된다. 만약 이렇게 직접 입력하는 것이 너무 힘들어 부담이 된다면 인터넷 등지에서 애국가가 입력되어 있는 내용을 복사해 와서 '워드프로세서'나 '텍스트에 디터'에 붙여 넣으면 된다. 만약 텍스트 전체가 이미지로 만들어져 있는 것이 존재한다면 OCR(optical character reader)[5]을 이용하여 이미지를 텍스트로 변환한 다음 원본 이미지를 보면서 변환된 텍스트의 내용을 교정해 주면 된다.[6] 이러한 방식들로 내용 입력이 끝났다면 자료를 전체적으로 읽으면서 마지막으로 한 번 더 교정을 보아야 하는데, 입력 오류가 없는지 반드시 확인할 수 있도록 하자.[7]

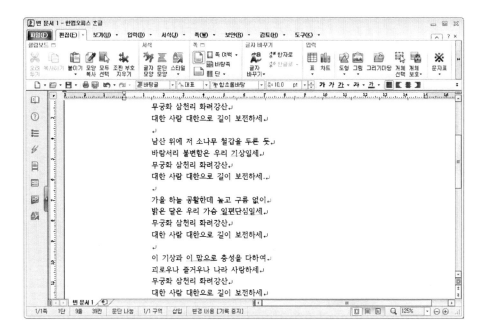

그런 다음 상단 탭 중 '파일'의 메뉴 중에 '다른 이름으로 저장하기(A)'를 클릭하여 입력된 자료를 '애국가(.hwp)'라는 이름의 파일로 저장해 보자.

---

5) '광학문자인식시스템' 또는 '광학문자판독기', '광학문자인식기' 등으로 불린다.

6) 이에는 '띄어쓰기'를 포함한 맞춤법 교정과 오탈자 등등에 대한 교정이다.

7) 물론 '검색'이나 '분석' 과정에서 오류를 수정해 줄 수도 있다. 하지만 기본적으로 입력이 잘 되어 있어야 '검색'과 '분석'의 과정에 오류가 발생하지 않는다.

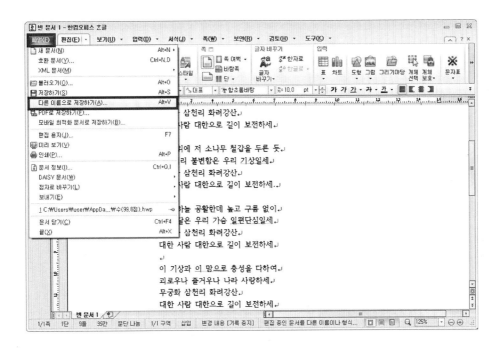

　그러면 '원시 말뭉치'의 내용 입력이 모두 끝난 것이다. 과정 자체는 상당히 간단하다. 다만, 입력되는 내용이 길수록 그 내용의 양에 비례하여 물리적으로 힘든 입력과 교정의 과정을 거쳐야 한다. 아울러 원전의 입력 형식과 편집 양식에 따라 원시 말뭉치의 입력 방식 등에 대해서도 고민할 필요가 있다는 것을 염두에 두도록 하자. 현재의 입력 상태(형식)로 저장된 원시 말뭉치는 '글잡이Ⅱ(직접)'과 '한마루2.0'(일반 텍스트 파일)에서 사용할 수 있다.

1.2.2. 마크업 달기

　말뭉치의 내용을 입력하였다면 다음으로는 마크업을 입력해 주어야 한다. 마크업(markup)은 입력된 텍스트(전자 문서)의 해석을 명확하게 하기 위해 표시하는 모든 방법[8]을 의미하는데, 이러한 마크업에 대한 규약으로 'HTML, SGML, XML'과 같은 것들이 있다. 『정보통신용어사전』에서는 '마크업'을 아래와 같이 설명하고 있다.

・마크업(markup)
　① 문서 처리를 지원하기 위해 문서에 추가되는 정보. 마크업 정보는 문서의 논리적 구성이

---

8) 『21세기 세종 계획 국어 기초자료 구축』(1998: 33) 참조.

나 체제와 같은 문서의 포맷을 지정하거나, 문서 내용의 찾아보기 또는 찾아보기 작업
(indexing) 방법을 지정하거나, 문서 내용 중의 요소와 같은 문서 또는 다른 문서 중의
다른 요소와의 연결(link)을 지정한다. 마크업 정보를 표현하는 언어를 마크업 언어라고
한다.

② 마크업 정보를 문서 중에 삽입하는 작업.

—출처: http://terms.tta.or.kr/dictionary/dictionaryView.do
(한국정보통신기술협회, '정보통신용어사전')

　　마크업을 쉽게 설명하자면 말뭉치 내용 안에 들어 있는 것들이 무엇인지를 부호화하여
표현한 것이라고 생각할 수 있겠다. 즉 '제목, 작가, 문단, 문장, 그림, 표, 페이지 번호'
등의 정보를 부호화하여 표현한 것이다. 이러한 마크업에 사용되는 기호를 보통 '태그
(tag)'라고 하는데, 보통 시작 부분과 끝 부분이 한 쌍(set)을 이룬다.9) 그리고 대개 같은
쌍의 태그를 '/' 기호를 이용하여 서로 구분하는데, '/' 기호가 사용된 태그가 끝 부분(닫는
부분/태그)이다. 아래에 제시된 예들이 실제 원시 말뭉치에 부가되는 대표적인 마크업 태
그들이다.10)

- **• 원시 말뭉치 마크업의 예**
  - ◦ 〈text〉, 〈/text〉: 텍스트 전체
  - ◦ 〈head〉, 〈/head〉: 제목, 부제목 등
  - ◦ 〈p〉, 〈/p〉: 산문에서의 문단
  - ◦ 〈s〉, 〈/s〉: 문어에서의 문장 또는 구어에서의 발화11)
  - ◦ 〈l〉, 〈/l〉: 운문에서의 시행 등
  - ◦ 〈date〉, 〈/date〉: 일시, 날짜

　　그리고 이러한 마크업 태그는 아래와 같은 방식으로 부여되는데, 실제 말뭉치 내용을
중심으로 왼쪽에는 '시작 부분(여는 부분/태그)'을, 오른쪽에는 '끝 부분(닫는 부분/태그)'
을 부여한다. 혹은 말뭉치 내용을 중심으로 윗부분에 '시작 부분(여는 부분/태그)'을, 아랫

---

9) 보통 '여는 부분(태그)'와 '닫는 부분(태그)'라고도 표현한다.

10) '21세기 세종 말뭉치'에 부가된 마크업에 대해서는 『21세기 세종 계획 국어 기초자료 구축』(1998) 보고서를 참고할
　　수 있도록 하자.

11) 〈s〉〈/s〉 태그는 문장을 나타내는 태그로 사용이 가능하지만 실제 '21세기 세종 계획'의 원시 말뭉치에는 '문장'을
　　나타내는 태그는 반영되어 있지 않고 '문단'을 나타내는 태그('〈p〉〈/p〉')만 반영되어 있다. 여기서는 〈s〉〈/s〉 태그로
　　직관적으로 '문장'을 떠올릴 수 있기에 〈s〉〈/s〉 태그를 사용하여 제시한 것이다.

부분에 '끝 부분(닫는 부분/태그)'을 부여하기도 한다.

· 마크업의 부여 방식

마크업 부여 방식 1(시작과 끝)	〈head〉애국가〈/head〉
마크업 부여 방식 2(위와 아래)	〈head〉 애국가 〈/head〉

이러한 마크업 태그를 앞서 저장하였던 '애국가' 말뭉치에 부여하면 아래 그림과 같은 모습으로 표현될 수 있겠다.12) 아래 그림은 태그를 내용의 좌우로 부여한 것이다.

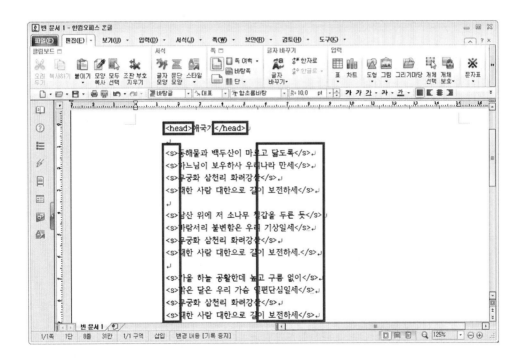

이렇게 마크업을 부착한 원시 말뭉치는 '글잡이Ⅱ(직접)'과 '한마루2.0'('일반 텍스트 파일')에서 모두 사용할 수 있다. 다만 '글잡이Ⅱ(직접)'의 경우 문서의 메타 표현인 마크업이 검색 결과로 함께 나타난다는 것만 이해해 두면 좋을 것이다. 왜냐하면 실제 이러한 마크업은 말뭉치의 원본에 나타나는 내용이 아닌데, '글잡이Ⅱ(직접)'의 검색 결과에 마크업

---

12) 이 그림에서는 대략 한 줄을 한 문장이라 가정하고 마크업 태그를 부여하였고 문단 부호는 부여하지 않았다. 이해를 목적으로 간단히 작성한 것이라 생각하도록 하자.

태그가 나타나게 되어 자칫 이들을 원본에 나오는 내용으로 오해할 수 있기 때문이다.

1.2.3. 헤더 입력하기

헤더(header)는 해당 텍스트에 대한 정보를 담은 것이다. 그렇기 때문에 헤더에는 서지 정보나 텍스트 내용의 부가 정보와 같은 텍스트 외적 정보가 포함된다. 물론 이러한 헤더에 해당하는 부분도 역시 태그를 이용하여 입력하게 된다. 다만 일반인의 입장에서는 이들 자체가 어렵기도 하거니와 (헤더 부분이 사용하는 말뭉치 처리 도구와 연동되어야 하기 때문에) 연구자가 직접 만들어 넣기에 다소 힘든 측면이 존재한다. 따라서 세종 말뭉치의 샘플에서 헤더를 확인하고 이를 복사하여 수정하는 방법을 사용할 것을 권한다. 아래는 '21세기 세종 계획'의 말뭉치에 부여된 헤더에서 제시하는 정보이다.[13]

① 컴퓨터 파일에 관한 전자 서지 사항(제목, 배포기관)과 원전에 대한 서지사항(제목, 저자, 출판사, 판 등)
〈fileDesc〉

〈titleStmt〉	저작 제목과 저자 정보
〈title〉	제목
〈author〉	저자
〈sponsor〉	스폰서
〈respStmt〉	지적 내용 책임 정보
〈resp〉	지적 책임 성격
〈name〉	고유 명사
〈extent〉	크기
〈publicationStmt〉	발행, 배포 정보
〈distributor〉	배포 책임 개인/기관
〈idno〉	파일 이름
〈availability〉	사용/배포 제약, 저작권
〈notesStmt〉	부가 정보
〈note〉	주석
〈sourceDesc〉	원 텍스트의 서지 정보
〈bibl〉	원전 서지 사항
〈pubPlace〉	출판지
〈publisher〉	출판사
〈date〉	출판일

---

13) 『21세기 세종 계획 국어 기초자료 구축』(1998: 34) 참조.

② 전자화와 관련된 방법 명시
    ⟨encodingDesc⟩
  ⟨ProjectDesc⟩   전자 텍스트 구축 목적
  ⟨samplingDecl⟩   텍스트 선택 기준과 방법
  ⟨editorialDecl⟩   편집상의 원리와 실행 원칙

③ 텍스트의 유형에 대한 정보 (구어 전사의 경우, 담화 상황에 대한 정보 포함)
    ⟨profileDesc⟩

    ⟨creation⟩   텍스트 생산 정보
  ⟨langUsage⟩   텍스트에 나타나는 언어
    ⟨textClass⟩   표준분류체계에 의한 분류 정보
  ⟨catRef⟩   분류체계에서의 범주

④ 전자 텍스트를 입력하고 수정하는 과정에 대한 정보
    ⟨revisionDesc⟩

    ⟨change⟩   텍스트 수정 정보
        ⟨date⟩   수정 날짜
        ⟨respStmt⟩   수정자 책임 정보
        ⟨resp⟩   수정자 책임 성격
        ⟨name⟩   수정자
        ⟨item⟩   각 항목

이 같은 정보들이 헤더에 반영되어 있는데, 실제 헤더의 모습은 아래와 같은 형식으로 이루어져 있다.

```
⟨!DOCTYPE tei.2 SYSTEM "c:\sgml\dtd\tei2.dtd" [
    ⟨!ENTITY % TEI.corpus "INCLUDE"⟩
    ⟨!ENTITY % TEI.extensions.ent SYSTEM "sejong1.ent"⟩
    ⟨!ENTITY % TEI.extensions.dtd SYSTEM "sejong1.dtd"⟩
]⟩

⟨tei.2⟩
⟨teiHeader⟩
    ⟨fileDesc⟩
        ⟨titleStmt⟩
            ⟨title⟩삶의 결 살림의 질, 전자파일⟨/title⟩      ⬅ 수정
            ⟨author⟩김원일⟨/author⟩                        ⬅ 수정
            ⟨sponsor⟩○○○○ ○○○○⟨/sponsor⟩               ⬅ 수정
```

```
              ⟨respStmt⟩
                    ⟨resp⟩문헌 입력, 표준화, 헤더 붙임⟨/resp⟩
                    ⟨name⟩○○○○○ ○○○○○○○⟨/name⟩
              ⟨/respStmt⟩
          ⟨/titleStmt⟩
          ⟨extent⟩45863 어절⟨/extent⟩                          ◄ 수정
          ⟨publicationStmt⟩
                ⟨distributor⟩○○○○○○○⟨/distributor⟩
                ⟨idno⟩CH000036.HWP⟨/idno⟩                    ◄ 수정
                ⟨availability⟩98-06, 배포 불가⟨/availability⟩
          ⟨/publicationStmt⟩
          ⟨notesStmt⟩
                ⟨note⟩
                ⟨/note⟩
          ⟨/notesStmt⟩
          ⟨sourceDesc⟩
                ⟨bibl⟩
                      ⟨author⟩김원일⟨/author⟩                    ◄ 수정
                      ⟨title⟩삶의 결 살림의 질⟨/title⟩             ◄ 수정
                      ⟨pubPlace⟩서울⟨/pubPlace⟩                ◄ 수정
                      ⟨publisher⟩세계사⟨/publisher⟩             ◄ 수정
                      ⟨date⟩1993⟨/date⟩                       ◄ 수정
                ⟨/bibl⟩
          ⟨/sourceDesc⟩
    ⟨/fileDesc⟩
    ⟨encodingDesc⟩
          ⟨projectDesc⟩21세기 세종계획 1차년도 말뭉치 구축⟨/projectDesc⟩
          ⟨samplingDecl⟩책을 PC로 입력. 본문 전체 입력.⟨/samplingDecl⟩
          ⟨editorialDecl⟩21세기 세종계획 말뭉치 문헌 입력 지침에 따름⟨/editorialDecl⟩
    ⟨/encodingDesc⟩
    ⟨profileDesc⟩
          ⟨creation⟩
                ⟨date⟩1993⟨/date⟩                            ◄ 수정
          ⟨/creation⟩
          ⟨langUsage⟩
                ⟨language id="KO" usage="99"⟩한국어, 표준어⟨/language⟩
          ⟨/langUsage⟩
          ⟨textClass⟩
                ⟨catRef scheme="SJ21" target="M1341"⟩책-정보:체험기술적 텍스트
-수필⟨/catRef⟩                                                 ◄ 수정
          ⟨/textClass⟩
    ⟨/profileDesc⟩
    ⟨revisionDesc⟩
```

```
            〈change〉
                    〈date〉1994〈/date〉                    ← 수정(필요 시)
                    〈respStmt〉
                            〈resp〉프로젝트책임자〈/resp〉          ← 수정(필요 시)
                            〈name〉○○○〈/name〉               ← 수정(필요 시)
                    〈/respStmt〉
                    〈item〉책을 PC로 입력〈/item〉               ← 수정(필요 시)
            〈/change〉
        〈/revisionDesc〉
〈/teiHeader〉
〈text〉
```

헤더의 형식은 이와 같을진대, 앞서 구축한 '애국가' 말뭉치에 위와 같은 형식의 헤더를 수정하여 반영한다면 아래와 같은 모습이 될 것이다.

```
〈!DOCTYPE tei.2 SYSTEM "c:\sgml\dtd\tei2.dtd" [
        〈!ENTITY % TEI.corpus "INCLUDE"〉
        〈!ENTITY % TEI.extensions.ent SYSTEM "sejong1.ent"〉
        〈!ENTITY % TEI.extensions.dtd SYSTEM "sejong1.dtd"〉
]〉

〈tei.2〉
〈teiHeader〉
        〈fileDesc〉
            〈titleStmt〉
                    〈title〉애국가〈/title〉                    ← 수정
                    〈author〉미상〈/author〉                   ← 수정
                    〈sponsor〉○○○○ ○○○○〈/sponsor〉
                    〈respStmt〉
                            〈resp〉문헌 입력, 표준화, 헤더 붙임〈/resp〉
                            〈name〉○○○○ ○○○○○○〈/name〉
                    〈/respStmt〉
            〈/titleStmt〉
            〈extent〉72 어절〈/extent〉                       ← 수정
            〈publicationStmt〉
                    〈distributor〉○○○○○○〈/distributor〉
                    〈idno〉애국가.HWP〈/idno〉                 ← 수정
                    〈availability〉2016-12, 배포 가능〈/availability〉 ← 수정
            〈/publicationStmt〉
            〈notesStmt〉
```

```
                          〈note〉
                          〈/note〉
                  〈/notesStmt〉
                  〈sourceDesc〉
                          〈bibl〉
                                  〈author〉미상〈/author〉              ← 수정
                                  〈title〉애국가〈/title〉             ← 수정
                                  〈pubPlace〉미상〈/pubPlace〉          ← 수정
                                  〈publisher〉미상〈/publisher〉        ← 수정
                                  〈date〉1948〈/date〉              ← 수정
                          〈/bibl〉
                  〈/sourceDesc〉
          〈/fileDesc〉
          〈encodingDesc〉
                  〈projectDesc〉말뭉치 구축〈/projectDesc〉
                  〈samplingDecl〉책을 PC로 입력. 본문 전체 입력.〈/samplingDecl〉
                  〈editorialDecl〉말뭉치 문헌 입력 지침에 따름〈/editorialDecl〉
          〈/encodingDesc〉
          〈profileDesc〉
                  〈creation〉
                          〈date〉2016〈/date〉                    ← 수정
                  〈/creation〉
                  〈langUsage〉
                          〈language id="KO" usage="99"〉한국어, 표준어〈/language〉
                  〈/langUsage〉
                  〈textClass〉
                          〈catRef scheme="SJ21" target="M2730"〉구어:상상적  텍스트-가사
〈/catRef〉                                               ← 수정14)
                  〈/textClass〉
          〈/profileDesc〉
          〈revisionDesc〉
                  〈change〉
                          〈date〉○○○○〈/date〉                   ← 수정(필요 시)
                          〈respStmt〉
                                  〈resp〉프로젝트책임자〈/resp〉        ← 수정(필요 시)
                                  〈name〉○○○〈/name〉             ← 수정(필요 시)
                          〈/respStmt〉
                          〈item〉노래 가사를 PC로 입력〈/item〉       ← 수정(필요 시)
                  〈/change〉
          〈/revisionDesc〉
〈/teiHeader〉
```

---

14) 테스트 분류에 대한 부분도 『21세기 세종 계획 국어 기초자료 구축』(1998: 53~57) 보고서를 참고할 수 있도록

이렇게 수정된 헤더를 마크업까지 부여한 말뭉치의 가장 앞부분에 배치하면 원시 말뭉
치 구축이 끝나게 된다. 아래 그림은 헤더를 부여한 '애국가' 원시 말뭉치이다.

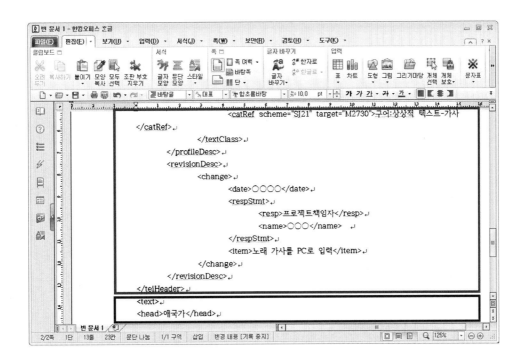

위 그림에서 **빨간색 테두리**로 된 부분이 헤더에 해당하고, **파란색 테두리**로 된 부분이
말뭉치 본문에 해당한다.[15]

이렇게 헤더를 부착한 원시 말뭉치는 마크업을 부착했을 때와 마찬가지로 '글잡이Ⅱ(직
접)'과 '한마루2.0'에서 모두 사용할 수 있다. 다만 앞서 언급하였듯이 '글잡이Ⅱ(직접)'의
경우 문서의 메타 표현인 마크업이 검색 결과로 함께 나타난다는 것만 이해해 두면 좋을
것이다. 왜냐하면 실제 이러한 마크업은 말뭉치의 원본에 나타나는 내용이 아닌데, '글잡
이Ⅱ(직접)'의 검색 결과에 마크업 태그가 나타나게 되어 자칫 이들을 원본에 나오는 내용
으로 오해할 수 있기 때문이다.

실제로 마크업을 부착하고 헤더를 달아 주는 방법에 대해서는 '형태 (의미) 분석 말뭉치
만들기에서 더 상세하게 설명하기로 한다.

하자.

15) 말뭉치 본문의 경우는 보통 〈text〉 태그로 시작해서 〈/text〉 태그로 끝난다. 위아래로 부여된 이 두 태그로 싸여
있는 부분이 말뭉치 본문이다.

1.3. 형태 (의미) 분석 말뭉치 만들기

여기서는 연구자 자신이 구축한 원시 말뭉치를 이용하여 직접 형태 (의미) 분석 말뭉치를 만드는 방법에 대해서 배워 보기로 한다. 그리하여 이미 배포되어 있는 도구인 '글잡이 II'와 '한마루2.0'에서 사용할 수 있는 형식의 말뭉치와 문맥 색인을 부가하여 텍스트에디터에서 바로 사용할 수 있는 형식의 말뭉치를 만들어 보도록 하자.

1.3.1. 형태 분석과 도구

지금의 시점에서 언어 연구에 최소한으로 필요한 말뭉치의 수준은 '형태 분석 말뭉치'라고 할 수 있겠다.[16] 다만 현실적으로 연구자가 형태 분석 말뭉치를 구축해 가면서 연구를 진행하는 것은 생각보다 노력과 품, 시간이 많이 들기 때문에 아직도 '원시 말뭉치'만 구축하여 연구를 진행하는 경향이 짙기도 하다. 그렇지만 원시 말뭉치는 1음절, 2음절 등 적은 수의 음절 검색과 어형 변화를 수반하는 형태(동사, 형용사, '이다' 등)의 검색, 축약형의 검색 등에 제약이 있다. 따라서 연구 대상이 되는 텍스트에서 나타나는 언어 현상을 제대로 파악하기 위해서는 형태 분석 말뭉치를 구축하여 연구하는 것이 가장 바람직하다고 할 수 있을 것이다. 이에 여기서는 '형태 (의미) 분석 말뭉치'를 만드는 방법에 대해서 소개하기로 한다.

원시 말뭉치는 띄어쓰기에 따라 어절을 기본 단위로 하여 구축되어 있는데, 형태 분석 말뭉치는 이러한 어절 단위를 다시 형태 단위로 분리·분석한 것이다. 그리하여 한 어절이 어떠한 형태들로 이루어져 있는지를 분석하여 표시한 것이 형태 분석 말뭉치이다.[17] 이러한 형태 분석 말뭉치도 연구자가 직접 수작업으로 구축할 수 있지만, 말뭉치의 양이 많아질 경우에는 이러한 수작업 과정이 거의 불가능한 일에 가깝다. 그리하여 형태 분석 말뭉치를 만들 때에는 반드시 분석 도구의 도움을 받을 필요가 있다. 이렇게 어절을 단위로 구축되어 있는 원시 말뭉치를 형태를 단위로 하는 형태 분석 말뭉치로 만들어 주는, 즉 분석해 주는 도구를 '형태 분석기'라고 한다. 형태 분석기의 기본이 되는 원리는 아래와 같다.

• 형태 분석의 원리와 과정
  ◦ 어절 단위 → 형태 단위

---

16) '원시 말뭉치'가 효용이 없다는 의미는 아니니 오해가 없도록 하자.
17) 물론 한 어절이 더 이상 분석되지 않은 하나의 형태로 이루어져 있다면 어절 단위와 형태 단위가 일치하게 될 것이다.

◦ 형태 분석기 이용

국내에는 아주 다양한 종류의 형태 분석기가 존재하는데, 대부분은 특정 개인이나 단체, 기업의 자체 시스템을 위한 도구로 이용하기 때문에 비공개용이거나 사용 비용이 드는 것이 일반적이다. 하지만 일반에 공개되어 있는 분석기가 있기에 여기서 소개하고자 한다.

• 공개된 대표적 국내 형태 분석기[18]
    ① '지능형 형태소 분석기': '21세기 세종계획'(국립국어원)
    ② '글잡이 II (색인)': '21세기 세종계획'(국립국어원)
    ③ '유태거(UTagger)': 옥철영(울산대학교)
    ④ '고어 형태소 분석기': 홍윤표(2012)[19]

먼저 '지능형 형태소 분석기'이다. '21세기 세종계획'에서 개발하여 일반에 공개하고 있는 대표적인 분석기인데, '언어정보나눔터'에서 내려받을 수 있다. 다음으로 '글잡이 II (색인)'이라는 검색 도구에서 형태 분석을 할 수 있는데, 내장되어 있는 분석기는 '지능형 형태소 분석기'와 그 기능이 같다. 그리고 '유태거(UTagger)'라는 분석 도구가 있는데 울산대학교 한국어처리연구실에서 개발한 것으로 해당 사이트에서 내려받을 수 있다. 마지막으로 '고어 형태소 분석기'는 황용주(2007)에서 신소설을 분석하기 위해서 사용된 것으로 홍윤표(2012)의 부록 CD에 포함되어 있다. 이들 형태 분석기들의 특징을 간략하게 소개하면 아래와 같다.

• 지능형 형태소 분석기, 글잡이 II (색인)
    ◦ 출처: http://ithub.korean.go.kr/user/main.do
    ◦ '21세기 세종계획'의 결과물
    ◦ 세종 말뭉치와 연동됨.
    ◦ 일반 텍스트 코드(ASCII, ANSI, cp949 등)와 UTF-8('서명있음, bom')만 분석 가능
    ◦ 모든 결과물은 일반 텍스트로 저장. 고어 자료 분석 불가능

---

18) 이 외에도 강승식(국민대학교) 교수가 만든 'HAM(Hangul Analysis Module)'과 심광섭(성신여자대학교) 교수가 만든 'MACH'와 같은 분석기 등이 대표적이다. 그리고 한국전자통신연구원(ETRI)에서 만든 형태 분석기는 공공 인공지능 오픈 API·DATA 서비스 포털이 있다.

19) 이 분석 도구는 황용주(2007)에서 사용된 것으로 홍윤표(2012)의 부록 CD에 포함되어 있는데, 검색 기능도 함께 갖추고 있다는 특징이 있다.

- 유태거(UTagger)
  - 출처: http://nlplab.ulsan.ac.kr/doku.php / '유태거 UTagger 2013'
  - 국어 정보처리 시스템 경진대회 출품작, 울산대학교
  - 세종 말뭉치와 연동되어 동형어를 구분해 주는 유일한 태거[20]
  - 일반 텍스트 코드(ASCII, ANSI, cp949 등)만 분석 가능.
  - 모든 결과물은 일반 텍스트로 저장. 고어 자료 분석 불가능

- 고어 형태소 분석기[21]
  - 출처: 홍윤표(2012) 부록 CD
  - 황용주(2007)의 결과물
  - 세종 말뭉치와 연동되지 않음.
  - 유니코드(UTF-16) 분석 가능
  - 모든 결과물은 유니코드(UTF-16) 텍스트로 저장. 고어 자료 분석 가능. 연어 등의 검색 기능 지원

여기서 잠시 위에서 보이고 있는 내용 중 텍스트 파일의 인코딩(코드)에 대해 초보자의 입장에서 쉽고 간단하게 언급하고자 한다. 여기서 우리는 텍스트의 '인코딩(코드)'을 '일반 텍스트 코드'와 '유니코드'로만 구분할 줄 알면 충분하다. 한글은 음절의 성립을 가능하게 하는 '초성·중성·종성' 조합의 유형이 너무 많기 때문에 일반 텍스트 코드에서는 이들을 모두 구현하기가 힘든 경우가 있다. 또한 한글 고어(古語)와 특수 기호 중 일부는 일반 텍스트 코드에서 구현할 수 없는 경우도 있다.[22] 따라서 '일반 텍스트 코드'보다 더 많은 정보를 담아 낼 수 있는 '유니코드'를 사용하게 된다.

유니코드에는 대표적으로 'UTF-8'과 'UTF-16'이 있는데, 어느 것이 더 나은 코드 체계 인지는 아직도 논란이 존재한다. 지금은 우리가 사용할 도구가 어떤 코드로 인코딩된 텍스트(말뭉치)를 입력으로 받아야 하는 것인지, 그래서 분석한 결과가 어떤 인코딩 텍스트로 저장할 수 있는지만 신경 쓰면 된다.[23]

---

20) '형태 분석기'는 분석 가능한 후보를 모두 보여주는 것이고, '태거'는 분석 가능한 후보들 중 최적의 후보를 선택하여 결과를 내어 주는 것이다. 보통은 이들을 한데 묶어 '형태 분석기'라고 칭하기도 한다.

21) 황용주(2007)에서 사용된 분석기로 홍윤표(2012)에 포함되어 있다.

22) 유니코드를 사용하게 되는 대부분의 이유는 한글 고어 표기와 특수 기호 표기 때문이다.

23) 자연언어처리 분야에서는 'UTF-8'을 많이 사용하기도 하는데, 현재 우리가 설명하는 부분에서 언급하는 '유니코드'는 모두 'UTF-16'에 해당한다.

- 분석 도구에서 사용할 수 있는 텍스트 인코딩 정보
  - 지능형 형태소 분석기: 일반 텍스트 코드(CP949, ASCII, ANSI), 'UTF-8'
  - '유태거(UTagger)': 일반 텍스트 코드(CP949, ASCII, ANSI)
  - '글잡이 II': 일반 텍스트 코드(CP949, ASCII, ANSI)
  - '한마루2.0': 주로 'UTF-16'. 일반 텍스트 코드(CP949, ASCII, ANSI) 가능
  - cf. 'Antconc': 다양한 인코딩을 지원

그런데 만약 연구자 자신이 보유하고 있는 말뭉치의 인코딩과 자신이 다룰 도구에서 지원하는 인코딩이 다른 경우가 발생하면 이를 어떻게 해결할 수 있을까? 그때에는 해당 말뭉치의 인코딩을 바꾸어 주면 되는데, '텍스트에디터'나 '한마루2.0'에서 해당 텍스트 파일을 연구자 자신이 필요한 인코딩으로 변환할 수 있다.

인코딩에 대해 더 자세한 것은 연규동·박진호·최운호(2003)과 홍윤표(2012)를 참조할 수 있도록 하자.

1.3.2. 형태 분석 준비하기

실제 자료를 이용하여 형태 분석기를 사용하기에 앞서 준비해야 할 몇 가지가 있는데, 여기서는 원시 말뭉치를 대상 형태 분석기의 입력 형식으로 변환해 주는 방법 등에 대해서 설명하기로 한다.

그리고 여기서 사용하는 에디터는 30일 정도 무료 체험 버전으로 사용할 수 있는 '이엠에디터(Emeditor)'나 '에디트플러스(EditPlus)'를 사용하고자 한다.

1.3.2.1. 원시 말뭉치 형식 변환하기

먼저 분석하고자 하는 자료(대상이 되는 원전)를 텍스트 파일로 옮겨야 한다. 워드프로세서인 '흔글' 프로그램으로 작성된 파일은 파일명 뒤에 붙어 있는 확장자가 '.hwp'인 파일로 저장되는데, 이 형식의 파일을 분석해 주는 도구는 좀처럼 찾아보기 힘들다. 따라서 만약 연구자가 '흔글' 프로그램으로 말뭉치를 구축하였다면 이들을 모두 텍스트 파일로 변환해 주어야 한다.[24]

---

24) 물론 말뭉치를 텍스트 파일로 구축하여 저장했다면 이 과정은 생략해도 좋을 것이다.

(1) '흔글' 파일에서 텍스트 파일 변환하기

자신의 말뭉치가 '흔글' 프로그램으로 입력된 자료라면, '흔글' 프로그램의 상단 탭 중 '파일'의 메뉴에서 '다른 이름으로 저장하기(A)'를 클릭하여 '다른 이름으로 저장하기' 창을 불러오자. 여기서는 앞서 연습한 '애국가.hwp'를 대상으로 설명하기로 한다.

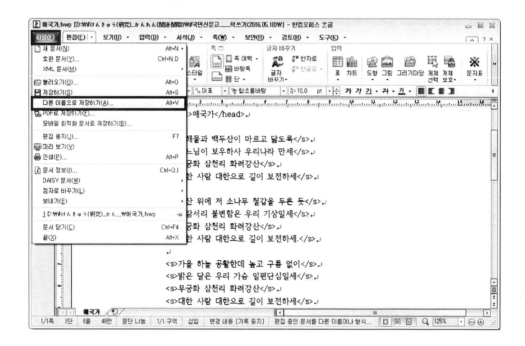

'다른 이름으로 저장하기'를 선택하면 아래와 같이 '다른 이름으로 저장하기' 창이 나타나는데, 먼저 파일을 저장할 경로를 선택하고 '파일 이름' 부분은 그대로 둔다. 그리고 '파일 형식'을 클릭하고 현재 '흔글 문서(*.hwp)'라고 되어 있는 것을 아랫부분의 '텍스트 문서(*.txt)'로 선택한 다음 '저장(D)' 버튼을 클릭한다. 그러면 현재의 '흔글' 자료가 텍스트 파일로 저장된다.

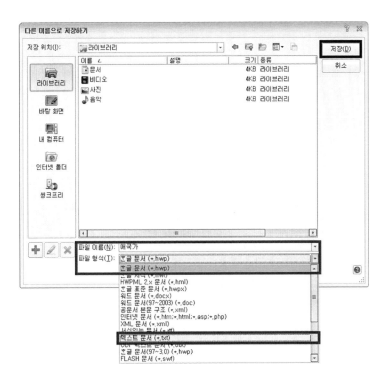

(2) 텍스트에디터와 메모장으로 텍스트 파일 변환하기

파일 형식을 변환하는 다른 방법으로는 텍스트에디터나 메모장을 이용하는 방법이 있다. 먼저 아래 그림에서 볼 수 있듯이 '흔글' 워드프로세서에 있는 내용을 'Ctrl＋A'25)를 눌러 전체 내용을 선택하고 바로 'Ctrl＋C'를 눌러서 복사해 둔다.

---

25) 앞으로 특정 기능에 대한 단축키를 설명할 때, '＋'로 연결된 키들은 앞의 키(왼쪽 키)를 먼저 누른 상태에서 손을 떼지 말고 뒤의 키(오른쪽 키)를 누른 다음 모든 손을 떼도록 하자.

그런 다음 컴퓨터에 설치되어 있는 텍스트에디터(또는 메모장)를 열고 '파일' 메뉴에서 '새로 만들기'를 클릭하여 새 텍스트 파일을 하나 연다.[26]

---

26) 만약 자신의 컴퓨터에 텍스트에디터가 설치되어 있는 경우에는 텍스트에디터 아이콘을 클릭하거나 자신의 컴퓨터에 저장되어 있는 텍스트 파일 하나를 클릭하면 텍스트에디터가 열린다. 그 다음 '파일' 메뉴에서 '새로 만들기'를 클릭하여 새 텍스트 파일을 하나 열어도 그 결과는 같다.

그리고 'Ctrl+V'를 누르면 '흔글'에 입력되어 있는 말뭉치의 전체 내용이 복사된다.

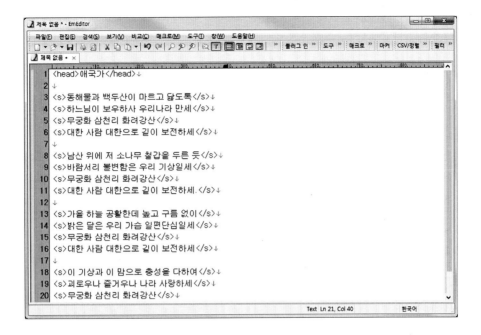

마지막으로 '파일' 메뉴에서 '다른 이름으로 저장'을 클릭한다.

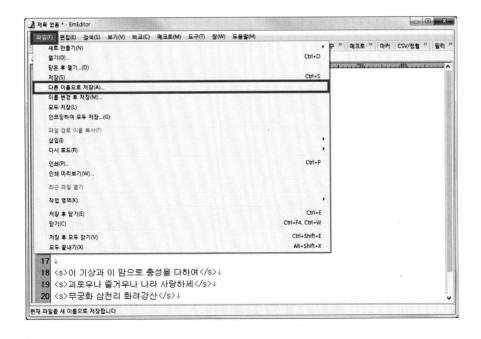

그러면 아래와 같이 '다른 이름으로 저장' 창이 나타난다. 여기에서 저장 경로를 선택하고 적절한 파일 이름을 입력한 다음,[27) 인코딩은 그대로 둔 상태에서 '저장' 버튼을 클릭한다.[28) 그러면 '흔글' 자료가 텍스트 파일로 저장된다.

• 텍스트에디터에서 저장하기
  ◦ '흔글'에서 'Ctrl + A'[29)를 눌러 전체 내용을 선택하고 바로 'Ctrl + C'를 눌러 복사하기
  ◦ 텍스트에디터를 열고 '파일' 메뉴에서 '새로 만들기'를 누른 다음 'Ctrl + V' 누르기
  ◦ '파일' 메뉴에서 '다른 이름으로 저장'으로 저장

만약 자신의 컴퓨터에 텍스트에디터가 설치되어 있지 않다면 윈도우에서 '메모장'을 하나 연다.

• 메모장 여는 방법
  ◦ 시작(🔵) ⇨ 모든 프로그램 ⇨ 보조 프로그램 ⇨ 메모장

'메모장'은 자신의 컴퓨터에서 윈도우 로그 모양의 '시작' 버튼(🔵)을 누른 다음, '모든

---

27) 여기서는 '파일 형식'이 '모든 파일(*.*)'이므로 '파일 이름'을 '파일명.txt'로 입력해 주어야 한다.
28) 파일이 저장된 경로를 잘 기억해 둘 수 있도록 하자. 경로가 잘 기억나지 않는다면 위 그림 왼쪽에 있는 '바탕 화면'을 클릭하여 바탕 화면에 저장하도록 하자.
29) 앞으로 특정 기능에 대한 단축키를 설명할 때, '+'로 연결된 키들은 앞의 키(왼쪽 키)를 먼저 누른 상태에서 손을 떼지 말고 뒤의 키(오른쪽 키)를 누른 다음 모든 손을 떼도록 하자.

프로그램'의 '보조 프로그램' 폴더를 선택하여 나타나는 메뉴에서 확인할 수 있다. '보조
프로그램' 폴더를 선택하면 아래 그림과 같은 메뉴가 나타나는데, 여기서 '메모장'을 클릭
하면 된다.

위와 같은 경로를 통해서 메모장을 선택하면 아래 그림과 같이 메모장이 나타난다.

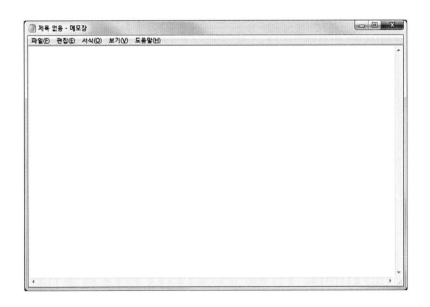

메모장이 실행되었다면 메모장 화면에 커서를 놓고 바로 'Ctrl+V'를 누른다. 그러면
'흔글'에 입력되어 있던 말뭉치의 전체 내용이 복사된다.

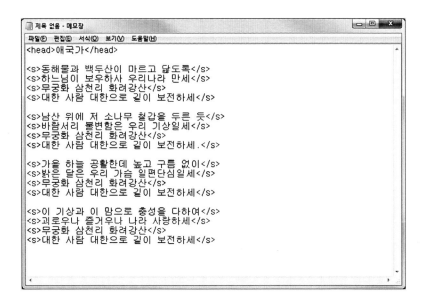

마지막으로 복사된 이 자료를 저장해야 하는데, '파일' 메뉴에서 '다른 이름으로 저장'을
클릭한다.

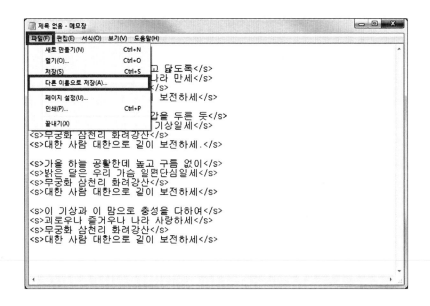

그러면 아래와 같이 '다른 이름으로 저장' 창이 나타난다. 여기에서 저장 경로를 선택하
고 적절한 파일 이름을 입력한 다음,[30] 인코딩은 그대로 둔 상태에서 '저장' 버튼을 클릭한

---

30) 여기서 '파일 이름'은 현재 입력되어 있는 '*.txt'에서 '*' 부분만 수정하여 입력해 주면 된다.

다.[31) 그러면 '훈글' 자료가 텍스트 파일로 저장된다.

• 메모장에서 저장하기
  ◦ '훈글'에서 'Ctrl + A'[32)를 눌러 전체 내용을 선택하고 바로 'Ctrl + C'를 눌러 저장하기
  ◦ 메모장을 열고 '파일' 메뉴에서 '새로 만들기'를 누른 다음 'Ctrl + V' 누르기
  ◦ '파일' 메뉴에서 '다른 이름으로 저장'으로 저장

1.3.2.2. 말뭉치 내용 교정하기

다음으로 형태 분석을 하기 전에 마지막으로 말뭉치의 전체 내용을 교정해 주어야 한다. 물론 이때 텍스트 파일로 저장하기 전에 '훈글' 프로그램에서 원전(원시 자료)의 띄어쓰기를 전체적으로 한 번 검토해 주는 것이 좋다. 만약 원전이 어문 규정의 띄어쓰기에 따르지 않은 상태라면 그대로 두어도 좋고, 띄어쓰기 규정에 맞추어 수정해 주어도 좋다.

말뭉치 입력과 관련한 원론을 잠시 설명하자면 말뭉치를 구축할 때 입력된 원전에 손을 대지 않는 것은 불문율처럼 여겨진다.[33) 하지만 만약 연구자가 띄어쓰기 오류를 연구하고자 하는 목적이 아니라면 경험적으로 판단했을 때 원전의 띄어쓰기를 어문 규정에 따라 맞추어 주는 것이 효과적이다. 오타나 탈자의 경우도 마찬가지로 규정에 맞추어 수정해

---

31) 파일이 저장된 경로를 잘 기억해 둘 수 있도록 하자. 경로가 잘 기억나지 않는다면 위 그림 왼쪽에 있는 '바탕 화면'을 클릭하여 바탕 화면에 저장하도록 하자.
32) 앞으로 특정 기능에 대한 단축키를 설명할 때, '+'로 연결된 키들은 앞의 키(왼쪽 키)를 먼저 누른 상태에서 손을 떼지 말고 뒤의 키(오른쪽 키)를 누른 다음 모든 손을 떼도록 하자.
33) 어떤 이가 원전을 입력하다가 발생한 오류가 아니라, 원전 자체가 안고 있는 오류를 손대지 않는다는 것을 뜻한다.

주는 것이 효과적이다. 원전이라는 것이 언어 사실을 그대로 반영하는 것이기는 하지만, 언중에 공개되기 이전에 편집이나 교정 단계를 거치기 때문에 다분히 인위적이라 할 수 있다. 따라서 말뭉치를 이용한 연구의 초창기에는 원전에 손을 대지 않는 것이 불문율과 같이 여겨졌으나, 연구의 효율성 등을 고려할 때에는 어문 규정에 맞추어 수정한 다음, 수정된 사항에 대한 정보를 남기는 방법이 더 낫다고 할 수 있다.[34] 하지만 입력과 관련된 이러한 사항들을 모두 고려할 때에는 원시 자료만 검토하다가 시간이 모두 흘러갈 가능성이 높다. 따라서 '오타, 탈자'와 '띄어쓰기(확실히 틀린 것으로 판단되는 것)' 정도의 수준에서만 입력된 원본을 수정하는 작업이 필요하다고 할 것이다. 이 과정에서 무엇보다 중요한 것은 너무 고민하지 않고 너무 힘들이지 않고 큰 틀에서만 간단히 교정한다는 것이다. 여기서 오류를 손보지 않으면 '형태 분석' 단계에서 수정해 주어야 하는데 이때에는 원시(말뭉치)에서 수정하는 것보다 배로 손이 많이 간다는 문제가 있다. 그리고 원시(말뭉치)에서 조금이라도 수정해 놓으면 이후 형태 분석이 원활하게 되는 경향이 있어 자료를 후처리 해야 할 수고도 많이 덜게 된다는 이점이 있다.

마지막으로 기본적인 어문 규정 사항에 대해서 재검토하는 것이라면 텍스트에디터보다는 '흔글'과 같은 워드프로세서에서 작업하는 것이 효율적이다. 왜냐하면 '흔글'과 같은 워드프로세서는 프로그램 자체에 맞춤법 검사기와 같은 것이 내장되어 있기 때문에 규정에 어긋난 사항의 경우 자동으로 수정해 주거나, 색깔이 있는 줄로 표시해 주어서 틀린 부분에 대한 확인이 용이하다. 원시 말뭉치가 텍스트에디터로 입력된 것이라면 텍스트 파일에 있는 전체 내용을 워드프로세서('흔글'이나 'MSword')로 옮겨 가서, 가독성이 좋은 환경에서 전체적으로 내용을 다듬는 것이 도움이 될 것이다.

만약 말뭉치의 내용이 너무 많다거나 교정 과정이 지난하다면 형태 분석 시에 규정에 어긋난 부분을 수정해 주어도 좋을 것이다.

- 원시 말뭉치 내용 교정하기
  - 워드프로세서('흔글'이나 'MSword')에서 맞춤법 검사기의 도움으로

1.3.2.3. 형태 분석에 앞서 준비하기

형태 분석기를 사용하기에 앞서 준비할 자료가 필요하다. 이 책에서는 저작권으로부터 자유로운 자료를 이용하여 설명하고자 하는데, 법제처의 '국가법령정보센터'에서 법률 자료를 내려받아 활용할 수 있도록 하자.

---

34) 다만, 사이시옷 문제 등등의 것은 다소 고민할 필요가 있다.

• '국가법령정보센터': http://www.law.go.kr/main.html

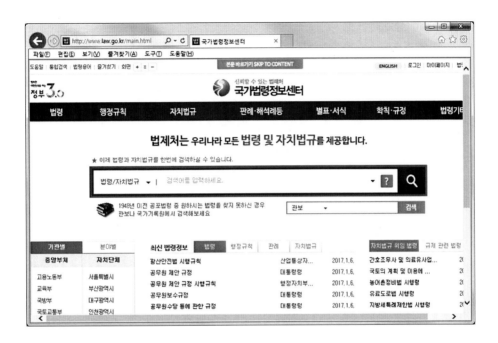

여기서 '검색어를 입력하세요.'라고 되어 있는 부분에 '헌법'으로 입력하여 검색하여 보
자. 그러면 아래 그림의 검색 결과가 나타난다.

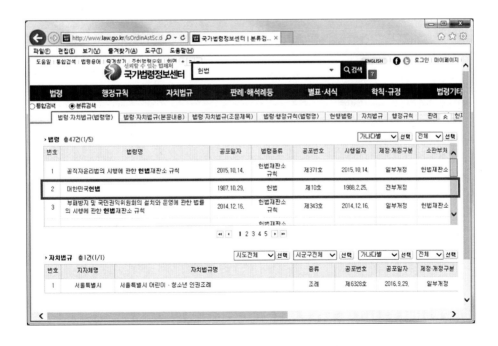

이 검색 결과 중에 '대한민국헌법'을 클릭하면 아래 그림에서처럼 헌법의 내용을 바로 확인할 수가 있다.

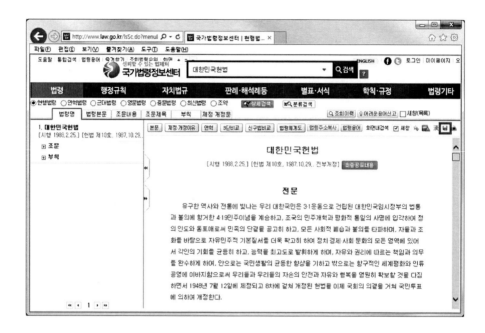

그런 다음 화면의 오른쪽 상단에 보이는 디스켓 모양의 아이콘(🖫)을 클릭하면 아래와 같이 '저장' 창이 나타나서 전체 내용을 저장할 수도 있다.

이 '저장' 창에서 다른 모든 조건은 그대로 둔 채 'HWP 파일'을 선택한 다음 '저장' 버튼을 클릭하면, 아래 그림처럼 전체 화면 아래에 "law.go.kr의 대한민국헌법(2010).hwp을(를) 열거나 저장하시겠습니까?"라는 문구가 보이는 저장 탭이 나타난다.

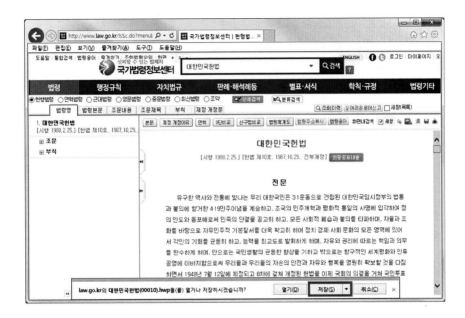

여기서 '저장(S)' 부분의 '▼'를 클릭하면 다시 메뉴가 나오는데, 이 중에 '다른 이름으로 저장(A)'을 클릭한다.

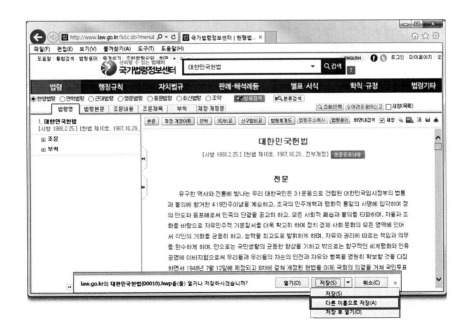

그러면 아래 그림처럼 '다른 이름으로 저장' 창이 나타나는데, 여기서 이 파일을 저장할 경로를 선택한 다음 '저장(S)' 버튼을 클릭하면 헌법 전문을 내려받게 된다.

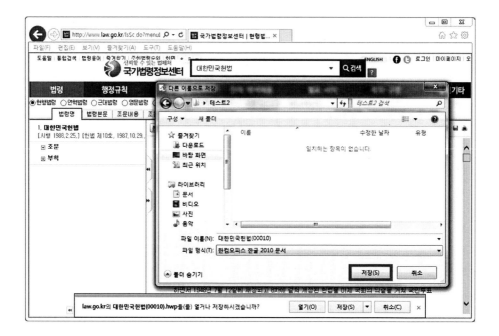

이렇게 파일을 저장하였다면 국가법령정보센터에서 '대한민국헌법.hwp'을 내려받은 것인데, 이 파일을 이 책에서 우리가 실습할 주된 자료로 삼고자 한다.

앞서 설명하였지만 언어 처리나 분석을 할 때에는 '흔글' 형식의 파일을 잘 사용하지 않는다. 따라서 내려받은 이 자료를 텍스트 파일로 변환할 필요가 있는데, 앞서 익혔던 파일 형식 변환 방법을 잘 상기하면서 '흔글' 파일을 텍스트 파일로 변환해 보자. 먼저 저장된 '대한민국헌법'의 '흔글' 파일을 찾아서 열어 보자. 그러면 아래 그림에서처럼 조금 전에 웹에서 확인했던 헌법의 내용이 모두 '흔글' 문서에 저장되어 있는 것을 확인할 수 있다.

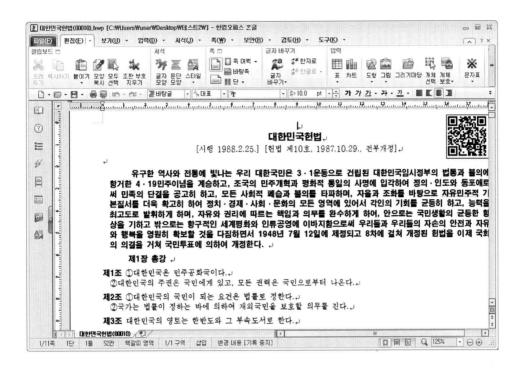

그런 다음 이 자료를 텍스트 파일로 바꾸어 주어야 하는데, 화면 상단의 '파일' 탭에서 '다른 이름으로 저장하기(A)'를 선택해 보자.

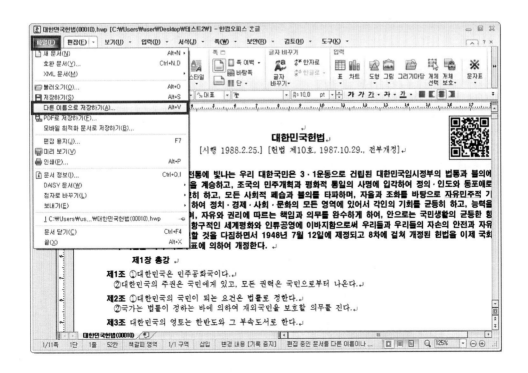

그러면 아래 그림과 같이 '다른 이름으로 저장하기' 창이 나타나는데, '파일 이름'은 자동으로 부여되기 때문에 '파일 형식'에만 신경 쓰면 된다. 여기서는 '파일 형식' 부분을 클릭하여 나오는 여러 파일 형식 중에 '텍스트 문서(.txt)'를 선택한다.

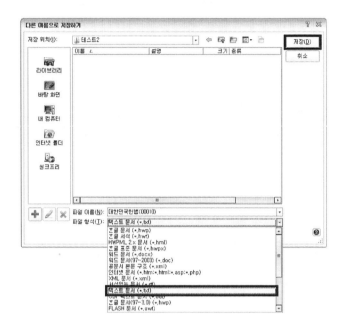

'파일 형식' 부분에서 '텍스트 문서(.txt)'로 선택한 다음에는 '저장(D)'를 클릭해 보자.

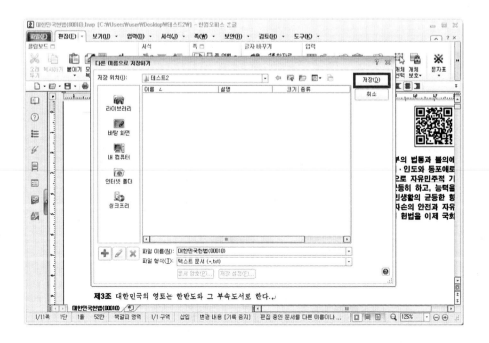

그러면 텍스트 파일로 바로 저장이 되는 것이 아니라, 아래와 같이 '텍스트 문서 종류'라는 창이 나타난다. 초보자들은 이런 부분이 어렵게 느껴질 것인데, 그리 어려운 것은 아니니 천천히 따라해 보자.

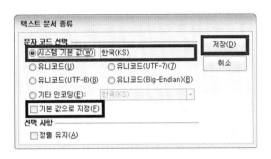

지금 현재 우리는 '흔글' 파일을 텍스트 파일로 변환하고 있는데, '흔글' 프로그램에서 텍스트 파일로 바꿀 때에는 '인코딩'을 선택하게 되어 있다. 이 창이 바로 인코딩을 설정해 주는 부분이다. 그렇다면 화면에 보이는 여러 가지 선택지 중에 어떤 것을 골라야 하는 것일까? 앞서 간단하게 인코딩에 대해서 익혔듯이 우리가 텍스트 파일의 인코딩에서 신경 써야 하는 것은 '일반 텍스트 코드'인가 '유니코드'인가의 딱 두 가지이다. 이 그림에서 '시스템 기본 값(W)'이라고 되어 있는 것이 '일반 텍스트 코드'이고, '유니코드(U)'라고 되어 있는 것이 유니코드 즉, '한마루2.0'에서 사용할 유니코드(UTF-16)이다.

그래서 여기서는 '시스템 기본 값(W)'을 선택한 다음 '저장(D)' 버튼을 클릭하여 텍스트 파일로 저장하자.[35] 그리고 '흔글'에서 텍스트 파일로 저장할 때에는 계속해서 이 '텍스트 문서 종류'라는 창이 나타나서 매번 텍스트 파일의 인코딩을 선택하게 되어 있다. 만약 이러한 과정이 다소 불편하다면 위 창에서 '기본 값으로 지정(F)'을 선택한 다음 '저장(D)' 버튼을 클릭하여 텍스트 파일로 저장하면 된다. 그러면 '흔글'에서 텍스트 파일로 저장할 때에는 항상 현재 선택된 인코딩인 '시스템 기본 값(W)'으로 저장이 된다. 이것은 선택적인 부분이니 사용자가 자신의 연구 환경이나 기호(嗜好)에 따라 결정할 수 있도록 하자. '저장(D)' 버튼을 클릭했다면 '대한민국헌법'을 텍스트 파일로 저장한 경로를 찾아가자. 그러면 아래 그림처럼 같은 파일명의 텍스트 파일이 생성된 것을 확인할 수 있다.

---

35) '한마루2.0'에서 사용할 수 있는 형식의 텍스트 파일은 나중에 다시 변환하여 사용하면 된다.

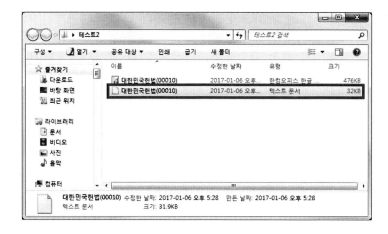

이 자료가 텍스트 파일로 잘 저장이 되었는지를 확인하기 위하여 텍스트에디터와 메모장에서 그 내용을 확인해 보기로 하자. 먼저 텍스트에디터에서 '대한민국헌법(00010).txt'를 여는 방법에 대해서 설명한다.

텍스트에디터가 설치되어 있다는 것을 전제로, 먼저 '대한민국헌법(00010).txt'를 선택한다음 마우스 오른쪽 버튼을 클릭하자. 그러면 여러 가지 메뉴가 나타나는데 그 중에 'EmEditor' 부분이 보일 것이다. 여기를 마우스 왼쪽 버튼으로 클릭하면 '대한민국헌법(00010).txt'가 'EmEditor'라는 텍스트에디터에서 열린다.

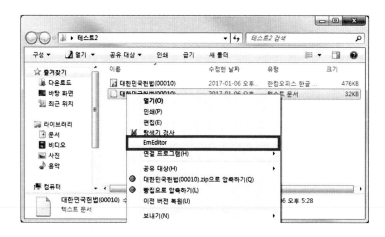

혹은 '대한민국헌법(00010).txt'를 선택하고 마우스 오른쪽 버튼을 클릭하자. 그러면 여러 메뉴가 나타나는데 그 중에서 '연결 프로그램(H)'을 클릭하면 아래 그림에서 보듯이 '대한민국헌법(00010).txt' 파일을 연결할 수 있는 몇 가지 프로그램이 나타난다. 그 중에서 'EmEditor'를 마우스 왼쪽 버튼으로 클릭하면 '대한민국헌법(00010).txt'가 'EmEditor'라는 텍스트에디터에서 열린다.

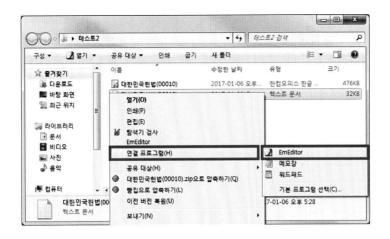

두 가지 방법 중에 어느 방법이든 사용자에게 편리한 방법을 사용하면 된다. 이렇게 '대한민국헌법(00010).txt'를 'EmEditor'에서 열면 아래 그림과 같이 '대한민국헌법(00010). txt'의 내용을 확인할 수 있다.

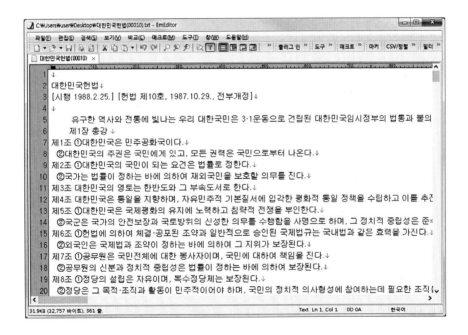

다음으로는 '메모장'에서 '대한민국헌법(00010).txt'를 열어 보자. 먼저 '대한민국헌법 (00010).txt'를 선택하고 마우스 오른쪽 버튼을 클릭하자. 그러면 여러 메뉴가 나타나는데 그 중에서 '연결 프로그램(H)'을 클릭하면 아래 그림에서 보듯이 '대한민국헌법(00010).txt' 파일을 연결할 수 있는 몇 가지 프로그램이 나타난다. 그 중에서 '메모장'을 마우스 왼쪽 버튼으로 클릭하면 '대한민국헌법(00010).txt'가 '메모장'에서 열린다.

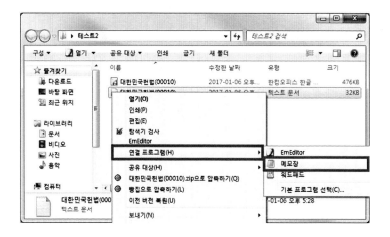

이렇게 '대한민국헌법(00010).txt'를 '메모장'에서 열면 아래 그림과 같이 '대한민국헌법(00010).txt'의 내용을 확인할 수 있다.

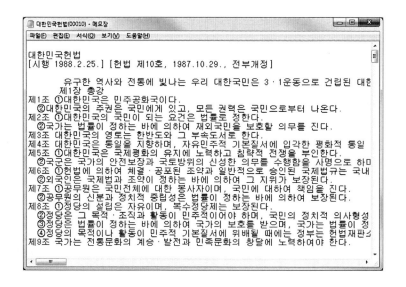

이러한 방식으로 말뭉치로 만들고자 하는 원전을 텍스트 파일로 저장하였다면, 다음으로 이 자료를 형태 분석하는 방법에 대해서 알아보기로 한다.

1.3.2.4. 형태 분석기 선택하기

앞서 국내에서 개발된 형태 분석기에 대해서 간단히 설명하였다. 그 중에서 우리가 사용이 가능하고 앞으로 여기서 실습해 볼 분석기는 아래와 같다.

• 실습해 볼 형태 분석기

① '지능형 형태소 분석기'('글잡이Ⅱ' 포함): 동형어 분석 불가능.

　° 출처: http://ithub.korean.go.kr/user/main.do

② 유태거(UTagger): 동형어 분석 가능.

　° 출처: http://nlplab.ulsan.ac.kr/doku.php / '유태거 UTagger 2011'

　'지능형 형태소 분석기'는 '21세기 세종계획'에서 개발하여 일반에 공개하고 있는 대표적인 분석기인데, '언어정보나눔터'에서 내려받을 수 있다. 그리고 '유태거(UTagger)'는 울산대학교 한국어처리연구실에서 개발한 것으로 해당 사이트에서 내려받을 수 있다.

　먼저 인터넷 사이트 'http://nlplab.ulsan.ac.kr/doku.php'에 접속하면, 울산대학교 한국어처리연구실(울산대학교 NLP Lab)의 누리집으로 연결된다.[36][37]

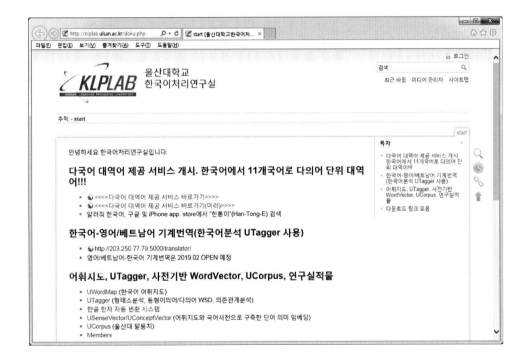

---

36) 주소를 입력하기 불편하다면 네이버와 같은 포털사이트에서 '울산대학교 한국어처리연구실'이라고 검색하면 해당 사이트의 링크가 나타난다.

37) 실제 사이트와 화면과 지금 제시하는 화면은 조금씩 다를 수 있으나, 우리에게 필요한 부분은 모두 제공되고 있으니 큰 문제가 되지 않을 것이다.

여기에서 화면을 아래쪽으로 내려 보면 '다운로드 링크 모음'에서 여러 종류의 유태거를 확인할 수 있다.

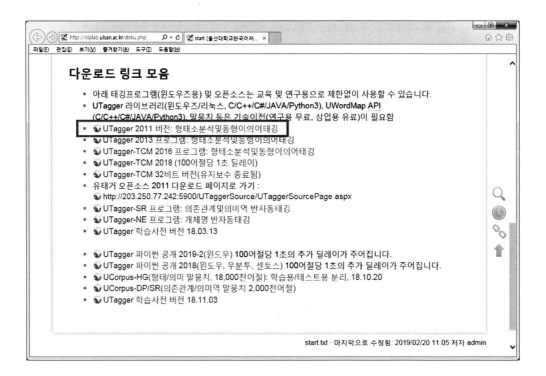

그 중에서 'UTagger 2011 버전: 형태소분석및동형이의어태깅'이라고 되어 있는 링크를 클릭한다. 그러면 화면 가장 아랫부분에 이 파일을 열 것인지, 저장할 것인지를 묻는 문구가 보이는 팝업이 나타난다. 이 창에서 '저장(S)'을 바로 클릭하지 말고, '▼'로 되어 있는 부분을 먼저 클릭한다.

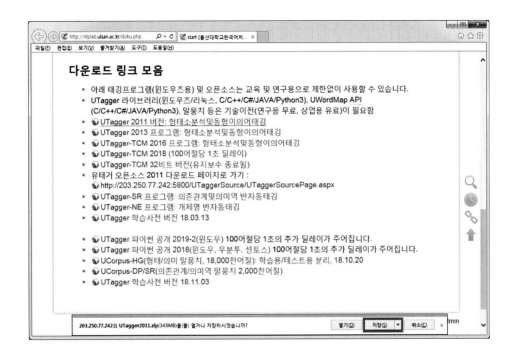

그러면 다시 세 가지 메뉴가 나타나는데, 그 중에서 '다른 이름으로 저장(A)'을 선택한다.

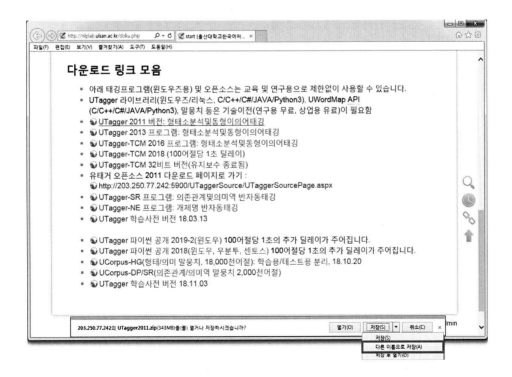

그러면 아래 그림과 같이 '다른 이름으로 저장' 창이 나타나는데, 이 창에서 파일 이름과 파일 형식 부분을 잘 살펴보자. 현재 이 창에서 '파일 이름(N)'은 'Utagger2011'로 주어져 있고,[38] '파일 형식(T)'은 'zip'으로 설정되어 있다.

여기서 이대로 다음 파일을 저장할 곳을 설정하고 '저장(S)' 버튼을 클릭하면, 유태거 파일이 컴퓨터에 저장된다.

혹시 위의 '파일 이름(N)'과 '파일 형식(T)'이 아래의 그림과 같이 나타날 수 있는데, 이때는 '파일 이름(N)'에서 조금만 수정해 주면 된다.

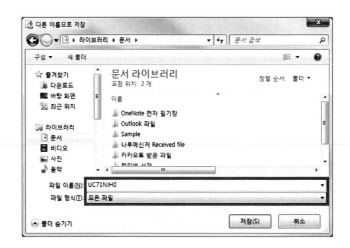

---

38) 이때의 '파일 이름'은 내려받을 때 임의로 바뀔 가능성이 있는데, 현재 내가 받을 때와 파일명이 화면과 다르다고 하여 놀랄 필요는 없다. 그럴 경우의 설정 방법을 아래에 이어서 설명한다.

위 그림에서는 파일 이름과 파일 형식 부분이 이전과 조금 다르다. 현재 이 창에서 '파일 이름'은 임의로 주어져 있고, '파일 형식'은 '모든 파일'로 설정되어 있다. 여기서는 '파일 이름'을 '유태거' 혹은 'UTagger'로 수정하고, '파일 형식' 부분을 그대로 둔 채 파일명 뒤에 확장자명으로 '.zip'를 반드시 입력해 준다.

- 다른 이름으로 저장하기
  ◦ 파일 이름: 'UC71NJH0' → '유태거' 또는 'UTagger'
  ◦ 파일 형식: '모든 파일' → 'zip'[39]
  ◦ 수정 형식: 'UTagger.zip'

따라서 아래 그림에서 보듯이 '파일 이름' 부분에서 'UC71NJH0'을 'UTagger.zip'으로 수정한 다음 파일을 저장할 곳을 설정한다. 그런 다음 '저장(S)' 버튼을 클릭하면 유태거 파일이 컴퓨터에 저장된다.

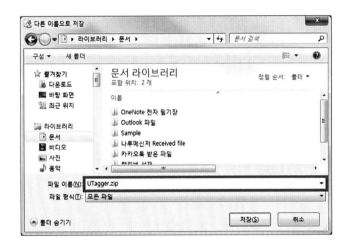

이렇게 '지능형 형태소 분석기'와 '유태거(UTagger)'를 내려받았다면, 압축을 풀어서 본격적으로 이들 분석 도구로 형태 분석 말뭉치를 만드는 법에 대해서 익혀 보도록 하자.

---

39) '파일 형식(T)' 부분에 'zip'가 보이지 않는다면, '파일 이름(N)' 부분에서 실제 파일 이름 바로 다음에 '.zip'를 입력해 주도록 한다.

1.3.3. '유태거(UTagger)'로 분석하기

이번에는 '유태거(UTagger)'라는 프로그램을 사용하여 원시 자료를 분석해 보기로 한다. 연구용으로 공개되고 있는 아주 유용한 프로그램이기 때문에 그 사용 방법을 소개하고자 한다. 국내에서 유일하게 동형어 표지가 부착된 형태 분석 말뭉치를 구축할 수 있는 도구이고, 형태 단위로 분석된 말뭉치와 어휘 단위로 된 말뭉치를 구축할 수 있는 도구이다.

1.3.3.1. 유태거 실행하기

먼저 '유태거(UTagger)'의 실행 파일이 들어 있는 폴더 'bin' 안으로 들어가 보자.

그런 다음 폴더 'bin' 안에 있는 'UTaggerWR(.exe)'를 더블클릭한다.

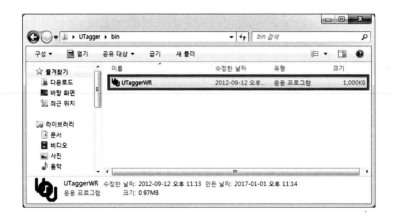

그러면 아래와 같은 유태거 창이 나타난다.

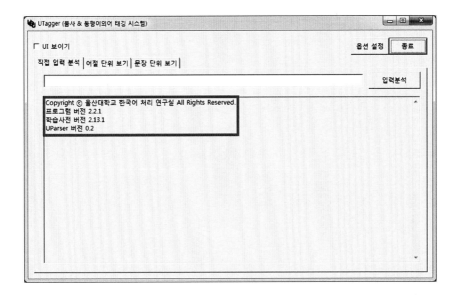

먼저 유태거 화면에서 '옵션'을 설정해 주어야 한다. 화면 오른쪽 상단에 보이는 '옵션 설정'을 클릭하자.

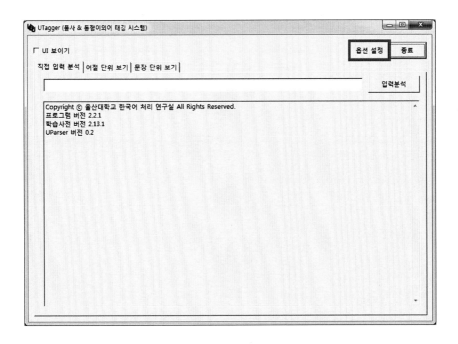

그러면 아래 그림과 같이 '설정' 화면이 나타난다.

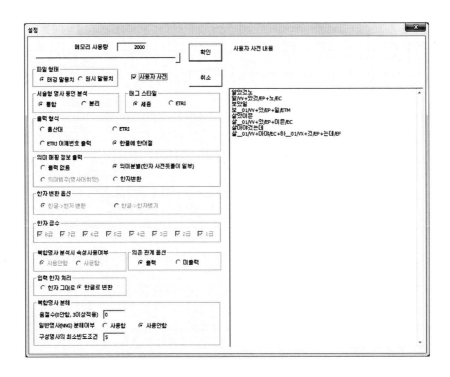

'설정' 화면은 크게 형태 분석의 조건을 설정하는 왼쪽 부분과 '사용자 사전 내용'이라고 되어 있는 오른쪽 부분으로 구분된다.

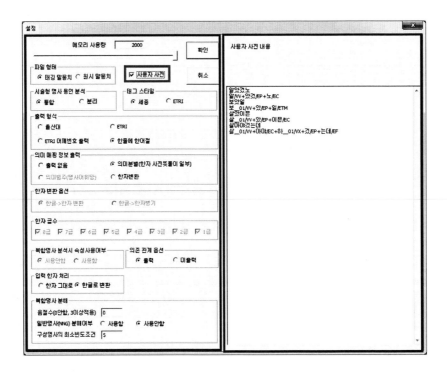

여기서 우리는 왼쪽의 조건을 설정해 주면 된다. 그리고 오른쪽에 보이는 '사용자 사전 내용' 부분은 왼쪽에 보이는 조건 중 '사용자 사전'을 체크해 주면 보이고, 체크를 풀면 보이지 않게 된다. 아래 그림은 '사용자 사전'의 체크를 풀었을 때의 설정 화면이다.

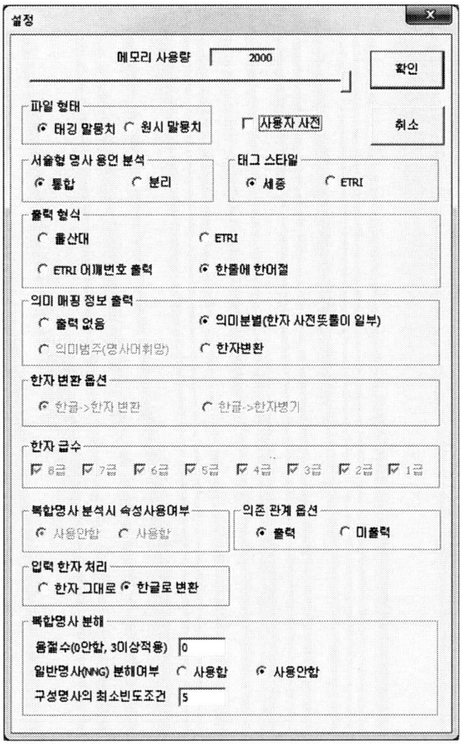

먼저 위 화면에서 '메모리 사용량'이라는 것이 보이는데, 현재는 '2000'이라는 숫자가 입력되어 있다. 이것은 분석기의 속도를 조절하는 부분인데 숫자가 높을수록 속도가 빨라진다. 따라서 현재 '2000'이 가장 높은 숫자이기 때문에 그대로 두면 될 것이다. 그리고 메모리 숫자 '2000' 아래에 보면 '사용자 사전'이라는 것이 있다. 이 부분이 체크되어 있으면 화면에서 '사용자 사전 내용'이 오른쪽에 펼쳐져서 나와 확인이 가능하고, 이 체크를 풀면 '사용자 사전 내용'이 보이지 않는다. 'UTaggerWR.exe'를 더블클릭하면 때로 '사용자 사전 내용'이 보이지 않는 상태로 화면이 나타날 때도 있는데, 이 부분은 보이지 않아도 되는 것이므로 놀라지 않도록 하자. 만약 '사용자 사전 내용'이 보이는 것이 사용자에게 심리적 안정감을 준다면 '사용자 사전'을 체크해 주면 된다.

다음으로는 분석 조건을 설정해 주어야 하는데, 조건을 하나하나 설명하기로 한다. 그런데 분석의 단위를 '형태' 단위와 '어휘(단어)' 단위로 분석할 수 있으므로 이들을 구분하여 설명하기로 한다. 먼저 '형태' 단위의 분석 조건 설정에 대해서 설명한다.

1.3.3.2. 형태 단위 분석 말뭉치

'형태' 단위 분석의 설정 방법은 아래와 같다.

ⓐ '파일 형태' – '원시 말뭉치'

: 분석하는 파일의 종류가 원시 말뭉치인지 형태 분석 말뭉치인지를 설정하는 부분이다. 우리는 대부분 원시 말뭉치를 분석할 것이기 때문에 '원시 말뭉치'로 설정해 준다.

※ 최신 버전에서는 '파일 형태'가 '분석 파일'로 되어 있다.

ⓑ '사용자 사전' – '☑ 또는 □'

: 선택 사항이므로 체크해도 되고, 체크하지 않아도 된다.

ⓒ '서술형 명사 용언 분석' – '분리'

: 이 부분이 '형태' 단위 분석과 '어휘' 단위 분석을 선택하는 부분인데, '분리'를 선택하면 '형태' 단위로 분석하고 '통합'을 선택하면 '어휘' 단위로 분석한다. 연구자의 연구 목적에 부합하는 형태로 분석하면 되는데 여기서는 '분리'를 선택하고 진행한다.

* '사랑하다'의 분석
  ◦ 분리: 사랑/NNG＋하/XSV＋다/EF
  ◦ 통합: 사랑하/VV＋다/EF

※ 최신 버전에서는 '통합, 분리'가 각각 '어간형, 어근형'으로 되어 있다. '어간형'이 '통합'에 해당하고, '어근형'이 '분리'에 해당한다.

* '사랑하다'의 분석
  ◦ 어근형: 사랑/NNG＋하/XSV＋다/EF
  ◦ 어간형: 사랑하/VV＋다/EF

ⓓ '태그 스타일' – '세종'

: 분석되는 형태에 부여되는 태그의 종류를 선택하는 부분이다. 우리는 무조건 '21세기 세종계획'의 태그 세트를 사용할 것이기 때문에 '세종'을 선택한다.

※ 최신 버전에서는 '태그 스타일'이 '품사 태그 세트'로 되어 있다.

ⓔ '출력 형식'–'한 줄에 한 어절'

: 분석 이후 출력되는 형식을 설정하는 부분으로, 여러 가지 형식이 있지만 곧 익숙하게
  될 '세종 말뭉치'의 형식인 '한 줄에 한 어절'로 설정한다.
  ※ 최신 버전에서는 '울산대, ETRI, ETRI 어깨번호 출력, 한 줄에 한 어절'이 '울산대,
  ETRI, 세종 말뭉치, 의존관계'의 네 가지 조건으로 되어 있다.

ⓕ '의미 매핑 정보 출력'–'의미분별(한자 사전뜻풀이 일부)'

: 이 부분이 UTagger의 백미인 동형어 분석을 도와주는 부분이다. 동형어를 분석하고자
  한다면 '의미분별(한자 사전뜻풀이 일부)'을 선택하고 그렇지 않으면 '출력 없음'을 선
  택하는데, 여기서 우리가 유태거를 사용하는 것은 동형어를 분석한 말뭉치를 만들기
  위한 것이므로 '의미분별(한자 사전뜻풀이 일부)'을 체크한다.
  ※ 최신 버전에서는 '의미 매핑 정보 출력'이 '동형이의어 분별 정보'로 되어 있다.

ⓖ '한자 변환 옵션'과 '한자 급수'

: '의미 매핑 정보 출력'에서 '한자 변환'을 선택하지 않으면 이 부분이 활성화되지 않는
  다. 따라서 현재 설정을 그대로 둔다.

ⓗ '복합어 분석 시 속성 사용 여부'

: 활성화되어 있지 않으므로 그대로 둔다.

ⓘ '의존 관계 옵션'

: 현재 설정인 '출력' 상태로 둔다. 현재 우리에게 큰 의미가 없는 옵션이다.

ⓙ '입력 한자 처리'–'한자 그대로'

: 이 부분은 한자 정보를 그대로 두는 것이 나은 선택이므로 '한자 그대로'를 선택해
  준다.

ⓚ '복합 명사 분해'–'사용함'

: 이 부분은 명사가 띄어쓰기 되어 있지 않고 붙어 있는 상태로 입력된 것을 분석해
  주는 부분이다. 예를 들어 '세계무역기구'라는 말이 띄어쓰기 되어 있지 않은 상태로
  입력되었을 때, 이것을 분해하지 않고 '세계무역기구/NNG'로 분석할 것인지 각각의
  명사로 분해하여 '세계/NNG＋무역/NNG＋기구/NNG'로 분석할 것인지를 설정하는

부분이다. 지금은 '형태' 단위 분석을 진행하기 때문에 분해를 해야 하는데 분해하는 조건으로는 아래에 있는 '음절수, 일반 명사 분해 여부, 구성 명사의 최소 빈도 조건'의 옵션을 아래와 같이 설정해 준다.

- ∘ '음절수(0안함, 3이상 적용)': '3'
- ∘ '일반명사(NNG) 분해여부': '사용함'
- ∘ '구성명사의 최소빈도조건': '2'

이렇게 모든 조건을 다 설정하면 아래 그림과 같이 되는데, 화면 상단에 보이는 '확인' 버튼을 클릭하면 유태거의 분석 조건 설정이 모두 끝났다.

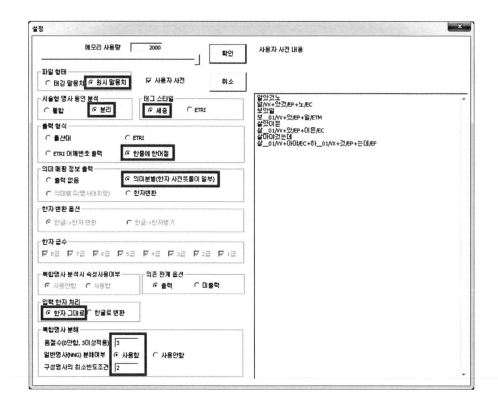

이렇게 모든 조건을 다 설정하면 아래 그림과 같이 되는데, 화면 상단에 보이는 '확인' 버튼을 클릭하면 유태거의 분석 조건 설정이 모두 끝났다. 위와 같이 분석 조건을 모두 체크하여 설정하였다면 '확인'을 클릭하자. 그러면 '설정' 화면이 사라지고 유태거의 메인 화면이 나타난다.

'확인'을 클릭하면 프로그램의 분석 조건을 사용자가 원하는 방식으로 설정한 것이다.

그런 다음 아래 그림과 같이 프로그램 오른쪽 상단에 있는 'UI 보이기'를 체크한다. 그러면 보이지 않던 여러 가지 아이콘들이 나타난다.

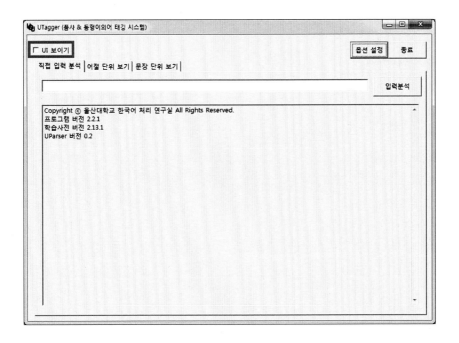

아이콘은 왼쪽에 4개 오른쪽에 3개('옵션 설정'과 '종료' 제외)가 나타나는데, 왼쪽에 있는 것들은 유태거를 통해서 분석을 하나씩 하나씩 점검하면서 진행할 수 있는 기능들이다. 따라서 오른쪽 3개 중에 '파일 분석'과 '폴더 분석' 이 두 가지만 신경 쓰기로 한다. 오른쪽에 있는 것들은 파일 단위로 분석하고 그 결과를 통째로 저장할 수 있는 것으로 파일 하나만 분석할 때에는 '파일 분석'을 선택하고, 한 폴더 안에 들어 있는 모든 원시 말뭉치(텍스트 파일)를 분석할 때에는 '폴더 분석'을 선택한다. 나머지 아래에 나오는 여러 창이나 아이콘들은 설명하지 않기로 한다. 먼저 '파일 분석'을 클릭하여 분석하고자 하는 파일을 불러 온다.

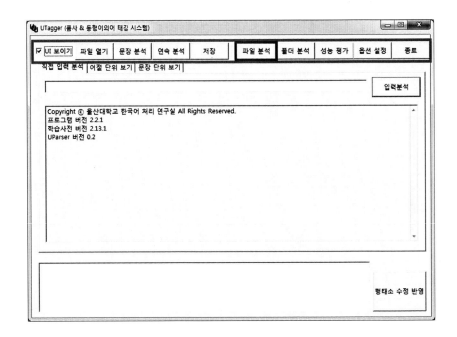

'파일 분석'을 클릭하면 아래와 같이 '열기' 창이 나타난다.

　여기서 분석하고자 하는 파일이 들어 있는 경로를 선택하여 분석 대상이 되는 파일을 선택하고 '열기(O)' 버튼을 클릭한다. '파일 분석'에서는 파일 단위로 형태 분석을 진행하기 때문에 한 개의 파일만을 선택할 수 있다는 데에 유의하자. 앞서 언급했지만 '폴더 분석'에서는 분석하고자 하는 복수의 파일이 들어 있는 폴더를 선택하도록 설정되어 있다.

그러면 아래 그림과 같이 프로그램의 아래에 있는 흰 화면에 'time 185'와 같은 문구가 나타나는데 그러면 파일 한 개의 형태 분석이 끝난 것이다.40) 생각보다 분석 과정은 어렵지 않다.

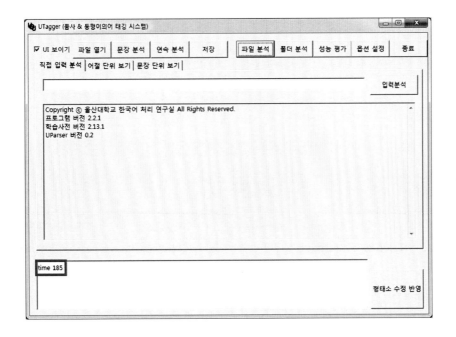

그러면 분석 대상이 되었던 파일이 있는 경로에 '대한민국헌법(00010).txt.tag'라는 파일이 자동으로 생성된 것을 확인할 수 있다. 여기서 '.tag' 형식이 '지능형 형태소 분석기'의

---

40) 이 문구가 나타나지 않으면 아직 분석이 끝난 것이 아니니, 조금만 기다려 보기로 한다.

최종 결과물과 확장자가 같다는 것을 이해할 수 있을 것이다.

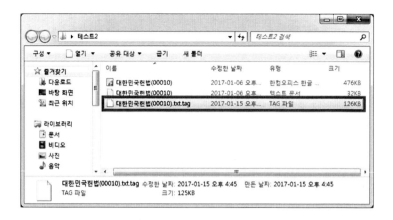

곧이어 '어휘' 단위 분석을 진행할 것이기 때문에 결과물의 이름이 겹치지 않도록 현재 분석된 결과물의 파일명을 바꾸어 주기로 하자. 파일 '대한민국헌법(00010).txt.tag'를 마우스 오른쪽 버튼으로 클릭한 다음 '이름 바꾸기(M)'를 선택하여 파일의 이름을 '대한민국헌법(00010)_형태단위.txt.tag'로 수정해 주자.

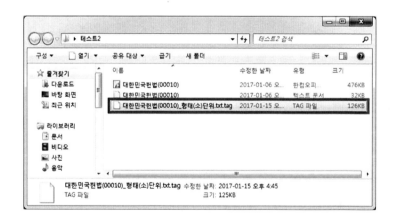

다음으로는 '어휘(단어) 단위 분석 말뭉치'를 만드는 방법에 대해서 살펴보도록 한다.

1.3.3.3. 어휘 단위 분석 말뭉치

다음으로 '어휘(단어) 단위 분석 말뭉치'를 만드는 방법에 대해 알아보자. 이는 앞서 익힌 '형태' 단위 말뭉치를 만드는 방법과 거의 유사하고 다만 몇 가지 부분의 설정만 다르다. 다시 유태거에서 '옵션 설정'을 클릭하자.

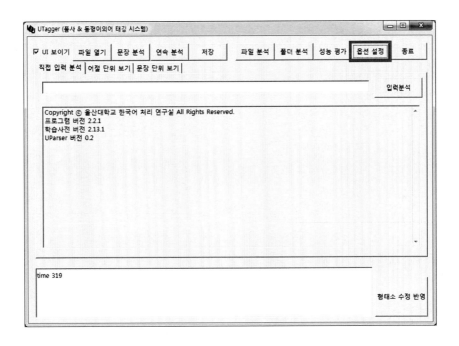

'어휘(단어)' 단위 분석의 설정 방법은 아래와 같다.

ⓐ '파일 형태' - '원시 말뭉치'

: 분석하는 파일의 종류가 원시 말뭉치인지 형태 분석 말뭉치인지를 설정하는 부분이다.
 우리는 대부분 원시 말뭉치를 분석할 것이기 때문에 '원시 말뭉치'로 설정해 준다.
 ※ 최신 버전에서는 '파일 형태'가 '분석 파일'로 되어 있다.

ⓑ '사용자 사전' - '☑ 또는 □'

: 선택 사항이므로 체크해도 되고, 체크하지 않아도 된다.

ⓒ '서술형 명사 용언 분석' - '통합'

: 이 부분이 '형태' 단위 분석과 '어휘' 단위 분석을 선택하는 부분인데, '분리'를 선택하
 면 '형태' 단위로 분석하고 '통합'을 선택하면 '어휘' 단위로 분석한다. 연구자의 연구
 목적에 부합하는 형태로 분석하면 되는데 여기서는 '통합'을 선택하고 진행한다.

* '사랑하다'의 분석
  ◦ 통합: 사랑하/VV＋다/EF
  ◦ 분리: 사랑/NNG＋하/XSV＋다/EF

※ 최신 버전에서는 '통합, 분리'가 각각 '어간형, 어근형'으로 되어 있다. '어간형'이 '통합'에 해당하고, '어근형'이 '분리'에 해당한다.

* '사랑하다'의 분석
  ◦ 어간형: 사랑하/VV+다/EF
  ◦ 어근형: 사랑/NNG+하/XSV+다/EF

ⓓ '태그 스타일'-'세종'
: 분석되는 형태에 부여되는 태그의 종류를 선택하는 부분이다. 우리는 무조건 '21세기 세종계획'의 태그 세트를 사용할 것이기 때문에 '세종'을 선택한다.
  ※ 최신 버전에서는 '태그 스타일'이 '품사 태그 세트'로 되어 있다.

ⓔ '출력 형식'-'한 줄에 한 어절'
: 분석 이후 출력되는 형식을 설정하는 부분으로, 여러 가지 형식이 있지만 곧 익숙하게 될 '세종 말뭉치'의 형식인 '한 줄에 한 어절'로 설정한다.
  ※ 최신 버전에서는 '울산대, ETRI, ETRI 어깨번호 출력, 한 줄에 한 어절'이 '울산대, ETRI, 세종 말뭉치, 의존관계'의 네 가지 조건으로 되어 있다.

ⓕ '의미 매핑 정보 출력'-'의미분별(한자 사전뜻풀이 일부)'
: 이 부분이 UTagger의 백미인 동형어 분석을 도와주는 부분이다. 동형어를 분석하고자 한다면 '의미분별(한자 사전뜻풀이 일부)'을 선택하고 그렇지 않으면 '출력 없음'을 선택하는데, 여기서 우리가 유태거를 사용하는 것은 동형어를 분석한 말뭉치를 만들기 위한 것이므로 '의미분별(한자 사전뜻풀이 일부)'을 체크한다.
  ※ 최신 버전에서는 '의미 매핑 정보 출력'이 '동형이의어 분별 정보'로 되어 있다.

ⓖ '한자 변환 옵션'과 '한자 급수'
: '의미 매핑 정보 출력'에서 '한자 변환'을 선택하지 않으면 이 부분이 활성화되지 않는다. 따라서 현재 설정을 그대로 둔다.

ⓗ '복합어 분석 시 속성 사용 여부'
: 활성화되어 있지 않으므로 그대로 둔다.

ⓘ '의존 관계 옵션'

: 현재 설정인 '출력' 상태로 둔다. 현재 우리에게 큰 의미가 없는 옵션이다.

ⓙ '입력 한자 처리'-'한자 그대로'

: 이 부분은 한자 정보를 그대로 두는 것이 나은 선택이므로 '한자 그대로'를 선택해
  준다.

ⓚ '복합 명사 분해'-'사용 안 함'

: 이 부분은 명사가 띄어쓰기 되어 있지 않고 붙어 있는 상태로 입력된 것을 분석해
  주는 부분이다. 예를 들어 '세계무역기구'라는 말이 띄어쓰기 되어 있지 않은 상태로
  입력되었을 때, 이것을 분해하지 않고 '세계무역기구/NNG'로 분석할 것인지 각각의
  명사로 분해하여 '세계/NNG+무역/NNG+기구/NNG'로 분석할 것인지를 설정하는
  부분이다. 지금은 '어휘(단어)' 단위 분석을 진행하기 때문에 복합 명사를 분해하지
  않는다.

이렇게 모든 조건을 다 설정하면 아래 그림과 같이 되는데, 화면 상단에 보이는 '확인'
버튼을 클릭하면 유태거의 분석 조건 설정이 모두 끝났다.

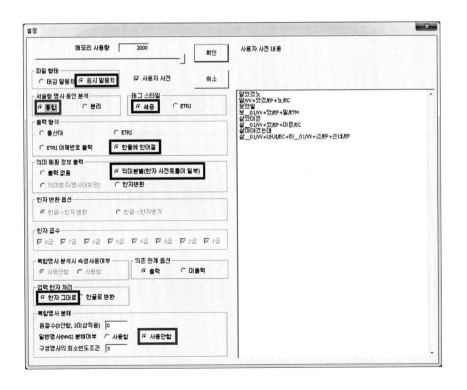

최신 버전의 유태거에서 '형태' 단위 분석을 하기 위해서는 아래와 같이 분석 조건을 설정해 준다. 앞서 언급하였듯이 현재의 이전 버전과 최신 버전의 용어가 다르다는 데에 유의할 수 있도록 하자.

이렇게 모든 조건을 다 설정하면 아래 그림과 같이 되는데, 화면 상단에 보이는 '확인' 버튼을 클릭하면 유태거의 분석 조건 설정이 모두 끝났다.

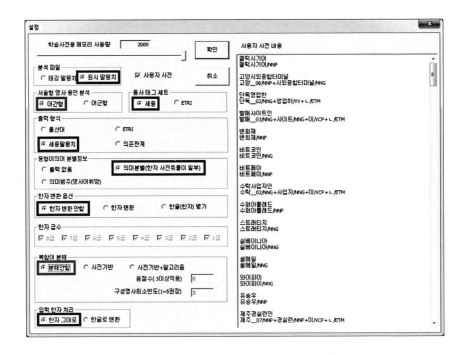

위와 같이 분석 조건을 모두 체크하여 설정하였다면 '확인'을 클릭하자. 그러면 '설정' 화면이 사라지고 유태거의 메인 화면이 나타난다.

'확인'을 클릭하면 프로그램의 분석 조건을 사용자가 원하는 방식으로 설정한 것이다. 그런 다음 아래 그림과 같이 프로그램 오른쪽 상단에 있는 'UI 보이기'를 체크한다. 그러면 보이지 않던 여러 가지 아이콘들이 나타난다.

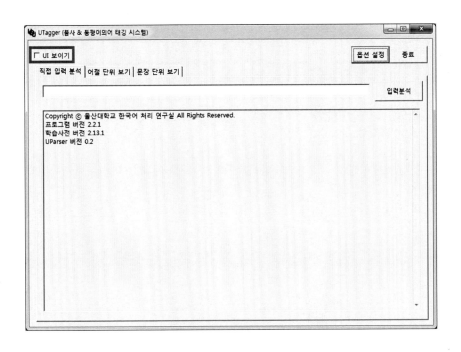

　　아이콘은 왼쪽에 4개 오른쪽에 3개('옵션 설정'과 '종료' 제외)가 나타나는데, 왼쪽에 있는 것들은 유태거를 통해서 분석을 하나씩 하나씩 점검하면서 진행할 수 있는 기능들이다. 따라서 오른쪽 3개 중에 '파일 분석'과 '폴더 분석' 이 두 가지만 신경 쓰기로 한다. 오른쪽에 있는 것들은 파일 단위로 분석하고 그 결과를 통째로 저장할 수 있는 것으로 파일 하나만 분석할 때에는 '파일 분석'을 선택하고, 한 폴더 안에 들어 있는 모든 원시 말뭉치(텍스트 파일)를 분석할 때에는 '폴더 분석'을 선택한다. 나머지 아래에 나오는 여러 창이나 아이콘들은 설명하지 않기로 한다. 먼저 '파일 분석'을 클릭하여 분석하고자 하는 파일을 불러 온다.

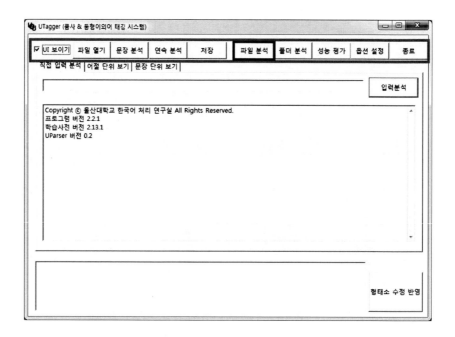

　'파일 분석'을 클릭하면 아래와 같이 '열기' 창이 나타난다. 여기서 분석하고자 하는 파일이 들어 있는 경로를 선택하여 분석 대상이 되는 파일을 선택하고 '열기(O)' 버튼을 클릭한다. '파일 분석'에서는 파일 단위로 형태 분석을 진행하기 때문에 한 개의 파일만을 선택할 수 있다는 것에 유의하자. 앞서 언급했지만 '폴더 분석'에서는 분석하고자 하는 복수의 파일이 들어 있는 폴더를 선택하도록 설정되어 있다.

　그러면 아래 그림과 같이 프로그램의 아래에 있는 흰 화면에 'time 179'와 같은 문구가 나타나는데 그러면 파일 한 개의 형태 분석이 끝난 것이다.[41) 생각보다 분석 과정은 어렵지 않다.

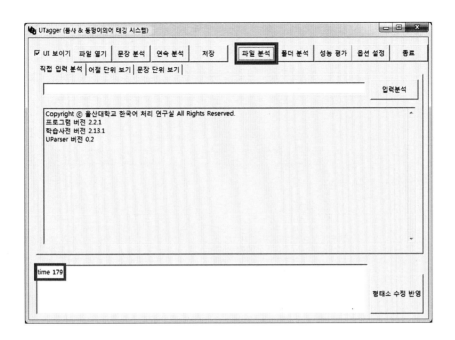

그러면 분석 대상이 되었던 파일이 있는 경로에 '대한민국헌법(00010).txt.tag'라는 파일이 생성된 것을 확인할 수 있다. 여기서 '.tag' 형식이 '지능형 형태소 분석기'의 최종 결과물과 확장자가 같다는 것을 이해할 수 있을 것이다.

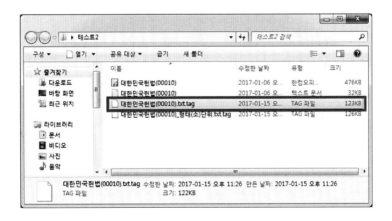

앞서 '형태' 단위 분석 결과물의 파일명 수정에 보조를 맞추어 현재 분석된 결과물의 파일명도 바꾸어 주기로 하자. 파일 '대한민국헌법(00010).txt.tag'를 마우스 오른쪽 버튼으로 클릭한 다음 '이름 바꾸기(M)'를 선택하여 파일의 이름을 '대한민국헌법(00010)_어휘단

---

41) 이 문구가 나타나지 않으면 아직 분석이 끝난 것이 아니니, 조금만 기다려 보기로 한다.

위.txt.tag'로 수정해 주자.

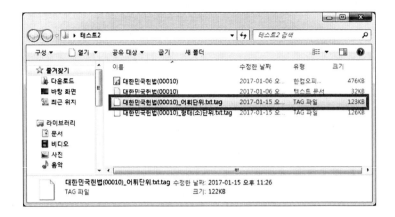

여기서 다시금 강조할 것은 유태거가 원시 말뭉치의 파일명과 같은 파일명의 분석 결과물을 출력하기 때문에 이전에 분석한 파일이 있다면 나중의 분석 결과물은 이전의 결과물을 덮어쓰게 된다는 것이다. 따라서 이전의 분석 결과물은 반드시 파일명을 바꾸어 줄 필요가 있다.

그리고 우리는 '유태거'를 통해서 원시 말뭉치에 바로 형태 분석을 가한 결과물 전체를 한 번에 저장하는 방법에 대해서 익혔는데, 실제로는 '유태거' 화면에서 '문장 분석', '연속 분석'이라는 기능을 통해서 원시 말뭉치의 내용을 '문장' 단위로 분석하고 수정할 수도 있다. '지능형 형태소 분석기'에서 잠시 살펴보았지만 이러한 분석기를 이용하여 원시 말뭉치를 분석하고 분석기 내에서 분석 결과를 수정한 다음 최종 결과물을 저장할 수도 있을 것이다. 하지만 자료의 일관성 있는 분석이나 분석 결과 수정의 편의성 등을 감안한다면 1차로 분석기를 통한 결과물을 바로 저장하여 뒤에서 익히게 될 '엑셀'과 같은 프로그램에서 분석 내용을 일괄적으로 수정하는 것이 더욱 효율적이다. 그렇다 하더라도 만약 분석기에서 형태 분석 결과를 수정하는 것이 편하다고 느끼는 사람들은 그러한 과정을 거치면될 것이다.

분석기		분석 결과 저장		분석 내용 수정	비고
'지능형 형태소 분석기'	→	텍스트 파일	→	'지능형 형태소 분석기'	
'유태거'	→	텍스트 파일	→	'유태거'	
'지능형 형태소 분석기'	→	텍스트 파일	→	'엑셀'	추천
'유태거'	→	텍스트 파일	→	'엑셀'	추천

지금까지 대표적인 형태 분석기인 '지능형 형태소 분석기'와 '유태거'의 사용 방법에 대해서 살펴보았다. 마지막으로 정리할 것은 '유태거'는 '형태' 단위 분석과 '어휘(단어)' 단위 분석을 모두 지원하지만, '지능형 형태소 분석기'는 유태거의 '형태' 단위 분석의 결과물과 유사한 결과물을 출력한다는 것이다. 다음으로는 이들 분석 결과물을 정리하는 방법에 대해서 살펴보도록 하자.

1.3.4. 형태 분석 결과물 확인·정리

이번에는 이들 분석 결과물을 정리하는 방법에 대해서 살펴본다. 먼저 '지능형 형태소 분석기'나 '유태거'로 분석된 자료들의 내용을 직접 살펴보자. 형태 분석기만 사용해서는 실제 자료가 어떻게 분석되어 있는지 알 수 없기 때문이다.

1.3.4.1. 메모장에서 분석 결과 확인하기

먼저 지능형 형태소 분석기로 분석된 결과 파일을 확인해 보자. 앞서 지능형 형태소 분석기에서 분석한 자료는 '최종말뭉치저장'을 통하여 저장하였다. 그 파일명은 '대한민국헌법_최종(00010).tag'[42]로 되어 있다. 이 파일은 아래와 같은 확장자로 되어 있지 않아서, 다소 생소한 형식의 파일이지만 걱정할 것 없이 천천히 따라해 보자.

- 일반적인 파일의 형식(확장자)
  - '흔글': '.hwp'
  - '워드(MSWord)': '.doc'
  - '엑셀(MSExcel)': '.xlsx'
  - '텍스트에디터': '.txt'

전산 언어 처리(자연 언어 처리, Natural Language Processing)를 하는 사람들이 임시적으로 파일(문서)의 확장자를 '.tag'로 만들어서 사용하는 경향이 있다. 따라서 확장자가 '.tag'로 끝난 '대한민국헌법_최종.tag'는 흔글, 워드, 엑셀, 텍스트에디터 등에서 파일을 열어서 그 내용을 확인할 수 있다.

---

42) 국가법령정보센터에서 내려받은 '흔글' 원본의 파일명이 '대한민국헌법(00010)'이었지만 앞으로는 설명의 편의를 위하여 '대한민국헌법'으로 제시하고자 한다.

• 분석 결과물을 확인할 수 있는 도구

  ◦ '대한민국헌법.txt.tag' → '흔글'

  ◦ '대한민국헌법.txt.tag' → '워드(MSWord)'

  ◦ '대한민국헌법.txt.tag' → '엑셀(MSExcel)'

  ◦ '대한민국헌법.txt.tag' → '텍스트에디터'

　다만 확장자가 '.tag'로 끝난 파일은 더블클릭했을 때 자동으로 어떠한 프로그램으로 연결해 주지는 못한다. 따라서 다른 프로그램으로 연결시켜 주어야 하는데, 먼저 결과물 파일 '대한민국헌법_최종.tag'를 마우스 왼쪽 버튼으로 더블클릭해 보자(한 번만 클릭하면 아무런 일도 벌어지지 않는다.). 더블클릭하면 직접적으로 연결시킬 수 있는 프로그램이 없기 때문에 '이 파일을 확인하기 위해서 어떤 프로그램을 선택할 것인가?'라고 묻는 듯한 창이 뜬다. 이때 자기가 사용하기 편한 프로그램을 연결시키면 된다. 즉 '흔글, MSWord, 엑셀, 텍스트에디터' 등으로 말이다. 하지만 보통은 '메모장'이나 '텍스트에디터'를 사용하는 것이 일반적이다.

　백문이 불여일견이므로 이 파일을 더블클릭해 보자. 그러면 윈도우상에 아래와 같은 창이 나타난다.

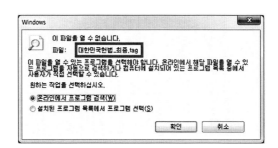

　이 창에서는 '온라인에서 프로그램 검색'이 기본적으로 선택되어 있다. '온라인에서 프로그램 검색'으로는 우리가 사용하고자 하는 것으로 연결시켜 줄 가능성이 거의 없기 때문에 아래에 있는 '설치된 프로그램 목록에서 프로그램 선택(S)'을 선택하고 '확인' 버튼을 클릭한다.

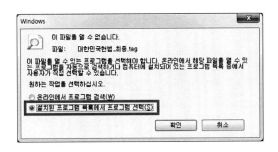

그러면 아래와 같이 '연결 프로그램' 창이 나타난다. 다소 낯선 상황이라 당황해 할 수 있겠지만 어렵지 않으니 천천히 따라해 보자. 현재 사용자가 사용하고 있는 컴퓨터마다 '설치된 프로그램 목록에서 프로그램 선택(S)'을 선택한 다음의 '연결 프로그램' 창의 모습이 아래 그림과 다를 수 있다. 하지만 조금씩 차이가 나는 것은 아무런 문제가 되지 않으므로 너무 걱정하지 않아도 된다. 일단 아래와 같이 창 이름으로 '연결 프로그램'이라는 창이 나타나기만 하면 된다. 때로는 '권장하는 프로그램'에 어떤 아이콘도 보이지 않을 수 있지만, 이 또한 아무런 문제가 되지 않는다. 아래 그림은 텍스트에디터로 '이엠에디터'를 컴퓨터에 설치했을 때 나타나는 것으로, 확장자 '.tag'로 된 모든 파일을 '이엠에디터'로 연결시킬 것을 권하는 상황이다.

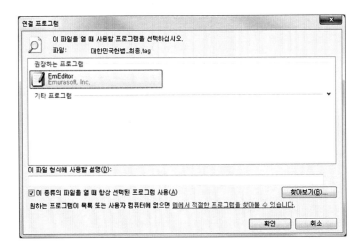

한편 어떤 사람들에게는 위 그림 외에 아래 그림과 같이 '권장하는 프로그램'에 몇 가지 텍스트에디터가 나타날 수 있다. 아래 그림에서처럼 '권장하는 프로그램'에 자신의 컴퓨터에 설치되어 있는 텍스트에디터가 나타나 있다면 그 중에서 자신이 사용하기에 편리한 것을 선택해 주면 된다. 위 그림에서는 'EmEditor'만 나와 있지만, 아래 그림에서처럼 '메모장, 워드패드'의 아이콘이 나타나 있을 수도 있다. 조금 복잡하게 여겨지더라도 말 그대로

'권장하는 프로그램'이므로, 사용자는 이들로 연결할지 그렇게 하지 않을지만을 결정하면
된다.

만약 '권장하는 프로그램'에 나와 있는 여러 프로그램으로 연결하지 않고 다른 프로그램
으로 연결하고자 한다면 화면 가운데 보이는 '기타 프로그램'의 가로 줄을 따라 가장 오른
쪽에 보이는 아래 방향 화살표 'V'를 마우스 왼쪽 버튼으로 클릭한다.

혹은 아래 그림에서 보듯이 현재 화면에 '이엠에디터' 외에 다른 프로그램이 보인다 하
더라도 화면 가운데 보이는 '기타 프로그램'의 가로 줄을 따라 가장 오른쪽에 보이는 아래
방향 화살표 'V'를 마우스 왼쪽 버튼으로 클릭한다.

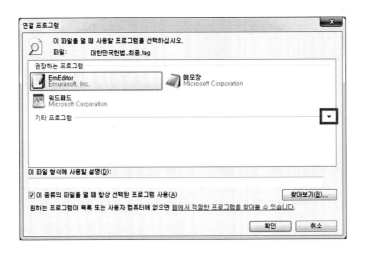

그러면 '기타 프로그램' 부분이 펼쳐지면서 '.tag' 파일이 연결될 수 있는 프로그램들을 모두 제시해 준다.

'기타 프로그램'에는 우리가 익히 알고 있는 '흔글, MS워드'뿐만 아니라 '메모장, 워드패드' 등이 모두 나타나 있다. 그 중에 먼저 '메모장'을 이용하여 분석 결과를 읽어 들여 보자. 오른쪽에 막대 바를 조금씩 내려 보면 아래쪽에 '메모장'이 보인다.

다만 꼭 조심해야 할 것은 지금은 '.tag' 파일을 임시로 열어 보는 것이기 때문에 '연결 프로그램' 화면의 하단에 보이는 '이 종류의 파일을 열 때 항상 선택된 프로그램 사용(A)' 이 부분의 선택을 꼭 풀어 주어야 한다는 것이다. 이것의 의미하는 바는 나중에 '.tag'로 저장된 모든 파일을 더블클릭하면 모두 '메모장'으로 연다는 것이다. 물론 '.tag' 파일을 모두 메모장으로 열어도 문제는 없으나 이후 분석 말뭉치의 후처리가 불편할 수가 있으므로 지금은 '이 종류의 파일을 열 때 항상 선택된 프로그램 사용(A)'의 체크를 풀고 '확인'을 클릭한다. 그러면 아래 그림에서 보듯이 메모장에서 '대한민국헌법_최종.tag' 파일의 내용을 확인할 수 있다.

그리고 이렇게 '기타 프로그램'에서 '권장 프로그램'에 없는 프로그램으로 한 번 연결하

고 나면, 이후에 해당 프로그램이 위쪽 '권장하는 프로그램'에 고정되어 나타나고, 아래에 있는 '기타 프로그램'에서는 사라진다는 것을 명심하자. 그래서 그 다음부터는 '기타 프로그램'이 아니라 '권장하는 프로그램'에서 선택해 주어야 한다는 것을 알아 두도록 하자. 그런데 꼭 '이 종류의 파일을 열 때 항상 선택된 프로그램 사용(A)' 부분의 체크를 풀고 '확인'을 클릭하라고 하는 것은 나중에 이것 때문에 불편해지는 일이 발생하기 때문이다. 만약 '이 종류의 파일을 열 때 항상 선택된 프로그램 사용(A)' 부분을 체크하고 '확인'을 클릭하면, 이후에 '.tag' 파일을 기본적으로 메모장에서 열게 된다. '.tag' 파일을 더블클릭하면 무조건 메모장에서 해당 파일을 열게 된다는 것이다. 따라서 분석 결과 파일을 다른 프로그램에서 열고자 할 경우에는 다른 방법을 사용해야 하기 때문에 윈도우 운영체제를 사용하는 이상 불편함을 감내할 수밖에 없다. 만일 이러한 상황('.tag' 파일을 기본적으로 메모장에서 여는 것)을 원래대로 돌려놓기 위해서는 별도의 프로그램을 사용해서 해제해 주어야 한다. 아래는 '.tag' 파일을 연결했던 프로그램을 초기화하는 방법에 대한 설명이다.

• 연결 프로그램 초기화(해제) 방법

'연결 프로그램 초기화(해제)' 방법은 다음과 같다.

대표적인 포털 사이트에서 '연결 프로그램 초기화'로 검색한다.
여러 자료들에서 참조하여 'unassoc'와 같은 프로그램을 찾아 내려받는다.
내려받은 'Unassoc' 파일을 더블클릭하면 아래와 같은 화면이 나온다.

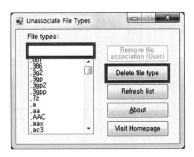

'File types' 아래 빈 칸에 '.tag'라고 입력하고 'Delete file type'을 클릭한다.
그러면 메모장의 아이콘으로 되어 있던 모든 '.tag' 파일이 다시 하얀색 아이콘으로 바뀐다.
그러면 다시 해당 파일('.tag')을 더블클릭하여 '연결 프로그램'을 설정한다.

다음으로 이어서 '이 종류의 파일을 열 때 항상 선택된 프로그램 사용(A)' 부분의 체크를 풀고 메모장을 선택했을 때의 결과를 확인해 보자. 그러면 아래와 같이 메모장 화면이 나타나면서 분석 결과의 내용이 보인다.

이 분석 결과는 '지능형 형태소 분석기'를 이용한 분석 결과이다. 크게 한 줄에 한 어절이 반영되어 있으며, 한 줄은 분석 전의 '원어절' 부분과 '탭(tab)', 그리고 '분석 어절' 부분으로 구성되어 있다.

• 분석 말뭉치의 구성('지능형 형태소 분석기)

원어절	⭾(탭)	분석 어절
대한민국헌법		대한민국/NNP+헌법/NNG
[시행		[/SS+시행/NNG
1988.2.25.]		1988/SN+./SF+2/SN+./SF+25/SN+./SF+]/SS
[헌법		[/SS+헌법/NNG
제10호,		제/XPN+10/SN+호/NNB+,/SP
1987.10.29.,		1987/SN+./SF+10/SN+./SF+29/SN+./SF+,/SP
전부개정]		전부/NNG+개정/NNG+]/SS

분석 결과는 한 줄에 한 어절씩 반영되어 있기 때문에 분석 말뭉치의 윗부분부터 아랫부분까지 읽어 가면 전체 내용을 이해할 수 있도록 구성되어 있다.

그런데 위와 같이 '연결 프로그램'을 사용하여 분석 결과 파일을 확인하는 것은 다소 불편한 측면이 있다. 따라서 아래와 같은 방법을 사용해 보자.

• '지능형 형태소 분석기' 분석 결과의 메모장 연결

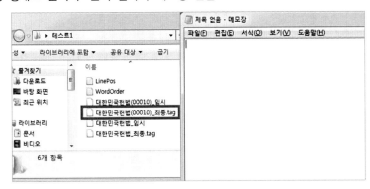

　　먼저 '지능형 형태소 분석기'의 분석 결과 파일이 있는 폴더(혹은 바탕화면 등등) 창과 '메모장'을 함께 열어 두고, 왼쪽에 나와 있는 결과 파일('대한민국헌법(00010)_최종.tag') 을 마우스 왼쪽 버튼으로 한 번 누른 상태(손을 떼지 않고 계속 누름)에서 오른쪽에 있는 메모장 화면의 어느 곳에라도 옮겨 놓고 마우스를 눌렀던 손을 뗀다. 그러면 아래와 같이 분석 결과의 내용을 볼 수 있다.

• '지능형 형태소 분석기'의 분석 결과물

　　한편 위와 같은 방법으로 '유태거'를 통한 분석 결과를 확인해 보자. 즉 '유태거'의 분석 결과물인 '대한민국헌법_형태단위.txt.tag'나 '대한민국헌법_어휘단위.txt.tag' 파일을 '연결 프로그램'을 통해서 위와 같은 방식으로 '메모장'에서 열어 보자. 그러면 메모장 화면이 나타나면서 분석 결과의 내용이 보이게 된다. 먼저 '형태' 단위 분석의 결과인 '대한민국헌

법_형태단위.txt.tag' 파일의 내용이다.

다음으로 '어휘' 단위 분석의 결과인 '대한민국헌법_어휘단위.txt.tag' 파일의 내용이다.

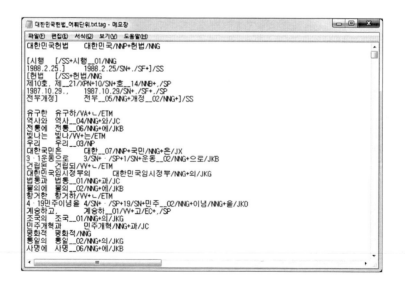

이들은 '유태거'를 통한 분석 결과이다. '유태거'의 분석 결과 역시 '지능형 형태소 분석기'의 결과물과 마찬가지로 크게 한 줄에 한 어절이 반영되어 있으며, 한 줄은 분석 전의 '원어절' 부분과 '탭(tab)', 그리고 '분석 어절' 부분으로 구성되어 있다. 단, '유태거'의 분석 결과가 '지능형 형태소 분석기'와 다른 점은 분석 형태가 같을 경우 '__00'의 형식으로 동형

어 번호를 제시하고 있다는 것이다.[43]

- 분석 말뭉치의 구성('유태거', '형태' 단위 분석 결과)

원어절	⇥(탭)	분석 어절
대한민국헌법		대__13/NNG+한__11/NNP+민국/NNG+헌법/NNG
[시행		[/SS+시행/NNG
1988.2.25.]		1988/SN+./SF+2/SN+./SF+25/SN+./SF+]/SS
[헌법		[/SS+헌법/NNG
제10호,		제/XPN+10/SN+호/NNB+,/SP
1987.10.29.,		1987/SN+./SF+10/SN+./SF+29/SN+./SF+,/SP
전부개정]		전부/NNG+개정/NNG+]/SS

- 분석 말뭉치의 구성('유태거', '어휘' 단위 분석 결과)

원어절	⇥(탭)	분석 어절
대한민헌법		대한민국/NNP+헌법/NNG
[시행		[/SS+시행/NNG
1988.2.25.]		1988/SN+./SF+2/SN+./SF+25/SN+./SF+]/SS
[헌법		[/SS+헌법/NNG
제10호,	.	제/XPN+10/SN+호/NNB+,/SP
1987.10.29.,		1987/SN+./SF+10/SN+./SF+29/SN+./SF+,/SP
전부개정]		전부/NNG+개정/NNG+]/SS

이 분석 결과는 다시금 '유태거'의 '옵션 실정'의 과정을 되뇌어서 살펴보는 것이 필요하다. 아래는 앞서 설정하였던 '유태거'의 '출력 형식'이다.

- '유태거'의 출력 형식

ⓔ '출력 형식'－'한 줄에 한 어절'
: 분석 이후 출력되는 형식을 설정하는 부분으로, 여러 가지 형식이 있지만 곧 익숙하게
될 '세종 말뭉치'의 형식인 '한 줄에 한 어절'로 설정한다.

---

43) 이 동형어 번호는 종이판 『표준국어대사전』(1999)의 동형어 번호를 따르고 있으며, '21세기 세종계획'의 '형태
의미 분석' 말뭉치에 반영되어 있는 동형어 번호와 같다.

※ 최신 버전에서는 '울산대, ETRI, ETRI 어깨번호 출력, 한 줄에 한 어절'이 '울산대, ETRI, 세종 말뭉치, 의존관계'의 네 가지 조건으로 되어 있다.

'유태거'의 분석 옵션 설정에서 위 ⓔ와 같이 선택한 적이 있는데, '한 줄에 한 어절'이나 '세종 말뭉치'의 형식이 분석 결과를 한 줄에 한 어절씩 보여주는 것이기 때문에 위와 같은 형식으로 출력된 것이다. 한 어절이 세로로 배치되어 있기 때문에 이를 보통 수직 형식 (vertical form)이라고도 하는데, 다른 여타 공개용 도구에서도 이 형식을 가장 많이 사용하고 있기 때문에 '한 줄에 한 어절' 또는 '세종 말뭉치'의 형식을 선택한 것이다. 만약 조금이라도 프로그래밍을 해 본 사람이라면 ⓔ에서 다른 형식을 선택하여 사용할 수도 있다.

그런데 위와 같이 '연결 프로그램'을 사용하여 분석 결과 파일을 확인하기가 다소 불편한 측면이 있다. 따라서 '지능형 형태소 분석기'의 결과물을 메모장에서 확인하였던 것처럼 아래와 같은 방법을 사용해 보자.

• '유태거' 분석 결과의 메모장 연결

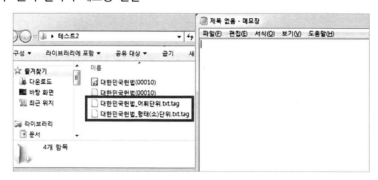

다음으로 '유태거'의 분석 결과 파일이 있는 폴더(혹은 바탕화면 등등) 창과 '메모장'을 함께 열어 두고, 왼쪽에 나와 있는 결과 파일('대한민국헌법_형태단위.txt.tag', '대한민국헌법_어휘단위.txt.tag')을 마우스 왼쪽 버튼으로 한 번 누른 상태(손을 떼지 않고 계속 누름)에서 오른쪽에 있는 메모장 화면의 어느 곳에라도 옮겨 놓고 마우스를 눌렀던 손을 뗀다. 그러면 역시 아래와 같이 분석 결과의 내용을 볼 수 있다.

• '유태거'의 '형태' 단위 분석 결과물

• '유태거'의 '어휘' 단위 분석 결과물

　　이처럼 우리는 분석기를 이용한 분석 결과 파일을 '메모장'에서도 볼 수도 있지만, 앞으로는 주로 텍스트에디터에서 이 파일을 열어 보기로 하자.

1.3.4.2. 텍스트에디터에서 분석 결과 확인하기

　　여기서 사용하는 에디터는 30일 정도 무료 체험 버전으로 사용할 수 있는 '이엠에디터

(Emeditor)'나 '에디트플러스(EditPlus)'를 사용하기로 한다.[44] 먼저 '이엠에디터(Emeditor)'의 경우이다.

'이엠에디터'로 여는 방법도 역시 메모장에서 했던 방법과 같이 '연결 프로그램'을 통하여 연결할 수도 있고 텍스트에디터에서 직접 연결할 수 있는데, 여기서는 '이엠에디터'에서 직접 연결하는 방법에 대해서 설명한다. 먼저 '이엠에디터'를 실행하자.

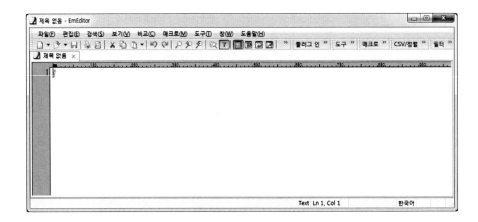

'이엠에디터'를 사용하기 전에 먼저 몇 가지 기본적인 구성을 설정해 줄 필요가 있다. '이엠에디터'를 실행했다면 먼저 상단의 '도구(T)' 탭을 클릭하여 나타나는 메뉴 중에 '모든 구성 속성(R)'을 클릭한다.

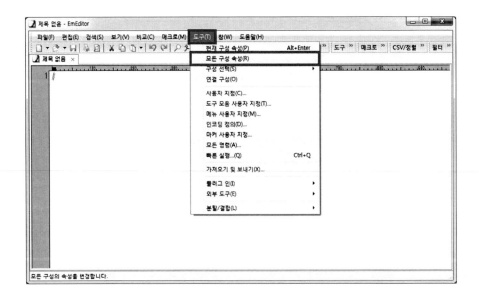

44) 포털 사이트에서 이들 프로그램을 검색하면 30일 정도 사용할 수 있는 버전을 내려받아 사용할 수 있다.

그러면 아래 그림과 같이 '모든 구성 속성' 창이 나타나는데, 이 창을 실행하면 많은 탭 메뉴 중에 '일반' 탭이 기본적으로 보이게 된다. 이 부분을 처음 실행시키면 아래 보이는 '줄 번호 보이기(L)'와 '눈금자 보이기(S)' 박스가 체크되어 있지 않다. 따라서 줄 번호를 표시해 주면 여러 가지 이점이 있으므로 이 부분을 반드시 체크해 주자. 그러면 '줄 번호'가 활성화되어 이후에 화면에서 줄 번호가 자동적으로 보이게 된다.

아래는 최신 버전의 이엠에디터에서의 속성 화면이다.

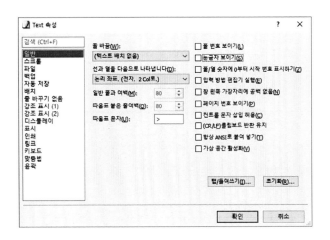

역시 이 화면에서 '줄 번호 보이기(L)'와 '눈금자 보이기(S)' 박스에 체크를 해 주자. 그러면 '줄 번호'가 활성화되어 이후에 화면에서 줄 번호가 자동적으로 보이게 된다.

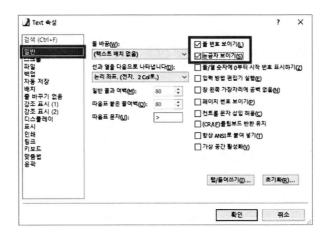

위 그림에서 '확인' 버튼을 클릭한 다음 메인 화면 상단의 '파일(F)' 탭을 클릭한다.

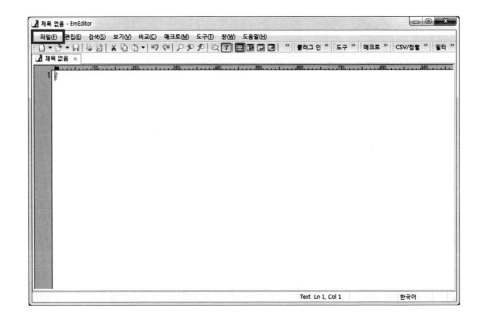

'파일(F)' 탭을 클릭하면 아래 그림과 같이 여러 메뉴가 나타나는데, 여기에서 '열기(O)'
를 선택한다.

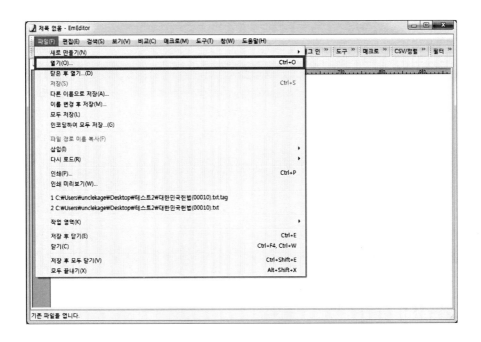

그러면 아래 그림과 같이 '열기' 창이 나타나는데, 여기서 먼저 '지능형 형태소 분석기'의 분석 결과물이 저장된 경로를 찾아간 다음 분석 결과물을 선택하고 '열기(O)' 버튼을 클릭한다. 다른 옵션은 모두 그대로 둔다.

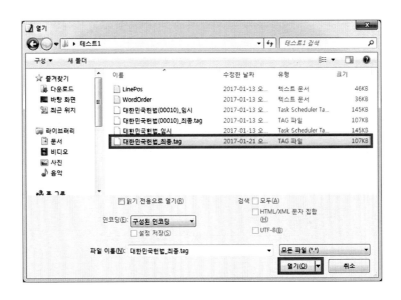

그러면 아래 창과 같이 분석 결과의 내용을 이엠에디터에서 볼 수 있다. '유태거' 분석 결과물을 '이엠에디터'에서 여는 것도 방법은 같다.

• '지능형 형태소 분석기'의 분석 결과물

• '이엠에디터'에서 분석 결과물 열기
  ◦ '파일(F)' ⇨ '열기(O)'

이 방법도 조금 불편하다는 생각이 들면 앞서 익힌 것처럼 텍스트에디터에 분석 파일을 끌어 오는 방법을 사용한다.

• '지능형 형태소 분석기' 분석 결과의 이엠에디터 연결

메모장에서와 마찬가지로 '지능형 형태소 분석기'의 분석 결과 파일이 있는 폴더(혹은 바탕화면 등등) 창과 '이엠에디터'를 함께 열어 두고, 왼쪽에 나와 있는 결과 파일을 마우

스 왼쪽 버튼으로 한 번 누른 상태(손을 떼지 않고 계속 누름)에서 오른쪽에 있는 메모장 화면의 어느 곳에라도 옮겨 놓고 마우스를 눌렀던 손을 뗀다. 그러면 아래와 같이 분석 결과의 내용을 볼 수 있다.

- '지능형 형태소 분석기'의 분석 결과물

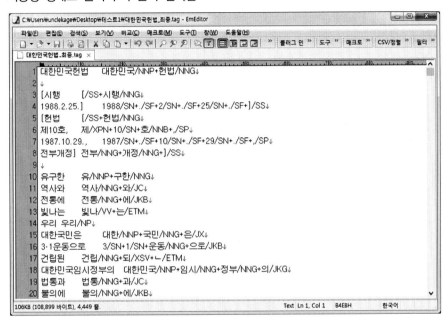

'유태거'의 분석 결과물을 '이엠에디터'에서 여는 방법도 위와 같다.

- '유태거' 분석 결과의 이엠에디터 연결

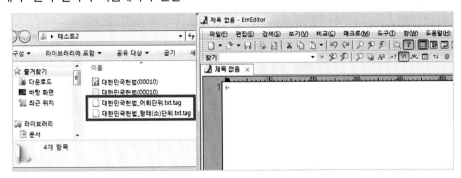

다음으로 '유태거'의 분석 결과 파일이 있는 폴더(혹은 바탕화면 등등) 창과 메모장을 함께 열어 두고, 왼쪽에 나와 있는 결과 파일을 마우스 왼쪽 버튼으로 한 번 누른 상태(손

을 떼지 않고 계속 누름)에서 오른쪽에 있는 메모장 화면의 어느 곳에라도 옮겨 놓고 마우스를 눌렀던 손을 뗀다. 그러면 역시 아래와 같이 분석 결과의 내용을 볼 수 있다.

- '유태거'의 '형태' 단위 분석 결과물

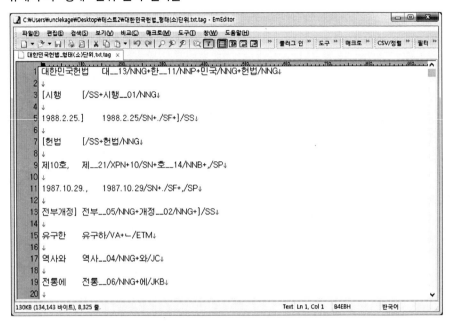

- '유태거'의 '어휘' 단위 분석 결과물

한편 또 다른 텍스트에디터인 '에디트플러스'에서 분석 결과를 확인하는 방법은 '이엠에 디터'에서의 분석 결과물을 여는 방법과 거의 유사하므로 특별히 필요할 때를 제외하고는 그 소개를 생략하기로 한다.

1.3.4.3. 텍스트에디터에서 분석 결과 가공하기

여기서는 형태 분석기의 분석 결과물을 프로그램에서 이용할 수 있도록 정리하는 방법에 대해서 살펴보기로 한다.

'유태거'의 분석 결과는 형식적으로 조금 가공할 필요가 있다. 왜냐하면 아래 그림과 같이 분석 결과를 그대로 사용하기에는 자료에 엔터(Enter↵)가 너무 많이 나타나기 때문이다. 따라서 이들 엔터를 없애 주어야 자료를 사용하기 편하고, 이후 문맥 색인을 만들기도 수월한 측면이 있다. 그렇다면 지금부터 '유태거' 분석 결과 자료를 조금 정리해 보도록 하자.

아래 그림을 보면 한 줄에 한 어절씩 세로의 형식으로 자료가 분석이 되어 있고, 이 자료는 세로로 읽으면 내용을 그대로 파악할 수 있게 되어 있다. 다만 한 어절마다 그 사이에 강제로 엔터[45]가 들어가 있어 연구자가 사용하기에 조금 어려운 측면이 있다. 따라서 임의로 들어가 있는 이 '엔터'를 조금 정리해 줄 필요가 있다.

---

45) 이엠에디터에서는 분명히 우리 눈에 모두 '↓'으로 표시된 '엔터'로 보인다. 하지만 이 중에 우리가 아는 일반적인 '엔터'가 아닌 것이 있다는 것 정도만 알아 두자. 이것은 뒤에서 설명한다.

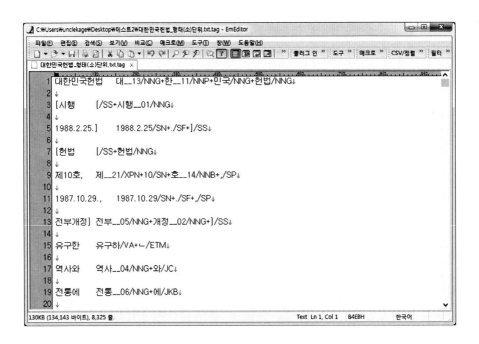

위 그림에서는 어절과 어절 사이에 엔터가 하나씩 들어가 있는 것을 확인할 수 있다. 하지만 이 자료 전체에 걸쳐서 어절과 어절 사이에 꼭 엔터 한 개가 들어가 있는 것이 아니다. 아래 그림을 보자.

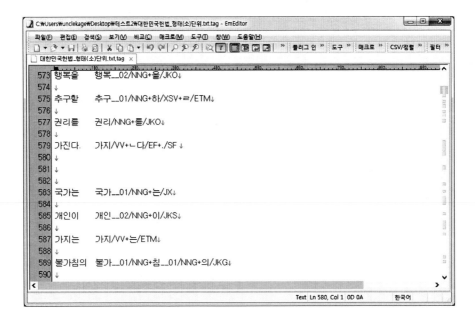

위 그림을 보면 "제10조 모든 국민은 인간으로서의 존엄과 가치를 가지며, 행복을 추구할 권리를 가진다."와 "국가는 개인이 가지는 불가침의 기본적 인권을 확인하고 이를 보장할 의무를 진다." 사이에 엔터가 세 개가 들어가 있다. 실제 원본을 살펴보자.

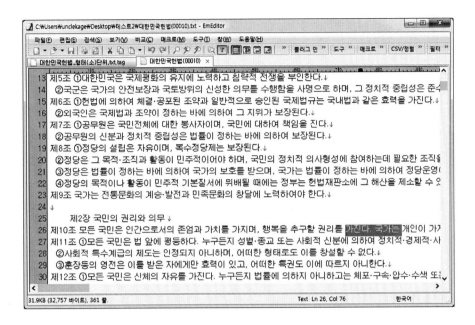

원본에 따르면 '유태거'는 어절과 어절 사이에 엔터 한 개를 두어 구분하여 분석하는데, 어절의 마지막에 문장이 끝난다는 의미를 나타내는 부호인 '.', '?', '!'가 나타나면 문장이 끝난 것으로 인식하고 문장과 문장을 구분하는 의미로 세 개의 엔터를 두고 있다는 것을 확인할 수 있다.46) 한편 '지능형 형태소 분석기'의 분석 결과에서 해당 부분의 분석을 살펴보자.

---

46) 현재의 화면에서는 꼭 그런 것은 아니다. 이 문제는 '에디트플러스'에서 해결할 수 있는데 여기서는 이러한 문제가 있다는 것만 이해하고 넘어갈 수 있도록 하자.

    '지능형 형태소 분석기'도 '유태거'와 마찬가지로 '.', '?', '!'가 나타나면 문장이 끝난 것으로 인식하고 문장과 문장을 구분하는 의미로 엔터(한 개)를 두고 있다. 하지만 '유태거'와 달리 어절과 어절 사이에는 공백을 나타내는 임의의 엔터를 두고 있지 않다.[47)]

    그런데 이 자료를 '메모장'이나 다른 텍스트에디터인 '에디트플러스'에서 열면 조금 다른 양상이 나타난다. '메모장'에서 '대한민국헌법_형태단위.txt.tag' 파일을 연 아래 그림을 보자.

---

47) 여기서 큰 문제가 발생하지 않는다는 말은 '담화 분석'과 같은 종류의 연구가 아닌 이상 큰 문제가 발생하지 않는다는 말이다. 이 부분은 '문장' 혹은 '문단'을 묶어 주는 것이고 이후 문맥 색인을 작성하는 것과 관련되는 것이기에, 문장을 넘어가는 연구를 진행하지 않는 이상 큰 문제가 생기지 않는다는 것이다.

'메모장'에서 '유태거'의 분석 결과를 살펴보면 각 어절과 어절 사이에 강제 엔터를 주지 않았다는 것을 확인할 수 있다. 다음으로 '에디트플러스'에서 '대한민국헌법_형태단위.txt.tag' 파일을 연 아래 그림을 보자.

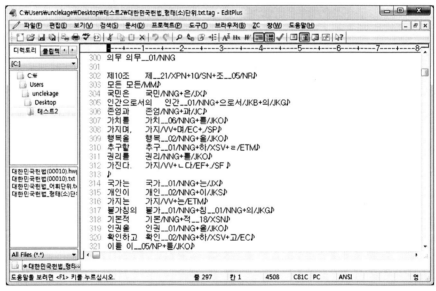

　　'에디트플러스'에서 '유태거'의 분석 결과를 읽으면 역시 각 어절과 어절 사이에 강제 엔터를 주지 않았다는 것을 확인할 수 있다. 왜 이렇게 같은 결과물을 세 가지 도구에서 읽은 결과가 다르게 나타나는 것일까? 위 결과 중 일부를 비교해 보자.

	에디터	분석 결과
1	이엠에디터	유구한 유구하/VA+ㄴ/ETM 역사와 역사_04/NNG+와/JC 전통에 전통_06/NNG+에/JKB
2	메모장	유구한 유구하/VA+ㄴ/ETM 역사와 역사_04/NNG+와/JC 전통에 전통_06/NNG+에/JKB
3	'에디트플러스'	유구한 유구하/VA+ㄴ/ETM♪ 역사와 역사_04/NNG+와/JC♪ 전통에 전통_06/NNG+에/JKB♪

위 표에서 보듯이 1은 다른 도구와 달리 어절과 어절 사이에 임의의 엔터가 한 번 들어가 있고, 2와 3은 각각 임의의 엔터가 들어가 있지 않다는 차이가 있다. 그리고 2와 3을 비교해 보면 3에서 '유구한 ⭾(tab) 유구하/VA+ㄴ/ETM♪'의 끝부분에 '♪'가 들어가 있는 것을 확인할 수 있다. 이것은 무슨 차이일까?

이것은 '유태거'에서 결과물을 내어 줄 때 한 어절에 한 어절씩 출력을 하는 과정에서 한 어절마다 '캐리지리턴'이라는 것을 넣어 주었기 때문에 발생하는 것이다. 이것을 '이엠에디터'에서는 임의의 엔터로 보여 주고 있으며, '메모장'과 '에디트플러스'에서는 보여 주지 않고 있는 것이다(물론 '에디트플러스'에서는 '캐리지리턴'을 '♪'로 표시해 주고 있다.).

쉽게 설명하자면 '캐리지리턴(Carriage Return, CR)'은 컴퓨터에서 커서가 표시되는 위치를 같은 줄(행) 맨 앞으로 위치시키는 명령인데, 여기서 커서의 위치를 아랫줄로 이동시키는 명령인 '라인피드(Line Feed, LF)'라는 것이 합쳐져서 최종적으로 커서를 아랫줄로 이동시켜 준다. 이 둘을 합치면 우리가 아는 엔터(Enter↵ 혹은 '뉴라인'[48], '줄바꿈')가 된다.

즉, 'CR+LF=Enter↵'라고 생각하면 된다.

따라서 '유태거'에서는 한 어절마다 마지막에 '\r\n'을 주어 출력하기 때문에 그것이 '이엠에디터'에서는 엔터가 두 개 들어간 것으로 보이게 되어 어절과 어절 사이에 임의의 엔터가 하나 들어간 것으로 보이게 된 것이다. 한편 '에디트플러스'에서는 이렇게 캐리지리턴과 라인피드가 함께 출력될 때 캐리지리턴을 '♪'로 보여주고 있기에 육안으로는 어절과 어절 사이에 다른 임의의 엔터가 들어가 있지 않은 것으로 보이게 된 것이다.[49]

---

48) '뉴라인(newline)'은 '\n' 또는 '₩n'으로 표시된다. 자판에서 백스페이스 키(←, Back Space) 왼쪽에 있는 역슬래시 키(\)를 누르면 '\' 또는 '₩'가 표시된다. 같은 기능키 표시가 이렇게 달리 표시되는 것은 이 두 가지가 글꼴이나 도구에 따라서 조금씩 서로 달리 보이기 때문이다. 둘 다 같은 의미이니 놀라지 않아도 된다.

'이엠에디터'에서도 이들을 구분하여 볼 수도 있다. 기본 세팅에서는 제공하지 않지만 몇 가지 조건을 설정하면 '캐리지리턴'과 일반적인 '엔터'가 구분되어 보인다.

아래 그림과 같이 따라해 보자. 먼저 '이엠에디터' 상단 탭에서 '도구(T)'를 클릭한다. 그런 다음 위에서 두 번째에 있는 '모든 구성 속성(R)'을 클릭한다. 가장 위에 있는 '현재 구성 속성(P)'을 눌러도 되지만 여기서는 '모든 구성 속성(R)'을 선택한다.

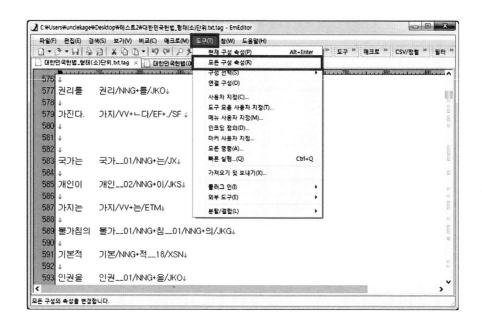

'모든 구성 속성(R)'을 클릭하면 창이 하나 나타나면서 기본적으로 여러 탭 중 '일반'을 먼저 보여 준다. 여기서 우리가 필요한 부분은 '표시'라는 탭에 있다. 그러니 '표시' 탭을 클릭해 보자.[50]

---

49) 앞으로 메모장은 거의 사용하지 않을 것이기 때문에 메모장에 대한 문제는 더 설명하지 않기로 한다.

50) '모든 구성 속성'을 클릭하면 기본적으로 '일반' 탭의 내용을 보여 준다. '이엠에디터' 최초 설정에서 '줄 번호 보이기'와 '눈금자 보이기'가 체크되어 있지 않으면 지금이라도 체크를 선택해 준다. 그리고 '이엠에디터'에서 '탭'의 간격이 좁아 보인다면 하단에 보이는 '탭/들여쓰기'를 선택하여 '탭'의 간격을 넓게 해 주면 된다.

'표시' 탭을 클릭하면 아래 그림과 같은 메뉴들이 보이는데, 그 중에 다른 것은 그대로 두고 'CR과 LF를 다른 표시로 보이기(C)' 박스에 체크를 한다.[51] 그런 다음 '확인' 버튼을 클릭한다.

그러면 아래 그림과 같이 우리가 아는 줄바꿈인 엔터는 '↵'으로 보이고, 캐리지리턴은 '←'으로 구분되어 보인다.

---

51) '모든 구성 속성'의 '표시'에서 'CR과 LF를 다른 표시로 보이기(C)'는 이엠에디터가 정품일 경우에만 보이고, 체험판일 경우에는 보이지 않는다. 자료의 성격이나 원리를 보이는 것이기 때문에 체험판을 사용하는 이들은 내용을 따라가기만 해도 좋을 것이다.

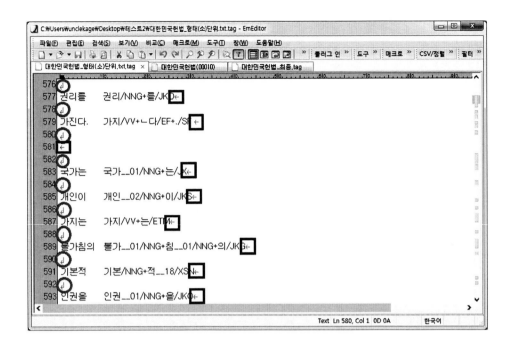

이렇듯 '지능형 형태소 분석기'의 분석 결과에서는 발생하지 않는 현상이 '유태거'에서는 발생하였다. 다소 어렵게 느껴질 수도 있으나 이를 정리하는 데에 큰 어려움이 없으므로 천천히 따라 하다 보면 쉽게 자료를 정리할 수 있을 것이다. 다소 불편한 측면이 있기는 하지만 '유태거'가 제공하는 기능이 '지능형 형태소 분석기'보다 많아 상당히 유용하기 때문에 이 부분을 알아 두고 후처리하는 방법을 익혀 두도록 하자.

'지능형 형태소 분석기'를 통한 분석 결과는 그 결과물을 손대지 않고 바로 사용하는 것이 가능하지만 '유태거'를 통한 분석 결과는 조금 후처리를 해 주어야 한다. 즉 과도한 엔터 명확히 말하자면 캐리지리턴을 지워 주어야 한다. 이 캐리지리턴을 정확하게 삭제할 수 있는 도구는 '에디트플러스'이다. 따라서 텍스트에디터로 '이엠에디터'를 설치한 사람들도 별도로 '에디트플러스'를 설치할 수 있도록 하자. 앞서 언급하였지만 일정 기간 사용할 수 있는 버전을 내려받아 설치하면 된다.

'에디트플러스'가 설치되었다면 이를 실행해 보자.

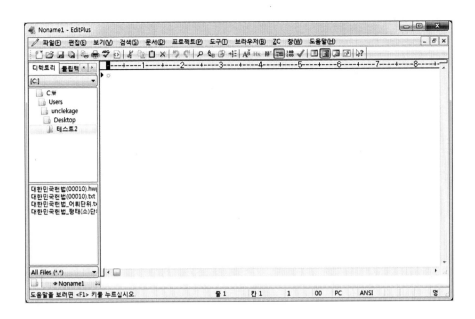

'에디트플러스'를 실행했다면 먼저 상단의 '보기(V)' 탭을 선택하고 아홉 번째에 보이는 '줄 번호(N)' 부분을 체크하자. 그러면 '줄 번호'가 활성화되어 이후에 화면에서 줄 번호가 자동적으로 보이게 된다.

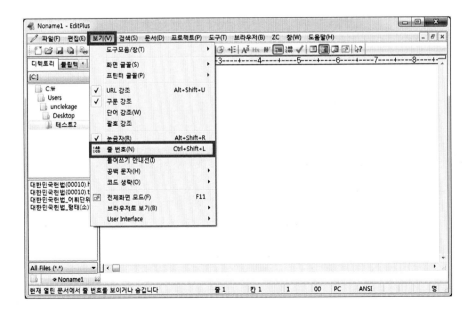

그렇다면 '에디트플러스'에서 '유태거'의 분석 결과를 불러오자.

　　그런 다음 한 가지 세팅을 해 주어야 하는데 상단 탭 메뉴에서 '보기(V)'를 선택하고 '공백 문자(H)'에서 '줄 바꿈 기호(L)' 부분을 체크(∨)해 준다.

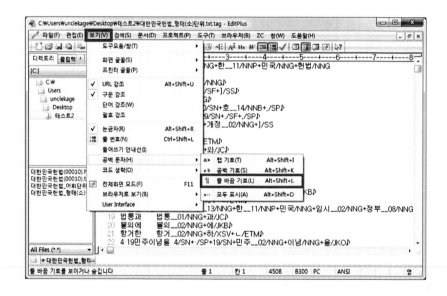

　　그러면 각 줄마다 끝에 옅은 '¶'가 보이는 것을 확인할 수 있다. 이것이 '에디트플러스'에 서 '엔터'를 표시해 주는 것이다. '¶'가 있는 바로 그 위치에 '엔터'가 있다는 것을 의미한다.

따라서 화면을 잘 관찰해 보면, 우리가 수정해 주어야 할 것은 '♪¶'가 서로 나란히 있는 부분을 모두 '¶'으로 수정해 주는 것이다.[52][53]

그러면 '에디트플러스'에서는 이것을 어떻게 바꾸어 줄 수 있을까?

· '바꾸기' 창 불러오기

   ㉠ 상단 탭 메뉴에서 '검색(S)'을 선택하고 두 번째에 보이는 '바꾸기(R)'를 선택

   ㉡ Alt + S + E (Alt는 계속 누른 상태에서, 순서대로 S와 E를 누른다.)

   ㉢ Ctrl + H

㉠, ㉡, ㉢의 세 가지 방법 중에 어느 것을 선택해도 된다. 보통은 ㉢을 외어서 사용하는 사람들이 많다. ㉢이 기억나지 않는다면 ㉠의 방법을 사용한다. 따라서 상단 탭 메뉴에서 '검색(S)'을 선택하고 두 번째에 보이는 '바꾸기(R)'를 클릭하자.

---

52) 물론 이론적으로는 단순히 '♪'을 삭제해 주어도 무방할 것으로 생각되지만, 실제로는 변환할 때 조금의 문제가 발생하므로 여기서는 '♪¶'를 '¶'으로 바꾸어 주는 방법만 사용하기로 하자.

53) 자신의 윈도우즈 버전이나 에디트플러스의 버전에 따라서 '♪'가 보이지 않을 수도 있다. 하지만 '♪'가 눈에 보이지 않는다 하더라도 자료에는 '♪'가 존재하기 때문에 '\r\n'을 '\n'으로 바꾸어 주어야 한다. 물론 이렇게 바꾸었을 때에 오류는 나타나지 않는다.

그러면 아래와 같이 '바꾸기'라는 이름의 창이 나타난다.

이 창도 역시 상당히 직관적이다. 사용자가 바꿀 대상이 되는 말과 바꿀 목표가 되는 말을 창에 입력하면 된다. 즉 '찾을 말'에 바꿀 대상이 되는 말을 입력하고 '바꿀 말'에 바꿀 목표 즉 '~으로' 바꾸고 싶은 말을 넣으면 된다. 여기서는 캐리지리턴을 지우는 것이 목표이므로 '바꾸기' 창에 아래와 같이 입력한다.

- '바꾸기' 창 입력 사항
  ○ 찾을 말: ₩r₩n(or \r\n)[54]
  ○ 바꿀 말: ₩n(or \n)

---

54) 앞서도 언급하였지만 역슬래시 키(\)를 누르면 '\' 또는 '₩'로 표시된다. 현재 '바꾸기' 창에서는 역슬래시 키를 누르면 '\'가 '₩'로 표시된다. 같은 것이므로 걱정하지 않아도 된다.

간단히 설명하자면 "캐리지리턴(₩r)과 엔터(₩n, 혹은 뉴라인)가 함께 있는 것을 모두 엔터(₩n)로 바꾸어라"와 같은 명령이 되는데, '캐리지리턴＋엔터'를 '엔터'로 바꾼다는 것은 '캐리지리턴'을 삭제하라는 명령과 같다. 따라서 '바꾸기' 창의 '찾을 말' 부분에는 '₩r₩n'을 입력하고 '바꿀 말' 부분에는 '₩n'을 입력한다.

그런 다음 화면에서 보이듯이 '정규식(X)'이라는 박스를 체크하고, 다른 박스는 손대지 않는다. '에디트플러스'에서 캐리지리턴(₩r)과 엔터(₩n)를 인식하기 위해서는, 즉 캐리지리턴(₩r)과 엔터(₩n)를 찾거나 바꾸기 위해서는 반드시 '정규식'을 사용해야 한다. '정규식'을 체크하지 않으면 '에디트플러스'가 이들을 각각의 문자로만 인식할 뿐,[55] 이들이 의미하는 바대로 실행시키지 못한다.[56]

그런 다음 '모두 바꿈(A)'을 클릭하자. 앞서 '이엠에디터' 부분에서도 설명했지만, '모두 바꿈(A)'이 아닌 '바꾸기' 클릭하면 말뭉치 내에 들어 있는 '찾을 말'의 캐리지리턴을 하나 씩 찾아 가며 삭제하게 되고, '모두 바꿈(A)'을 클릭하면 말뭉치 내에 존재하는 모든 캐리지리턴을 단번에 삭제하게 된다.

---

55) 정규식을 사용하지 않으면 '₩r, ₩n'을 각각의 문자인 '역슬래시(\)'와 영문자 'r', 영문자 'n'로 인식하게 된다.

56) '정규식'은 '정규 표현식(Regular Expression)' 또는 '정규 표현'이라고도 하는데, 일반적이지 않은 문자나 어떠한 문자열(문자의 집합)을 찾고, 또 바꾸어 주는 역할을 하는 것이다. '정규식'에 대한 자세한 설명은 연규동·박진호·최운호(2003)의 3장으로 미루어 두고, 앞으로 여기서는 필요한 부분에 대해서만 설명하기로 한다.

그러면 위 그림에서 보이는 것과 같이 '에디트플러스'의 화면 왼쪽 가장 하단에 "일치하는 내용이 3817회 바뀌었습니다."라고 된 문구에서 캐리지리턴 3,817개가 변환된 것을 확인할 수 있다.[57] 여기서 '바꾸기' 창을 끈 다음, 다시 마우스 포인터를 이 화면 아무 곳에 찍고, 'Ctrl + Home'[58]을 눌러서 화면의 가장 상단으로 가 보자.

---

57) 이 파일의 마지막 줄 번호가 4506이라는 것도 꼭 확인하고 기억해 둘 수 있도록 하자.

58) 'Ctrl + Home'은 화면의 가장 상단으로 가는 명령이며, 'Ctrl + End'은 화면의 가장 하단으로 가는 명령이다. 정확히는 각각 최상단에 있는 칸으로, 최하단에 있는 칸으로 이동하라는 명령이다. 이러한 몇 가지 단축키들은 실습하면서 조금씩 익혀 두도록 하자. 자료의 양이 많아지면 화면 오른쪽에 있는 '윈도우 바(bar)'로 움직여서 이동하는 것이 불편하기 때문이다.

화면의 자료를 다시 확인해 보면, 캐리지리턴을 나타내는 '♪'가 모두 사라진 것을 확인할 수 있다. 이렇게 하면 '유태거' 분석 결과물의 형식적인 수정이 모두 끝났다. 그런 다음 'Ctrl+S'(저장하기)를 눌러서 수정된 자료를 저장하자. 혹은 상단 '파일(F)' 탭에서 '저장(S)'을 선택하여 저장하면 된다.

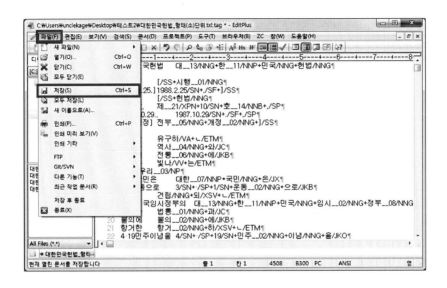

그리고 반드시 '새 이름으로'[59]으로 저장하지 말고 꼭 'Ctrl+S'(저장하기)로 저장하여 이 파일의 마지막 확장자인 '.tag'를 유지하도록 하자. 만약 사용자 중에 누군가가 '새 이름으로'를 통해서 저장하고 싶다면, 상단 탭의 '파일(F)'에서 '새 이름으로'를 클릭한다. 그러면 아래와 같이 '다른 이름으로 저장' 창이 나타난다.

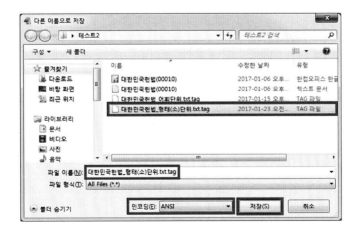

---

59) 새 창이 뜨면 '새 이름으로'라는 창이 아니고 '다른 이름으로 저장'이라는 이름의 창이 뜬다. 동일한 것이니 혼동이 없도록 말자.

그런 다음 이 파일에 해당하는 파일명을 선택하면 아래 '파일 이름(N)'에 선택한 파일 이름과 같은 파일명이 자동으로 입력된다. 그리고 다른 형식은 손대지 않고 '저장' 버튼을 클릭하면 수정된 결과물 저장이 완료된다. 혹시 창 아래에 보이는 '인코딩'이라는 부분이 궁금할 수 있는데 이 부분은 이후에 '글잡이Ⅱ'나 '한마루2.0'의 형식에 맞게 수정할 것이므로 현재는 기본적으로 선택되어 있는 'ANSI'로 두고 다른 것으로는 선택하지 않도록 한다.[60] 그런 다음 '저장(S)' 버튼을 클릭하면, 아래 그림과 같은 경고 창이 나타난다.

이 경고 창은 현재 원자료가 저장된 폴더에 '대한민국헌법_형태단위.txt.tag'라는 파일이 존재하는데 '다른 이름으로 저장' 창에서 파일 이름을 같은 이름인 '대한민국헌법_형태단위.txt.tag'로 설정하여 저장하기 때문에 파일 이름이 서로 겹친다는 것을 알려 주는 것이다. 그리하여 "이 파일을 바꾸시겠습니까?"라고 묻고 있는 것이다. 앞으로는 캐리지리턴을 삭제한 수정 파일을 사용할 것이기 때문에 '예(Y)' 버튼을 클릭하면, 원자료인 '대한민국헌법_형태단위.txt.tag'를 캐리지리턴을 삭제한 현재 자료로 덮어쓰게 된다.

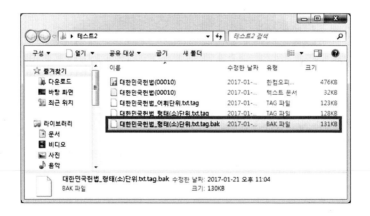

---

60) 이후 설명이 되겠지만 '글잡이Ⅱ'에서는 인코딩을 'ANSI'로 설정하고 '한마루2.0'에서는 인코딩을 '유니코드' 혹은 'UTF-16'으로 설정해 주어야 한다. '에디트플러스'에서는 'UTF-16'이 없으므로 '유니코드'를 선택해야 한다. 물론 이 자료의 형식으로는 '한마루2.0'에서 바로 사용할 수 없고 조금 다른 형식으로 바꾸어 주어야 한다. 이것도 역시 나중에 설명한다.

그런데 '저장' 버튼을 클릭하고 분석 파일이 저장된 곳으로 가보면 아래와 같이 파일이 하나 더 생성된 것으로 볼 수 있다.

ⓐ '대한민국헌법_형태단위.txt.tag'
ⓑ '대한민국헌법_형태단위.txt.tag.bak'

먼저 ⓑ의 '대한민국헌법_형태단위.txt.tag.bak'이 어떤 내용으로 되어 있는지 확인해 보자. '에디트플러스'에서 '대한민국헌법_형태단위.txt.tag.bak'을 열어 보자. 그러면 ⓑ 파일이 캐리지리턴을 삭제하지 않았던 이전 파일의 내용이라는 것을 확인할 수 있다.

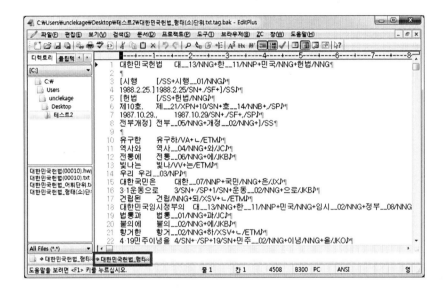

위 그림에서 보면 이전에 삭제하였던 캐리지리턴 '♪'가 그대로 남아 있는 것을 확인할 수 있다. 눈치가 빠른 사람들은 이미 이해했겠지만, ⓑ의 파일명 마지막에 붙은 '.bak'은 말 그대로 백업 파일이라는 것을 의미한다. 이전의 원파일을 수정하여 저장하면서 현재 수정된 내용은 파일 ⓐ로 저장되고, ⓐ로 저장하기 이전의 내용은 백업 파일 ⓑ로 저장된 것이다.

• '에디트플러스'에서의 백업 파일 원리
  ◦ 현재 수정된 내용 ⇨ 파일 ⓐ로 저장
  ◦ 수정되기 이전 내용 ⇨ 파일 ⓑ(백업 파일, '*.bak')로 저장

'에디트플러스'는 사용자가 실수할 것을 대비하여 이렇게 수정된 원파일을 저장할 때마다 백업 파일을 생성시켜 준다. 만약 어떤 사용자가 결과 파일을 저장할 때마다 백업 파일이 생성되는 것이 도움을 주기보다 오히려 혼동만 준다고 생각된다면 백업 파일 생성 설정을 바꾸어 주면 된다. '백업 파일 생성 설정' 방법은 다음과 같이 따라 해 보자.
먼저 상단 탭에서 '도구'를 선택하고 '기본 설정(P)'을 클릭한다.

'도구'에서 가장 위에 보이는 '기본 설정(P)'을 클릭하면 아래와 같은 창이 나타난다. 이 창은 항상 왼쪽 항목(메뉴) 중에 '일반'이 기본적으로 설정되어 있다.

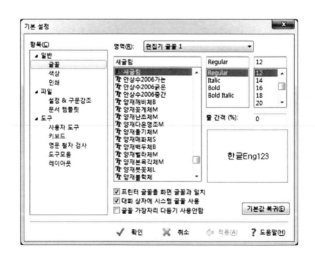

왼쪽 항목(메뉴) 창에서 '파일'을 선택하면 오른쪽과 같은 내용이 보이는데 현재는 저장할 때마다 백업 파일을 만들어 주고 있으므로 '저장 시 백업 파일 생성(B)'에 체크가 되어 있다. 이 '저장 시 백업 파일 생성(B)'의 체크를 풀어 주면 저장할 때마다 백업 파일이 생성되는 것을 중지시킨다. 따라서 '저장 시 백업 파일 생성(B)'의 체크를 풀어 창 아래에 보이는 '적용'을 누른 다음 '확인'을 클릭하자.

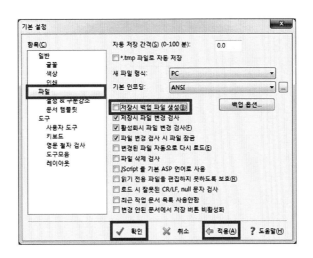

이렇듯 너무 당연하다 싶은 저장 방법까지 언급하는 것은 이후 '글잡이II'에서 인덱싱을 하기 위한 파일의 형식으로 저장하기 위해서이다. 즉 이 파일의 마지막 확장자를 '.tag'로 유지하고자 하는 것이다. '글잡이II'에서 인덱싱을 하기 위한 파일의 형식은 오직 확장자가 '.tag'인 파일만이 가능하기 때문이다.

이제는 '유태거'에서 분석한 파일에서 캐리지리턴이 잘 제거되었는지를 확인해 보도록 하자. '에디트플러스'를 이용하여 캐리지리턴을 제거하였다면 그 결과 파일을 '이엠에디터'에서 열어 보자. 그러면 아래 그림에서 보는 바와 같이 '이엠에디터'에서 캐리지리턴을 나타냈던 '←'가 모두 사라지고, 강제로 삽입되어 있던 엔터 또한 사라진 것을 확인할 수 있다.

다음으로 엔터가 세 개 들어 있었던 부분으로 가 보자.

이 부분에서도 앞서 엔터가 세 개 들어가 있던 것이 한 번으로 줄어든 것을 확인할 수 있다. 캐리지리턴을 삭제한 결과인 위 그림과 삭제하기 전인 아래 그림을 비교해 보면 쉽게 이해할 수 있다. 앞서 줄바꿈인 엔터는 '↵'이고, 캐리지리턴은 '←'이라고 하였는데,

여기서는 모두 줄바꿈 엔터인 '↵'으로 바뀐 것을 확인할 수 있다.

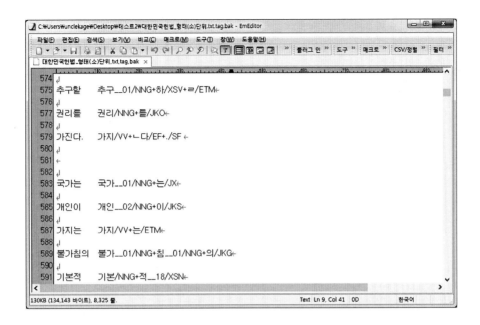

지금까지 우리가 시도한 것은 '유태거'의 분석 결과에 캐리지리턴이라는 것이 들어 있는 데, 이를 '에디트플러스'라는 텍스트에디터에서 제거해 주는 것이었다. 여기서부터는 '이엠에디터'의 설정을 바꾸어 주어야 하는데, '도구 〉 모든 구성 속성 〉 표시'에서 'CR과 LF를 다른 표시로 보이기' 부분의 체크를 풀고 진행하기로 한다.[61)]

이상에서 설명한 것은 '지능형 형태소 분석기'나 '유태거'를 통해서 형태 분석을 진행한 다음 그 분석 결과 파일을 '글잡이 II'나 '한마루2.0'에서 사용할 수 있도록 정제하는 방법을 에디터 사용법에 있어 살펴본 것이다. 그 과정을 정리하자면 아래와 같다.

- 형태 분석: '지능형 형태소 분석기' 또는 '유태거'
- 정제:
  ◦ ('지능형 형태소 분석기'의 경우) '형태' 단위 분석 → '어휘' 단위 분석
  ◦ ('유태거'의 경우) '에디트플러스'를 통해서 캐리지리턴을 삭제
  ◦ 최종 결과물은 '.tag'의 형식으로 저장

---

61) 이 부분은 꼭 따라 하지 않아도 된다. 화면 구성상 서로 달리 보여 독자들에게 혼동을 줄까 보아 편의상 체크를 풀고 진행하는 것이다.

- 결과물을 엑셀에서 읽어, 정렬을 통해 오분석 수정(아직 설명하지 않은 부분임.)
- '글잡이II', '유태거' 사용할 수 있는 형식으로 변환(아직 설명하지 않은 부분임.)

그리고 이 외에도 이후에 수정해야 할 부분이 있는데, '1.', '2.', '가.', '나.', '다.'와 같이 '장, 절'을 나타내는 부분을 문장의 마지막('.', '?', '!'으로 끝나는 부분)이라 인식하고 강제로 엔터 한 개를 주는 부분이다. 그리고 '엔터'가 잘못 들어간 부분도 존재할 수 있는데, 이것은 기계적으로 수정할 수 있는 여지가 없기 때문에 사람이 눈으로 보면서 수정해 주는 수밖에 없다. 따라서 '문단' 구분이 잘못된 부분을 찾아서 '엔터'를 넣어 주거나 '엔터'를 삭제 해 주는 작업을 분석자가 시도해 주면 될 것이다.[62]

1.3.5. 형태 분석 말뭉치 수정하기

자! 다음으로 일차적으로 도구를 통해 분석된 말뭉치를 수정하는 방법을 익혀 보자. 기계(형태 분석 도구)가 분석해 준 결과는 아무리 정확하다고 하더라도 오류(정확성, 일관성)가 포함되어 있을 수밖에 없다. 이 결과를 그대로 연구에 사용한다면 왜곡된 결과를 얻기 십상이다. 따라서 도구를 이용한 결과물은 반드시 연구자가 꼭 수정 절차를 거쳐 주어야 한다. 예로 든 다음 자료를 확인해 보자.

원어절	분석 어절
보호법	보호__01/NNG+법__01/NNG
「진흥법」에	진흥/NNG+법__01/NNG+」/SS+에/JKB
「특례법」에	특례법/NNG+」/SS+에/JKB
「공연법」에	「/SS+공연법/NNG+」/SS+에/JKB

위 자료는 일관성에 문제가 발생한 자료이다.[63] '보호법, 진흥법, 특례법, 공연법'을 모두 같은 차원에서 분석해 주어야 하는데, 어떤 것(보호법, 진흥법)은 '법'을 분석해 내었고, 어떤 것(특례법, 공연법)은 분석해 내지 않았다. 이러한 것이 '일관성' 오류에 해당되는데, 연구 결과를 심각히 왜곡시키는 참사를 낳을 수 있기에 문제가 된다. 다른 자료를 확인해

---

62) 물론 이 부분 역시 자료가 너무 크거나 시간이 촉박할 경우에는 전체적 양상에 영향을 끼치지 않는 한에서 살짝 넘어가도 좋을 것이다. 왜냐하면 약간의 오류가 있다고 하더라도 검색과 빈도 산출의 대세에는 큰 영향을 끼치지 않기 때문이다.

63) 위 자료는 '대한민국헌법'을 분석한 것이 아니라 '청소년보호법'을 분석한 자료이다. 해당 사례를 설명하기 위한 것을 임의로 제시하고 있는 것이다.

보자.

원어절	분석 어절
옥외광고물과	옥외/NNG+광고__02/NNG+물__09/XSN+과/JC
매체물의	매체/NNG+물__09/XSN+의/JKG
매체물과	매체/NNG+물__01/NNG+과/JC
광고선전물	광고__02/NNG+선전물/NNG
간행물에	간행물/NNG+에/JKB

이도 역시 접미사 '-물(物)'이 결합된 말에 대한 분석에서 일관성이 지켜지지 않은 사례이다. 연구자의 연구 목적에 맞게 모두 분석해 주든지 아니면 반대로 모두 분석하지 않든지 어느 한 쪽으로 정리되어야 하는데 위 자료의 상태는 그렇지 못하다. 게다가 두 개의 '매체물' 중 하나는 '매체/NNG+물__01/NNG'[64]로 분석되어 분석의 오류를 보이고 있다. 이것은 '정확성' 오류에 속한다. 따라서 일차적으로 도구를 통한 분석 이후, 분석 말뭉치에 대한 수정 작업이 꼭 뒤따라야 한다는 것을 이해할 수 있을 것이다.

자 그렇다면, 본격적으로 분석 말뭉치의 내용을 수정하는 방법을 배워 보자. 지금까지 그러했듯이 조금씩 천천히 따라 하다 보면 어느새 전문가가 되어 가고 있는 자신을 확인할 수 있을 것이다.

1.3.5.1. '유태거'의 분석 결과물 수정

먼저 여기서는 '유태거'의 분석 결과를 수정하는 방법에 대해서 설명하고자 한다. '유태거'의 분석 결과를 수정하는 방법은 '지능형 형태소 분석기'의 분석 결과를 수정하는 방법과 거의 유사하다. 여기서도 말뭉치 수정 시 오류를 줄이고 일관성을 유지하기 위하여 전체 자료를 정렬하여 수정하는 것이 일반적인데, 이때 수정 이후 원자료의 순서로 자료를 되돌리기 위하여 반드시 일련번호라는 것이 필요하다. 따라서 '유태거'의 분석 결과에 일련번호를 부여하는 방법을 알아보기로 하자. 일련번호 만들기는 역시 '엑셀'을 활용한다.[65] 이번에는 '유태거'의 분석 결과 중 '어휘' 단위 분석의 결과물인 '대한민국헌법_어휘

---

64) 『표준국어대사전』을 확인해 보면 '물01'은 'water'를 뜻한다.

65) 엑셀은 'Microsoft Office'에 들어 있다. 윈도우 화면에서 왼쪽 가장 아래에 있는 '시작(🏁)' 버튼을 누른 다음 '모든 프로그램'을 누르면 'Microsoft Office' 폴더가 보이는데 그 안에 'Microsoft Excel'을 클릭하면 된다. 만약에 자기 컴퓨터에 아무리 찾아도 'Microsoft Office'나 'Microsoft Excel'가 보이지 않는다면 어떠한 방법을 통해서라도 'Microsoft Office'를 설치하도록 하자. 보통 지인의 도움을 받으면 원하는 바를 이룰 수 있다.

(단위).txt.tag'를 '엑셀'에서 열어 보자.[66]

컴퓨터 화면의 왼쪽 하단에 보이는 윈도우 시작 버튼을 클릭하고 '엑셀' 프로그램이 들어 있는 경로를 찾아가서 '엑셀'을 실행시키자.

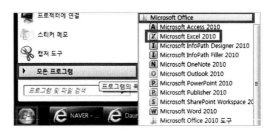

그러면 아래 그림과 같이 '엑셀' 창이 나타난다.

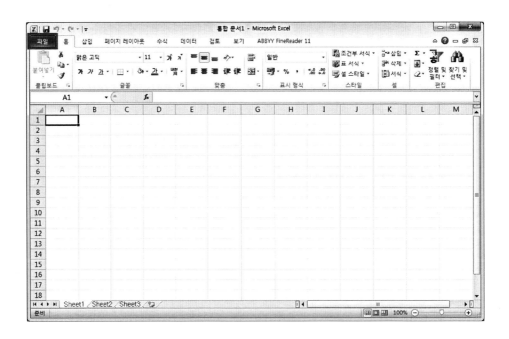

먼저 왼쪽 상단에 보이는 녹색의 파일 탭을 클릭하면 아래와 같은 화면이 나타난다.

---

66) 여기서는 많은 이들이 사용할 것으로 예측되는 'Microsoft Excel 2010'을 대상으로 설명한다. 만약 그 이상의 버전을 사용한다 하더라도 큰 틀에서는 별 차이가 없으므로 안심하고 자신이 가지고 있는 버전을 사용하자.

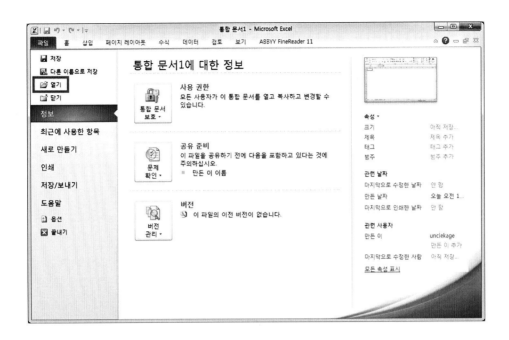

왼쪽에 보이는 아이콘 중에 '열기'를 누르면 아래와 같은 창이 나타난다.

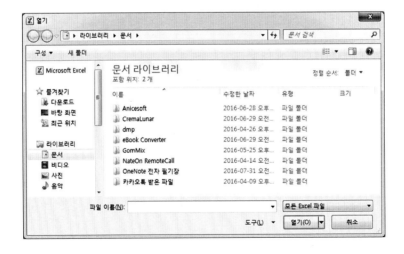

그런 다음 위 창의 왼쪽 경로를 통해서 '유태거'의 형태 분석 결과 파일이 있는 곳(대개 폴더)을 찾아간다.

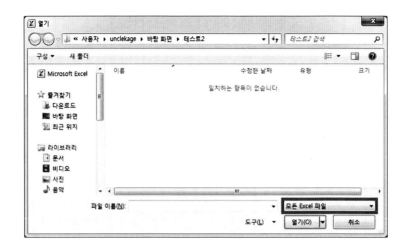

그러면 위와 같은 화면이 나타나는데 아무런 파일이 없이 '일치하는 항목이 없습니다.'라는 문구만 확인하게 된다. 분명히 폴더 안에 '대한민국헌법_어휘(단위).txt.tag' 파일이 있었는데 이 창에서는 보이지 않는다. 대체 어떻게 된 일일까? 이것은 엑셀에서 '열기'를 눌러 파일을 불러올 때 엑셀 파일('.xlsx')을 찾아 여는 것이 고정값(default)으로 설정되어 있기 때문이다. 그래서 화면의 오른쪽 아래에 보이는 파일 형식이 기본적으로 '모든 Excel 파일'로 설정되어 있구나 하고 이해할 수 있을 것이다. 그렇다면 파일 형식 부분을 클릭해서 나오는 메뉴 중에 '모든 Excel 파일'을 '모든 파일'로 바꾸어 선택해 보자.

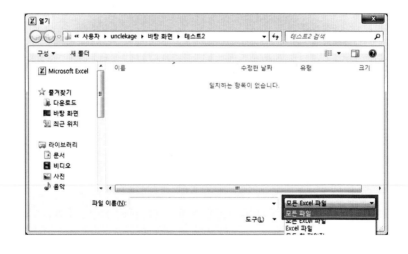

그러면 아래와 같이 '대한민국헌법_어휘.txt.tag' 파일을 포함한 여타 파일이 보이게 된다.[67]

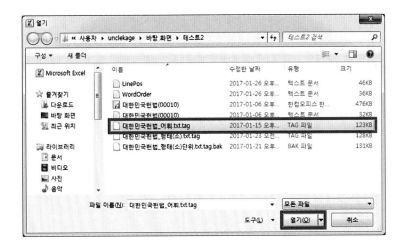

그런 다음 '대한민국헌법_어휘.txt.tag'를 선택하고 '열기(O)' 버튼을 클릭하면 아래 그림과 같이 '텍스트 마법사' 창이 나타난다.

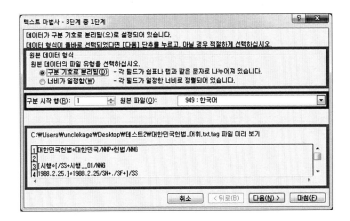

'텍스트 마법사-3단계 중 1단계'에서는 '원본 데이터 형식'과 '구분 시작 행(R)', 그리고 '원본 파일(O)'을 설정해 주어야 하는데, 이 창에서 선택하는 것은 아래와 같다.

ⓐ 원본 데이터 형식: '구분 기호로 분리됨(D)' 선택

ⓑ 구분 시작 행: '1'

ⓒ 원본 파일: '949: 한국어'

---

67) 여기서부터는 파일 이름('대한민국헌법_어휘(단위).txt.tag')이 다소 긴 측면이 있기 때문에 파일명에서 '(단위)'를 빼고, '대한민국헌법_어휘.txt.tag'로 설명하고자 한다. 오해가 없기를 바란다.

ⓐ는 자료가 '구분 기호'로 되어 있는지 '일정한 너비'로 되어 있는지를 묻는 것인데 우리가 만든 형태 분석 말뭉치는 '원어절'과 '분석 어절'이 '탭'(⭲)이라는 구분자로 구분되어 있다는 것을 떠올릴 수 있을 것이다. 따라서 '너비가 일정함(W)'을 선택하지 않고, '구분 기호로 분리됨(D)'을 선택해 준다.

ⓑ는 '구분 시작 행'을 선택하는 것인데 무조건 '1'로 선택한다. 즉 이 부분은 손대지 않고 그대로 둔다.

ⓒ '원본 파일'의 인코딩을 선택해 주는 것인데, 보통 엑셀에서 자동으로 현재 파일의 인코딩을 찾아서 선택해 준다. 위 그림에서는 기본적으로 주어진 '(CP)949: 한국어'가 맞기 때문에 그대로 둔다. 만약 이 부분의 인코딩이 자료와 맞지 않다면 아래에 보이는 '파일 미리 보기'에 한글이 보이지 않고 깨어진 문자가 보이게 된다. 따라서 아래 '파일 미리 보기'에 한글이 보인다는 것은 현재 인코딩이 맞게 설정되었다는 것이다. 만약 '파일 미리 보기'에 한글이 보이지 않고 문자가 깨어져 있다면 이 자료(불러오는 파일)의 적합한 인코딩을 선택해 주면 된다. 그런 다음 '다음(N)' 버튼을 클릭하면 2단계로 넘어간다.

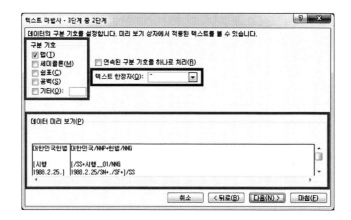

'텍스트 마법사-3단계 중 2단계'에서는 '구분 기호'와 '텍스트 한정자(Q)'를 설정해 주어야 한다.[68]

---

68) '연속된 구분 기호를 하나로 처리(R)'는 그대로 둔다.

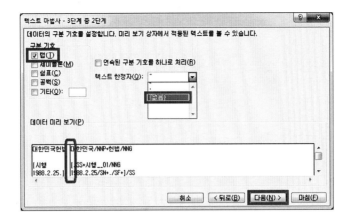

이 창에서 선택하는 것은 아래와 같다.

    ⓐ 구분 기호: '탭(T)' 선택

    ⓑ 텍스트 한정자: '{없음}' 선택

앞서 '텍스트 마법사' 1단계에서 '원본 데이터 형식'을 '구분 기호로 분리됨(D)'으로 선택했던 것을 기억할 것이다. '구분 기호'에서는 그 구분자를 무엇으로 선택할 것인가를 선택하는 부분인데, 우리가 사용하는 자료는 거의 100% '구분 기호'가 '탭'(⭲)으로 되어 있는 자료이다. 따라서 '탭(T)'을 선택한다. 2단계의 '데이터 미리 보기'를 보면 1단계에서와는 달리 '원어절'과 '분석 어절' 사이에 검은색 세로 실선이 나타나 있는 것을 확인할 수 있는데, 실제로 '탭'(⭲)이 '원어절'과 '분석 어절'을 구분해 주고 있다.

ⓑ의 '텍스트 한정자'는 텍스트(데이터)를 구분하기 위하여 사용하는 문자인데 ""와 ""로 싼 부분이 텍스트라는 의미이다. 여기서는 '{없음}'으로 선택해 주는데 이렇게 하면 ""를 메타 데이터가 아닌 단순한 문자 데이터로 인식하게 된다.

그런 다음 '다음(N)' 버튼을 클릭하면 3단계로 넘어간다.

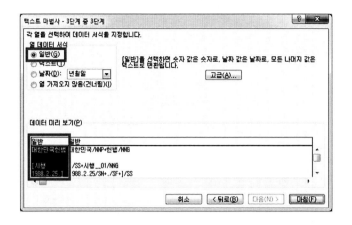

　'텍스트 마법사-3단계 중 3단계'는 열 데이터의 서식을 지정해 주는 부분인데, 보통은 '일반'으로 선택해 주어도 무방하다. 하지만 엑셀 내에서 약속이 되어 있는 기호인 '=, ", "' 등이 말뭉치 내에 존재하면 자료를 엑셀로 읽어 들이면서 정보가 유실될 위험이 있으므로 안전한 처리를 위해서 '텍스트'로 바꾸어 주기로 한다. 먼저 위 그림의 '데이터 미리 보기'의 왼쪽 칼럼(열)인 원어절 부분을 클릭하여 선택하고, 위에 보이는 '열 데이터 서식'에서 '텍스트(T)'를 선택한다. 그러면 '데이터 미리 보기'에 '일반'으로 되어 있던 것이 '텍스트'로 바뀐 것을 확인할 수 있다.

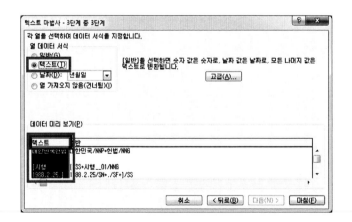

　다음으로 위 그림의 '데이터 미리 보기'의 오른쪽 칼럼(열)인 분석 어절 부분을 클릭하여 선택한다.

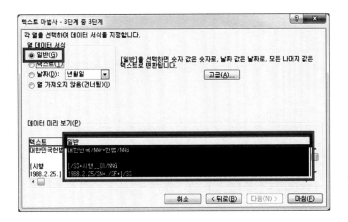

그런 다음 '열 데이터 서식'에서 '텍스트(T)'를 선택하면 이것도 역시 '데이터 미리 보기'에 '일반'으로 되어 있던 것이 '텍스트'로 바뀐 것을 확인할 수 있다.

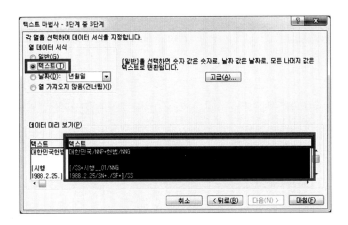

다시 한 번 언급하자면, 꼭 '열 텍스트 서식'을 '텍스트'로 바꾸어 주는 까닭은 말뭉치 분석 라인에 있는 일부 기호들이 엑셀 내부적으로 이미 어떠한 약속으로 쓰이는 것들이기에 최종 결과물을 텍스트로 저장할 때 원치 않은 오류가 발생할 수 있기 때문이다.[69]

그런 다음 '마침(F)' 버튼을 클릭하면 아래와 같이 분석 결과의 내용이 엑셀에서 보이게 된다.

---

69) 향후 자료를 잘 다루는 경지에 오르게 되면 '열 텍스트 서식'을 '일반'으로 선택하고 진행하여도 큰 무리는 없다.

　자! 이젠 이 자료의 가장 앞부분에 일련번호를 붙여 보자. 여기서는 간단하게 숫자를 붙이는 방법을 알아보기로 하는데, 이것은 이후 원어절이나 분석 어절을 정렬하여 수정한 다음에 다시 원래의 말뭉치 순서대로 돌아오기 위해서 붙여 주는 것이다. 그래서 말뭉치를 구축할 때 혹은 수정할 때 반드시 필요한 것이다. 여기서는 엑셀을 다루는 것이 서툰 사람들을 위해 자세히 설명하고자 한다.

　먼저 A열을 선택해 보자. 화면에서 가로로 'A, B, C, D, E, F …'로 되어 있는 부분에서 'A'를 누르면 A열 전체가 선택된다.

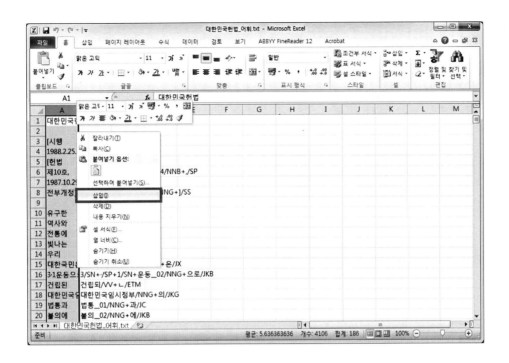

그 다음 일련번호를 부가할 열을 추가해야 하는데, A열을 전체 선택한 다음 선택된 영역에 마우스 포인터(엑셀에서는 하얀색 십자가 모양)를 놓고 마우스 오른쪽 버튼을 클릭한다. 그러면 위 그림과 같은 메뉴가 나오는데 그 중에 '삽입(I)'을 선택하고 마우스 왼쪽 버튼을 클릭한다. 그 결과 아래 그림과 같이 원래 있던 A열과 B열이 오른쪽으로 한 열씩 밀려나면서 각각 B열과 C열이 되고 비어 있는 A열이 생성된 것을 확인할 수 있다.

여기서 A열의 1행, 2행, 3행에 각각 일련번호인 '1, 2, 3'을 차례대로 입력하고 난 다음, 이 세 칸을 드래그하여 선택해 보자. 그러면 이 세 칸의 겉 테두리가 짙은 검은색으로 표시되는 것을 확인할 수 있다.

그런데 이 검은 칸의 오른쪽 아랫부분을 보면 검은색 테두리 사각형의 오른쪽 아래 귀퉁이가 선이 아니라 '■'로 되어 있는 것을 확인할 수 있다.

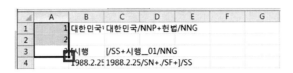

바로 이 부분 '■' 위에 현재 마우스포인터 역할을 하고 있는 하얀색 십자가를 가져다 대면,[70] 하얀색 십자가가 '十'로 바뀌는 것을 확인할 수 있다. 그러면 그 상태에서(마우스포인터가 '十' 모양인 상태에서) 마우스 왼쪽 버튼을 더블클릭해 보자. 그러면 아래와 같이 세로로 숫자가 자동으로 채워지는 것을 확인할 수 있다.

그런데 왜 위 그림에서는 '8'행에서 숫자가 멈추는 것일까? 그것은 엑셀에서 이렇게 자동으로 숫자를 채울 경우, 바로 오른쪽에 있는 B열의 모든 칸(분석 자료의 끝부분까지)에 정보가 연속적으로 채워져 있어야 하기 때문이다. 그래서 위 그림에서는 B열 9행의 칸에

---

70) 정확히 하얀색 십자가 마우스포인터를 '■' 위에 가져다 놓아야 한다.

아무 내용이 없기 때문에 숫자의 자동 채움이 8행에서 멈춘 것이다.

그렇다면 아래와 같이 9행에 일련번호 '9'를 임의로 입력해 보자.

그런 다음 다시 '7, 8, 9' 전체를 드래그하여 검은색 테두리 사각형의 오른쪽 아래 귀퉁이에 있는 '■'에 하얀색 십자가 마우스포인터를 놓자. 그리고 마우스포인터의 모양이 '┼'로 바뀌면 그 상태에서 마우스 왼쪽 버튼으로 더블클릭하자. 그런데 아랫부분으로 내려가 보면 그 결과도 '102'행에서 숫자가 멈춘 것을 확인할 수 있다. 그 까닭도 역시 B열 103행의 칸에 아무 내용이 없기 때문에 숫자의 자동 채움이 102행에서 멈춘 것이다.

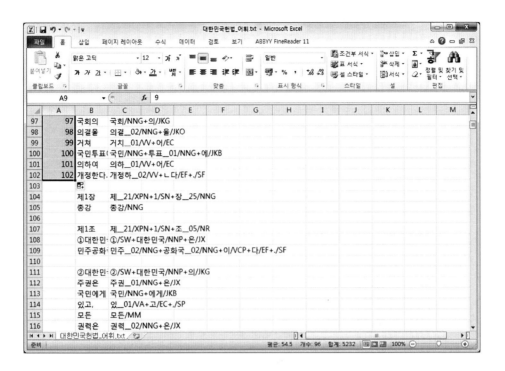

따라서 A열 전체에 일련번호를 자동으로 채우기 위해서는 B열의 각 행(칸)에 내용이 반드시 채워져 있어야 한다는 것을 확실히 이해할 수 있다. 그렇다면 B열의 각 행(칸)은 어떻게 채울 수 있을까? 물론 B열의 각 행(칸)을 채우는 방법도 있겠지만 여기서는 다른 방식으로 A행에 일련번호를 채우는 법을 익히기로 한다.[71] 다른 방식이라 함은 비어 있는 B열 셀을 채우는 것이 아니라 A열의 셀을 어떠한 내용으로 모두 채우는 것을 말한다. 이 방식을 사용하면 B열 셀의 내용이 채워져 있고 없음에 상관없이 A열의 셀을 자동으로 채울 수 있게 된다.

그에 앞서 여기서 꼭 알아 두어야 할 것은 형태 분석 결과물이 2줄의 행으로만 되어 있다는 사실이다. 형태 분석의 결과물은 '원어절'과 '분석 어절'이 '탭'(⇥)으로 구분되어 있는 자료이다. 따라서 엑셀에서 결과물을 불러왔을 때에 위 그림에서 자료의 내용은 B열과 C열에만 들어 있고 다른 어떤 곳에도 들어 있지 않다는 것을 숙지하고 있어야 한다(아래 그림 참조).

---

71) 그 전에 A열에 연습으로 해 넣어본 숫자(1~102)는 'Delete' 키를 눌러서 지워 두도록 한다.

그러면 먼저 새로 생성된 A열의 아무 칸을 마우스 왼쪽 버튼으로 클릭하고(임의로 A열의 1행을 찍어 보자.), 키보드의 'Ctrl'+'↓'를 눌러서 엑셀 세로 줄의 가장 아랫부분으로 가 보자.

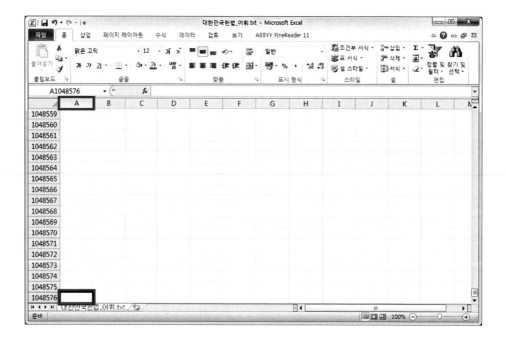

우리는 여기서 엑셀이 최대치로 수용할 수 있는 '행'(세로)이 1,048,576이라는 것을 확인
할 수 있다. 그런 다음 '□' 키를 눌러 가장 아래 행의 B열로 움직인다.

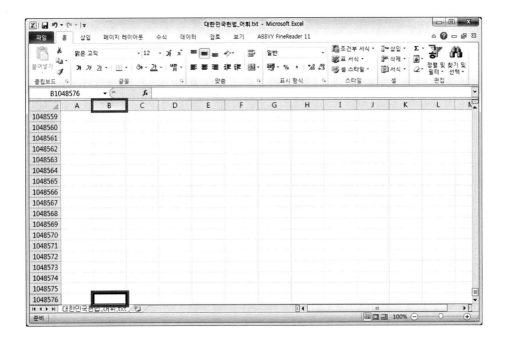

그런 다음 현재의 위치에서 키보드의 'Ctrl+↑'를 눌러 보자.

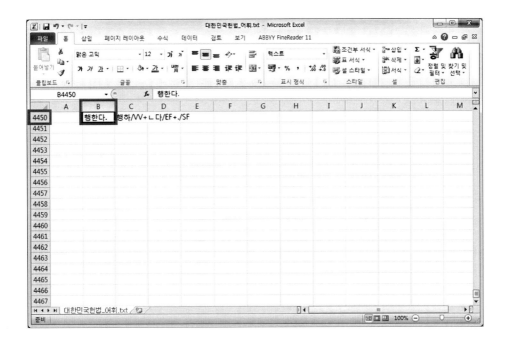

그러면 B열의 가장 마지막 부분(내용이 채워져 있는 마지막 칸)으로 이동한다. 방금 진행했던 과정을 다시 한 번 상기해 보자.

· B열 마지막 부분(내용이 채워져 있는 가장 아랫부분)으로 이동하기

　① A열 아무 곳 마우스포인터를 놓음.
　② 'Ctrl+↓': 엑셀의 가장 아랫부분으로 이동
　③ '→': 엑셀 A열의 가장 아랫부분에서 B열의 가장 아랫부분으로 이동
　④ 'Ctrl+↑': B열의 가장 마지막 부분으로 이동

이러한 과정을 거친 것은 A열의 마지막 위치인 4450행을 찾기 위한 것이다.[72]

그런 다음 A열 4450행의 셀(칸)에 아무 문자나 입력해 보자. 위 그림에서는 '123'이라고 입력하였다. 그런 다음 'Ctrl+↑'를 눌러서 엑셀의 가장 윗부분으로 가 보자. 그리곤 여기

---

[72] 앞서 '지능형 형태소 분석기' 분석 결과의 가장 아랫부분의 줄 번호는 '4447'이었는데, '유태거' 분석 결과의 가장 아랫부분의 줄 번호는 '4450'이다. 이것은 분석에 문제가 있는 것이 아니라, '지능형 형태소 분석기'와 '유태거'가 '문장'을 구분하는 방법이 조금 다르기 때문에 나타난 현상이다. 즉 실제 내용에 대한 분석에 문제가 있는 것이 아니라, '문장' 구분을 위한 강제 엔터의 개수에서 차이가 난 것이므로 전체적으로는 큰 문제가 없다.

서도 A열 1행의 셀(칸)에 아무 문자나 입력하는데, 역시 아래 그림에서처럼 '123'을 입력하였다.

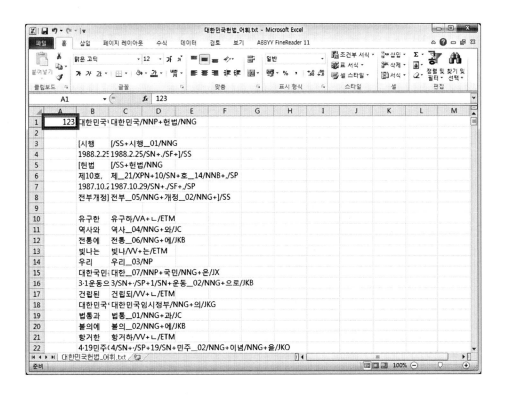

그런 다음 A열의 1행의 셀(칸)을 선택하여 'Ctrl + C'(복사하기)를 눌러 해당 셀을 복사하고,[73] 'Ctrl + Shift + ↓'을 누르면 A열 1행의 셀부터 A열 4450행의 셀까지가 선택된다.

---

73) A열 1행 셀(칸)의 내용인 '123'을 복사한다는 것이다.

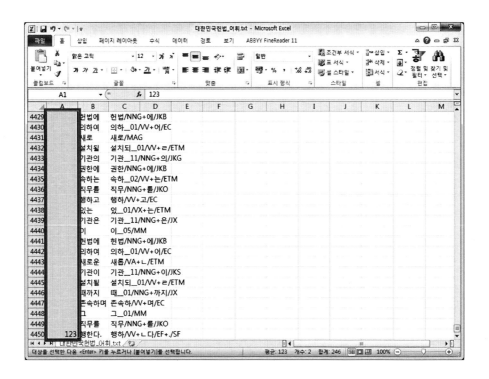

그 다음으로 'Ctrl+V'(붙여 넣기)를 눌러 주면 아래 그림에서와 같이 앞서 'Ctrl+C'로 복사했던 A열 1행의 내용인 '123'으로 모든 A열의 칸이 채워진다.

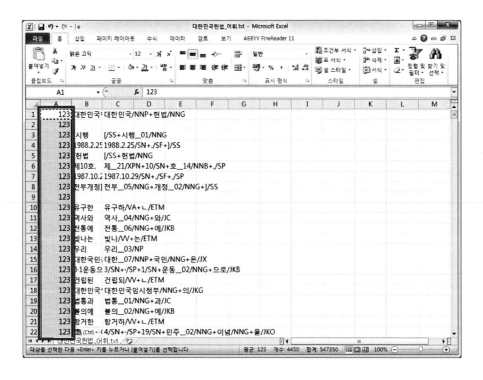

이 과정을 다시 한 번 정리해 보자.

- A열 전체에 아무 문자 입력하기 1
  ① '←': B열의 가장 마지막 부분에서 A열의 마지막 부분(4450행)으로 이동
  ② '123입력': A열 4450행에 '123' 입력
  ③ 'Ctrl + ↑': A열 1행으로 이동
  ④ '123입력': A열 1행에 '123' 입력
  ⑤ 'Ctrl + C': 해당 셀(A열의 1행)을 복사
  ⑥ 'Ctrl + Shift + ↓': 엑셀 A열의 가장 윗부분에서 A열의 가장 아랫부분 선택
  ⑦ 'Ctrl + V': A열 1행~4450행까지를 A열 1행의 내용으로 채움(복사하여 붙임).

그러면 'Ctrl + ↓'을 눌러 내용이 채워진 마지막 부분으로 가서 문자(숫자, 123)가 잘 채워졌는지를 확인해 보자. 그러면 아래 그림에서 보듯이 '123'이 A열 전체에 오류 없이 모두 입력되었다는 것을 확인할 수 있다.

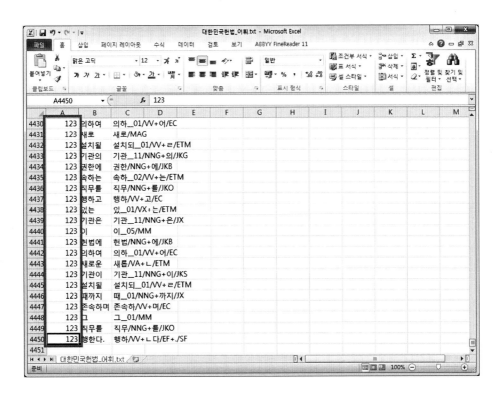

A열에 아무 문자를 입력하는 다른 방법도 있다.[74] 지금까지 진행했던 과정과는 조금

다르지만 그 결과는 같아지기 때문에 혼동하지 말고 천천히 따라해 보자. 먼저 다시금 B열의 가장 마지막 부분으로 이동하자.

- B열 마지막 부분(가장 아랫부분)으로 이동하기
  ① A열 아무 곳 마우스포인터를 놓음.
  ② 'Ctrl + ↓': 엑셀의 가장 아랫부분으로 이동
  ③ '→': 엑셀 A열의 가장 아랫부분에서 B열의 가장 아랫부분으로 이동
  ④ 'Ctrl + ↑': B열의 가장 마지막 부분으로 이동

그런 다음 A열의 가장 마지막 부분(4450)으로 이동한다.

그런 다음 A열 4450행의 셀(칸)에 아무 문자나 입력해 보자. 위 그림에서는 '123'이라고 입력하였다. 그런 다음 아래 그림처럼 'Ctrl + C'를 눌러 해당 셀을 복사한다.[75] 그러면 A열의 '4450' 부분이 실선이 아니라 점선으로 둘러싸인다.

---

74) A열 전체를 선택하고 'Del' 키를 눌러서 임의로 A열 전체를 채웠던 '123'을 삭제하자.
75) A열 4450행 셀(칸)의 내용인 '123'을 복사한다는 것이다.

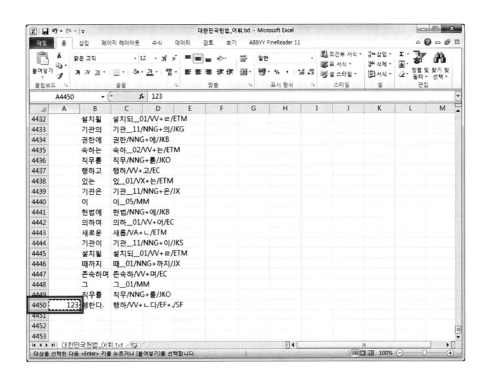

그런 다음 `Ctrl`+`Shift`+`↑`을 누르면 아래 그림처럼 A열 4450행의 셀에서부터 A열 1행의 셀까지가 선택된다.

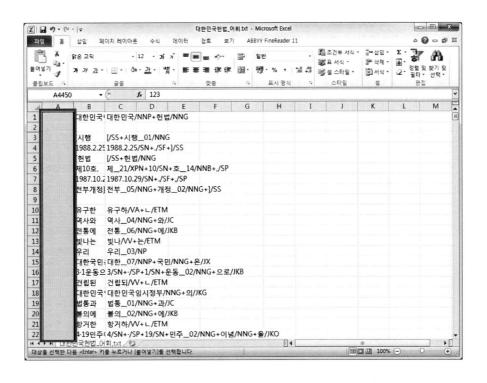

그 다음으로 'Ctrl+V'(붙여 넣기)를 눌러 주면 아래 그림에서와 같이 앞서 'Ctrl+C'로 복사했던 A열 4450행의 내용인 '123'으로 모든 A열의 칸이 채워진다.

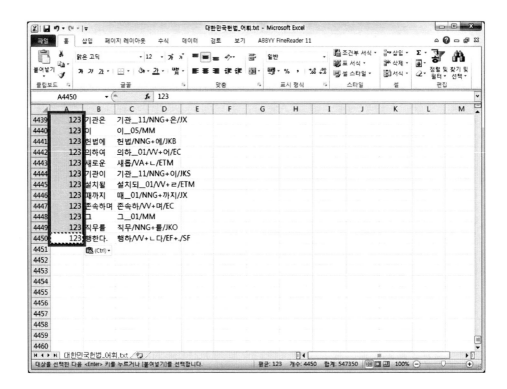

그런 다음 'Ctrl+↑'을 눌러 내용이 채워진 가장 윗부분으로 가서 문자(숫자, 123)가 잘 채워졌는지를 확인해 보자. 그러면 아래 그림에서 보듯이 '123'이 A열 전체에 오류 없이 모두 입력되었다는 것을 확인할 수 있다.

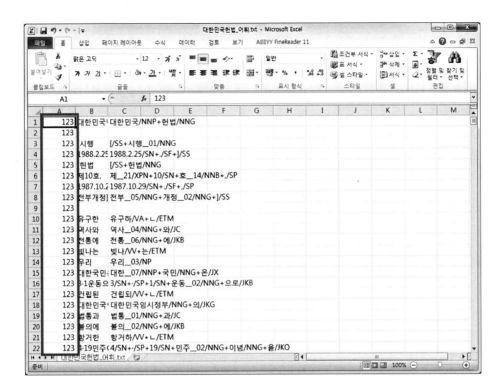

이 과정도 다시 한 번 정리해 보자.

- A열 전체에 아무 문자 입력하기 2
  ① '←': B열의 가장 마지막 부분에서 A열의 마지막 부분(4450행)으로 이동
  ② '123입력': A열 4450행에 '123' 입력
  ③ 'Ctrl + C': 해당 셀(A열의 4450행)을 복사
  ④ 'Ctrl + Shift + ↑': 엑셀 A열의 가장 아랫부분에서 A열의 가장 윗부분 선택
  ⑤ 'Ctrl + V': A열 4450행~1행까지를 A열 4450행의 내용으로 채움(복사하여 붙임).

지금까지 비어 있는 A열에 내용을 채우는 두 가지 방법을 살펴보았는데, 그 결과는 모두 같으므로 연구자가 편안한 방법을 사용하면 될 것이다.

자 그렇다면, 이제 앞서 B열에 있는 빈칸 때문에 실패했던 일련번호 자동 채우기에 다시 도전해 보기로 하자.

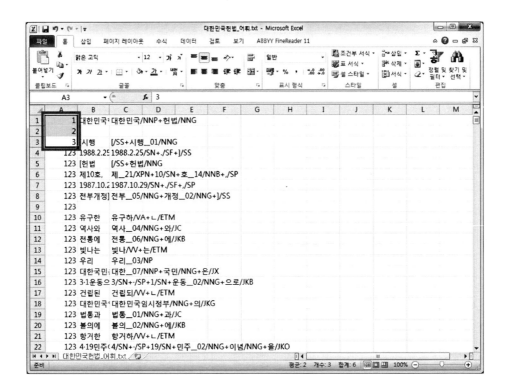

　여기서 A열의 1행, 2행, 3행에 일련번호인 '1, 2, 3'을 각각 차례대로 입력하고 난 다음, 이 세 칸을 드래그하여 선택한다. 그 다음 선택된 검은색 테두리 사각형의 오른쪽 아래 귀퉁이에 있는 '■'에 하얀색 십자가 마우스포인터를 놓고 마우스포인터가 '╋'로 바뀔 때 그 상태에서 마우스 왼쪽 버튼으로 더블클릭한다. 자! 이번에는 그 결과가 어떨까? 아래 그림에서는 A열의 1행부터 순차적으로 일련번호가 부여되고 있는 것을 확인할 수 있다.

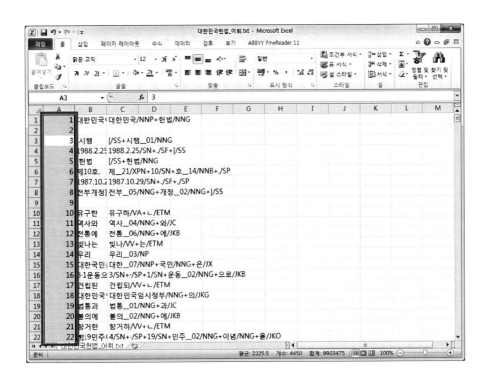

그렇다면 '[Ctrl]+[↓]'을 눌러 마지막 부분까지 일련번호(숫자)가 순서대로 잘 채워졌는지 확인해 보자.

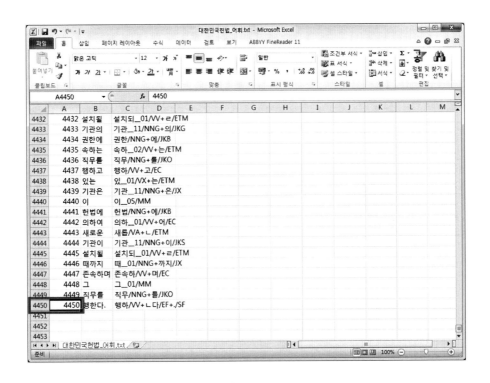

이 자료의 마지막 부분에 해당하는 일련번호가 4450로 부여된 것으로 보아, 일련번호가 성공적으로 부여되었다는 것을 확인할 수 있다. 즉 B열에 비어 있는 셀(B열 2, B열 9, B열 103 등)이 존재하여도 자료의 끝부분까지 일련번호가 빠짐없이 부여되었다는 것을 확인할 수 있다. 그렇다면 A열에 일련번호를 부여하는 과정은 모두 성공적으로 끝났다.

그런데 왜 이렇게 복잡한 과정을 거치면서까지 A열을 생성하여 여기에 일련번호를 부여하는 것일까? 그것은 분석기의 결과물을 오류 없이 정확하고 신뢰할 수 있는 자료로 만들기 위해서이다.

형태 분석은 '정확성'과 '일관성'이 생명이다. 분석된 자료를 처음부터 끝까지 읽으면서 세심하게 오류를 수정한다면 '정확성'은 기할 수 있을지 모른다. 하지만 사람이 하는 일이다 보니 '일관성'을 기하기는 어려운 측면이 있다. 이럴 경우 자료를 정렬하여 같은 형태 혹은 유사한 형태를 한데 묶어서 처리한다면 '일관성'을 기할 수 있다. 그리하여 분석 결과물의 전체 자료를 정렬하여 오류를 수정한 다음, 자료의 원래 상태로 돌아오기 위하여 A열을 생성하여 일련번호를 부여하는 것이다.

지금부터는 자료를 정렬하여 수정하는 방법을 간단히 살펴보고자 한다.

먼저 자료를 정렬하는 방법에 대한 설명이다. 현재 엑셀 자료에서 내용이 채워져 있는 아무 곳에 마우스포인터를 놓고 'Ctrl+A'(전체 선택)를 누르면 아래 그림과 같이 A열, B열, C열의 모든 자료가 선택된다.

이렇게 전체 자료를 선택한 다음 엑셀 상단 탭의 '홈'에서 가장 오른쪽에 보이는 '정렬 및 필터'를 클릭한다. 그리고 여기서 나타나는 메뉴 중에 '사용자 지정 정렬(U)'을 클릭한다.

그러면 아래와 같이 '정렬' 창이 나타난다.

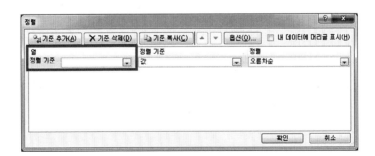

이 창에서는 정렬할 '열', 정렬할 '정렬 기준' 그리고 정렬할 '방법'을 선택해 주어야 한다. 여기서 설정해 주어야 하는 조건은 아래와 같다.

· 정렬 조건 설정
 ① 정렬 열: 'B'열

② 정렬 기준: '값'

③ 정렬 방법: '오름차순'('가나다'순 정렬)

　이 자료는 '원어절' 부분인 B를 기준으로, '가나다'순으로, 오름차순으로 정렬할 것이기 때문에 여기서 다른 부분은 그대로 두고 '정렬 기준'을 '열 B'로 선택한 다음 '확인' 버튼을 클릭한다.

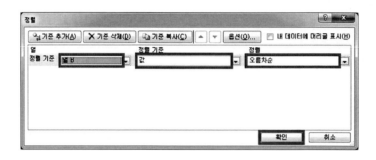

　그런 다음 '확인' 버튼을 클릭하면 아래 창과 같이 B열을 기준으로 자료가 정렬된다. 그런데 간혹 아래 그림과 같은 '정렬 경고' 창이 나타나는 경우가 있다.

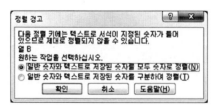

　이것은 하나의 셀이 '숫자'나 '문자'로만 구성된 것이 아니라 '숫자＋문자'로 구성된 셀이 있는 이들의 정렬을 어떻게 할 것인가 하고 사용자에게 묻는 것이다. 이럴 경우에는 당황하지 말고, '일반 숫자와 텍스트로 저장된 숫자를 모두 숫자로 정렬(N)'을 선택하고 '확인' 버튼을 클릭하도록 한다. 그러면 아래 그림과 같이 B열로 정렬된 결과를 확인할 수 있다.

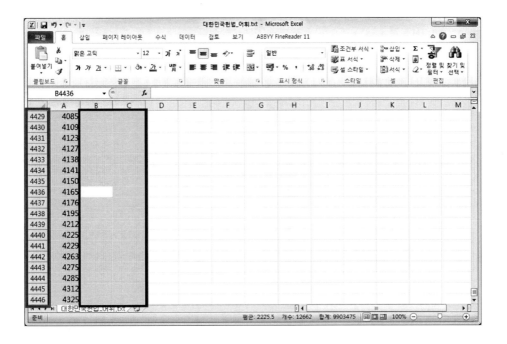

위 그림에서 A열 왼쪽에 있는 엑셀 줄 번호(주황색)인 '4107~4450' 부분에 B열과 C열에 아무 내용이 없는 것은 분석 자료에 문장을 구분하기 위해 Enter↵가 들어가 있는 부분이 정렬로 인해 모여 있기 때문이다. B열을 정렬했기 때문에 원어절의 내용이 들어 있는 부분은 엑셀의 위쪽에 배치되고 내용이 비어 있는 부분은 아래쪽에 배치되어 있는 것이다. 여기서 B열의 셀 아무 곳에 마우스포인터를 놓고 'Ctrl+↑'를 눌러 보자.

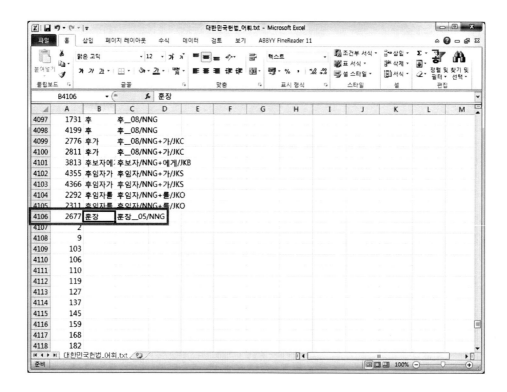

    그러면 위 그림에서 보듯이, 내용이 채워진 B열의 마지막 부분으로 이동한다. 이렇게 정렬한 상태에서 엑셀의 4106번 줄까지는 A열, B열, C열의 셀이 모두 내용으로 채워져 있다. 위 그림에 따르면 내용이 채워져 있는 셀은 모두 4,106개이므로, 이 자료의 전체 어절 수는 4,106어절이 된다.

    엑셀 4106번 줄의 A열, B열, C열의 셀 중 아무 곳에나 마우스포인터를 놓고 'Ctrl + ↑'를 눌러 엑셀의 가장 윗부분으로 가 보면 숫자들이 모여 있는 것을 확인할 수 있다.

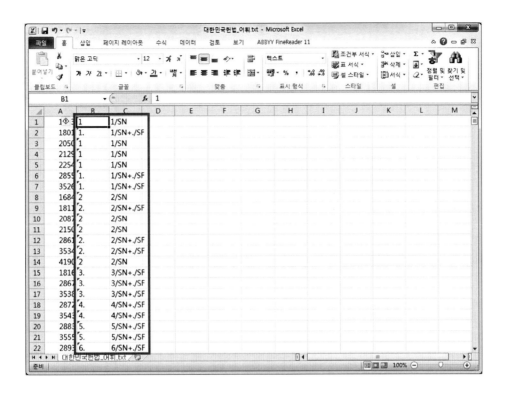

이것은 엑셀에서 정렬을 하면 '숫자, 특수 기호, 영어, 한글(한자)'의 순으로 정렬되기 때문이다.[76)]

정렬 순서	정렬 내용	성격
1	1, 2, 3, …	숫자
2	1, 2, 3, …	숫자
3	[, …	특수 기호
4	〈, …	특수 기호
5	abc, …	영어
6	敎, …	'가나다' 순
7	세종대왕, …	
8	學, …	
9	한글, …	

---

76) 한자의 경우는 엑셀이 한자를 음으로 읽어 처리하기 때문에 '한글'과 '한자'가 달리 구분되어 정렬되는 것이 아니고, '한글'과 '한자'가 한데 모인 상태에서 '음'(혹은 '가나다')별로 정렬이 된다.

그러면 지금부터 B열을 순서대로 보면서 형태 분석이 잘못된 부분을 수정해 보자. 그 전에 분석된 내용을 잘 확인하기 위하여 현재 B열과 C열의 칸을 넉넉하게 늘여 준다.

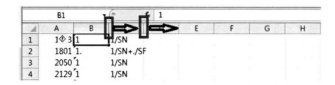

B열과 C열의 이름이 보이는 부분의 오른쪽 막대를 마우스포인터로 선택하여 왼쪽 버튼을 클릭한 다음, 손을 놓지 않고 마우스를 오른쪽으로 움직이면 B열과 C열이 늘어난다.[77] 그리하여 각 셀에 들어 있는 내용이 잘 보일 수 있을 정도로 넉넉하게 벌려 주자.

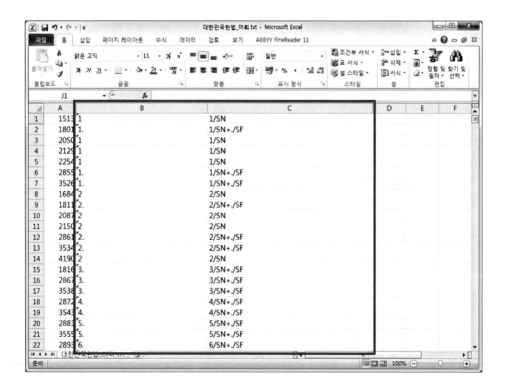

자 그러면 지금부터 B열을 순서대로 확인하면서 형태 분석이 잘못된 부분을 수정해 보자. 현재 이 자료는 '유태거'를 이용하여 '대한민국헌법'을 분석한 결과이다. 앞서 언급하였듯이 '유태거'는 '형태' 단위의 분석 결과와 '어휘' 단위의 분석 결과를 내어 줄 수 있는

---

77) 다른 방법으로 세로 선을 더블클릭하면 셀에 내용이 들어 있는 만큼의 크기로 늘어난다.

데, 현재 이 자료는 '어휘' 단위의 분석 결과에 아무런 수정을 가하지 않은 상태이다. 이러한 자료에서 아래 그림은 '대법관, 대법원, 대법원장'이 모여 있는 부분이다.

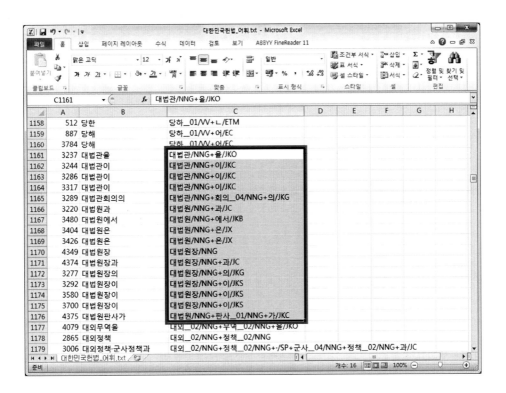

앞서 확인했던 '지능형 형태소 분석기'의 분석 결과는 항상 '형태' 단위의 분석 수준으로만 분석해 주기 때문에 '대법관, 대법원, 대법원장'을 최대한 분석해 준다. 물론 분석기가 내어 준 결과가 다소 일관성이 없다고 하더라도 연구자의 목적에 따라 '형태' 단위나 '어휘' 단위로 맞추어서 자료의 일관성을 유지해 주어야 한다. 따라서 앞서 익힌 '지능형 형태소 분석기'의 결과물은 '형태' 단위를 기준으로 분석했기 때문에 아래와 같이 '접사'를 분석해 내는 방향으로 자료가 정리되었다.

• '지능형 형태소 분석기'의 분석 결과물(형태 단위 분석):
  ◦ 대법관/NNG → 대/XPN+법관/NNG
  ◦ 대법원/NNG → 대/XPN+법원/NNG
  ◦ 대법원장/NNG → 대/XPN+법원/NNG+장/XSN

한편 현재 위 그림의 '유태거'의 분석 결과물은 '어휘' 단위의 분석 결과물인데, 모두 일관성 있게 '어휘(단어)' 단위로 분석이 되었다. 즉 '대법관, 대법원, 대법원장'에서 '접사'가 분석되지 않았다. 따라서 이러한 측면에서는 현재 분석 결과가 일관성을 유지하고 있다고 생각해도 좋을 것이다.

- '유태거'의 분석 결과물(어휘 단위 분석):
  - 대/XPN+법관/NNG → 대법관/NNG
  - 대/XPN+법원/NNG → 대법원/NNG
  - 대/XPN+법원/NNG+장/XSN → 대법원장/NNG

이 같은 분석 결과를 '유태거'의 '형태' 단위 분석의 결과와 비교해 보는 것이 도움이 될 것이다. 아래 그림은 '유태거'의 '형태' 단위 분석의 결과물의 '대법관, 대법원, 대법원장' 부분이다.

위 그림을 보면 '대법관, 대법원, 대법원장'을 모두 일관성 있게 분리·분석하고 있는 것을 확인할 수 있다. 따라서 분석 결과에 대한 정확성은 차치하더라도 내적으로는 분석의 일관성을 지키고 있다고 할 수 있다. 즉 '대법관, 대법원, 대법원장'에서 '대(大)'를 '명사'로 분석할 것인가, '접두사'로 분석할 것인가의 문제는 연구자의 몫으로 남지만 이 자료가

'형태' 단위 분석이기 때문에 여기서 '대'를 모두 분석해 냈다는 것은 '일관성'에서 문제가 없는 분석이라 할 것이다.

- '유태거'의 분석 결과물(형태 단위 분석):
  - 대__13/NNG+법관/NNG ↔ 대__17/XPN+법관/NNG
  - 대__13/NNG+법원__01/NNG ↔ 대__17/XPN+법원__01/NNG
  - 대__13/NNG+법원__01/NNG+장__41/XSN
    ↔ 대__17/XPN+법원__01/NNG+장__41/XSN

위 그림 하단의 '대통령'마저 '대통령/NNG'으로 분석하지 않고 '대__13/NNG+통령 __02/NNG'으로 분리·분석하였다는 것은 이 자료가 '대'가 결합한 말의 분석에서 상당한 수준의 '일관성'을 지키고 있다는 것을 의미한다고 볼 수 있다.

그런데 '어휘' 단위로 분석된 같은 자료에서, 아래와 같은 분석 결과가 나타나 일관성에 다소 문제를 보인다.

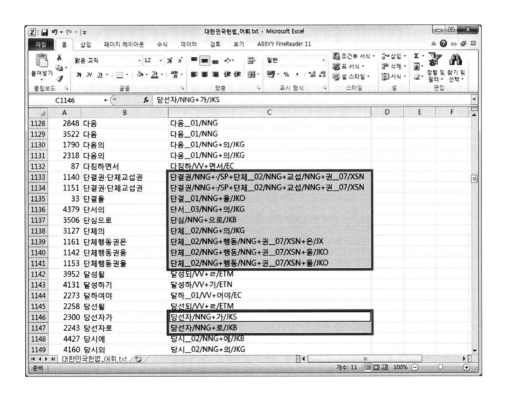

위 그림은 '어휘' 단위 분석에서 일관성을 어기는 대표적인 사례를 보여 주는 것이다. 현재 이 자료는 접사 '-권(權)'으로 형성된 말을 대체적으로 한 단위로 파악하여 분석하고

있는데('단결권, 입법권, 재산권, 참정권' 등), '교섭권'과 '행동권' 등에서는 접사 '-권(權)'을 그 앞의 말과 분리하여 분석하고 있다. 따라서 이 과정에서는 기계가 분석해 준 비일관성을 분석자가 일일이 수정해 주어야 한다. 따라서 현재 이 자료는 '어휘' 단위 분석의 결과물이므로 접사 '-권(權)' 파생어를 더 이상 분석하지 않아야 한다.

- **'형태' 단위 분석의 '어휘' 단위 분석으로의 수정 1**
  - 교섭/NNG+권__07/XSN → 교섭권/NNG
  - 행동/NNG+권__07/XSN → 행동권/NNG
  - 동의__02/NNG+권__07/XSN → 동의권/NNG
  - 선거__04/NNG+권__07/XSN → 선거권/NNG

그리고 '어휘' 단위 분석의 결과인 이 자료에는 접사 '-권(權)' 외에도 아래와 같이 과분석된 자료('형태' 단위 분석)가 확인되는데, 모두 '접사'와 해당 어기(base)를 통합하여 '어휘' 단위 분석으로 수정해 주어야 한다.

- **'형태' 단위 분석의 '어휘' 단위 분석으로의 수정 2(체언류)**
  - 피__13/XPN+선거권/NNG+이/JKS → 피선거권/NNG+이/JKS
  - 선거__04/NNG+권__07/XSN+자__31/XSN → 선거권자/NNG
  - 집회/NNG+일__09/XSN → 집회일/NNG
  - 집회/NNG+일__09/XSN+로부터/JKB → 집회일/NNG+로부터/JKB

그리고 위의 자료들처럼 체언류에서 과분석이 확인되기도 하지만 아래 예처럼 용언류에서도 과분석이 확인된다. 동사파생접사인 '되/XSV, 하/XSV, 당하/XSV, 시키/XSV' 등은 앞말에 결합하여 동사를 만드는 역할을 하는 접사들인데, 다른 파생 동사들은 '어휘' 단위로 분석이 된 데 비해 이들은 그대로 남아 있는 일관성 오류를 보이고 있다. 따라서 이들도 모두 앞말에 통합하여 '어휘' 단위인 동사로 분석해 주어야 한다.[78]

- **'형태' 단위 분석의 '어휘' 단위 분석으로의 수정 3(용언류)**
  - 개시__04/NNG+되/XSV+ㄹ/ETM → 개시되/VV+ㄹ/ETM
  - 궐위/NNG+되/XSV+거나/EC → 궐위되/VV+거나/EC

---

78) 이들의 '어휘' 단위 분석의 결과인 이 자료에서 동사로 통합되지 않고 접사로 그대로 남아 있는 것은 이들이 『표준국어대사전』에 등재되어 있는 파생 동사가 아니기 때문이다. 이러한 동사들은 '유태거'의 사용자 사전에 추가하여 향후 접사가 분석되는 것을 차단시킬 필요가 있다.

- 해산__04/NNG+되/XSV+ㄴ다/EF+./SF → 해산되/VV+ㄴ다/EF+./SF
- 공포__04/NNG+하/XSV+ㄴ/ETM → 공포하/VV+ㄴ/ETM
- 강요__01/NNG+당하/XSV+지/EC → 강요당하/VV+지/EC
- 부담__01/NNG+시키/XSV+ㄹ/ETM → 부담시키/VV+ㄹ/ETM

다만, '유태거'는 동형어를 분석해 주는 분석기이기 때문에, 위처럼 이들을 통합하면서 해당하는 어휘(개시되다, 권위되다, 해산되다, 공포하다, 강요당하다, 부담시키다)와 다른 동형어가 사전에 등재되어 있는지에 유의해야 한다. 다른 동형어가 없다면 위처럼 동형어 번호를 부여할 필요가 없지만, 같은 형태의 다른 어휘가 사전에 존재한다면 이들을 구분하기 위하여 동형어 번호를 부여해 주어야 한다.

앞서는 자료 분석의 '일관성'에 대한 문제를 다루어 보았는데, 다음으로는 '오분석'을 수정하는 것에 대해서 살펴보도록 하겠다. '유태거'는 동형어를 분석해 주는 유일한 분석기라고 앞서 언급한 바 있다. 따라서 '유태거'의 분석 결과물은 '지능형 형태소 분석기'의 결과물을 수정할 때와는 달리 '동형어' 번호가 정확하게 부여되었는지도 검토해 주어야 한다. 중요한 정보가 더 부여되는 만큼, 수정할 사항도 더 늘어나게 된 것이다. 그렇다면 동형어 정보를 수정하는 과정에 대해서 몇 가지 사례를 들어 설명하기로 하는데, 아래 그림은 각각 '개시, 경제, 발의'의 동형어 번호 수정과 관련된 사항이다.

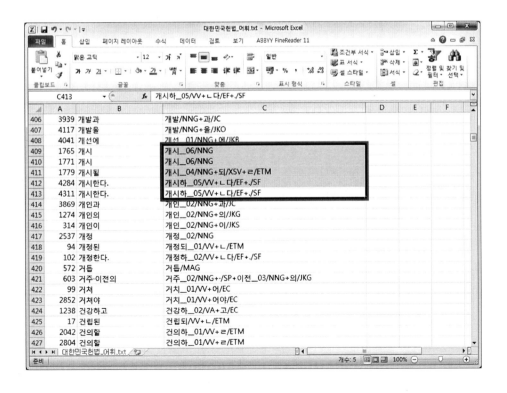

먼저 명사 '개시'의 경우이다. 위 그림에서 명사 '개시'는 '개시__06/NNG'와 '개시__04/NNG' 두 가지가 반영되어 있는데, 『표준국어대사전』(종이판/인터넷판)에 등재되어 있는 해당 정보를 제시하면 아래와 같다.

- 『표준국어대사전』의 종이판(1999)/인터넷판(현재)

*개시04「명사」

「1」 시장을 처음 열어 물건의 매매를 시작함. ¶ 개시 무역.

「2」 하루 중 처음으로, 또는 가게 문을 연 뒤 처음으로 이루어지는 거래. ¶ 개시니까 싸게 드리겠습니다./개시도 안 한 술집에서 웬 행패냐고 주모가 소리쳤다. ≪김원일, 도요새 에 관한 명상≫

「3」 =개점(開店)「2」.

*개시-하다03(開市--)「동사」【…을】

「1」 시장이 처음 열려 물건의 매매가 시작되다. 또는 그렇게 하다. ¶ 마을 경내로 편입되는 읍내에는 초하루에 개시하는 장이 있었다. ∥ 그 회사는 가장 늦게 금융 시장에 뛰어들어 영업을 개시했으나 여러 투자자들의 막대한 관심이 쏠리고 있다.

「2」 하루 중 처음으로, 또는 가게 문이 열린 뒤 처음으로 거래되다. 또는 그렇게 하다. ¶ 아직 개시하지도 못했는데 물건을 바꿔 달라다니. ∥ 오늘 아침에 콩나물을 개시했다.

「3」 =개점하다「2」.

- 『표준국어대사전』의 종이판(1999)/인터넷판(현재)

*개시06「명사」

행동이나 일 따위를 시작함. ¶ 공격 개시/행동 개시/무전병의 보고를 받자 중대장이 무전기 에서 다급한 목소리로 사격 개시를 명령했다. ≪안정효, 하얀 전쟁≫

*개시-되다(開始--)「동사」

행동이나 일 따위가 시작되다. ¶ 조사가 개시되다/협상이 개시되다/청문회는 내달 초쯤 개시될 예정이다.

*개시-하다05(開始--)「동사」【…을】

행동이나 일 따위를 시작하다. ¶ 공격을 개시하다/사업을 개시하다/작전을 개시하다/살인 사건이 일어나자 경찰은 전면적인 수사를 개시했다./이십삼 일 아침부터 중심가를 향해 무

차별 비행기 폭격을 감행하는 것으로 반격을 개시했다. ≪조정래, 태백산맥≫

이러한 사전 정보를 확인하고 이 자료가 '대한민국헌법'이라는 것을 감안한다면, '장사를 시작한다'는 의미를 가지는 일련번호 1779의 '개시__04/NNG'는 '개시__06/NNG'의 동형어 정보 오류일 가능성이 높다. 따라서 '개시__04/NNG'를 '개시__06/NNG'로 수정해 주어야 할 것이다.

다음으로 명사 '경제'의 경우이다.

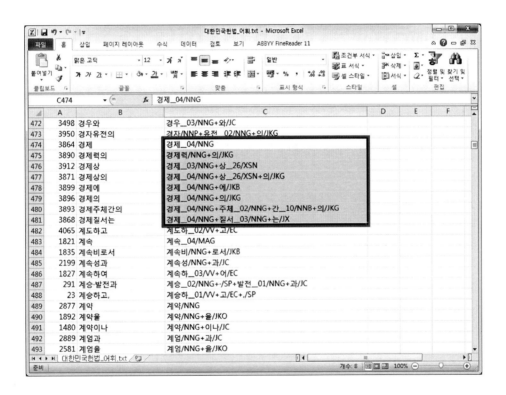

위 그림에서도 명사 '경제'는 '경제__03/NNG'와 '경제__04/NNG' 두 가지가 반영되어 있는데, 『표준국어대사전』(종이판/인터넷판)에 등재되어 있는 해당 정보를 제시하면 아래와 같다.

• 『표준국어대사전』의 종이판(1999)/인터넷판(현재)

  *경제03(經濟)「명사」

   =경세제민.

*경제-하다01(經濟--)「동사」
  ＝경세제민하다.

• 『표준국어대사전』의 종이판(1999)/인터넷판(현재)
  * 경제04(經濟)「명사」
  「1」『경제』인간의 생활에 필요한 재화나 용역을 생산·분배·소비하는 모든 활동. 또는 그것
      을 통하여 이루어지는 사회적 관계. ¶ 경제가 발전하다/경제가 안정되다/경제가 침체
      되다/경제를 살리다.
  「2」『경제』＝경제학.
  「3」돈이나 시간, 노력을 적게 들임. ¶ 노력 경제의 원칙.

  *경제-적(經濟的)「관형사·명사」
  「1」인간의 생활에 필요한 재화나 용역을 생산·분배·소비하는 모든 활동에 관한. 또는 그런
      것. ¶ 경제적 활동/경제적 빈곤/경제적 독립/경제적 여유/경제적 능력을 갖추다 ‖ 경제
      적인 기회균등/경제적으로 어렵다/국가들 간에 경제적인 면에서 많은 협력이 이루어지
      고 있다.
  「2」돈이나 시간, 노력을 적게 들이는. 또는 그런 것. ¶ 경제적 구매/경제적 소비 ‖ 계획을
      짜서 시간을 경제적으로 이용했다./최초의 설비 투자에 비용이 많이 들지만 이렇게 하
      는 것이 장기적으로 보아 훨씬 더 경제적이다.

  *경제-하다02(經濟--)「동사」
  돈이나 시간, 노력을 적게 들이다. ¶ 식년시 때가 다가오면 몇 달 전부터 없는 살림에 요리
  조리 경제하여 우선 여비를 마련한다. ≪황석영, 장길산≫

    이도 역시 이러한 사전 정보를 확인하고 이 자료가 '대한민국헌법'이라는 것을 감안한다
면, 이때의 '경제'는 '경제 활동'의 의미일 가능성이 높으므로 '경세제민'의 의미를 가지는
일련번호 3912의 '경제_03/NNG'는 '경제_04/NNG'의 동형어 정보 오류일 가능성이 높
다. 따라서 '경제_03/NNG'를 '경제_04/NNG'로 수정해 주어야 할 것이다.

    다음으로 명사 '발의'의 경우이다.

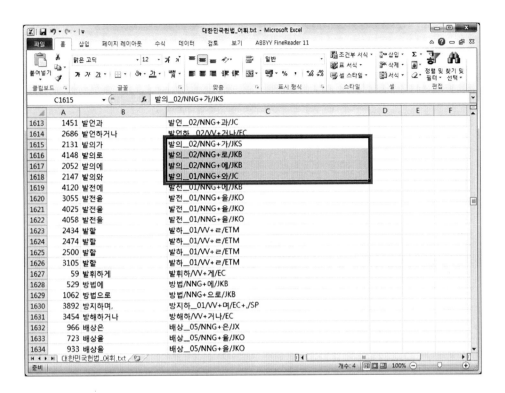

위 그림에서 명사 '발의'는 '발의＿01/NNG'과 '발의＿02/NNG' 두 가지가 반영되어 있는데, 『표준국어대사전』(종이판/인터넷판)에 등재되어 있는 해당 정보를 제시하면 아래와 같다.

• 『표준국어대사전』의 종이판(1999)/인터넷판(현재)

＊ 발의01(發意)「명사」

「1」 의견을 내놓음. ¶ 아내는 남편의 발의로 산모를 집에까지 끌어 들여다 놓았으니 안심이 되어서 말이 뻣뻣하여졌다. ≪염상섭, 해복≫

「2」 무슨 일을 생각해 냄. ¶ 전야제 행사만은 역시 윤 선생께서 맡아 주셔야겠어요. 어차피 이건 윤 선생께서 첫 발의를 하신 일이기도 하고요. ≪이청준, 춤추는 사제≫

「3」 『심리』 의식의 능동적 요소.

＊발의-하다01(發意--)「동사」【…을】

「1」 의견을 내놓다.

「2」 무슨 일을 생각해 내다. ¶ 오히려 신은 그가 한 번 발의한 노작물 이상의 것 이외의 것은 더 노작하려 하지 않는데도 불구하고…. ≪유치환, 나는 고독하지 않다≫

· 『표준국어대사전』의 종이판(1999)/인터넷판(현재)

*발의02(發議)「명사」

회의에서, 심의할 의안(議案)을 내놓음. 또는 그 의안. ¶ 어제 총회에서는 새로운 집행부를 구성해야 한다는 몇몇 대의원의 발의가 있었다./그 의원은 자신의 발의가 정식 안건으로 채택되지 않자 격렬히 반발하였다.

*발의-하다02(發議--)「동사」【…을】

회의에서, 심의할 의안(議案)을 내놓다. ¶ 이번에 선거법 개정안을 여야 공동으로 발의하여 처리하였다./대통령은 법률안을 발의할 수 있는 권한을 가지고 있다.

이도 역시 이러한 사전 정보를 확인하고 이 자료가 '대한민국헌법'이라는 것을 감안한다면, 법률에서 '회의에서 안(案)을 내놓다'의 의미로 사용될 가능성이 높으므로 '의견을 내놓다'라는 의미를 가지는 일련번호 2147의 '발의_01/NNG'는 '발의_02/NNG'의 동형어 정보 오류일 가능성이 높다. 따라서 '발의_01/NNG'를 '발의_02/NNG'로 수정해 주어야 할 것이다.

한편 일반적인 오류 수정에 대해서 살펴보기로 한다. 전체 자료에서 조항의 번호가 모여 있는 일부분으로 가 보자.

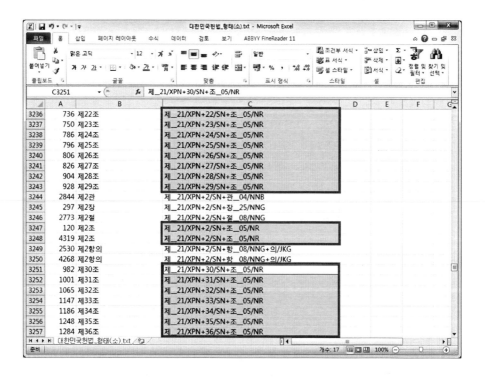

위 그림에서 분석된 '조_05/NR'은 수의 단위를 나타내는 수사이다. 이것은 분석기가 음절 '조' 앞에 숫자가 출현하다 보니 이를 수를 나타내는 단위의 '조'로 분석한 것이다. 우선 『표준국어대사전』(종이판/인터넷판)에 등재되어 있는 해당 정보를 제시하면 아래와 같다.

- 『표준국어대사전』의 종이판(1999)/인터넷판(현재)

  *조05(兆)「수사·관형사」

  「1」 억(億)의 만 배가 되는 수. 또는 그런 수의.

  「2」 예전에, 억의 억 배가 되는 수를 이르던 말. 즉, 1016을 이른다.

  *조13(條)「의존명사」

  「1」 '조목'이나 '조항'의 뜻을 나타내는 말. ¶ 헌법 제1조를 보시오.

  「2」 ((주로 '조로' 꼴로 쓰여)) 어떤 명목이나 조건. ¶ 보상금 조로 받은 돈을 모두 잃고 말았다./경우는 어르신네만 믿고 있겠노라는 간절한 부탁과 함께 교제비 조로 상당한 금액을 바치고 개성으로 돌아왔다. ≪박완서, 미망≫

위 그림의 자료는 법률에서 조항의 순서를 나타내는 표현이기 때문에 이때의 '조'는 '조 항'의 의미를 나타내는 '조_13/NNB'일 가능성이 높으므로, 현재의 분석인 '조_05/NR'은 품사 정보 오류, 동형어 정보 오류에 해당한다. 따라서 수사로 분석된 이들 '조_05/NR'을 '조_13/NNB'로 수정해 주어야 할 것이다.

마지막으로 전체 자료에서 '한'이라는 어절이 모여 있는 부분으로 가 보자.

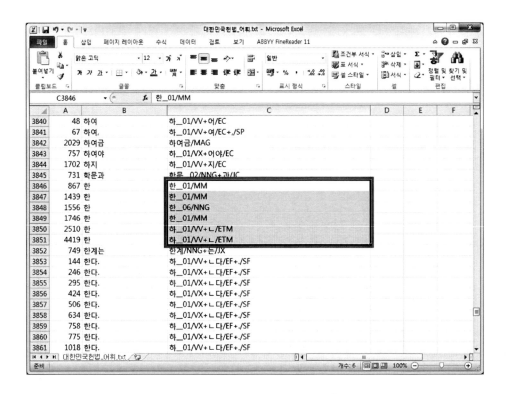

위 그림에서 어절 '한'은 관형사('한_01/MM'), 명사('한_06/NNG'), 동사의 활용형('하/VV+ㄴ/ETM')으로 분석되어 있다. 그런데 이들 어절 '한'이 어떠한 것인지, 즉 정확하게 분석된 것인지를 어떻게 알 수 있을까? 현재는 자료 자체에 문맥 색인이 붙어 있지 않기 때문에 어절 정보만으로는 그것이 무엇인지 알 수가 없다. 그렇다면 아래와 같은 방법으로 문맥을 확인해야 할 것이다.

• 분석 어절의 문맥 정보 확인하기

   ① 해당 어절의 일련번호(A열) 기억하기

   ② A열로 전체 자료를 정렬하여, 원래 자료의 순서로 되돌리기

   ③ A열 전체를 선택한 다음, 'Ctrl+F'에서 일련번호를 입력하여 해당 어절 부분 찾아가기

   ④ 해당 어절의 문맥을 확인하고, C열의 오분석 부분 수정하기

   ⑤ 다시 B열로 전체 자료를 정렬하여, 어절 '한'이 모여 있는 부분 수정하기

하지만 하나의 어절을 수정하기 위하여 위와 같은 과정을 거치게 되면 전체가 4,106어절이므로 이론적으로는 위의 과정을 총 4,106번 거쳐야 한다. 이러한 과정으로 자료를 수정하는 것은 비효율적인 분석 과정이다. 따라서 이러한 상황에서 자료를 수정하기 위해서는

문맥을 확인할 수 있는 엑셀 창을 하나 더 띄우는 방법을 생각해 볼 수 있겠다. 즉 결과적으로 엑셀 창 두 개를 띄워 놓고 수정 작업을 진행하는 것이 필요하다. 문맥을 보고 확인해야 비로소 해당 어절이 무엇인지 정확히 파악하여 분석할 수 있기 때문이다.

자! 그러면 엑셀 작업 창 두 개를 띄우는 방법을 알아보자.

　먼저 지금 우리가 보고 있는 엑셀 창을 좌우의 창 끝부분을 당겨서 창을 조금 작게 만들어 놓자. 그런 다음 윈도우 화면 가장 왼쪽 아래에 있는 '시작' 아이콘(　)을 누른 다음 '모든 프로그램'을 선택하자.

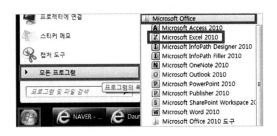

　'모든 프로그램'에서 영어 알파벳순을 따라 찾다 보면 'Microsoft Office' 폴더가 보일 것이다.[79] 그러면 'Microsoft Office'를 한 번 클릭한 다음, 위 화면에서 여러 프로그램 중 'Microsoft Excel 2010'을 클릭하여 '엑셀'을 실행시키자.

　문맥 확인을 위해서 동일한 파일 두 개를 엑셀에서 열 때에는 반드시 위와 같은 과정을 거쳐서 다른 엑셀 창을 열어야 한다. 만약 현재 띄워 둔 엑셀 창의 '파일 〉 열기'를 통해서 동일한 파일을 불러오게 되면 아래와 같은 경고창이 나타나는데, 여기서 '예(Y)'를 선택하면 이전에 작업했던 내용을 잃어버리게 되므로 꼭 주의할 수 있도록 하자.

　여기서부터는 앞서 배웠던 분석 파일을 엑셀로 불러 오는 과정과 같으므로, 간단히 보이기만 한다.

---

79) 혹여 자신의 컴퓨터에 'Microsoft Office'가 설치되어 있지 않은 사람은 근거리에 있는 지인의 도움을 얻도록 하자. 그리고 오피스나 엑셀은 꼭 2010이 아니어도 좋다. 그 상위 버전이나 하위 버전도 진행하는 방법은 거의 대동소이하니, 화면 구성이 조금 달라 보여도 당황하지 않도록 하자.

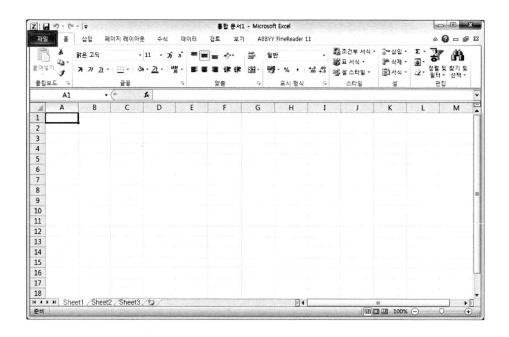

왼쪽 상단에 보이는 녹색의 파일 탭을 누르자. 그러면 아래와 같은 화면이 나타난다.

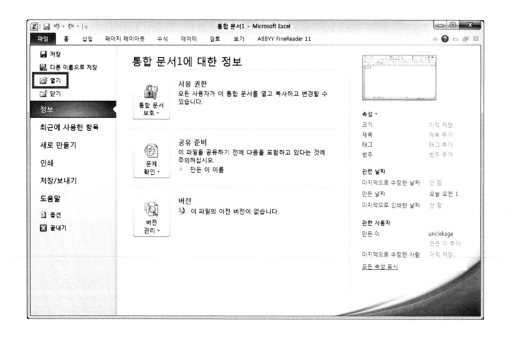

왼쪽에 보이는 아이콘 중에 '열기'를 누르면 아래와 같은 창이 나타난다.

그런 다음 위 창의 왼쪽 경로를 통해서 '유태거'의 형태 분석 결과 파일이 있는 곳(대개 폴더)을 찾아간다. 다음으로 파일 형식을 '모든 파일'로 바꾸면 '대한민국헌법_어휘.txt.tag' 파일을 포함한 여타 파일이 보이게 된다.

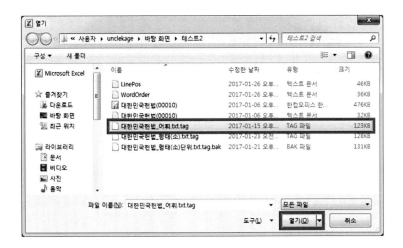

그런 다음 '대한민국헌법_어휘.txt.tag'를 선택하고 '열기(O)' 버튼을 클릭하면 예상치 않게 '텍스트 마법사' 창이 나타나지 않고 아래와 같은 경고창이 나타난다.[80]

---

80) 연구자 자신이 사용하는 MS Office의 버전이 높을 경우, 경고창이 나타나지 않고 현재 보고 있는 화면(창)이 전면에 나타날 수 있다. 이럴 경우에는 현재 엑셀 화면(창)에서의 '열기'를 통해서 파일을 열지 않고, '시작' 등지에서 'MS Office' 또는 'MS Excel'를 한 번 더 구동시켜서(결국 두 개의 Excel 창을 열어서) 새로운 엑셀 창에서 해당 파일('대한민국헌법_최종.tag')을 열 수 있도록 하자. 프로그램의 버전에 따라서 조금씩 구동되는 방식이 다른 데에서 나타나는 단순한 문제이다.

이전에는 '열기' 창에서 '열기(O)' 버튼을 클릭하면 바로 '텍스트 마법사'가 나타났었는데 왜 이 과정에서는 위와 같은 '사용 중인 파일'이라는 이름의 경고창이 나타나는 것일까? 위 그림은 '사용 중인 파일'이라는 창의 이름에서 알 수 있듯이 현재 우리가 이미 엑셀에서 '대한민국헌법_어휘.txt.tag'를 읽어서 작업을 하고 있기 때문에 이 창이 나타난 것이다. 따라서 우리는 '대한민국헌법_어휘.tag'를 한 번 더 엑셀에서 불러오기만 하면 되기 때문에, 당황하지 말고 '읽기 전용(R)' 버튼을 클릭하거나 '알림(N)' 버튼을 클릭하면 된다. 둘 중 어떤 버튼을 클릭해도 되는데 안전하게 '읽기 전용(R)' 버튼을 클릭해 보자. 그러면 이전에 했던 방식과 같이 '텍스트 마법사'가 나타난다.

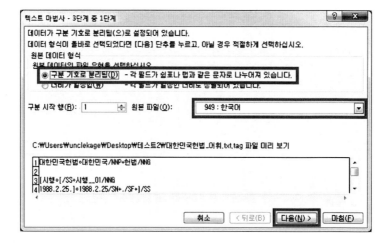

이후의 과정은 앞에서 익혔기 때문에 설명을 생략하고자 한다. 중요한 것은 이 자료에 꼭 일련번호를 달아 주어야 한다는 것이다. 앞서 익힌 방법을 연습할 겸 일련번호를 꼭 달아 줄 수 있도록 하자.

자! 이렇게 '텍스트 마법사'를 통해서 자료를 엑셀로 불러와서 일련번호를 부여한 다음 전체 자료를 정렬했다면, 먼저 작업하던 엑셀 창의 좌우를 줄였던 것처럼 이 엑셀 창도 좌우 화면을 줄여서 전체 화면에 두 엑셀 화면이 아래 그림처럼 되도록 조정해 준다. 이렇게 나란히 두 창을 다 볼 수 있도록 만들어 주면 분석 작업을 하는 데 상당한 편의와 도움을 줄 것이다.[81]

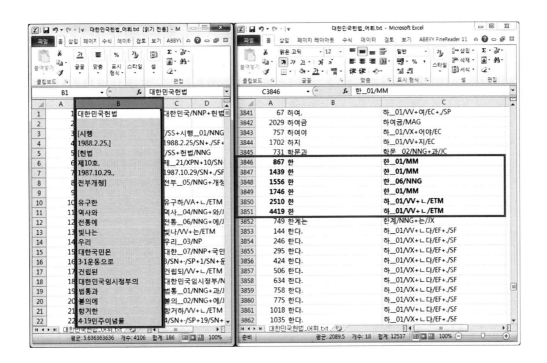

위 그림에서 오른쪽에 있는 엑셀 창이 우리가 실제 분석 작업을 진행하고 있는 창이고, 왼쪽에 있는 엑셀 창이 방금 읽어 들인 것으로 오른쪽 엑셀 창의 분석 작업에 도움을 주기 위한 창이다.[82] 즉 왼쪽 창은 문맥을 확인하기 위해서 활용할 창인데, 오른쪽 자료의 일련 번호를 왼쪽 인덱스에서 찾으면 바로 해당 문맥을 확인할 수 있다. 실제로 왼쪽 창이 필요한 이유는 오른쪽 창에서 어절 '한'이 무엇인지, 그리고 정확히 분석되었는지를 확인하여 오분석이라면 정확한 분석 결과로 수정해 주기 위해서이다.

현재 오른쪽 창을 보면 어절 '한' 부분이 보이는데 이것이 감탄사인지, 동사의 활용형인지, 명사인지를 확인하기 위하여 왼쪽 창을 이용한다. 그러면 그 과정이 어떤 것인지 알아보자. 먼저 오른쪽 창의 첫 번째 '한'인 일련번호 '867'의 '한'이 어떠한 문맥에서 나타났는지를 확인해 보자.

- 첫 번째 '한'
  - 867   한   한__01/MM

---

81) 무슨 말인지는 이 과정을 따라해 보면 곧 이해할 수 있다. 원래는 한 쪽 창에서 어떠한 작업을 진행하면 다른 창이 보이지 않아 자료 전체를 한 눈에 확인을 할 수 없다는 불편함이 있다. 하지만 아래 그림처럼 만들어 주면 두 창이 한 눈에 들어오기 때문에 작업이 효율적이다.

82) 그렇기 때문에 왼쪽 엑셀 창의 가장 윗부분을 보면 '대한민국헌법_최종 [읽기 전용]'이라 되어 있다.

왼쪽 창에서 A열 전체를 선택하고 'Ctrl+F'(찾기 및 바꾸기)를 눌러 보자. 그러면 아래 그림에서처럼 '찾기 및 바꾸기'라는 창이 나타난다.

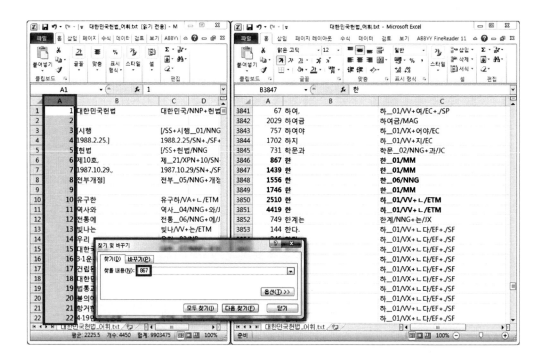

여기에서 오른쪽 창의 첫 번째 '한'의 일련번호인 '867'을 확인한 다음, '찾기 및 바꾸기' 창의 '찾을 내용(N)'에 이것('867')을 입력하고, '다음 찾기(F)' 버튼을 클릭한다. 그러면 바로 왼쪽 창의 일련번호 '867' 부분을 찾아간다.

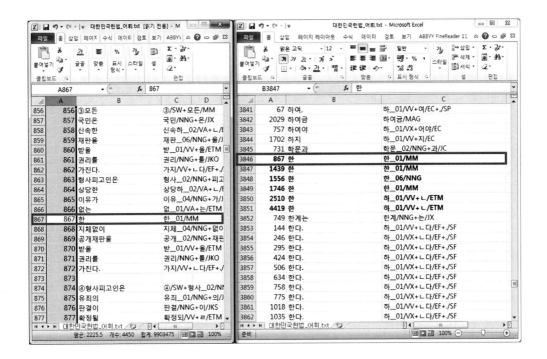

이렇게 하여 오른쪽 창의 첫 번째 '한'의 문맥을 왼쪽 창에서 찾았다면, 여기에서 '한' 867번의 선후행 문맥을 위아래로 읽으면서 확인한다.

- 해당 문맥
  - ③ 모든 국민은 신속한 재판을 받을 권리를 가진다. 형사피고인은 상당한 이유가 없는 한 지체없이 공개재판을 받을 권리를 가진다.

위 문맥과 『표준국어대사전』에 따르면 어절 '한'은 명사 '한(限)'에 해당된다.

- 『표준국어대사전』의 종이판(1999)/인터넷판(현재)

*한06(限)「명사」

「1」 ((주로 '없다', '있다'와 함께 쓰여)) 시간, 공간, 수량, 정도 따위의 끝을 나타내는 말. ¶ 사람의 욕망은 한이 없다./그 고통을 말로 다 하자면 한이 없다./기다리고 참는 데에도 한이 있다.

「2」 (('-기(가) 한이 없다' 구성으로 쓰여)) 앞에 쓰인 형용사의 정도가 매우 심함을 나타내는 말. ¶ 적막하기가 한이 없는 숲 속/우승을 놓쳐서 억울하기가 한이 없다.

「3」 (('-는 한이 있더라도' 또는 '-는 한이 있어도' 구성으로 쓰여)) 어떤 일을 위하여 희생하거나 무릅써야 할 극단적 상황을 나타내는 말. ¶ 비록 사표를 쓰는 한이 있더라도 이 명령만은 따를 수 없다./집을 파는 한이 있어도 학업은 계속하겠다./설령 죽는 한이 있어도 끝까지 싸우겠다.

「4」 ((주로 '-는 한' 구성으로 쓰여)) 조건의 뜻을 나타내는 말. ¶ 특별한 변수가 없는 한 회담은 예정대로 진행될 것이다./내 힘이 닿는 한 그를 도와주도록 하겠네./적어도 내가 아는 한에는 그는 그런 짓을 할 사람이 아니다.

그렇다면 오른쪽 창 867번의 분석 결과('한_01/MM')는 오류로 판명된다. 따라서 오른쪽 창의 C열 3846번 줄에 있는 일련번호 '867'인 '한_01/MM'을 아래 그림과 같이 '한 _06/NNG'로 수정해 준다.

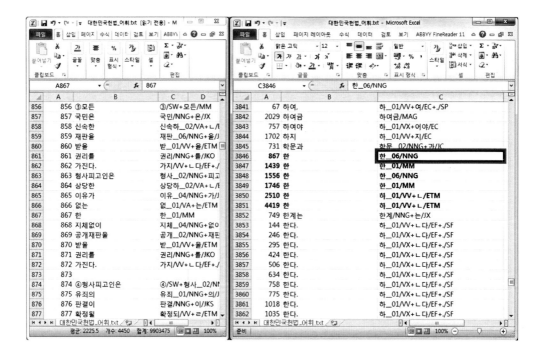

지금 익힌 분석 어절 수정 과정을 정리하면 아래와 같다.

• 분석 어절의 수정 과정

① (오른쪽 창) 수정 대상의 일련번호 확인

② (왼쪽 창) A열 전체 선택 후 'Ctrl+F'로 '찾기 및 바꾸기' 창 불러오기

③ (왼쪽 창) 수정 대상의 일련번호 입력 후 '다음 찾기(F)' 버튼 클릭

④ (왼쪽 창) 수정 대상이 나타난 문맥 확인

⑤ (오른쪽 창) 수정 대상의 수정

항상 분석기를 통한 결과물은 이렇게 원본의 문맥을 확인하면서 분석 어절을 수정해 주는 과정이 필요하다. 한 가지를 더 살펴보자. 이번에는 오른쪽의 일련번호 '1439'의 어절 '한'이다.

• 두 번째 '한'
  ◦ 1439   한   한_01/MM

역시 왼쪽 창에서 A열 전체를 선택하고 'Ctrl+F'(찾기 및 바꾸기)를 누른다. 그 다음 '찾기 및 바꾸기' 창의 '찾을 내용(N)'에 '1439'를 입력하고, '다음 찾기(F)' 버튼을 클릭한다. 그러면 바로 왼쪽 창의 일련번호 '1439' 부분을 찾아간다.

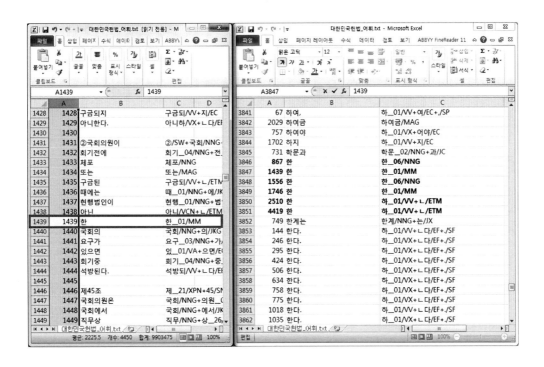

이렇게 하여 오른쪽 창의 두 번째 '한'의 문맥을 왼쪽 창에서 찾았다면, 여기에서 '한' 1439번의 선후행 문맥을 위아래로 읽으면서 확인한다.

- 해당 문맥

  ◦ ②국회의원이 회기전에 체포 또는 구금된 때에는 현행범인이 아닌 한 국회의 요구가 있으면 회기중 석방된다.

위 문맥에 따르면 여기서의 어절 '한'도 명사 '한(限)'에 해당된다. 그렇다면 오른쪽 창 1439번의 분석 결과('한_01/MM')도 오류로 판명된다. 따라서 오른쪽 창의 C열 3847번 줄에 있는 일련번호 '1439'인 '한_01/MM'을 아래 그림과 같이 '한_06/NNG'로 수정해 준다.

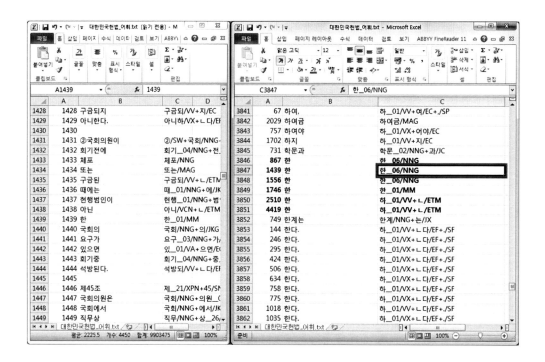

이렇게 하여 어절 '한'이 모여 있는 부분을, 문맥을 확인해 가며 모두 수정하게 되면 아래 그림과 같이 될 것이다.

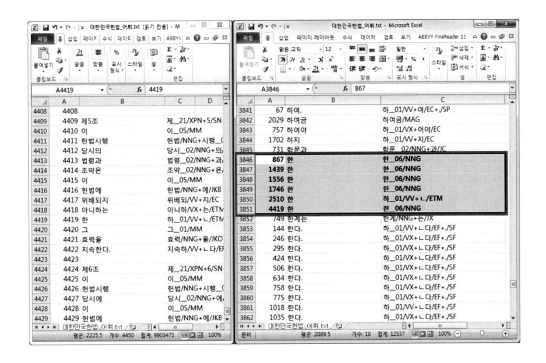

자! 이렇게 하여 수정 대상이 되는 어절의 문맥을 확인해 가면서 자료를 수정하는 방법을 익혔다. 이 방법은 문맥 확인용으로 이용할 수 있는 자료를 엑셀에서 불러 와서, 두 개의 엑셀을 띄워 놓고 작업을 하는 것이었다.[83] 위와 같은 방법을 통해서 자료 전체를 한 번 검토하면서 수정해 주자. 이렇게 도구로 자동 분석된 자료를 반드시 수정해 주어야 연구자의 연구 결과가 정확하고 신뢰할 수 있는 것이 될 것이다.

왼쪽 창을 보면서 오른쪽 창을 모두 수정하였다는 판단이 들면 이번에는 문맥 확인을 위해 읽어 들인 왼쪽 창을 끄고 수정 결과인 오른쪽 창의 내용을 저장해야 한다.

먼저 오른쪽 창을 원어절(혹은 분석 어절)로 정렬하여 자료를 수정했으므로 원래의 상태대로 다시 정렬해 주어야 한다. 여기에서 우리가 왜 앞서 일련번호를 붙여 주었는지를 이해할 수 있을 것이다. 'Ctrl+A'를 눌러서 전체 자료를 선택하자.

---

83) 뒤에서는 문맥 색인을 만들어서 오른쪽 창에 붙여 넣고 문맥을 확인하는 방법을 배울 것이다. 실제로는 뒤에서 배우는 방법을 사용하는 것이 더욱 효율적이고 편리하다.

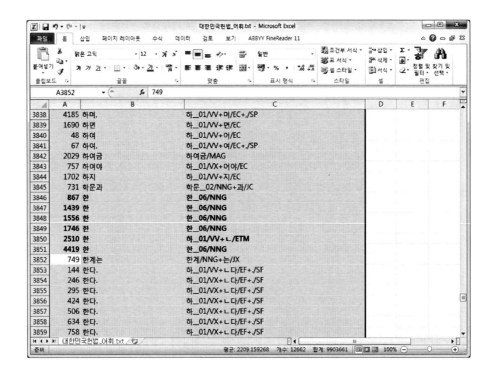

그런 다음 엑셀 상단 탭의 '홈'에서 가장 오른쪽에 보이는 '정렬 및 필터'를 클릭한다. 그리고 여기서 나타나는 메뉴 중에 '사용자 지정 정렬(U)'을 클릭한다.

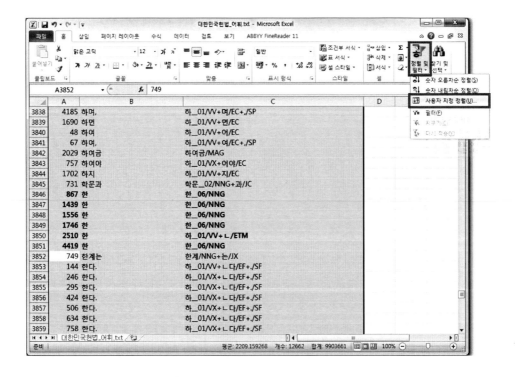

그러면 아래와 같이 '정렬' 창이 나타난다.

이번에는 원래 자료의 순서대로 돌아가야 하기 때문에 자료를 일련번호인 A열을 기준으로 정렬해야 한다. 따라서 여기서 다른 부분은 그대로 두고 '정렬 기준'을 '열 A'로 선택한 다음 '확인' 버튼을 클릭한다.

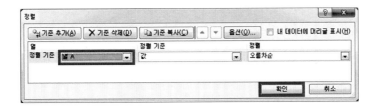

그 결과 아래 그림처럼 A열의 일련번호가 순서대로 부여된 것으로 보아, 자료가 원래의 순서대로 정렬되었다는 것을 확인할 수 있다.

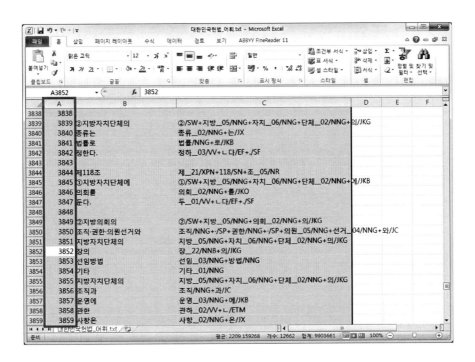

자료의 가장 윗부분이나 가장 아랫부분으로 가서 자료가 원래대로 돌아왔는지 다시금 확인해 보자. 아래 그림은 자료의 가장 윗부분을 보여 주는데, 전체 자료가 원본의 순서대로 되돌아온 것을 확인할 수 있다.

이제는 이 자료를 저장해야 한다. 그래서 엑셀 창 왼쪽 최상단에 보이는 디스켓 모양의 아이콘(📥)을 클릭해 보자.[84] 그러면 바로 저장이 되지 않고 아래와 같은 창이 나타난다.[85]

이것은 수정 작업이 끝난 이 파일이 엑셀에서 작업한 파일이기도 하거니와 우리 눈에는

---

84) 'Ctrl + S'(저장하기)를 눌러도 결과는 같다. 위와 같은 창이 나타난다.

85) 엑셀(Excel)의 버전에 따라서 위 창이 나타나지 않을 수도 있다. 그럴 경우 '다른 이름으로 저장'을 이용하여 파일을 저장하도록 한다.

엑셀의 형식으로 보이기는 하지만, 컴퓨터가 이해하는 이 파일이 아직 엑셀이 아니기 때문에 위 그림과 같은 경고창이 나타난 것이다. 왜냐하면 현재의 엑셀 상태가 '대한민국헌법_어휘.txt.tag' 파일을 읽은 그대로의 상태이기 때문에 우리 눈에 보이는 상태는 분명히 엑셀이지만, 컴퓨터는 이것을 아직 엑셀이 아닌 '대한민국헌법_어휘.txt.tag' 파일로 인식하고 있기 때문이다. 따라서 이 자료를 저장할 때 저장 형식을 반드시 엑셀로 해 주어야 한다. 그렇지 않고 위 창에서 '예(Y)' 버튼을 클릭해서 저장하면, 기존에 있던 '대한민국헌법_어휘.txt.tag' 파일에 현재 수정한 내용의 자료를 덮어 쓰면서 저장하게 된다.[86]

그리고 이대로 수정된 자료를 최초 분석 결과 파일에 덮어쓰게 되면, 현재 엑셀의 내용이 그대로 '대한민국헌법_어휘.txt.tag'에 저장되기 때문에 일련번호도 함께 저장이 된다. 이렇게 일련번호마저 저장이 되면 이후 사용하게 될 검색 도구(글잡이Ⅱ)에서 '대한민국헌법_어휘.txt.tag'를 불러올 때 오류가 발생하기도 하고 텍스트파일에서 이 일련번호를 지우는 과정도 많이 복잡해진다.

따라서 여기서는 분석이 완료된 자료를 보관한다는 차원에서 먼저 '아니요(N)' 버튼을 클릭해서 엑셀로 저장해 보자.

그러면 아래와 같이 '다른 이름으로 저장' 창이 나타난다. 혹시 이러한 과정이 조금 복잡하거나 어렵게 느껴지는 초보자이거나 엑셀 사용이 조금 익은 사용자라면 엑셀 화면 상단의 '파일' 탭에서 '다른 이름으로 저장'을 선택하면 아래와 같은 창이 바로 나타난다.[87]

---

86) 물론 그대로 덮어써서 저장해도 괜찮다. 하지만 앞으로 우리는 자료의 백업 개념을 머릿속에 항상 떠올릴 필요가 있다. 그래서 '원시 자료', '도구에서 분석한 자료', '수정한 자료' 등등으로 자료를 달리 저장할 필요가 있고, 이것을 항상 몸에 익혀 둘 필요가 있다. 이 부분에 주의할 수 있도록 하자.

87) 바로 'Ctrl + S'(저장하기)를 눌러서 저장하려고 해도 위와 같은 창이 나타난다. 이 방식으로도 저장하게 되면 현재 엑셀의 내용을 '대한민국헌법_최종.tag'에 바로 저장하기 때문에 일련번호가 그대로 저장된다. 따라서 어떻게든 텍스트 파일에 그대로 저장하면 안 된다는 것을 잊지 않도록 하자!

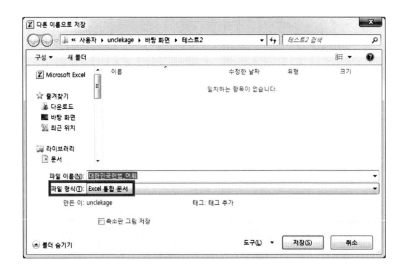

위 그림에서 보듯이 엑셀의 저장 창은 기본적으로 '파일 형식'이 'Excel 통합 문서'로 설정되어 있다. 따라서 사용자가 원하는 저장 장소를 선택한 다음 '저장(S)' 버튼을 클릭하면 분석 수정 결과가 엑셀의 형태로 저장된다.

엑셀로 저장하는 다른 방식을 알아보자. 먼저 엑셀 창의 상단 탭에서 '파일'을 클릭하면 아래와 같은 창이 나타난다.

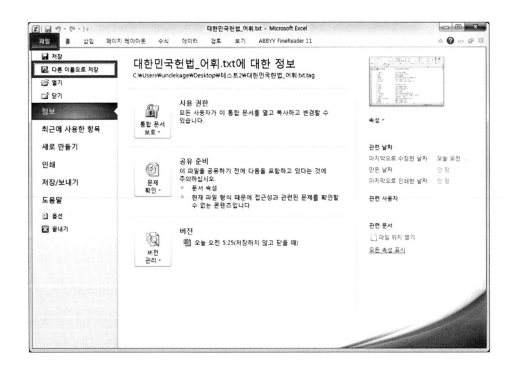

여기서 '다른 이름으로 저장'을 클릭하면 아래와 같은 '다른 이름으로 저장하기' 창이 나타난다.

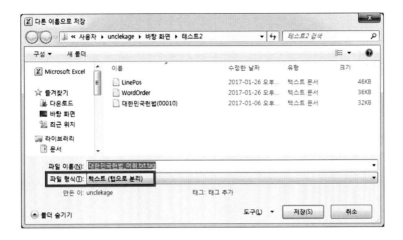

그런데 앞서 언급했듯이 여기서는 저장하는 파일 형식에 조금 유의할 필요가 있다. 앞선 저장 방식에서는 '파일 형식'이 자동적으로 'Excel 통합 문서'로 설정되어 있었는데, 이 창의 '파일 형식'을 보면 '텍스트(탭으로 분리)'라고 되어 있다. 현재의 엑셀 상태가 '대한민국헌법_어휘.txt.tag'를 읽은 다음 그 상태에서 분석 말뭉치의 수정 작업을 진행하였기 때문에 우리 눈에 보이는 화면의 상태는 분명히 엑셀이지만, 컴퓨터는 이것을 아직 '대한민국헌법_어휘.txt.tag'로 인식하고 있는 것이다. 그러기에 현재 저장 방식에서는 '파일 형식'이 자동적으로 '텍스트(탭으로 분리)'라고 되어 있다. 이것은 아직 이 자료가 내적으로는 텍스트 형식이라는 것을 다시금 확인시켜 주는 것이다. 따라서 '파일 형식'의 탭을 눌러서 'Excel 통합 문서'를 선택해 준다.

그 후에 현재 '대한민국헌법_어휘.txt.tag'의 파일명이 자동으로 반영되어 있는 '파일 이름'에서 확장자명 '.txt.tag'를 지워서 '대한민국헌법_어휘'로 입력하고 '저장(S)' 버튼을 클릭하면 이 자료가 엑셀의 형식으로 저장된다.

마지막으로 이제 최종적으로 분석한 내용을 '대한민국헌법_어휘.txt.tag'에 저장해 보자. 지금까지 엑셀에서 수정 작업을 했던 것은 분석 말뭉치를 일관성 있게 수정하기 위했던 것이고, 먼저 그 결과물을 엑셀로 저장했던 것은 분석 결과를 보관하기 위한 것이었다. 하지만 엑셀로 저장된 형식은 이후에 '글잡이 II'와 '한마루2.0'과 같은 프로그램에서 사용할 수가 없다. 따라서 수정 결과물을 텍스트 파일의 형식('*.tag'나 '*.txt')으로 저장해 주어야 한다. '지능형 형태소 분석기'나 '유태거(UTagger)'에서 분석된 최초의 결과물은 '원어절'과 '분석 어절'의 두 부분이 '탭'(⇥)으로 구분되어 있는 형식이다. 따라서 현재 수정 작업을 했던 엑셀에서 일련번호만 제외한 부분을 '대한민국헌법_어휘.txt.tag'에 복사해서 붙여 넣으면 된다. 그러면 먼저 '대한민국헌법_어휘.txt.tag' 파일을 텍스트에디터에서 불러오자. 지금은 텍스트에디터 중에서 '이엠에디터'를 이용하기로 한다.[88] 아래 그림은 '대한민국헌법_어휘.txt.tag' 파일을 '이엠에디터'에서 불러온 것이다.[89]

---

88) 물론 다른 텍스트에디터로 '에디트플러스'를 이용해도 된다.

89) 여기서도 이런 의문이 들 수도 있다. 왜 새로운 텍스트 파일에 분석 결과물을 복사해 넣지 않고 이미 만들어져 있는 '대한민국헌법_최종.tag' 파일을 이용하는가이다. 앞서 언급한 바 있듯이 이것은 이후에 '글잡이 II (색인)'에서 '색인'이라는 과정을 거치게 되는데, 이때 사용 가능한 파일의 형식은 반드시 '.tag'이어야 하기 때문이다. 전문가라면 이 부분을 문제없이 조정할 수 있을 것이나, 초보자들에게는 이 부분이 어렵게 다가갈 수 있다. 따라서 최종 분석 결과물의 파일을 '.tag' 형식으로 유지하기 위해서 이미 만들어져 있던 '.tag' 파일을 재활용하는 것이다. 이 부분은 완전히 이해하지 않아도 좋으니, 계속 이어서 따라가 보자.

그런 다음 'Ctrl + A'(전체선택)를 눌러 전체 내용을 선택하자.

다음으로 'Delete' 키를 눌러 전체 내용을 삭제하자.

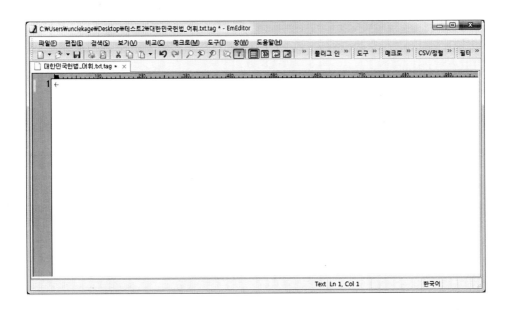

그런 다음 저장하였던 엑셀 자료('대한민국헌법_어휘.xlsx')를 열어 B열과 C열만 선택하고 'Ctrl + C'(복사하기)를 눌러서 그 내용을 복사한다.

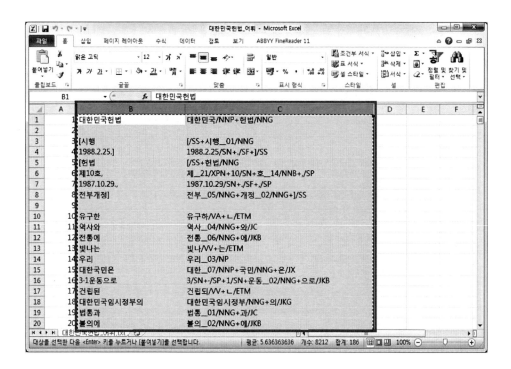

다음으로 다시 전체 내용을 삭제했던 '이엠에디터' 화면으로 돌아와서, 'Ctrl+V'(붙여 넣기)를 눌러서 엑셀에서 복사한 내용을 붙여 넣자.

그런 다음 바로 'Ctrl+S'(저장하기)를 눌러 저장하자. 그러면 일단 엑셀에서 수정하였

던 분석 결과를 무사히 저장하게 된 것이다. 그런데 마지막으로 한 가지 작업을 더 해주어야 한다. 자료를 자세히 살펴보자.

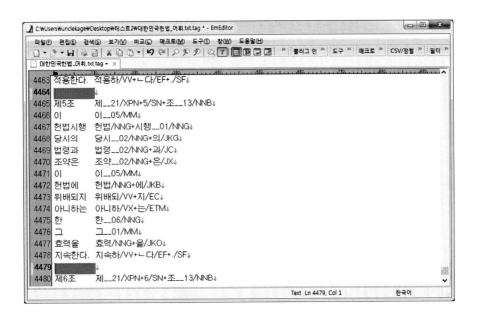

줄 번호 4464와 4479를 보면 엔터(↓)가 바로 보이지 않고, '탭'(⇥)이 한 번 들어간 후 엔터(↓)가 들어가 있는 것을 확인할 수 있다. 이것은 어떻게 된 일일까? 잘 생각해 보면 정답을 알 수가 있다. 앞서 엑셀 두 개의 열(B열, C열)을 복사해 온 것이기 때문에 엑셀에서 비어 있는 칸의 수만큼 '탭'(⇥)이 들어간 후 마지막에 엔터(↓)가 들어가 있는 것이다. 따라서 엑셀에서 비어 있던 칸(총 2개) 중 1개가 '탭'(⇥)으로 표시되고 마지막 비어 있는 칸 1개가 엔터(↓)로 표시된 것이다. 그런데 이 상태 그대로 '글잡이 II'나 '한마루2.0'에서 이 파일을 불러 오면 로딩(loading) 오류가 발생한다. 따라서 '바꾸기'를 통해서 이 부분을 수정해 주기로 하자. 'Ctrl'+'H'(바꾸기)를 눌러서 아래 그림의 '바꾸기' 창을 불러오자.

그런 다음 아래와 같이 입력하고 '모두 바꾸기(A)'를 클릭하자. 지금 사용하는 텍스트에
디터는 '이엠에디터'이기 때문에 '이스케이프 시퀀스 사용(E)'을 체크해 두어야 '탭'(₩t or
₩t)과 '엔터'(₩n or \n)가 인식된다. 만약 '이스케이프 시퀀스 사용(E)'을 체크하지 않는다
면 '정규식 사용(X)'을 체크해 주어야 '탭'(₩t or \t)과 '엔터'(₩n or \n)가 인식된다. 여기서
는 간단하게 사용할 수 있는 '이스케이프 시퀀스 사용(E)'을 체크해 주어야 한다는 것을
잊지 않기로 하자.[90]

- '바꾸기' 창 입력 사항
  ◦ 찾기: ₩t₩n or \t\n
  ◦ 바꾸기: ₩n or \n

---

90) 만약 사용자가 '에디트플러스'에서 '대한민국헌법_최종.tag'를 불러 왔다면 '이스케이프 시퀀스 사용(E)'이 아니라
'정규식'을 반드시 체크해야 한다. 잊지 않도록 하자!

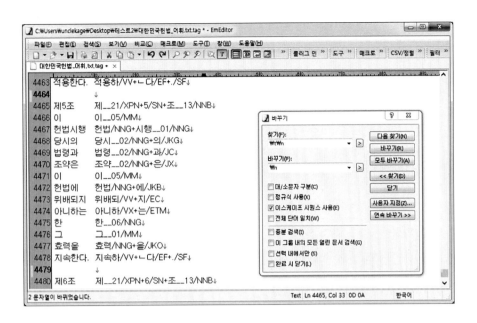

그러면 엑셀에서 비어 있던 칸이 표시된 모든 잉여적 '탭'(⇥)이 사라진 것을 확인할
수 있다.

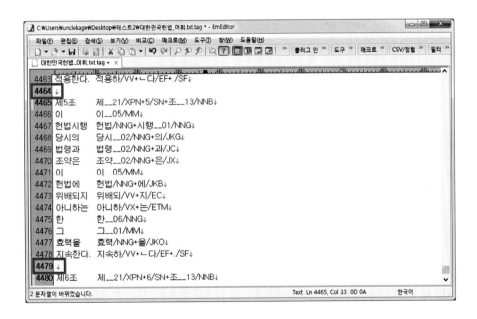

그런 다음 마지막으로 'Ctrl+S'(저장하기)를 눌러 저장하면 엑셀에서 수정했던 최종
분석 결과가 '대한민국헌법_어휘.txt.tag'에 저장된다.

그런데 간혹 어떤 사람들의 컴퓨터에서는 'Ctrl+S'(저장하기)를 누를 때 아래와 같은 창이 나타날 수도 있다.

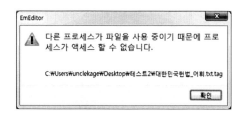

이 화면이 나타나는 것은 지금 현재 같은 이름('대한민국헌법_어휘.txt.tag')의 텍스트 파일과 엑셀 파일을 함께 열어 두었다는 뜻한다. 즉 아직 엑셀에서 작업했던 것을 저장하지 않았다는 것이므로 엑셀에서 수정한 분석 자료를 엑셀의 형식으로 저장한 다음에 다시 이엠에디터에서 'Ctrl+S'(저장하기)를 누르면 아무런 문제없이 안전하게 저장된다.

지금까지는 형태 분석기를 이용한 분석 결과를 수정하는 방법에 대해서 알아보았다. 수정 방법은 두 개의 '엑셀' 화면을 띄운 다음에 일련번호를 연결고리로 삼아 왼쪽 '엑셀'의 화면에서 문맥 정보를 확인하고 오른쪽 '엑셀' 화면의 내용을 수정하는 방법이었다. 다만, 이 방법은 다소 불편한 점이 있고 직관적이지 못하다는 단점이 있다. 따라서 다음으로는 형태 분석기를 이용한 분석 결과를 문맥 색인(Concordance)을 활용하여 수정하는 방법에 대해서 알아보기로 하자.

1.3.5.2. 용례 색인을 이용한 분석 결과물 수정

여기서는 '문맥 색인(Concordance)'을 이용하여 형태 분석기의 분석 결과를 수정하는 방법에 대해서 살펴보기로 한다. "텍스트에서 target 문자열의 사용례를 그 문맥과 함께 제시한 것"[91]을 '문맥 색인'이라고 하는데, 분석 결과를 문맥 색인을 통해서 확인한다면 해당 어절의 수정이나 이해에 상당한 도움을 줄 수 있다. 이러한 문맥 색인에는 해당 검색어('target 문자열' 또는 'keyword')가 문맥 속에 위치한 KWIC(Keyword In Context)과 해당 검색어('target 문자열' 또는 'keyword')가 문맥의 바깥쪽(가장 왼쪽)에 위치한 KWOC(Keyword Out of Context)이 있다.

---

91) 연규동·박진호·최운호(2003: 245) 참조.

- 문맥 색인(Concordance)
  ◦ KWIC(Keyword In Context)
  ◦ KWOC(Keyword Out of Context)

　그런데 연구자가 용례를 중심으로 연구를 진행하거나 말뭉치를 수정하고자 할 때에는, 해당 검색어('target 문자열' 또는 'keyword')가 사용된 문맥 속에서 그것을 앞뒤에 나타난 다른 문맥과 함께 확인할 수 있는 KWIC이 여러 모로 편리하고 유용한 측면이 있다. 이에 비하면 KWOC은 앞뒤 문맥을 한눈에 확인하는 데에서는 불편한 측면이 없지 않다. 따라서 여기서는 문맥 색인 중 KWIC을 작성하여 형태 분석 결과 수정에 활용하고자 한다. 그리하여 결과적으로 앞서 수정하였던 '지능형 형태소 분석기'와 '유태거'의 분석 수정 결과물을 아래 그림에서 보이는 자료와 같은 형식으로 만들고자 한다.

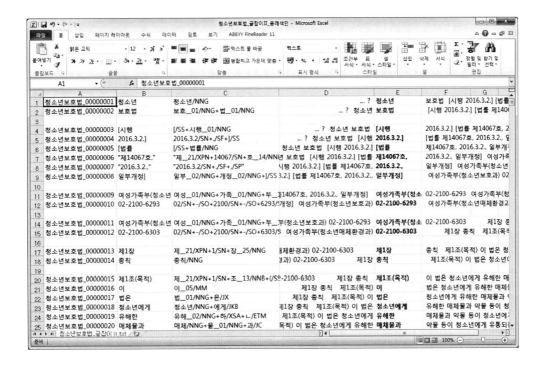

위 자료의 형식은 다음과 같이 구성되어 있다.

1) A: 일련번호
2) B: 원어절
3) C: 분석 어절

4) D: 선행 문맥
5) E: 키워드
6) F: 후행 문맥

　A열부터 C열까지는 일반적인 형태 분석 말뭉치의 형식이고, 여기에 문맥 색인을 만들어서 D열부터 F열까지 붙여 넣게 되면 말뭉치 수정이나 검색에 유용하게 활용할 수 있다.
　위 그림에서의 문맥 색인은 키워드(E열)가 포함된 중심 문맥에 가운데 위치하고 그 좌우에 키워드의 선행 문맥(D열)과 후행 문맥(F열)이 배치되어 있는 형식이다. 이러한 형식의 문맥 색인을 'KWIC(Keyword In Context)'이라고 한다. 한편 'KWOC(Keyword Out of Context)'이라고 하여 전체 문맥 앞에 키워드가 제시되어 있는 형식의 문맥 색인이 있는데, 보통 자료를 이용하여 언어를 연구할 때에는 키워드가 문맥 속에 있는 형식이 그 앞뒤 구성이나 결합 형식을 확인하는 데 유리하므로 대부분 'KWIC'을 많이 사용한다. 따라서 우리도 'KWIC' 형식의 문맥 색인을 만들어서 분석 자료에 붙이기로 한다.

(1) 원시 말뭉치로 문맥 색인 만들기

　자! 그러면 지금부터 문맥 색인(D열부터 F열)을 만들어서 붙이는 방법을 알아보자. 우선 문맥 색인을 만들어 줄 도구를 구해야 할 것인데, 무료로 이용이 가능하면서도 문맥 색인을 만들어 주기에 적합한 도구를 사용해야 할 것이다. 마침 그에 딱 알맞은 도구가 있어서 소개한다. 우선 '구글' 누리집(www.google.co.kr/www.google.com)의 첫 화면으로 가 보자.

여기서 검색창에 'monoconc'라고 입력하고 검색을 시작한다.

그러면 'MONOCONC: Text Searching Software'라는 문구가 보일 것이다. 여기서 이 부분을 클릭하여 모노콘크 누리집(www.monoconc.com)으로 간다.

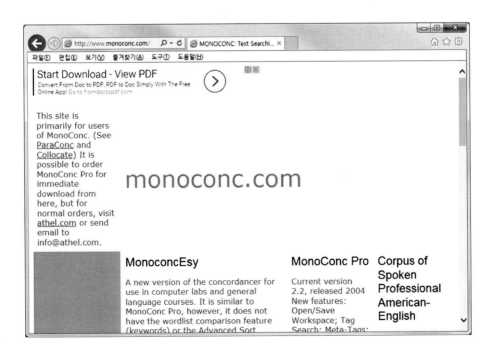

그러면 모노콘크 누리집의 첫 대문 화면에서 모노콘크이지(MonoconcEsy)라는 프로그램의 이름과 설명 등등을 확인할 수 있다.92)

이 화면에서 링크되어 있는 'michaelbarlow.com/mcesy.zip'를 클릭하면 모노콘크이지를 내려받을 수 있다. 따라서 이 부분을 클릭하여 프로그램을 내려받아 보자.

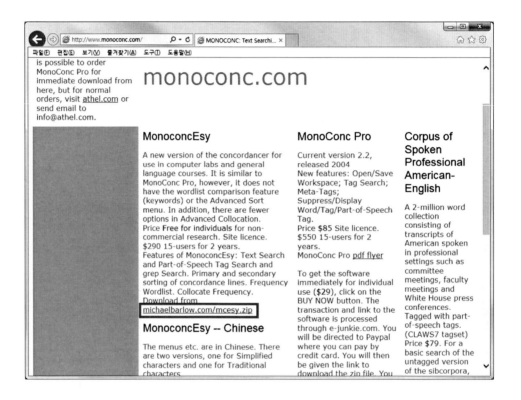

링크된 'michaelbarlow.com/mcesy.zip'을 누르면 윈도우창 아래에 압축 파일을 열거나 저장할 것인지를 묻는 팝업이 나타난다.

---

92) 그 중 가장 반가운 문구는 'Price Free for individuals'인데, 개인 연구용으로는 무료로 사용할 수 있다.

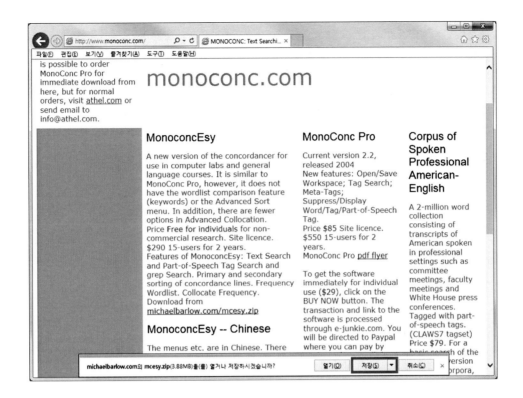

여기서는 바로 '저장(S)' 버튼을 클릭하기보다는 '저장(S)' 버튼의 오른쪽에 보이는 '▼'
을 클릭하여 나타나는 메뉴 중에 '다른 이름으로 저장(A)'을 클릭한다.[93]

---

93) 물론 '저장(S)' 버튼을 클릭해도 된다. 만일 그럴 경우에는 자신의 컴퓨터에 있는 '다운로드(Download)' 폴더에
파일이 잘 저장되었는지를 확인해야 할 것이다.

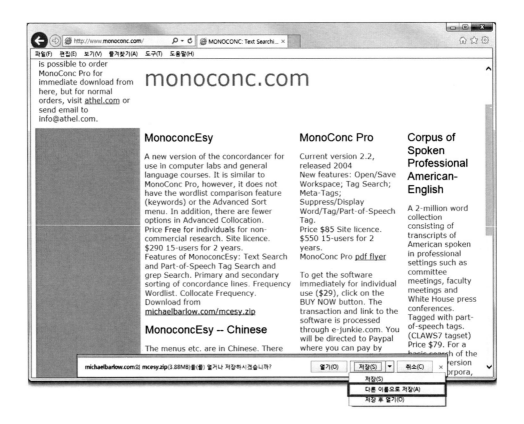

　'다른 이름으로 저장(A)'을 클릭하면 '다른 이름으로 저장'이라는 창이 나타나는데, 여기서 연구자가 내려받은 자료를 확인하기 편한 곳으로 경로를 지정해 준다.

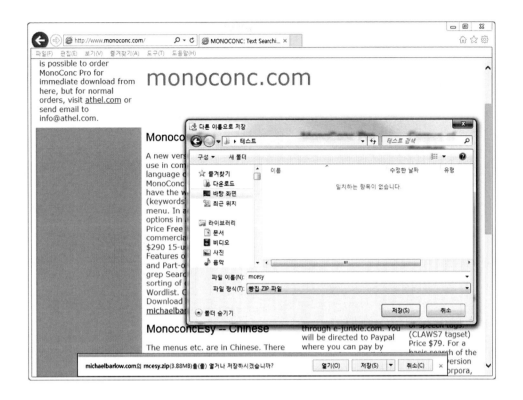

‘파일 이름(N)’ 부분에는 ‘mcesy’라는 파일명이 자동으로 지정되어 있으니 그대로 ‘저장(S)’ 버튼을 클릭한다.

그런 다음 ‘mcesy’라는 이름으로 내려받은 압축 파일이 저장된 곳을 찾아가서, 파일 압축을 풀어 보자.

현재 연구자 자신의 컴퓨터에는 여러 종류의 압축 도구 중 하나가 설치되어 있을 것이다. 보통 '알집(ALZip), 윈집(WinZip), 브이스리집(V3 Zip), 빵집' 등을 사용한다. 설령 자신의 컴퓨터에 압축 도구가 설치되어 있지 않다면 이들 압축 프로그램 중 하나를 설치해도 되고(개인용은 무료로 설치가 가능하다.), 그렇지 않다면 윈도우가 자동으로 인식하고 압축 과정을 도와주니 달리 걱정할 필요는 없다.

압축 파일 'mcesy'를 마우스 오른쪽 버튼으로 클릭하면 위 화면과 같이 여러 메뉴가 나타나는데, 그 중에 '알아서 (압축)풀기'라든지 '폴더명~으로 (압축)풀기' 등을 선택하여 압축을 해제한다. 그러면 아래 그림과 같이 압축 파일과 같은 이름의 폴더가 생성된다.

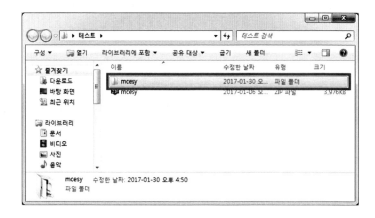

이 폴더 안으로 들어가 보면 아래와 같은 내용의 자료가 들어 있는데, 실행 파일(응용 프로그램)인 'MonoconcEsy(.exe)'와 사용 설명서에 해당하는 'MonoconcEsy(.pdf)'가 눈에 보인다. 여기서 우리가 사용할 자료는 실행 파일 'MonoconcEsy(.exe)'이다.

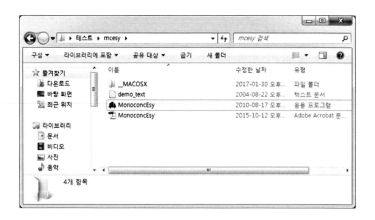

자! 그렇다면 문맥 색인 작성을 위한 도구를 내려받아 준비해 놓았으니, '대한민국헌법'

의 원본('원시 말뭉치')을 이 도구('Monoconc')에서 읽어 들일 형식으로 조금만 변환해 보도록 하자. 여기서 문맥 색인을 작성하기 위해서 사용하는 자료가 원본('대한민국헌법.txt')이라는 것에 유의할 수 있도록 하자.

가장 먼저 '모노콘크(Monoconc)'가 읽어 들일 수 있는 파일의 형식이 '*.txt'이기 때문에 '대한민국헌법'의 원본('원시 말뭉치')을 '*.txt'의 형식으로 바꾸어 주어야 한다. 이 방법에 대해서는 앞서 익힌 바가 있다. 그리고 원본을 텍스트 파일로 다시 저장한 다음 문맥 색인을 작성하기 위해서는 한 가지 과정이 더 필요하다.

보통 문맥 색인 프로그램들은 검색되는 키워드 부분을 아래와 같이 대괄호('[', ']')로 싸서 보여주는 경향이 있다.

- **일반적인 문맥 색인의 형식**
  - 키워드: [키워드] or [[키워드]]
  - 문맥 색인1: 제1조 ①대한민국은 민주공화국이다. ②대한민국의 [주권]은 국민에게 있고, 모든 권력은 국민으로부터 나온다.
  - 문맥 색인2: 제1조 ①대한민국은 민주공화국이다. ②대한민국의 [[주권]]은 국민에게 있고, 모든 권력은 국민으로부터 나온다.

이럴 경우 문제가 되는 것은 아래와 같이 원자료 자체에 대괄호('[', ']')가 기호로 들어가 있는 부분이 키워드 부분을 도드라지게 하기 위한 기호와 구분할 수 없다는 데 있다.[94]

- **문맥 색인에서 문제가 되는 부분**
  - 대한민국헌법
  - [시행 1988.2.25.] [헌법 제10호, 1987.10.29., 전부개정]

따라서 먼저 원자료에 나와 있는 대괄호('[', ']')를 텍스트 전체 어디에서도 나타날 수 없을 것으로 예측되는 문자의 조합으로 바꾸어야 한다. 그런 다음 수정된 자료를 '모노콘크(Monoconc)'에서 읽어 들여서 문맥 색인 결과가 출력되면 다시 이전에 바꾸어 주었던 문자 조합을 원자료의 형태인 대괄호('[', ']')로 바꾸어 주면 된다.[95] 그러면 원자료 자체에

---

94) 만약 원자료에 대괄호('[', ']')가 전혀 나타나 있지 않다면, 이 과정은 거치지 않아도 좋을 것이다.

95) 여기서 혹자는 Monoconc의 키워드 식별자가 이미 대괄호를 두 개씩 사용하는 것('[[', ']]')이므로 이러한 변환 과정이 잉여적이지 않은가 하고 반문할 수도 있겠으나, 문맥 색인 결과상으로 대괄호가 세 개씩 묶이게 되는 경우('[[[', ']]]')도 전제하기 때문에 나중에 어떻게든 문제가 될 가능성이 있다. 이 부분은 이러한 것이 존재한다는 것 정도로만 이해하면

대괄호('[', ']')가 기호로 들어가 있는 부분이 키워드 부분을 도드라지게 하기 위한 기호와 구분되지 않는 문제가 해결된다.

- 원자료의 대괄호('[', ']') 부분 해결 방법
  ① 대괄호('[', ']') ⇨ 다른 문자 조합('⟨⟨⟨', '⟩⟩⟩'/'{{{', '}}}') 등
  ② '모노콘크(Monoconc)'에서 문맥 색인 결과 출력
  ③ 다른 문자 조합('⟨⟨⟨', '⟩⟩⟩'/'{{{', '}}}') 등 ⇨ 대괄호('[', ']')

자 그러면 먼저 대괄호('[', ']')를 자료의 그 어떤 것과도 겹치지 않는 문자의 조합으로 바꾸어 보자. 텍스트 파일로 저장한 원본을 텍스트에디터에 불러오자.96)

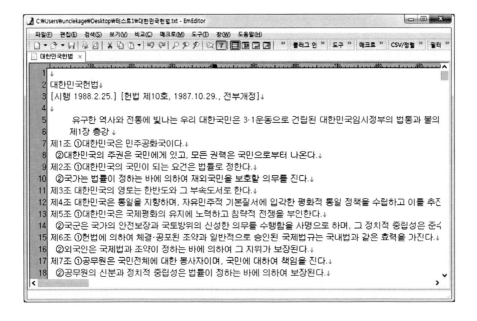

그런 다음 '검색(S) ⟩ 바꾸기(R)'의 경로를 통하거나 'Ctrl+H'를 눌러서 '바꾸기' 창을 불러오자.

될 것이다.

96) 반복해서 강조하지만, 여기서 조심해야 할 부분은 우리가 필요로 하는 파일의 형식이 텍스트 파일이라는 것이다. 만일 지금 '이엠에디터'에서 불러온 파일이 '.tag' 파일이라면 파일의 내용을 수정한 다음 마지막에 '다른 이름으로 저장'을 이용하여 '.txt' 파일로 바꾸어 저장해야 한다. 잊지 않도록 하자. '모노콘크'에서는 '.txt' 형식의 파일만을 읽어 들일 수 있다.

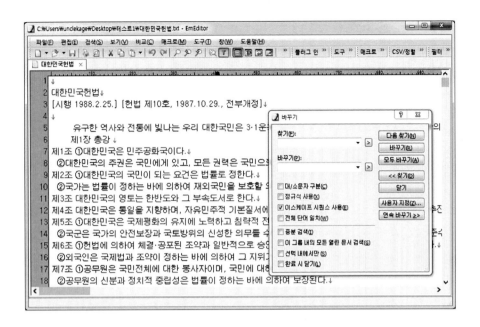

그런 다음 '찾기'와 '바꾸기'에 아래와 같이 입력해 보자.

- '바꾸기' 창 입력 사항
  - 찾기: [
  - 바꾸기: 〈〈

'찾기(F)'에는 여는 대괄호('[')를 입력해 준다. 그리고 '바꾸기(P)'에는 앞서 언급했듯이 이 자료에서 그 어떤 것과도 겹치지 않는 문자의 조합을 입력해 주어야 한다. 따라서 위와 같이 '〈〈'를 입력하고 '모두 바꾸기(A)'를 클릭한다.

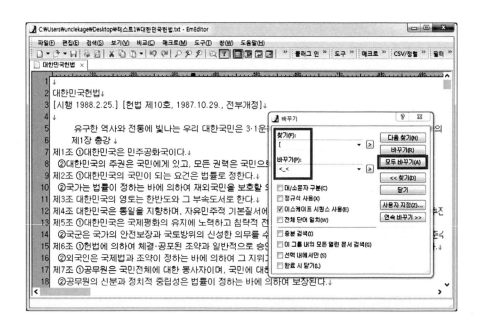

그러면 아래 그림에서 보듯이 자료 내에 있는 모든 여는 대괄호('[')가 '〈_〈'로 바뀐 것을 확인할 수 있다.

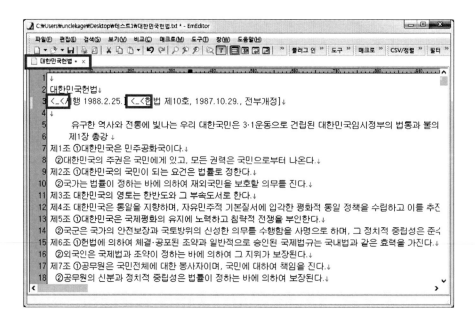

다음으로는 닫는 대괄호(']')를 변환해 주어야 한다. '바꾸기' 창에서 '찾기'와 '바꾸기'에 아래와 같이 입력해 보자.

- '바꾸기' 창 입력 사항
  - 찾기:]
  - 바꾸기: 〉_〉

'찾기(F)'에는 닫는 대괄호(']')를 입력해 준다. 그리고 '바꾸기(P)'에는 이 자료에서 그 어떤 것과도 겹치지 않는 문자의 조합을 입력해 주어야 한다. 따라서 아래 그림과 같이 '〉_〉'를 입력하고 '모두 바꾸기(A)'를 클릭한다.

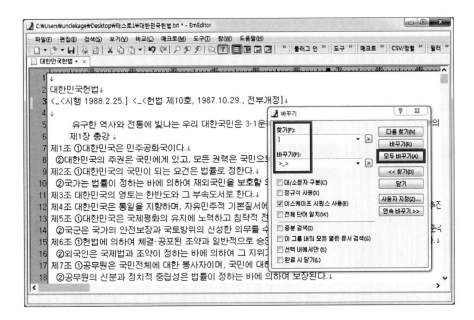

그러면 아래 그림에서 보듯이 자료 내에 있는 모든 닫는 대괄호(']')가 '〉_〉'로 바뀐 것을 확인할 수 있다.

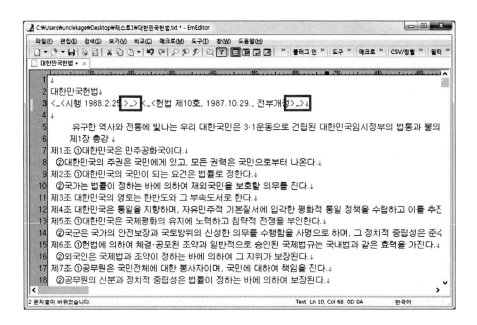

이렇게 모든 대괄호('[', ']')를 각각 '〈_〈'와 '〉_〉'로 바꾸어 주었다. 그러면 이대로 `Ctrl`＋`S` 누르거나 디스켓 모양의 아이콘(💾)을 눌러 자료를 저장한다. 그러면 이제 문맥 색인을 만들기 위한 모든 준비는 끝마쳤으니, 실제 그 과정을 배워 보도록 하자.

인터넷에서 내려받아서 압축을 푼 'MonoconcEsy(.exe)' 파일이 있는 폴더로 가 보자.

여기서 'MonoconcEsy(.exe)' 파일을 더블클릭한다. 그러면 아래와 같은 창이 나타난다.

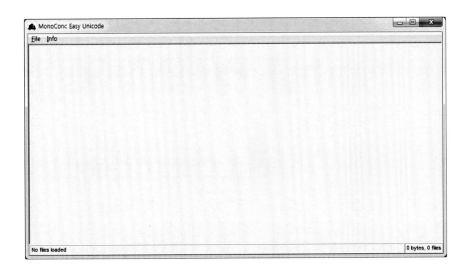

이 프로그램의 다소 아쉬운 점은 윈도우 화면 이동이 자유롭지 못하다는 것인데, 현재 이 프로그램의 화면이 일반적인 프로그램이나 폴더처럼 자유롭게 이동되지 않는다. 따라서 좌우 화면을 늘이거나 줄이는 방법을 통해서 화면의 위치를 이동시켜서 사용자가 이용하기 편안한 위치에 두도록 하자. 그런 다음 메인 화면의 상단에 보이는 두 개의 탭 중에 'File'을 클릭한다.

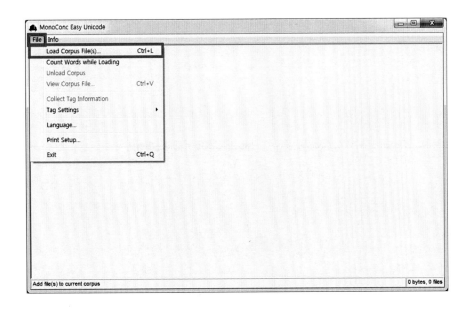

'File'을 클릭해서 나타나는 여러 메뉴 중에 'Load Corpus File(s)'를 클릭해서 바로 이전에 대괄호('[', ']')를 '〈〈와 '〉_〉'로 변환한 원본 파일이 있는 위치를 찾아간다.

원본(원시 말뭉치)을 변환한 파일이 저장되어 있는 장소를 찾았다면, 거기서 마우스로 변환된 파일을 선택하고 '열기'를 클릭한다. 그러면 모노콘크 전체 창 안에 'Corpus Text'라는 작은 창이 생기면서 변환한 텍스트의 내용을 확인할 수 있다.

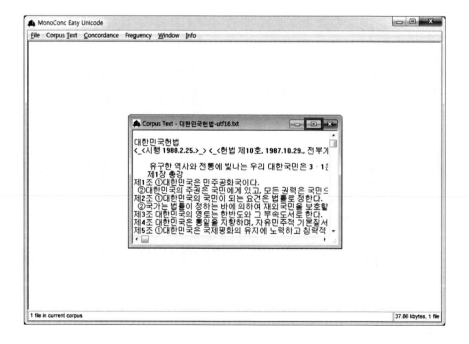

말뭉치의 내용을 잘 확인하기 위해서 작은 창에 보이는 전체 화면 버튼(▣)을 클릭하여 창을 키워 주자.

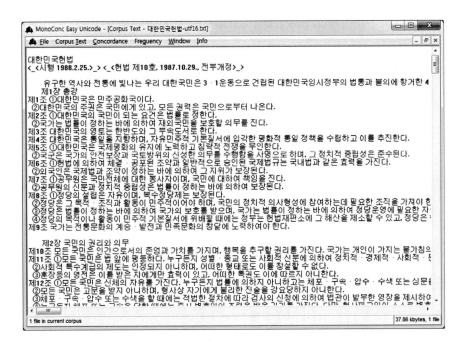

그러면 위 그림과 같이 화면이 커지면서 말뭉치의 내용을 확인할 수 있다. 그리고 첫 화면의 상단 메뉴에 'File'과 'Info'밖에 없었던 것이 말뭉치를 불러 오면서 'File' 탭 이후에 'Corpus Text', 'Concordance', 'Frequency' 등의 탭이 생성된 것도 확인할 수 있다.

여기서 우리는 이 모노콩크를 문맥 색인을 만들기 위해서만 사용할 것이기 때문에 전체 기능을 설명하지는 않는다. 따라서 오직 문맥 색인 작성에 필요한 기능만 설명한다.

다음으로 'Concordance' 탭을 클릭해서 나온 메뉴 중에 'Search'를 클릭한다.

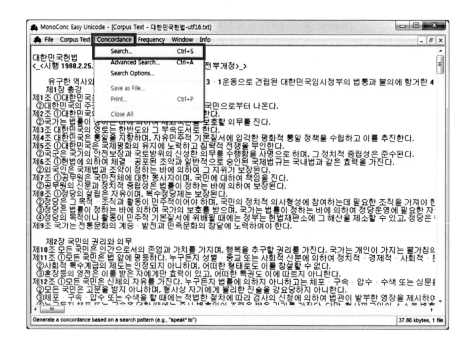

'Concordance' 탭을 클릭해서 나온 메뉴 중에 'Search'를 클릭하면 아래와 같은 화면이 나타난다.

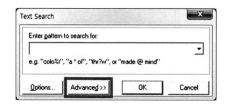

이 화면은 'Text Search'의 간편 화면이고 여기서 'Advanced'를 클릭하면 아래와 같이 화면이 커지면서 다양한 조건들이 눈에 보인다.

나머지는 사용하지 않을 것이므로 그대로 두고, 여기서는 'Options...'을 설정해 주어야 하기 때문에 'Options...'을 클릭한다.

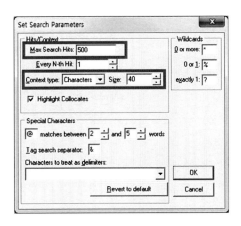

여기서도 문맥 색인을 만들기 위해서 꼭 필요한 부분만 설명한다. 위 화면에서 'Max Search Hits'는 검색어를 입력하고 검색했을 때, 화면에 보여주는 용례의 최대치(의 수)를 의미한다. 현재 우리가 다루는 자료는 약 5,000어절에 가까우므로 이 부분을 최소한 10,000으로 설정해 주어야 한다. 하지만 아주 넉넉하게 '100,000'으로 입력해 주기로 하자.

다음은 'Context type'과 'Size'를 설정해 주어야 하는데, 'Context type'은 용례 검색 결과로 보여주는 텍스트의 성격을 규정하는 것이다. 그리고 'Size'는 'Context type'을 보여 주는 크기라고 생각하면 된다. 현재에는 기본값(디폴트)으로 'Context type'이 'Characters'(문자 단위)로, 'Size'가 '40'으로 주어져 있다. 이것을 다음과 같이 바꾸어 준다.

- '모노콘크'에서의 옵션 설정
  ◦ 'Max Search Hits': '100,000'
  ◦ 'Context type': 'Words'
  ◦ 'Size': 15(기본값이 '8'로 설정되어 있는데, '8'로 그대로 두어도 좋다.)

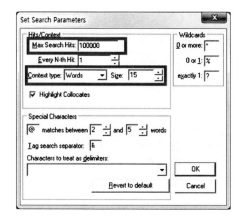

그런 다음 'OK'를 누르면 옵션 설정이 끝난 것이다. 그런 다음 'Advanced Search 또는 Text Search'로 돌아오면 이제는 'Enter pattern to search for:'에 검색어로 '*'를 입력한다.

• 간편 검색 창(Text Search)

• 확장 검색 창(Advanced Search)

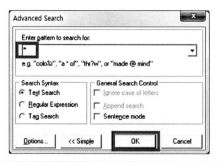

('Advanced Search' 창에서 '《Simple' 버튼을 클릭하면 'Text Search' 창이 됨.)

현재 검색 화면(위 그림)은 'Search Syntax' 부분의 조건 설정을 'Text Search'로 설정한 상태이다. 여기서 검색창 'Enter pattern to search for:'에 입력하는 '*'가 의미하는 바는 한국어의 경우 어절 단위로 원자료의 첫 어절부터 마지막 어절까지를 키워드로 하고 문맥 색인을 출력해 달라는 것이다(원자료의 전체 어절 수만큼의 어절 색인을 출력). 그 말은 이 자료의 어절별로 문맥 색인을 만드는 결과를 도출한다는 것이다. 따라서 검색 창에

'*'를 입력하고 'OK' 버튼을 클릭한다. 잊지 않아야 할 것은 다른 부분은 그대로 두어야 한다는 것이다.[97]

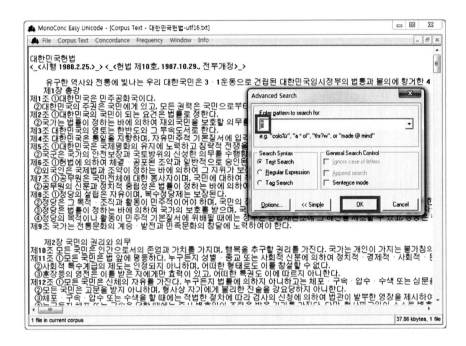

그러면 아래와 같은 검색 진행 창이 나타났다가 이내 사라질 것이다.

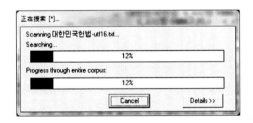

검색 진행 창이 사라지면 아래와 같이 원자료의 어절 순서대로 죽 앞 문맥과 뒤 문맥을 확인할 수 있는 문맥 색인이 작성되는 것을 확인할 수 있다. 여기서 검색어(혹은 키워드) 부분은 파란색으로 표시(highlight)되어 있다.

---

97) 한 가지 사례로 현재 'Search Syntax' 부분은 반드시 'Text Search'로 선택되어 있어야 한다.

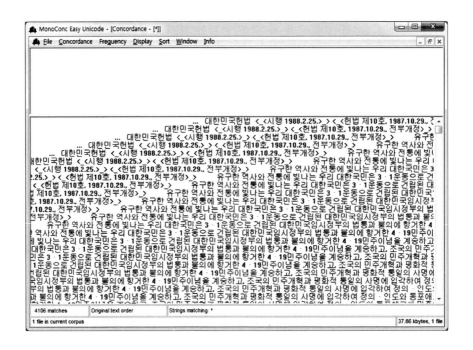

화면 창의 오른쪽에 보이는 막대 바(bar)를 내려서 검색 창의 가장 아래쪽(마지막)으로
가 보자.

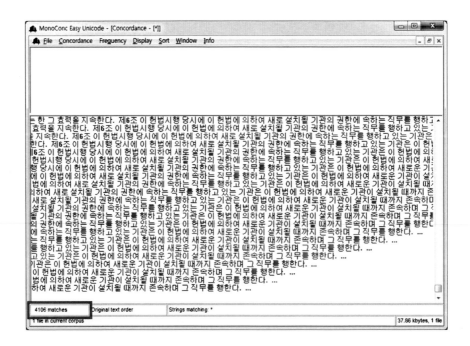

자! 그런 다음 검색 창의 왼쪽 아래에 '4106 matches'라고 된 부분을 확인해 보자. 이

말뭉치   206   연구용 말뭉치 구축의 기초

자료의 전체 어절 수가 4106어절이라는 것을 떠올린다면 문맥 색인이 훌륭하게 만들어진 것을 알 수 있다. 자 그렇다면 이번에는 이 자료를 저장해 주어야 한다.

'모노콘크'의 상단 탭에 보이는 'Concordance'를 클릭하고 보이는 메뉴 중에 'Save as File'을 클릭하자.

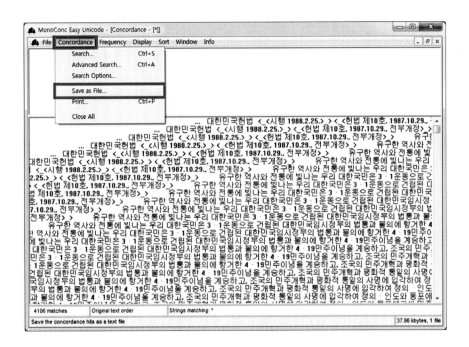

상단 탭에 보이는 'Concordance'를 클릭하고 보이는 메뉴 중에 'Save as File'을 클릭하면 아래 그림과 같은 저장 옵션 창이 나타난다.

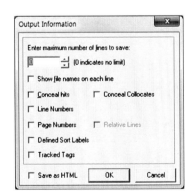

여기서 다른 것은 고려하지 말고 'Enter maximum number of lines to save:' 부분만 신경 쓰면 된다.

검색 옵션을 지정했을 때처럼 여기서도 최대로 저장할 라인(줄, line)의 수를 넉넉히 100,000으로 설정해 주자.

- ‘Output Information’ 창에서의 옵션 설정
  - ◦ ‘Enter maximum number of lines to save:’: 100000

그런 다음 ‘OK’ 버튼을 클릭한다. 또 여기서 잊지 않아야 할 것은 다른 부분의 옵션은 그대로 두어야 한다는 것이다. 그러면 아래 그림과 같이 저장 창이 나타난다.

이렇게 저장 창이 나타나면 연구자가 저장하고자 하는 경로를 설정하고 ‘파일 이름(N)’ 부분에 파일명을 입력하여 오른쪽 하단의 ‘저장(S)’ 버튼을 클릭한다. 그렇게 하면 검색 도구 ‘모노콘크’를 이용한 문맥 색인이 최종적으로 저장된다.

이제는 '모노콘크'에서 출력하여 저장한 문맥 색인을 텍스트에디터에서 정리해 보자. 프로그래밍을 할 줄 아는 사람이라면 어떠한 도구에서 얻은 어떠한 결과물이라고 하여도 자신이 필요한 형식으로 정리할 수 있지만, 그렇지 않은 사람이라면 자신이 원하는 결과물의 형식을 얻기 위하여 그에 맞는 도구를 사용하거나, 그러한 도구를 이용하여 얻은 결과물을 수정하거나 또는 변환해 주어야 한다.

먼저 이 결과물을 '에디트플러스'에서 열어 보자. 마우스 왼쪽 버튼으로 '모노콘크' 검색 결과물('대한민국헌법_문맥색인.txt')을 클릭한 다음, 마우스 왼쪽 버튼을 누르면 아래 그림과 같이 메뉴 바가 나타난다.

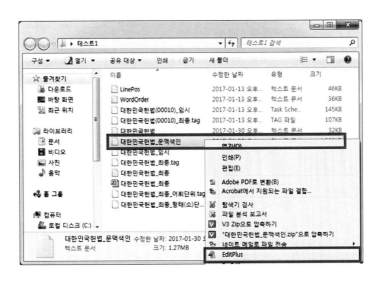

나타난 메뉴 중에 '에디트플러스(EditPlus)'를 마우스 왼쪽 버튼으로 클릭하면 '에디트플러스'로 바로 연결된다.

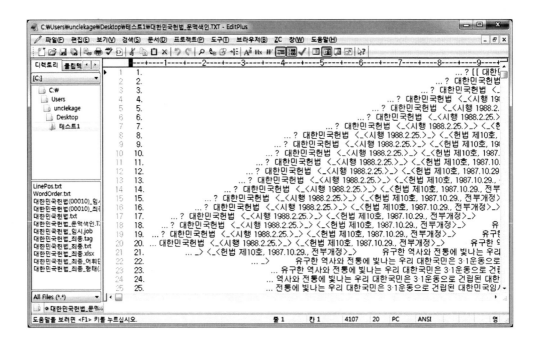

위 그림에서 보듯이 문맥 색인이 훌륭하게 출력된 것을 확인할 수 있다. 다음으로 출력된 검색 결과물('대한민국헌법_문맥색인.txt')을 이엠에디터에서 열어 보자. 마우스 왼쪽 버튼으로 '모노콘크' 검색 결과물을 클릭한 다음, 마우스 왼쪽 버튼을 누르면 아래 그림과 같이 메뉴 바가 나타난다.

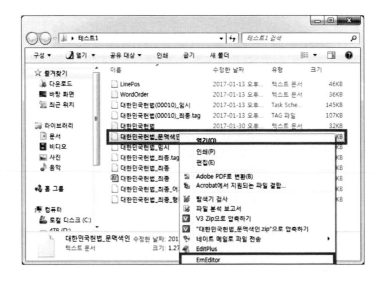

나타나는 메뉴 중에 '이엠에디터(EmEditor)'를 마우스 왼쪽 버튼으로 클릭하면 '이엠에디터'로 바로 연결된다.

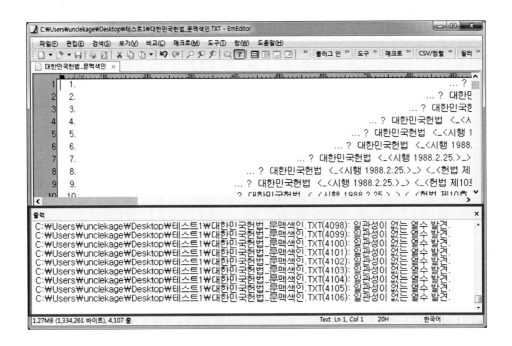

위 그림에서 보듯이 '이엠에디터'에서도 문맥 색인이 훌륭하게 출력된 것을 확인할 수 있다. 그런데 간혹 '이엠에디터' 화면에서 아래쪽에 '출력'이라는 창이 하나 더 생기면서 '~ 일관성이 없는 열수 발견'과 같은 문구가 계속 나타날 때가 있다.

하지만 너무 걱정하지 않아도 된다. '일관성이 없는 열수 발견'과 같은 문구가 계속 나타나다가 이내 멈출 것이다. 이러한 현상은 '이엠에디터'가 코드나 자료의 성격에 아주 예민한 텍스트에디터이기 때문에 나타나는 현상이다. 이상한 것이 아니라 아주 세심하게 작동하고 있는 것이라 이해하면 좋을 것이다. 그러면 이러한 현상에 대한 조치를 해 보자. 먼저 아래 그림에서 보듯이 하단에 '출력'이라고 되어 있는 창의 오른쪽 상단에 보이는 '×'를 클릭하여 꺼 보자.

그러면 아래 화면과 같이 '출력' 창이 사라지는 것을 확인할 수 있다.

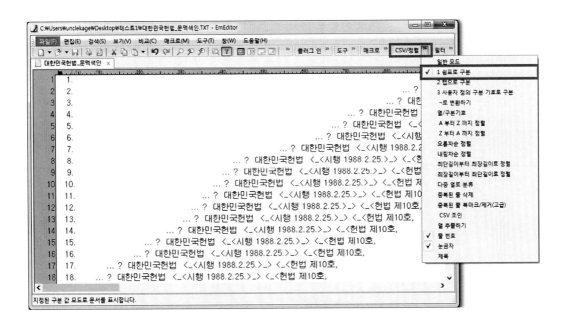

그런 다음 '이엠에디터' 창의 오른쪽 상단 탭에 'CSV/정렬'이라고 되어 있는 메뉴를 클릭해 보자.[98]

---

[98] '이엠에디터'의 'CSV/정렬' 기능은 체험 기간(30일)이 지나면 사라져서 사용할 수가 없다. 따라서 이럴 경우에는 정품 '이엠에디터'를 구입하거나 '에디트플러스'를 사용할 것을 권한다.

그러면 위 화면과 같이 여러 메뉴가 나타나는 것을 확인할 수 있다. 만약 현재 화면에서 'CSV/정렬'을 찾아볼 수 없다면 '이엠에디터'의 버전이 달라서 보이지 않는 것이니 걱정하지 않아도 된다. 자신의 '이엠에디터'에서 오른쪽 상단에 'CSV/정렬'이 보이지 않는 사람은 상단 탭에서 '편집'을 클릭한 다음 메뉴의 하단에 보이는 'CSV/정렬'을 클릭하자. 그러면 오른쪽 상단의 'CSV/정렬'을 클릭했을 때와 같은 메뉴가 보이는 것을 확인할 수 있다.

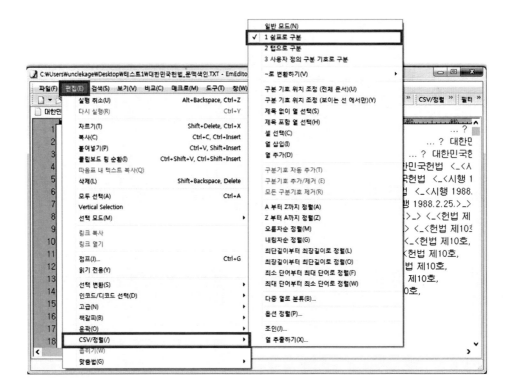

- 'CSV/정렬' 메뉴 찾는 방법
  - '오른쪽 상단 탭 〉 CSV/정렬'
  - '(상단 탭) 편집 〉 CSV/정렬'

그런 다음 현재 'CSV/정렬'에는 '쉼표로 구분'이 설정되어 있는데, 이것을 '일반 모드'로 설정해 준다. 여기서 '일반 모드'를 클릭해 주면 '에디트플러스'에서 '대한민국_헌법_문맥색인.txt'를 연 결과와 같아지는 것을 확인할 수 있다.

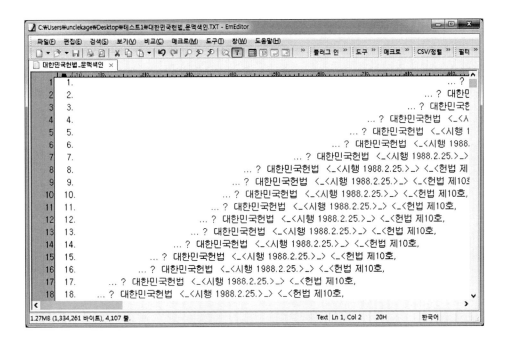

자 그러면 '모노콘크' 검색 결과물의 형식을 살펴보도록 하자. '모노콘크'의 검색 결과는 왼쪽에 일련번호가 줄마다 순서대로 부여되어 있고, 바로 이어서 공백(space)이 여러 개 주어진 다음 키워드를 중심으로 한 문맥 색인의 형식으로 구성되어 있다.

- '모노콘크' 검색 결과의 형식
  ◦ 일련번호+여러 개의 공백(space)+문맥 색인

그리고 문맥 색인의 사이사이에 여러 개의 공백이 들어가 있는 것도 확인할 수 있다.[99]

이제 본격적으로 이 자료를 정리해 보자. 정리의 최종 목표는 앞서 살펴본 '문맥 색인2'의 형식으로 정리하는 것이다.

- 일반적인 문맥 색인의 형식
  ◦ 문맥 색인1: 제1조 ①대한민국은 민주공화국이다. ②대한민국의 [주권]은 국민에게 있고, 모든 권력은 국민으로부터 나온다.
  ◦ 문맥 색인2: 제1조 ①대한민국은 민주공화국이다. ②대한민국의 [[주권]]은 국민에게 있고, 모

---

99) 나중에 자연히 알게 되겠지만 문맥 색인의 사이사이에 보이는 공백(space)은 원본의 문장 단위를 기준으로 부가된 것이다. 여기서는 그리 신경 쓰지 않아도 된다.

든 권력은 국민으로부터 나온다.

먼저 이 자료의 문맥 색인 부분은 아래와 같은 형식으로 되어 있는 것을 확인할 수 있다.

- '모노콘크' 문맥 색인 부분의 형식
  - 선행 문맥+[[+키워드+]]+후행 문맥

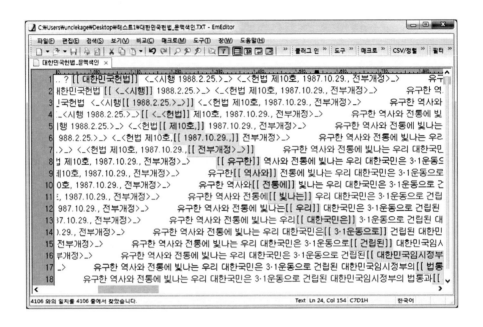

그렇다! 이 자료가 대괄호('[', ']')를 두 개씩 사용하여('[[', ']]') 키워드 부분을 싸고 있는 형식이라는 것을 이해할 수 있다. 이때 우리가 앞서서 어떠한 과정을 거쳤는지 떠올려 보자. 그렇다!! 원본에 있던 모든 대괄호('[', ']')를 각각 '〈〈와 〉〉'로 바꾸어 주었다는 것을 떠올릴 수 있을 것이다. 그렇다면 '모노콘크'에서 문맥 색인이 이러한 형식('[[키워드]]')으로 출력되기 때문에 키워드를 감싸 주는 기능을 하는 이 기호('[[', ']]')와 원본에 부여되어 있는 대괄호('[', ']')를 구분하기 위해서 앞선 과정에서 원본에 나타나는 대괄호('[', ']')를 각각 '〈〈와 〉〉'로 바꾸어 주었다는 것을 이해할 수 있을 것이다.

이제는 이 자료를 엑셀에서 읽을 수 있는 형식으로 바꾸어 주어야 하기 때문에 키워드를 싸고 있는 겹 대괄호('[[', ']]')를 모두 탭(⇥)으로 바꾸어 준다.

- '모노콘크' 문맥 색인 부분의 변환
  - 선행 문맥+⇥+키워드+⇥+후행 문맥

먼저 '검색(S) 〉 바꾸기(R)'의 경로를 통하거나 ⌜Ctrl⌟+⌜H⌟'를 눌러서 '바꾸기' 창을 불러온다. 그런 다음 '찾기'와 '바꾸기'에 아래와 같이 입력해 보자.

- '바꾸기' 창 입력 사항
  ◦ 찾기: [[
  ◦ 바꾸기: ₩t(↹)

'찾기(F)'에는 여는 겹 대괄호 '[['를 입력해 준다. 그리고 '바꾸기(P)'에는 탭(₩t, ↹)을 입력해 준다. 앞서 대괄호('[', ']')는 모두 각각 '〈〈'와 '〉〉'로 바꾸어 주었기 때문에 '[['를 탭(₩t, ↹)으로 변환하는 데에 오류가 나지 않을 것이다. 그리고 '바꾸기(P)'에서 탭(₩t, ↹)을 사용하기 때문에 '이스케이프 시퀀스 사용(E)'을 체크해 준다. 따라서 위와 '찾기'와 '바꾸기'를 입력하고 '모두 바꾸기(A)' 버튼을 클릭한다.

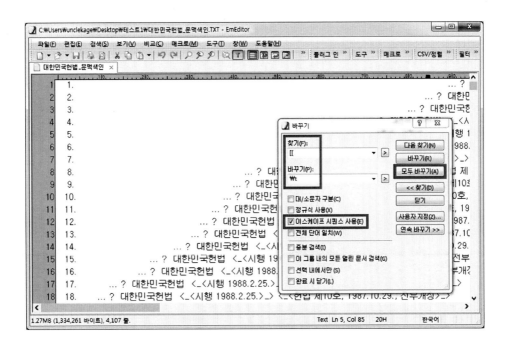

그러면 아래 그림에서 보듯이 자료 내에 있는 모든 여는 겹 대괄호 '[['가 탭(₩t, ↹)으로 바뀐 것을 확인할 수 있다.

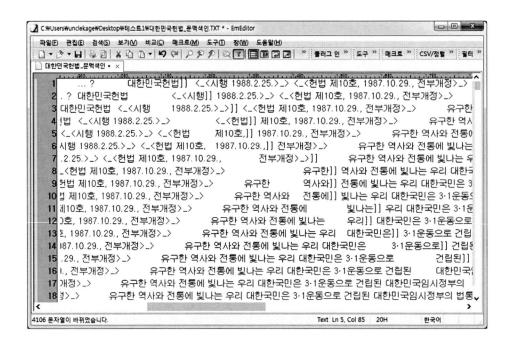

다음으로는 닫는 겹 대괄호 ']]'를 탭(Wt, ⇥)으로 변환해 주어야 한다. '바꾸기' 창에서 '찾기'와 '바꾸기'에 아래와 같이 입력해 보자.

- '바꾸기' 창 입력 사항
  - 찾기:]]
  - 바꾸기: Wt(⇥)

'찾기(F)'에는 겹 여는 대괄호 '[['를 입력해 주고, '바꾸기(P)'에는 탭(Wt, ⇥)을 입력해 준다. 그리고 여기에서도 '바꾸기(P)'에서 탭(Wt, ⇥)을 사용하기 때문에 '이스케이프 시퀀스 사용(E)'을 체크해 준다. 따라서 아래 그림과 같이 '찾기'와 '바꾸기'를 입력한 다음 '모두 바꾸기(A)' 버튼을 클릭한다.

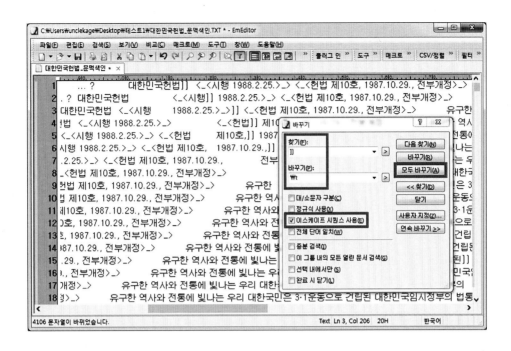

그러면 아래 그림에서 보듯이 자료 내에 있는 모든 닫는 겹 대괄호 ']]'가 탭(\t, ⇥)으로 바뀐 것을 확인할 수 있다.

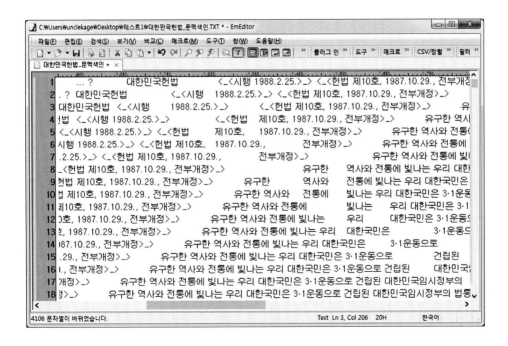

이렇게 '모노콘크'의 검색 결과물로 생성된 키워드 부분의 겹 대괄호('[[', ']]')를 모두

변환했다면, 이제는 이전에 대괄호('[', ']')를 '⟨⟨'와 '⟩⟩'로 바꾸어 준 것에 대해 반대 작업을 해 주어야 한다.

- '바꾸기' 창 입력 사항
  ◦ '⟨⟨' ⇨ '['
  ◦ '⟩⟩' ⇨ ']'

즉, '⟨⟨'와 '⟩⟩'를 각각 대괄호 '['와 ']'으로 바꾸어서, 원본의 형식으로 바꾸어 준다.

먼저 '검색(S) 〉 바꾸기(R)'의 경로를 통하거나 Ctrl+H를 눌러서 '바꾸기' 창을 불러온 다음 '찾기'와 '바꾸기'에 아래와 같이 입력해 보자.

- '바꾸기' 창 입력 사항
  ◦ 찾기: ⟨⟨
  ◦ 바꾸기: [

'찾기(F)'에는 '⟨⟨'를 입력해 준다. 그리고 '바꾸기(P)'에는 여는 대괄호('[')를 입력해 준다. 따라서 위와 같이 '⟨⟨'를 입력하고 '모두 바꾸기(A)' 버튼을 클릭한다.

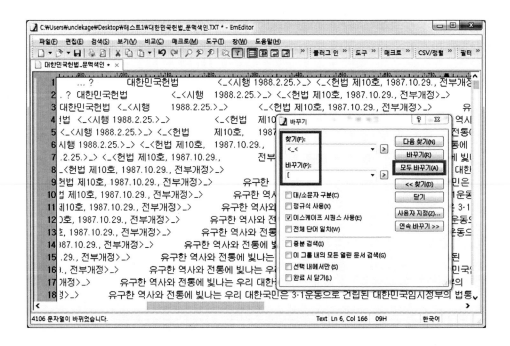

그러면 자료 내에 있는 모든 '〈_〈'가 여는 대괄호('[')로 바뀐 것을 확인할 수 있다.

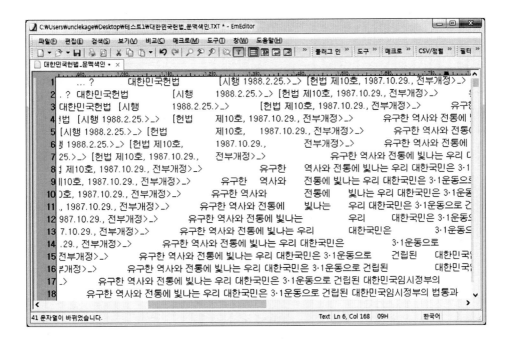

다음으로는 '〉_〉'를 닫는 대괄호(']')로 변환해 주어야 한다. '바꾸기' 창에서 '찾기'와 '바꾸기'에 아래와 같이 입력해 보자.

- '바꾸기' 창 입력 사항
  - 찾기: 〉_〉
  - 바꾸기:]

'찾기(F)'에는 '〉_〉'를 입력해 주고, '바꾸기(P)'에는 닫는 대괄호(']')를 입력해 준다. 따라서 위와 같이 '찾기'와 '바꾸기'를 입력한 다음 '모두 바꾸기(A)' 버튼을 클릭한다.

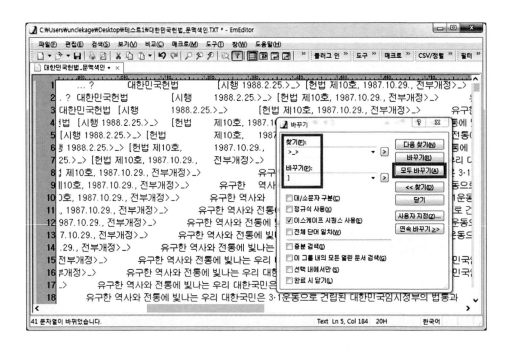

그러면 자료 내에 있는 모든 '〉_〉'가 닫는 대괄호(']')로 바뀐 것을 확인할 수 있다.

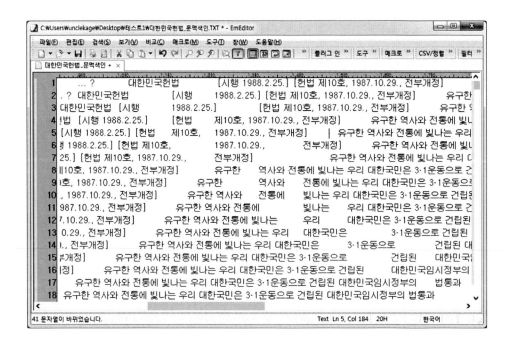

이렇게 모든 '〈_〈'와 '〉_〉'를 각각 여는 대괄호('[')와 닫는 대괄호(']')로 바꾸어 주었다.
현재 이 자료는 아래와 같은 형식으로 변환되어 있다.

- '모노콘크' 검색 결과의 변환 형식
  - 공백+일련번호+여러 개의 공백(space)+선행 문맥+⇥+키워드+⇥+후행 문맥

그러면 변환한 자료가 손상되지 않도록 이즈음에서 그대로 'Ctrl+S' 눌러 자료를 저장해 주자.

그런 다음 이번에는 '여러 개의 공백(space)'을 정리해 보자.
먼저 화면의 '일련번호' 부분을 확인해 보자. 현재 일련번호 부분이 눈에 보이지는 않지만 전체 어절 수가 4,106이기 때문에 아래 표와 같이 네 자리로 구성되어 있다.

줄번호	천 자리	백 자리	십 자리	일 자리
1	공백	공백	공백	1
9	공백	공백	공백	9
10	공백	공백	1	0
99	공백	공백	9	9
100	공백	1	0	0
999	공백	9	9	9
1000	1	0	0	0
4106	4	1	0	6

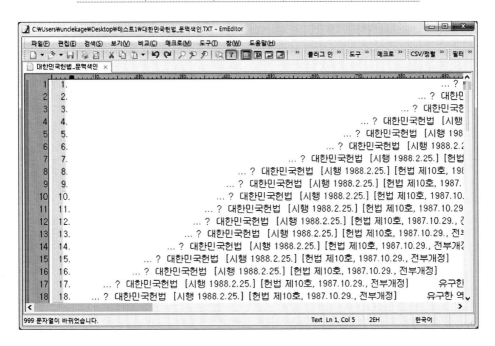

즉 현재 위 화면에서 보이는 숫자 일련번호 '1~9'는 한 자리 숫자이지만 그 앞에 네 개의 자릿수를 채우기 위하여 '공백'이 세 개 들어가 있다. 그렇다면 일련번호 '10~99'까지는 네 개의 자릿수를 채우기 위하여 '공백'이 두 개 들어가게 된다. 이렇게 이해한다면 위 자료의 형식을 이해할 수 있을 것이다. 따라서 지금은 이 일련번호 앞에 있는 '공백'을 없애 주기로 하자.

먼저 '검색(S) 〉 바꾸기(R)'의 경로를 통하거나 'Ctrl + H'를 눌러서 '바꾸기' 창을 불러오고 '찾기'와 '바꾸기'에 아래와 같이 입력해 보자.

- **'바꾸기' 창 입력 사항**
  ◦ 찾기: ^공백100)
  ◦ 바꾸기: 아무 입력이 없음.101)

그 다음 옵션 중에 '정규식 사용(X)'을 꼭 체크한다. 위에서 '찾기'에 입력하는 캐럿(^)은 텍스트에디터의 한 줄에서 가장 앞부분을 의미하는 것인데 정규식에서만 사용할 수 있는 것이다.102) 따라서 위의 '찾기'가 의미하는 바는 에디터의 한 줄의 가장 앞부분에 있는 공백(스페이스)이다.

그런 다음 '모두 바꾸기(A)' 버튼을 클릭한다.

---

100) '캐럿(삿갓, ^)+스페이스'의 조합이다. 정규식에서 '공백'은 '₩s'로도 나타낼 수 있으므로 '^₩s+'로 입력해도 결과는 같다.

101) 아무 것도 입력하지 않는다.

102) 즉 정규식에서 캐럿(^)은 텍스트에디터의 한 줄에서 가장 앞부분을 의미한다. 참고로 '$'는 한 줄에서 가장 뒷부분을 의미하는데, 이도 역시 정규식에서만 적용이 가능하다.

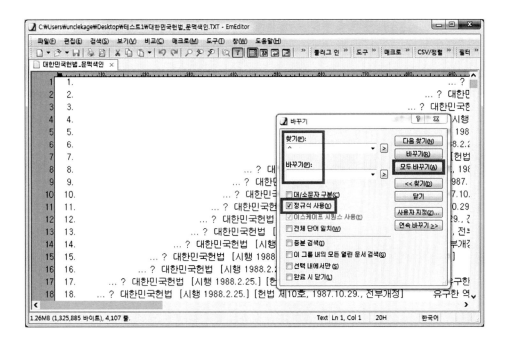

그러면 일련번호 앞에 있는 공백이[103] 하나 삭제된 것을 알 수 있다.

---

103) 앞에 공백이 있는 일련번호에 해당한다.

아직 일련번호 앞에 공백이 남아 있으므로 '모두 바꾸기(A)' 버튼을 두 번 더 클릭해서 공백을 모두 삭제해 주자.[104]

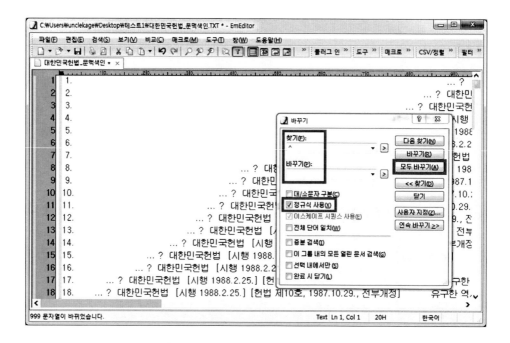

그 결과 아래 그림에서 보듯이 일련번호 앞의 공백이 모두 사라진 것을 알 수 있다.

---

104) 현재 자료(일련번호가 최대 네 자리로 구성되어 있는 자료)에서 일련번호 앞에는 최대 세 개가 들어가 있으므로 총 세 번 '모두 바꾸기(A)'를 해 준다.

다른 방법으로도 일련번호 앞에 있는 공백을 삭제할 수 있는데, 이도 역시 '정규식'을 이용하는 방법이다. '검색(S) 〉 바꾸기(R)'의 경로를 통하거나 'Ctrl+H'를 눌러서 '바꾸기' 창을 불러오자. 그런 다음 '찾기'와 '바꾸기'에 아래와 같이 입력한다.

- '바꾸기' 창 입력 사항
  ◦ 찾기: ^공백+105)
  ◦ 바꾸기: 아무 입력이 없음.

그 다음 옵션 중에 '정규식 사용(X)'을 꼭 체크한다. 위에서 '찾기'에 입력하는 캐럿(^)은 텍스트에디터의 한 줄에서 가장 앞부분을 의미하는 것인데 정규식에서 사용할 수 있는 것이다.106) 그리고 '정규식'에서 사용하는 '+'는 단순한 기호로서의 의미가 아니라, '왼쪽에 있는 문자(기호)가 한 개 이상 존재한다'는 의미를 가진다. 여기서는 '+'가 공백의 오른쪽에 있기 때문에 왼쪽에 있는 공백이 한 개 이상 존재한다는 것을 의미하게 된다. 따라서 위의 '찾기'(^공백+)가 의미하는 바는 텍스트에디터의 한 줄의 가장 앞부분에 있는 한 개 이상의 공백(스페이스)이다.

---

105) 정규식에서 '공백'은 '\s'로도 나타낼 수 있으므로 '^\s+'로 입력해도 결과는 같다.

106) 즉 정규식에서 캐럿(^)이 의미하는 바는 텍스트에디터의 한 줄에서 가장 앞부분이다. 참고로 '$'는 한 줄에서 가장 뒷부분을 의미하는데, 이도 역시 정규식에서만 적용이 가능하다.

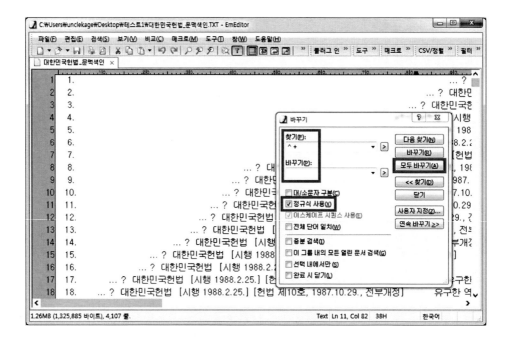

위 방법이 '정규 표현식' 내에서 의미하는 바를 알아보자.

- '바꾸기' 창에서 '찾기'가 의미하는 바
  - '+': 왼쪽에 있는 문자(위에서는 '공백')가 1개 이상 있다는 것을 의미
  - '공백+'107): '공백'이 1개 이상 있다는 것을 의미
  - '^공백+'108): 한 줄의 가장 앞에 '공백'이 1개 이상 있다는 것을 의미

이렇게 '바꾸기' 창의 '찾기'와 '바꾸기' 부분을 모두 입력하였다면 '모두 바꾸기(A)' 버튼을 클릭한다. 그 결과 아래 그림에서 보듯이 공백을 하나씩 삭제한 것과 결과가 같다는 것을 확인할 수 있다.

---

107) 정규식에서 '공백'은 '₩s'로도 나타낼 수 있으므로 '₩s+'로 입력해도 결과는 같다.
108) 정규식에서 '공백'은 '₩s'로도 나타낼 수 있으므로 '^₩s+'로 입력해도 결과는 같다.

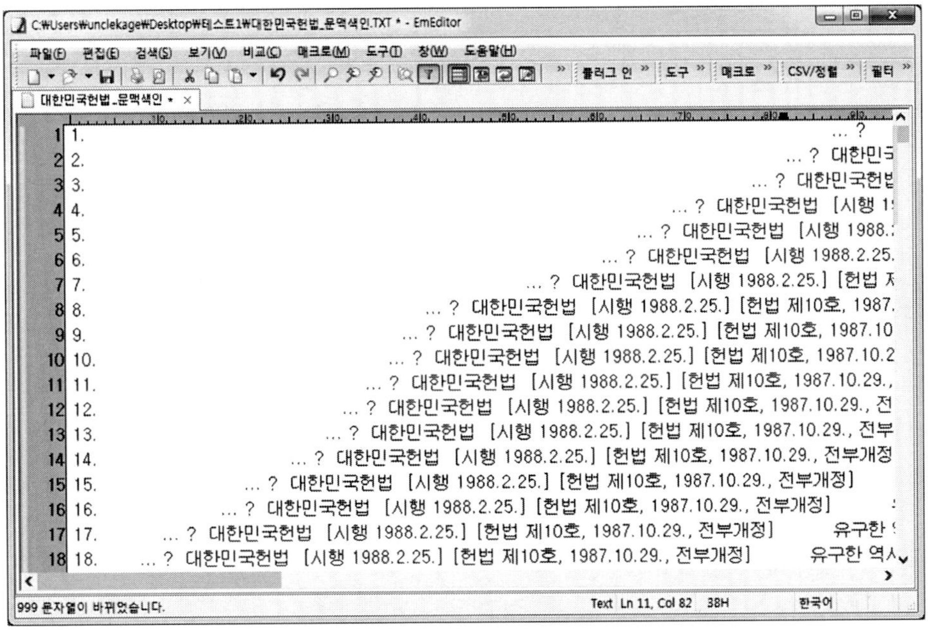

그런데 그렇다면 꼭 이렇게 '모두 바꾸기(A)'를 여러 번 클릭해서 공백을 없애 주어야 하는 것일까? 물론 이러한 방법을 사용하여도 공백이 삭제되지만 다소 '정보학'적인 방법은 아니라고 할 수 있다. 이 같은 처리는 '정규 표현식(정규식, Regular Expression)'을 사용함으로써 한 번에 깔끔하게 정리할 수 있다. 위와 같은 방법을 사용하지 않으려면 달리 '정규 표현식'을 사용해야 하는데 이에 대해 알아보도록 하자. 그러면 '검색(S) 〉 바꾸기(R)'의 경로를 통하거나 'Ctrl+H'를 눌러서 '바꾸기' 창을 불러오고 '찾기'와 '바꾸기'에 아래와 같이 입력해 보자. 물론 '바꾸기' 창에서 '정규식 사용(X)'을 체크하는 것을 잊지 않도록 하자.

- '바꾸기' 창 입력 사항
  - 찾기: ^+([0-9]+₩.)
  - 바꾸기: ₩1

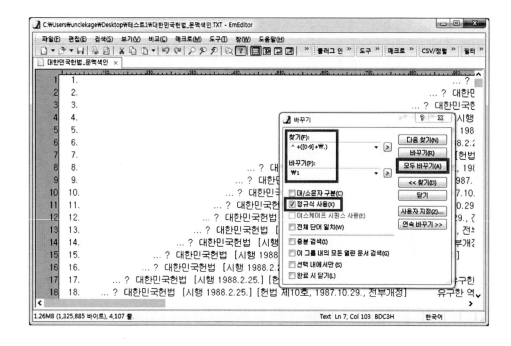

위 입력 사항이 '정규 표현식' 내에서 의미하는 바를 알아보자.[109]

- **'바꾸기' 창에서 '찾기'가 의미하는 바**
  - 캐럿(^): 한 줄의 가장 앞이라는 것을 의미
  - '+': 왼쪽에 있는 문자(위에서는 '공백')가 1개 이상 있다는 것을 의미
  - '공백+'[110]: '공백'이 1개 이상 있다는 것을 의미
  - [0-9]: 0부터 9까지 중에 아무 숫자 1개를 의미
  - [0-9]+: 0부터 9까지 중에 아무 숫자가 1개 이상으로 이루어진 것을 의미
  - ₩.: 정규 표현식에서 기호(.) 왼쪽에 사용하는 역슬래시(₩)는 오른쪽 기호를 순수한 문자(.)로 사용한다는 것을 의미. cf. 정규 표현식에서 기호 '.'는 아무러한 문자 한 개를 의미한다.
  - '()': 하나의 묶음이라는 것을 의미. 이후에 '바꾸기'에서 역참조로 사용하여 실현
  - '([0-9+₩.])': 0부터 9까지 중에 1개 이상으로 이루어진 숫자 바로 오른쪽에 기호 '.'이 붙은 것 전체를 한 단위로 묶는다는 것을 의미

- **'바꾸기' 창에서 '바꾸기'가 의미하는 바**
  - ₩1: '찾기'에 나온 부분을 뒤에서 지칭하여 사용하는 것으로, 앞에 '()'로 묶은 부분을 의미

---

109) '정규 표현식'을 사용하는 자세한 방법은 연규동·박진호·최운호(2003)의 3장을 참조하자.
110) 정규식에서 '공백'은 '₩s'로도 나타낼 수 있으므로 '₩s+'로 입력해도 결과는 같다.

하고 '( )'로 묶은 부분을 그대로 실현시킨다. 역참조(Backreference)라고도 한다.

위의 내용을 참조하면 '^+([0-9]+\.)'가 의미하는 것은 아래와 같다.

- '바꾸기' 창에서 '찾기'(^+([0-9]+\.))가 의미하는 바
  - 한 줄의 가장 앞부분에서부터 '.'이 붙어 있는 한 자리 이상의 숫자 사이에 있는(숫자 왼쪽에 있는) 공백을 모두 삭제하라.

그런 다음 '모두 바꾸기(A)' 버튼을 클릭해서 그 결과를 확인해 보자.

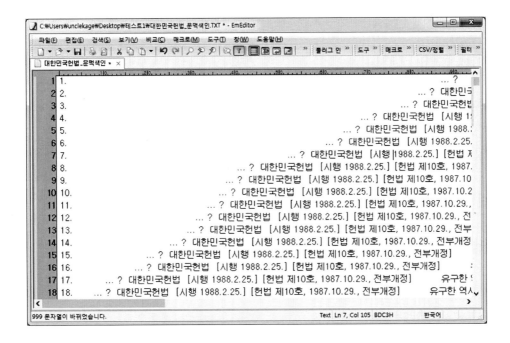

그 결과는 어떠한가? 공백을 하나씩 삭제했을 때와 그 결과가 같다는 것을 확인할 수 있을 것이다. 이번에는 진정한 국어 정보학적 방법으로 '정규 표현식'을 사용하여 일련번호 앞의 공백을 모두 삭제하였다.

- '모노콘크' 검색 결과의 현재 형식
  - 공백＋일련번호＋여러 개의 공백(space)＋선행 문맥＋🔄＋키워드＋🔄＋후행 문맥

일련번호 앞의 '공백'을 지웠으니 이제는 '일련번호'와 '문맥 색인'(실제 내용) 사이에

있는 '여러 개의 공백(space)'을 삭제해 보자. 즉 아래 그림에 보이는 가장 왼쪽의 숫자 부분과 오른쪽에 보이는 실제 내용(문맥 색인) 부분 사이에 존재하는 '공백'을 삭제해 주어야 하는데, 이들은 모두 여러 개의 '공백(space)'으로 이루어져 있다.

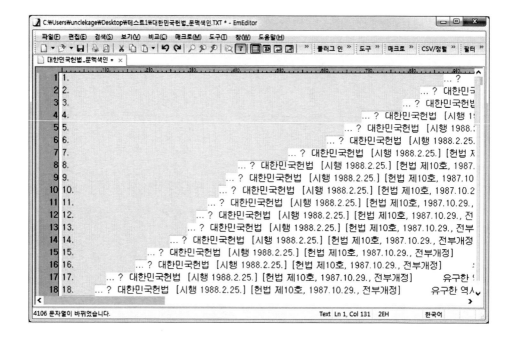

이 공백을 삭제하기 위해서는 반드시 '정규식'을 사용해야 한다. '검색(S) 〉 바꾸기(R)'의 경로를 통하거나 'Ctrl+H'를 눌러서 '바꾸기' 창을 불러오자. 그런 다음 '찾기'와 '바꾸기'에 아래와 같이 입력해 보자.

- '바꾸기' 창 입력 사항
  - 찾기: '^([0-9]+₩.)+' or '^([0-9]+₩.)₩s+'111)
  - 바꾸기: ₩1₩t

위 방법이 '정규 표현식' 내에서 의미하는 바를 알아보자.112)

- '바꾸기' 창에서 '찾기'가 의미하는 바
  - 캐럿(^): 한 줄의 가장 앞이라는 것을 의미

---

111) 정규식에서 '공백'은 '₩s'로도 나타낼 수 있으므로 '^([0-9]+\.)₩s+'로 입력해도 결과는 같다.
112) '정규 표현식'을 사용하는 자세한 방법은 연규동·박진호·최운호(2003)의 3장을 참조하자.

- [0-9]: 0부터 9까지 중에 아무 숫자 1개를 의미
- [0-9]+: 0부터 9까지 중에 아무 숫자가 1개 이상으로 이루어진 것을 의미
- ₩.: 정규 표현식에서 기호(.) 왼쪽에 사용하는 역슬래시(₩)는 오른쪽 기호를 순수한 문자(.)로 사용한다는 것을 의미. cf. 정규 표현식에서 기호 '.'는 아무러한 문자 한 개를 의미한다.
- '()': 하나의 묶음이라는 것을 의미
- '([0-9+₩.])': 0부터 9까지 중에 1개 이상으로 이루어진 숫자 오른쪽에 '.'이 붙은 것 전체를 한 단위로 묶는다는 것을 의미
- '공백+'113): '공백'이 1개 이상 있다는 것을 의미

• '바꾸기' 창에서 '바꾸기'가 의미하는 바
  - ₩1: '찾기'에 나온 부분을 뒤에서 지칭하여 사용하는 것으로, 앞에 '()'로 묶은 부분을 의미하고 '()'로 묶은 부분을 그대로 실현시킨다. 역참조(Backreference)라고도 한다.
  - ₩1₩t: '찾기'에 나온 부분을 뒤에서 지칭하여 사용하는 것으로, 앞에 '()'로 묶은 부분을 의미하고 '()'로 묶은 부분을 그대로 실현시킨다. 역참조(Backreference)라고도 한다. 그리고 그 뒤에 '탭'을 입력

위의 내용을 참조하면 '^([0-9]+₩.)+'가 의미하는 것은 아래와 같다.

• '바꾸기' 창에서 '찾기'(^([0-9]+₩.)+)가 의미하는 바
  - 한 줄의 가장 앞부분에서 시작되는 한 자리 이상의 숫자가 '.'이 붙어 있을 때, 뒤에 오는 한 개 이상의 공백을 모두 '탭(⇥)'으로 변환하라.

그 다음 역시 옵션 중에 '정규식 사용(X)'을 반드시 체크해 줄 수 있도록 하자.

---

113) 정규식에서 '공백'은 '₩s'로도 나타낼 수 있으므로 '₩s+'로 입력해도 결과는 같다.

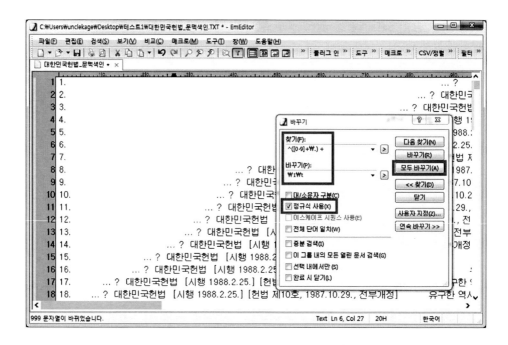

그런 다음 '모두 바꾸기(A)' 버튼을 클릭해서 그 결과를 확인해 보자. 그 결과 아래 그림에서 보는 바와 같이 숫자와 문맥 색인 사이에 존재하던 모든 공백이 탭으로 바뀐 것을 확인할 수 있다.

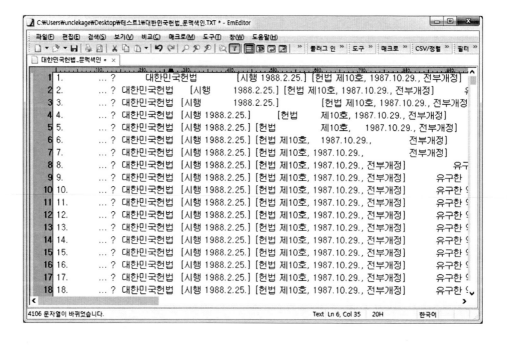

한편, 정규식에서 '공백'(스페이스)을 '\Ws'로 사용해서 변환해도 된다.

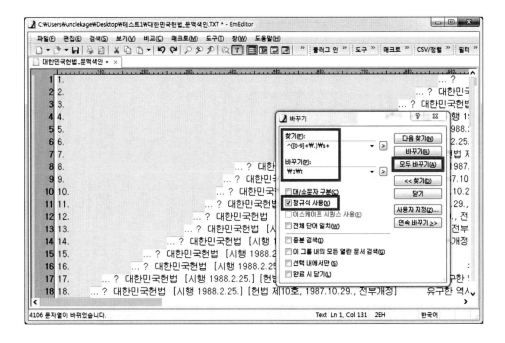

정규식에서 '공백'(스페이스)을 '\Ws'로 사용해서 변환하여도 그 결과는 같다는 것을 아래 그림에서 확인할 수 있다.

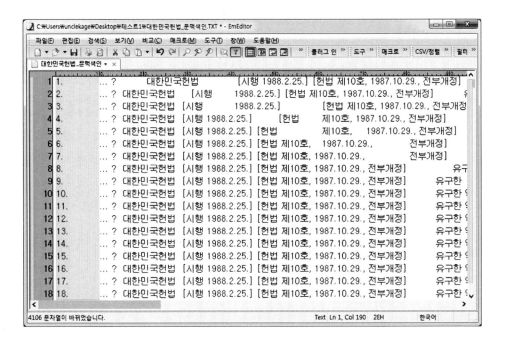

그 결과 일련번호와 문맥 색인 사이에 존재하는 모든 공백이 '탭(⭾)'으로 바뀌었다. 그렇다면 자료가 유실되지 않도록 이대로 `Ctrl`+`S`를 눌러 자료를 저장하자. 이렇게 하면 문맥 색인용 자료 변환이 모두 끝났다.

- '모노콘크' 검색 결과의 현재 형식
  ◦ 공백+일련번호+~~여러 개의 공백(space)~~+선행 문맥+⭾+키워드+⭾+후행 문맥

지금까지 문맥 색인용 자료로 변환하기 위해서 '모노콘크'의 검색 결과물을 정리하는 과정을 다시 한 번 더듬어 보자.

- '바꾸기' 창 입력 사항
  ① '[[' ⇨ 탭(⭾)
  ② ']]' ⇨ 탭(⭾)
  ③ '⟨⟨' ⇨ '['
  ④ '⟩⟩' ⇨ ']'
  ⑤ ※정규식: ^공백(스페이스) (3번) ⇨ 아무 입력 없음.
     or ^공백+⇨ 아무 입력 없음.
     or ^₩s+⇨ 아무 입력 없음.
     or 일련번호 앞의 공백('^+([0-9]+₩.)') ⇨ ₩1
     or 일련번호 앞의 공백('^₩s+([0-9]+₩.)') ⇨ ₩1
  ⑥ ※정규식: 일련번호 뒤의 공백('^([0-9]+₩.)+') ⇨ ₩1₩t
     or 일련번호 뒤의 공백('^([0-9]+₩.)₩s+') ⇨ ₩1₩t

이렇게 원본(원 말뭉치)을 이용하여 형태 분석 말뭉치에 붙일 문맥 색인을 만들 때에 주의해야 할 것은 원본과 형태 분석 말뭉치의 띄어쓰기가 일치해야 한다는 것이다. 간혹 원본의 띄어쓰기를 형태 분석 말뭉치에서 수정하는 경우가 있는데, 이렇게 하여 원본과 분석 말뭉치의 띄어쓰기가 달라지면 문맥 색인이 원본을 이용하여 만드는 것이기 때문에 결국에는 전체 어절의 불일치가 나타나게 된다. 따라서 분석 말뭉치의 띄어쓰기를 교정하고자 할 때에도 항상 문맥 색인을 먼저 작성한 다음에 수정해 주는 것이 좋다.

- 문맥 색인 작성 때 유의할 점
  ◦ 원본(원시 말뭉치)과 형태 분석 말뭉치의 띄어쓰기가 일치해야 함.

(2) 수정 말뭉치에 문맥 색인 붙이기

자! 그 다음으로는 이전에 만들어 두었던 형태 분석 수정 말뭉치(엑셀)에 이 문맥 색인을 붙이는 작업을 진행해야 한다. 따라서 엑셀을 이용하여 수정 말뭉치에 문맥 색인을 부가하는 방법에 대해서 알아보자.

먼저 '모노콘크'의 검색 결과를 정리한 문맥 색인을 엑셀로 불러와야 한다. 그러므로 엑셀 창을 하나 열자. 그런데 작업했던 텍스트의 결과물을 엑셀 창에서 여는 방법은 여러 번 반복하여 익혀 왔다. 따라서 이제 이 과정에 익숙한 사람은 이어지는 부분을 건너뛰어도 좋을 것이다. 하지만 조금 지루한 감이 있더라도, 아직도 익숙하지 않은 사람들을 위해서 자세히 설명하고자 한다.

컴퓨터 화면의 왼쪽 하단에 보이는 윈도우 시작 버튼을 클릭하고 '엑셀' 프로그램이 들어 있는 경로를 찾아가서 '엑셀'을 실행시키자.

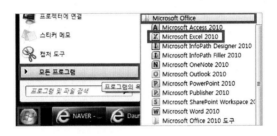

그러면 아래 그림과 같이 '엑셀' 창이 나타난다.

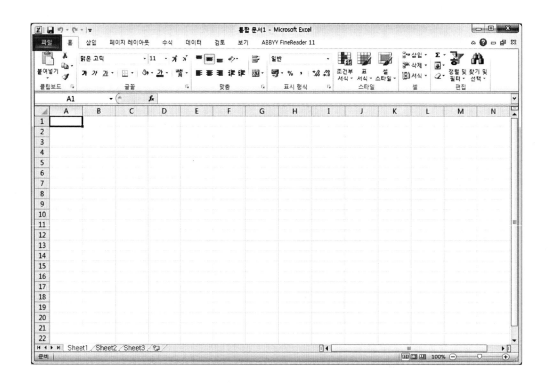

왼쪽 상단에 보이는 녹색의 파일 탭을 클릭하자. 그러면 아래와 같은 화면이 나타난다.

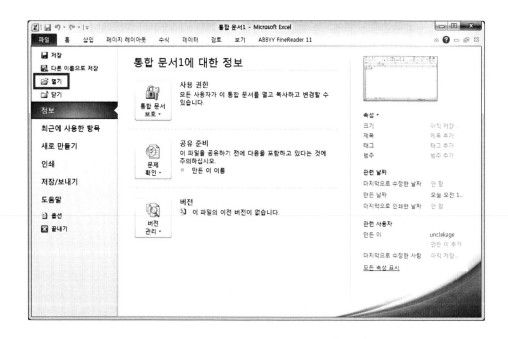

왼쪽에 보이는 아이콘 중에 '열기'를 누르면 아래와 같은 창이 나타난다.

그런 다음 위 창의 왼쪽 경로를 통해서 '대한민국헌법'의 문맥 색인 파일이 있는 곳(대개 폴더)을 찾아간다.

그러면 위와 같은 화면이 나타나는데 다른 텍스트 파일은 보이지 않고 형태 분석 말뭉치를 수정하여 저장했던 '대한민국헌법_최종' 엑셀 파일만 확인하게 된다. 분명히 폴더 안에 '대한민국헌법_문맥색인.txt' 파일이 있었는데 이 창에서는 보이지 않는다. 대체 어떻게 된 일일까? 이것은 엑셀에서 '열기'를 눌러 파일을 불러올 때 엑셀 파일('.xlsx')을 찾아 여는 것이 고정값(default)으로 설정되어 있기 때문이다. 그래서 화면의 오른쪽 아래에 보이는 파일 형식이 기본적으로 '모든 Excel 파일'로 설정되어 있구나 하고 이해할 수 있을 것이다. 그렇다면 파일 형식 부분을 클릭해서 나오는 메뉴 중에 '모든 Excel 파일'을 '모든 파일'로 바꾸어 선택해 보자.

그러면 아래와 같이 '대한민국헌법_문맥색인.txt' 파일을 포함한 여타 파일이 보이게 된다.

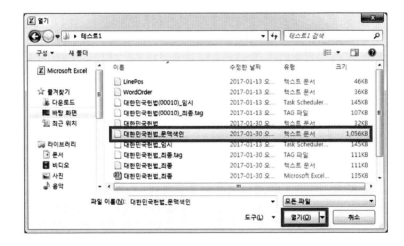

그런 다음 '대한민국헌법_문맥색인.txt'를 선택하고 '열기(O)' 버튼을 클릭하면 아래 그림과 같이 '텍스트 마법사' 창이 나타난다.

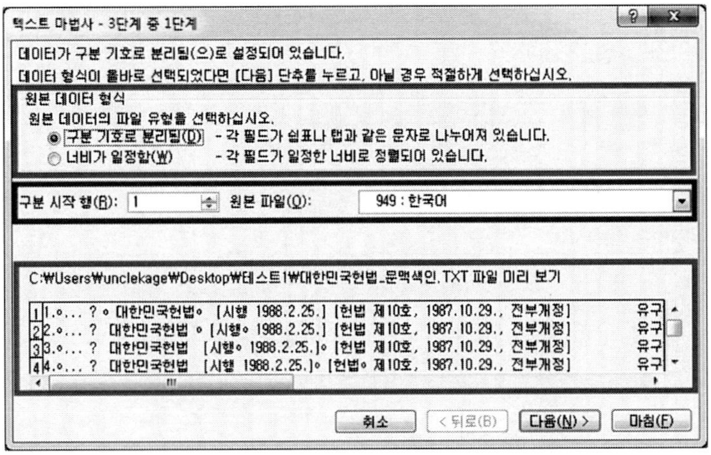

'텍스트 마법사─3단계 중 1단계'에서는 '원본 데이터 형식'과 '구분 시작 행(R)', 그리고 '원본 파일(O)'을 설정해 주어야 하는데, 이 창에서 선택하는 것은 아래와 같다.

ⓐ 원본 데이터 형식: '구분 기호로 분리됨(D)' 선택
ⓑ 구분 시작 행: '1'
ⓒ 원본 파일: '949: 한국어'

ⓐ는 자료가 '구분 기호'로 되어 있는지 '일정한 너비'로 되어 있는지를 묻는 것인데 우리가 만든 형태 분석 말뭉치는 '원어절'과 '분석 어절'이 '탭'(⇥)이라는 구분자로 구분되어 있다는 것을 떠올릴 수 있을 것이다. 따라서 '너비가 일정함(W)'을 선택하지 않고, '구분 기호로 분리됨(D)'을 선택해 준다.

ⓑ는 '구분 시작 행'을 선택하는 것인데 무조건 '1'로 선택한다. 즉 이 부분은 손대지 않고 그대로 둔다.

ⓒ '원본 파일'의 인코딩을 선택해 주는 것인데, 보통 엑셀에서 자동으로 현재 파일의 인코딩을 찾아서 선택해 준다. 위 그림에서는 기본적으로 주어진 '(CP)949: 한국어'가 맞기 때문에 그대로 둔다. 만약 이 부분의 인코딩이 자료와 맞지 않다면 아래에 보이는 '파일 미리 보기'에 한글이 보이지 않고 깨어진 문자가 보이게 된다. 따라서 아래 '파일 미리 보기'에 한글이 보인다는 것은 현재 인코딩이 맞게 설정되었다는 것이다. 만약 '파일 미리 보기'에 한글이 보이지 않고 문자가 깨어져 있다면 이 자료(불러오는 파일)의 적합한 인코딩을 선택해 주면 된다. 그런 다음 '다음(N)' 버튼을 클릭하면 2단계로 넘어간다.

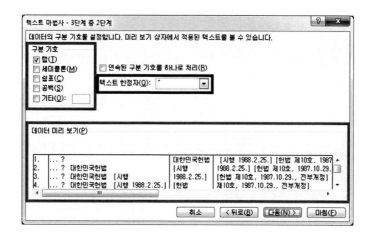

'텍스트 마법사-3단계 중 2단계'에서는 '구분 기호'와 '텍스트 한정자(Q)'를 설정해 주어야 한다.114)

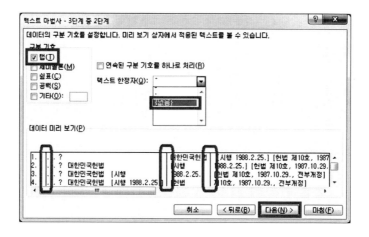

2단계 창에서 선택하는 것은 아래와 같다.

    ⓐ 구분 기호: '탭(T)' 선택
    ⓑ 텍스트 한정자: '{없음}' 선택

앞서 '텍스트 마법사' 1단계에서 '원본 데이터 형식'을 '구분 기호로 분리됨(D)'으로 선택했던 것을 기억할 것이다. '구분 기호'에서는 그 구분자를 무엇으로 선택할 것인가를 선택

---

114) '연속된 구분 기호를 하나로 처리(R)'는 그대로 둔다.

하는 부분인데, 우리가 사용하는 자료는 거의 100% '구분 기호'가 '탭'(⭾)으로 되어 있는 자료이다. 따라서 '탭(T)'을 선택한다. 2단계의 '데이터 미리 보기'를 보면 1단계에서와는 달리 '원어절'과 '분석 어절' 사이에 검은색 세로 실선이 나타나 있는 것을 확인할 수 있는데, 실제로 '탭'(⭾)이 '원어절'과 '분석 어절'을 구분해 주고 있다.

ⓑ의 '텍스트 한정자'는 텍스트(데이터)를 구분하기 위하여 사용하는 문자인데 ""와 "" 로 싼 부분이 텍스트라는 의미이다. 여기서는 '{없음}'으로 선택해 주는데 이렇게 하면 ""를 메타 데이터가 아닌 단순한 문자 데이터로 인식하게 된다.

그런 다음 '다음(N)' 버튼을 클릭하면 3단계로 넘어간다.

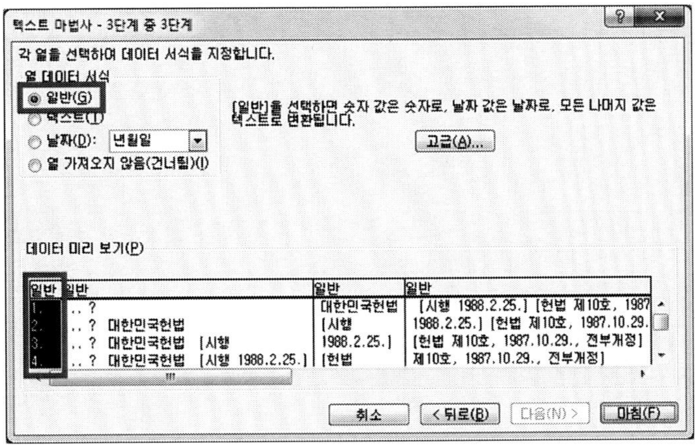

'텍스트 마법사－3단계 중 3단계'는 열 데이터의 서식을 지정해 주는 부분인데, 보통은 '일반'으로 선택해 주어도 무방하다. 하지만 엑셀 내에서 약속이 되어 있는 기호인 '=, ", "' 등이 말뭉치 내에 존재하면 자료를 엑셀로 읽어 들이면서 정보가 유실될 위험이 있으므로 안전한 처리를 위해서 '텍스트'로 바꾸어 주기로 한다. 먼저 위 그림의 '데이터 미리 보기'의 왼쪽 칼럼(열)인 일련번호 부분을 클릭하여 선택하고, 위에 보이는 '열 데이터 서식'에서 '텍스트(T)'를 선택한다. 그러면 '데이터 미리 보기'에 '일반'으로 되어 있던 것이 '텍스트'로 바뀐 것을 확인할 수 있다.

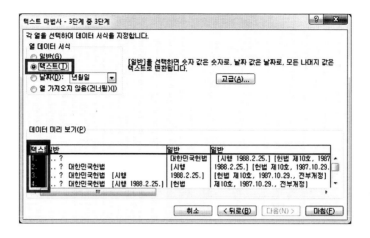

다음으로 위 그림의 '데이터 미리 보기'의 두 번째 열인 선행 문맥 부분을 클릭하여 선택한다.

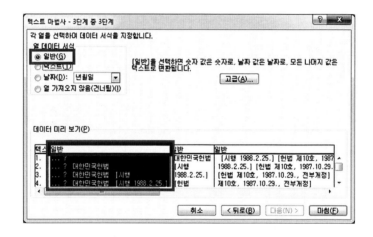

그런 다음 '열 데이터 서식'에서 '텍스트(T)'를 선택하면 이것도 역시 '데이터 미리 보기'에 '일반'으로 되어 있던 것이 '텍스트'로 바뀐 것을 확인할 수 있다.

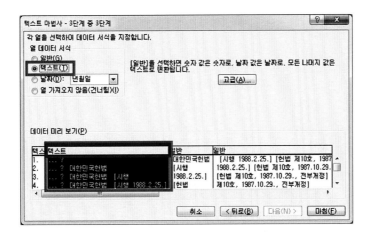

다음으로 위 그림의 '데이터 미리 보기'의 세 번째 열인 키워드 부분을 클릭하여 선택한다.

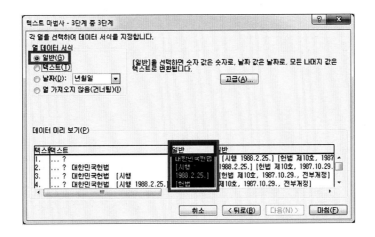

그런 다음 역시 '열 데이터 서식'에서 '텍스트(T)'를 선택하면 이것도 역시 '데이터 미리
보기'에 '일반'으로 되어 있던 것이 '텍스트'로 바뀐 것을 확인할 수 있다.

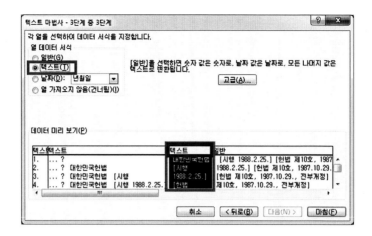

마지막으로 위 그림의 '데이터 미리 보기'의 마지막 네 번째 열인 후행 문맥 부분을 클릭하여 선택한다.

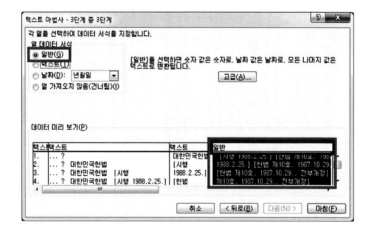

그런 다음 '열 데이터 서식'에서 '텍스트(T)'를 선택하면 이 부분도 역시 '데이터 미리 보기'에 '일반'으로 되어 있던 것이 '텍스트'로 바뀐 것을 확인할 수 있다.

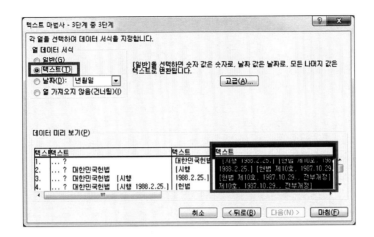

다시 한 번 언급하자면, 꼭 '열 텍스트 서식'을 '텍스트'로 바꾸어 주는 까닭은 말뭉치 분석 라인에 있는 일부 기호들이 엑셀 내부적으로 이미 어떠한 약속으로 쓰이는 것들이기에 최종 결과물을 텍스트로 저장할 때 원치 않은 오류가 발생할 수 있기 때문이다.[115)]

그런 다음 '마침(F)' 버튼을 클릭하면 아래와 같이 분석 결과의 내용이 엑셀에서 보이게 된다.

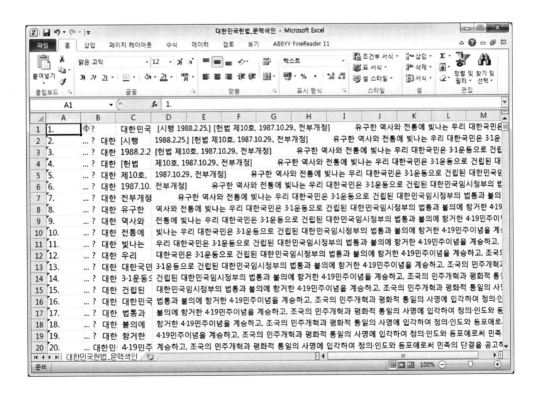

---

115) 향후 자료를 잘 다루는 경지에 오르게 되면 '열 텍스트 서식'을 '일반'으로 선택하고 진행하여도 큰 무리는 없다.

이 자료의 형식은 이전까지 엑셀에서 보았던 형식과 좀 다르다는 것을 알 수 있다.

- 문맥 색인 자료의 형식
  - A열: 일련번호
  - B열: 선행 문맥
  - C열: 키워드
  - D열: 후행 문맥

따라서 이미 일련번호가 부여되어 있기 때문에 이전 방식과 같이 달리 일련번호를 붙여줄 필요는 없다. 다만 자료를 명확히 확인할 수 있도록 조금만 정리를 해 보자. 먼저 B열 전체를 선택한다.

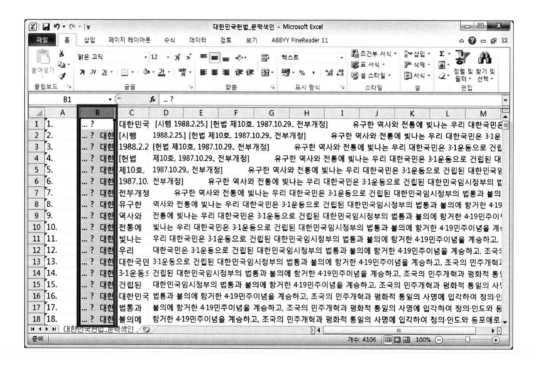

B열 전체를 선택한 다음 문단 모양을 '텍스트 오른쪽 맞춤'으로 설정해 준다. 이 부분은 '선행 문맥'이기 때문에 C열의 키워드와의 배치가 오른쪽으로 맞추어져 있어야 한다.

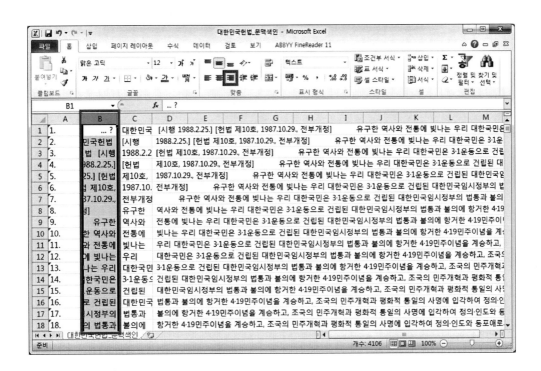

다음으로 C열 전체를 선택해 보자.

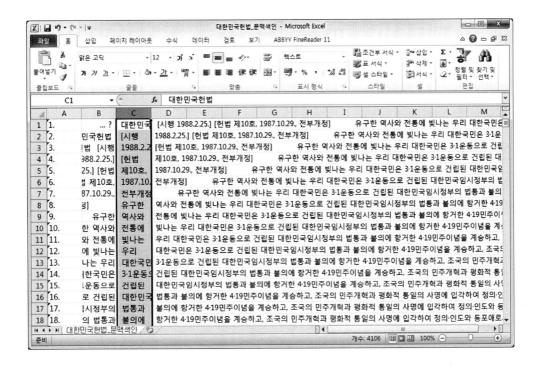

C열은 키워드 부분이므로 문단 모양은 그대로 두고 내용이 도드라져 보일 수 있도록, 글자 모양을 '굵게(또는 진하게)'로 바꾸어 준다.

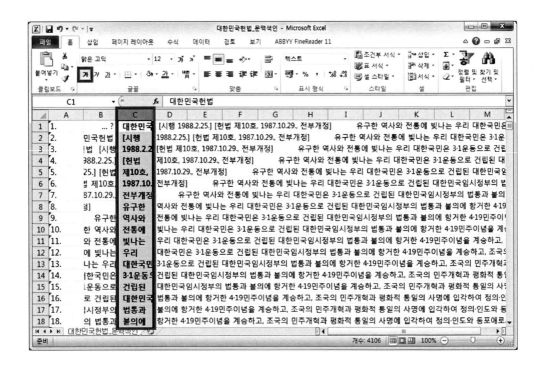

그 다음은 D열인데, D열은 '오른쪽 문맥'에 해당하므로 현재 상태 그대로 두어도 좋을 것이다.

마지막으로 전체 문맥 색인이 한눈에 잘 들어오도록 B열, C열, D열의 간격을 넉넉히 늘여 줄 수 있도록 하자.

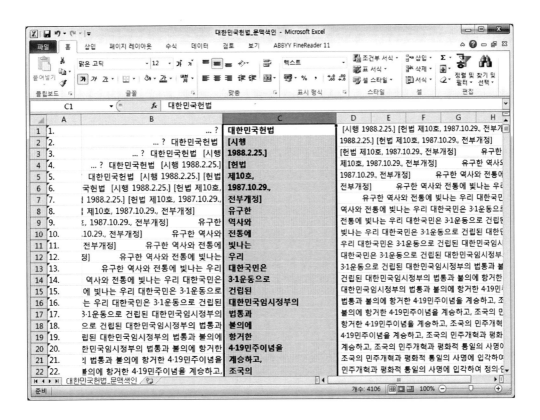

이리하여 문맥 색인을 엑셀로 불러와서 정리하는 것은 모두 끝났다. 따라서 앞으로 이 자료를 계속 활용할 것이기 때문에 현재 문맥 색인의 내용을 저장해야 한다. 그래서 엑셀 창 왼쪽 최상단에 보이는 디스켓 모양의 아이콘(🖫)을 클릭해 보자.[116] 그러면 바로 저장이 되지 않고 아래와 같은 창이 나타난다.[117]

이것은 수정 작업이 끝난 이 파일이 엑셀에서 작업한 파일이기도 하거니와 우리 눈에는 엑셀의 형식으로 보이기는 하지만, 컴퓨터가 이해하는 이 파일이 아직 엑셀이 아니기 때문에 위 그림과 같은 경고창이 나타난 것이다. 왜냐하면 현재의 엑셀 상태가 '대한민국헌법_

---

116) 'Ctrl+S'(저장하기)를 눌러도 결과는 같다. 위와 같은 창이 나타난다.

117) 엑셀(Excel)의 버전에 따라서 위 창이 나타나지 않을 수도 있다. 그럴 경우 '다른 이름으로 저장'을 이용하여 파일을 저장하도록 한다.

문맥색인.txt' 파일을 읽은 그대로의 상태이기 때문에 우리 눈에 보이는 상태는 분명히 엑셀이지만, 컴퓨터는 이것을 아직 엑셀이 아닌 '대한민국헌법_문맥색인.txt' 파일로 인식하고 있기 때문이다. 따라서 이 자료를 저장할 때 저장 형식을 반드시 엑셀로 해 주어야 한다. 그렇지 않고 위 창에서 '예(Y)' 버튼을 클릭해서 저장하면, 기존에 있던 '대한민국헌법_문맥색인.txt' 파일에 현재 수정한 내용의 자료를 덮어 쓰면서 저장하게 된다.[118]

따라서 여기서는 분석이 완료된 자료를 보관한다는 차원에서 먼저 '아니요(N)' 버튼을 클릭해서 엑셀로 저장해 보자.

그러면 아래와 같이 '다른 이름으로 저장' 창이 나타난다. 혹시 이러한 과정이 조금 복잡하거나 어렵게 느껴지는 초보자이거나 엑셀 사용이 조금 익은 사용자라면 엑셀 화면 상단의 '파일' 탭에서 '다른 이름으로 저장'을 선택하면 아래와 같은 창이 바로 나타난다.[119]

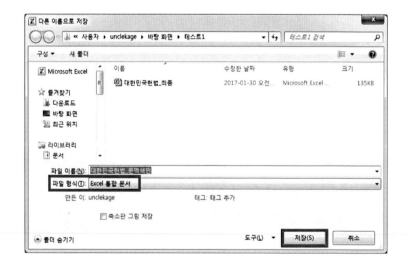

---

118) 물론 그대로 덮어써서 저장해도 괜찮다. 하지만 앞으로 우리는 자료의 백업 개념을 머릿속에 항상 떠올릴 필요가 있다. 그래서 '원시 자료', '도구에서 분석한 자료', '수정한 자료' 등등으로 자료를 달리 저장할 필요가 있고, 이것을 항상 몸에 익혀 둘 필요가 있다. 이 부분에 주의할 수 있도록 하자.

119) 바로 'Ctrl + S'(저장하기)를 눌러서 저장하려고 해도 위와 같은 창이 나타난다. 이 방식으로도 저장하게 되면 현재 엑셀의 내용을 '대한민국헌법_문맥색인.txt'에 바로 저장하기 때문에 어떻게든 텍스트 파일에 그대로 저장하면 안 된다는 것을 잊지 않도록 하자!

위 그림에서 보듯이 엑셀의 저장 창은 기본적으로 '파일 형식'이 'Excel 통합 문서'로 설정되어 있다. 따라서 사용자가 원하는 저장 장소를 선택한 다음 '저장(S)' 버튼을 클릭하면 분석 수정 결과가 엑셀의 형태로 저장된다.

엑셀로 저장하는 다른 방식을 알아보자. 먼저 엑셀 창의 상단 탭에서 '파일'을 클릭하면 아래와 같은 창이 나타난다.

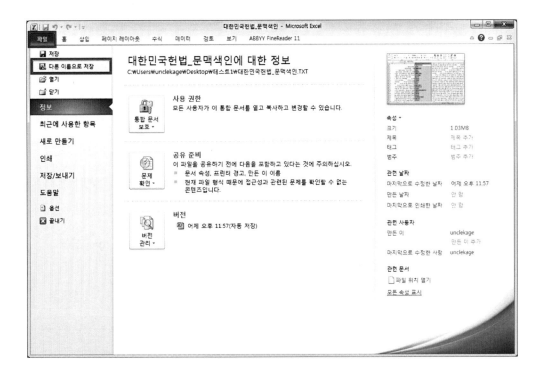

여기서 '다른 이름으로 저장'을 클릭하면 아래와 같은 '다른 이름으로 저장하기' 창이 나타난다.

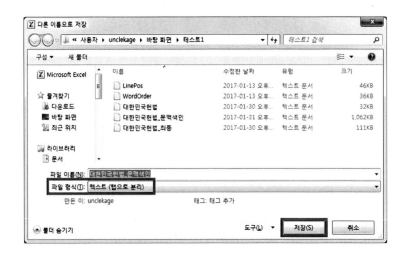

그런데 앞서 언급했듯이 여기서는 저장하는 파일 형식에 조금 유의할 필요가 있다. 앞선 저장 방식에서는 '파일 형식'이 자동적으로 'Excel 통합 문서'로 설정되어 있었는데, 이 창의 '파일 형식'을 보면 '텍스트(탭으로 분리)'라고 되어 있다. 현재의 엑셀 상태가 '대한민국헌법_문맥색인.txt'를 읽은 다음 그 상태에서 분석 말뭉치의 수정 작업을 진행하였기 때문에 우리 눈에 보이는 화면의 상태는 분명히 엑셀이지만, 컴퓨터는 이것을 아직 '대한민국헌법_문맥색인.txt'로 인식하고 있는 것이다. 그러기에 현재 저장 방식에서는 '파일 형식'이 자동적으로 '텍스트(탭으로 분리)'라고 되어 있다. 이것은 아직 이 자료가 내적으로는 텍스트 형식이라는 것을 다시금 확인시켜 주는 것이다. 따라서 '파일 형식'의 탭을 눌러서 'Excel 통합 문서'를 선택해 준다.

그 후에 현재 우리가 읽어 들인 파일이 확장자 '.tag' 파일이 아닌 '대한민국헌법_문맥색

인.txt'의 텍스트 파일이므로 앞서 익혔던 것처럼 파일명에 자동으로 반영되어 있는 확장자명 '.txt.tag'를 지워 주는 작업을 하지 않아도 된다. 따라서 현재 '파일 이름(N)'에 부여되어 있는 '대한민국헌법_문맥색인'은 그대로 두고 '저장(S)' 버튼을 클릭하면 이 자료가 엑셀의 형식으로 저장된다.

다음으로는 이것을 이전에 작업하였던 수정 분석 말뭉치에 부가하는 방법에 대해 알아보자.

앞서 '지능형 형태소 분석기'의 분석 결과를 수정하여 '대한민국헌법_최종'이라는 이름으로 저장한 엑셀 파일이 있는데, 이 자료에 용례 색인을 붙여 보자.

먼저 이 자료를 실행해 보자.

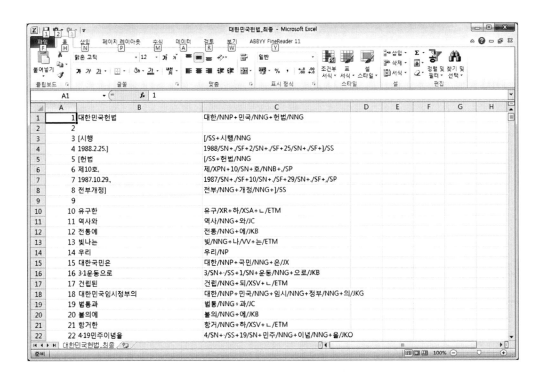

그런 다음 사이사이에 들어 있는 빈칸(일련번호 2, 9 등) 없이 이 자료가 순서대로 정리되도록 해 주어야, 여기에 문맥 색인을 오류 없이 붙일 수 있다. 따라서 공백 줄 없이 이 자료를 정리하는 방법은 먼저 이 자료 전체를 B열을 기준으로 정렬한 다음에 가장 아래쪽에 모여 있을 공백 줄을 제외한 다음 나머지 전체 내용을 A열(일련번호)을 기준으로 정렬하는 것이다.

• 문맥 색인을 붙이기 위한 정렬 방법

① 'Ctrl + A'(전체 선택)

② '정렬 및 필터 〉 사용자 지정 정렬'에서 B열 기준으로 정렬

③ B열 또는 C열에서 'Ctrl + ↓'

④ 내용이 채워져 있는 부분과 공백만 있는 부분 사이에 빈칸 삽입

⑤ 내용이 채워져 있는 부분에서 다시 'Ctrl + A'(전체 선택)

⑥ '정렬 및 필터 〉 사용자 지정 정렬'에서 A열 기준으로 정렬

말만으로는 이해가 어려우니 자료를 통해 순서대로 따라해 보자. 먼저 현재 엑셀 자료에서 내용이 채워져 있는 아무 곳에 마우스포인터를 놓고 'Ctrl + A'(전체 선택)를 누르면 아래 그림과 같이 A열, B열, C열의 모든 자료가 선택된다.[120)]

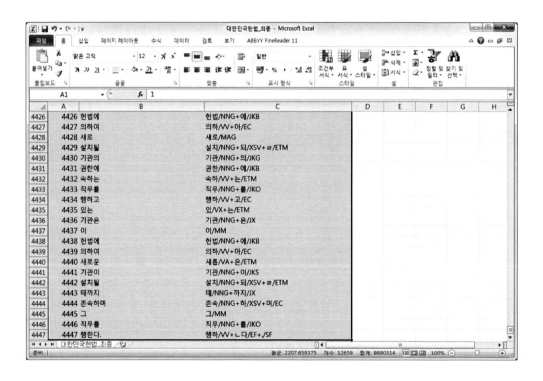

이렇게 전체 자료를 선택한 다음 엑셀 상단 탭의 '홈'에서 가장 오른쪽에 보이는 '정렬 및 필터'를 클릭한다. 그리고 여기서 나타나는 메뉴 중에 '사용자 지정 정렬(U)'을 클릭한다.

---

120) 자료의 앞부분에서 정렬을 하더라도 1행에 마우스포인터를 놓고 'Ctrl + A'(전체 선택)를 누르면 전체가 선택되면서 자료의 가장 뒷부분으로 화면이 이동하기 때문에 놀라지 않도록 하자.

그러면 아래와 같이 '정렬' 창이 나타난다.

이 창에서는 정렬할 '열', 정렬할 '정렬 기준' 그리고 정렬할 '방법'을 선택해 주어야 한다. 여기서 설정해 주어야 하는 조건은 아래와 같다.

- 정렬 조건 설정
  ① 정렬 열: 'B'열
  ② 정렬 기준: '값'
  ③ 정렬 방법: '오름차순'('가나다'순 정렬)

이 자료는 '원어절' 부분인 B열을 기준으로, '가나다'순으로, 오름차순으로 정렬할 것이기 때문에 여기서 다른 부분은 그대로 두고 '정렬 기준'을 '열 B'로 선택한 다음 '확인' 버튼을 클릭한다.

그러면 아래 그림과 같이 B열로 정렬된 결과를 확인할 수 있다.

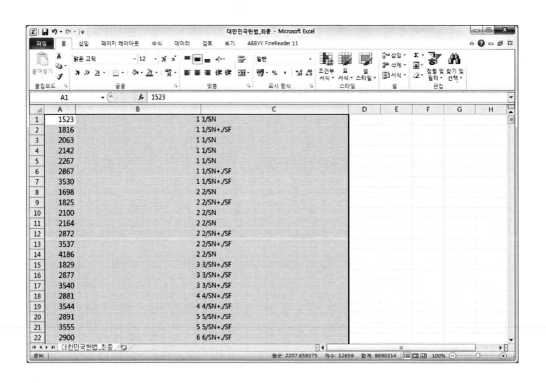

그런 다음 여기서 B열이나 C열의 셀 아무 곳에 마우스포인터를 놓고 'Ctrl+↓'를 눌러 보자. 그러면 아래 그림에서 보듯이 좌측 셀의 번호로는 4106번의 '훈장'이라는 어절에서 멈추는 것을 확인할 수 있다. 그리고 그 아래는 모두 공백 부분이다.

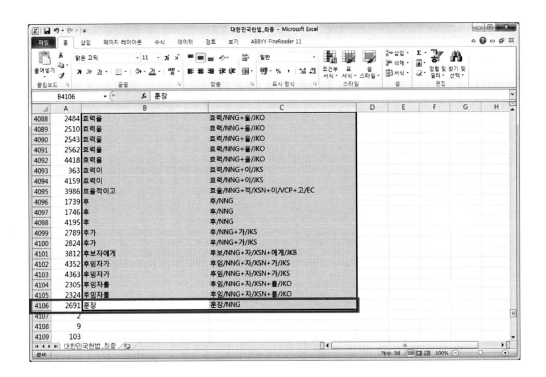

그러면 여기서 내용이 마지막으로 채워져 있는 4106번 줄의 바로 아래에 있는 4107번 줄을 선택한 다음 마우스 오른쪽 버튼을 눌러서 나오는 메뉴 중에 '삽입(I)'을 클릭한다.

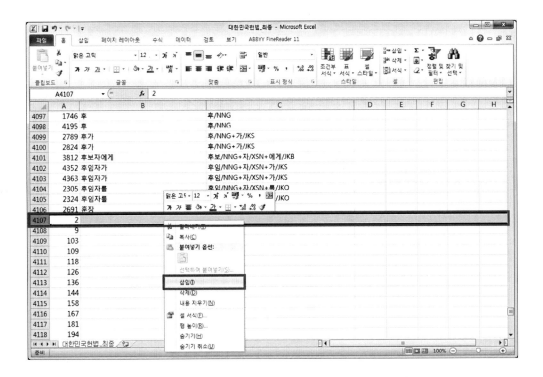

그러면 4107번 줄에 있던 일련번호 '2'가 아랫줄인 4108번 줄로 밀리고, 4107번 줄은 비어 있는 칸이 되는 것을 확인할 수 있다. 그리고 이 비어 있는 칸인 4107번 줄을 기준으로 그 위로는 내용이 있는 부분이 모여 있고, 그 아래로는 내용이 없는 공백 부분이 모여 있는 것을 확인할 수 있다.

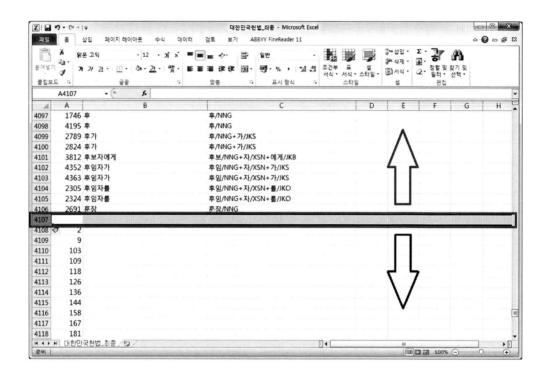

그런 다음 현재 화면에서 내용이 채워져 있는 부분의 A, B, C열의 아무 곳에 마우스포인터를 놓고 'Ctrl+A'(전체 선택)를 누르면 아래 그림과 같이 4106번 줄까지의 A열, B열, C열의 모든 자료가 선택된다.

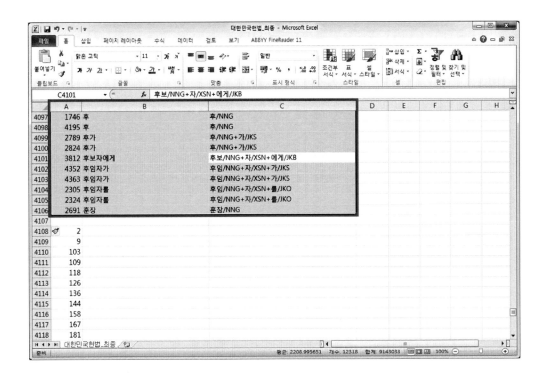

위 그림에서 보듯이 현재 상황에서 'Ctrl＋A'(전체 선택)를 눌렀을 때 4106번 줄까지의 A열, B열, C열의 모든 자료만 선택되는 것은 그 아래에 비어 있는 4107번 줄이 벽(barrier, wall)의 역할을 하기 때문이다. 따라서 4107번 줄이 방벽이 되어 그 아래에 있는 일련번호만 있는 4108번 줄~4448번 줄까지는 선택하지 않은 것이다.

반대로 내용이 채워져 있지 않고 일련번호가 있는 부분의 A열의 아무 곳에 마우스포인터를 놓고 'Ctrl＋A'(전체 선택)를 누르면 아래 그림과 같이 4108번 줄~4448번 줄까지의 A열 일련번호의 모든 자료가 선택된다. 이것도 역시 그 바로 위에 비어 있는 4107번 줄이 벽(barrier, wall)의 역할을 하기 때문인데, 4107번 줄이 방벽이 되어 그 위에 있는 내용이 채워져 있는 부분(1번 줄~4106번 줄)은 선택하지 않은 것이다.

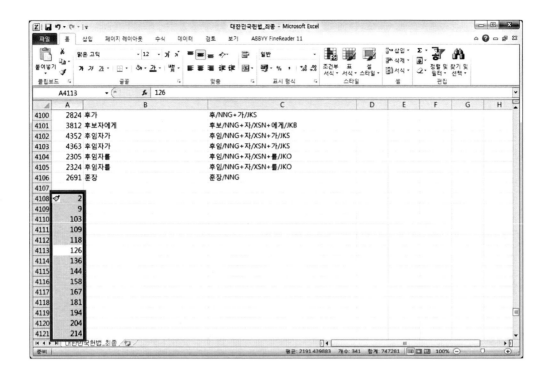

자 그러면 다시 현재 화면에서 내용이 채워져 있는 부분의 A, B, C열의 아무 곳에 마우스 포인터를 놓고 'Ctrl+A'(전체 선택)를 눌러서 4107번 줄 윗부분의 전체 내용을 선택하자.

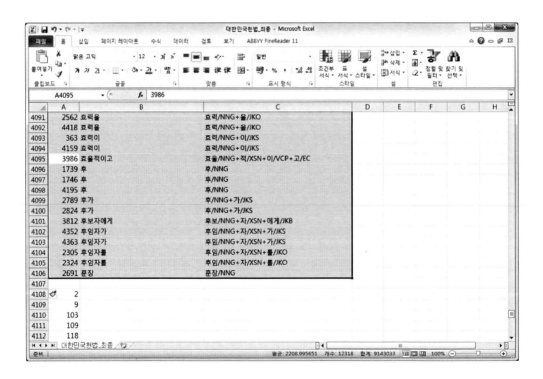

이렇게 전체 자료를 선택한 다음 엑셀 상단 탭의 '홈'에서 가장 오른쪽에 보이는 '정렬 및 필터'를 클릭한다. 그리고 여기서 나타나는 메뉴 중에 '사용자 지정 정렬(U)'을 클릭한다.

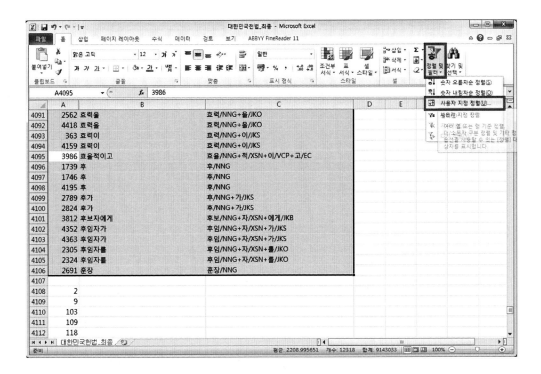

그러면 아래와 같이 '정렬' 창이 나타난다.

이 창에서는 정렬할 '열', 정렬할 '정렬 기준' 그리고 정렬할 '방법'을 선택해 주어야 한다. 여기서 설정해 주어야 하는 조건은 아래와 같다.

• 정렬 조건 설정
  ① 정렬 열: 'A'열

② 정렬 기준: '값'

③ 정렬 방법: '오름차순'('가나다'순 정렬)

이 자료는 '일련번호' 부분인 A를 기준으로, '가나다'순으로, 오름차순으로 정렬할 것이기 때문에 여기서 다른 부분은 그대로 두고 '정렬 기준'을 '열 A'로 선택한 다음 '확인' 버튼을 클릭한다. 그러면 내용이 채워져 있는 부분의 전체 자료가 일련번호순으로 정렬되기 때문에 원본의 순서대로 정렬될 것이다.

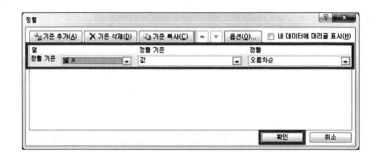

그런 다음 '확인' 버튼을 클릭하면 아래 창과 같이 A열을 기준으로 자료가 정렬된다.

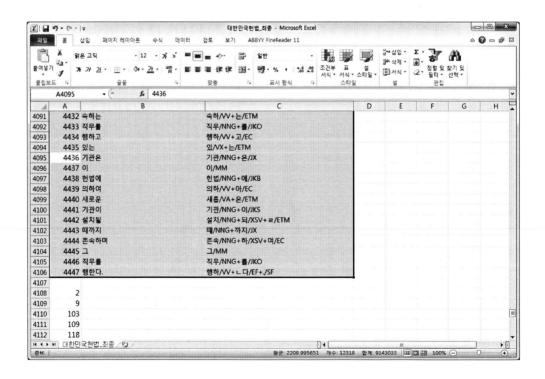

여기서 A, B, C열의 셀 아무 곳에 마우스포인터를 놓고 'Ctrl+↑'를 눌러서 자료의 가장 윗부분으로 가 보자.

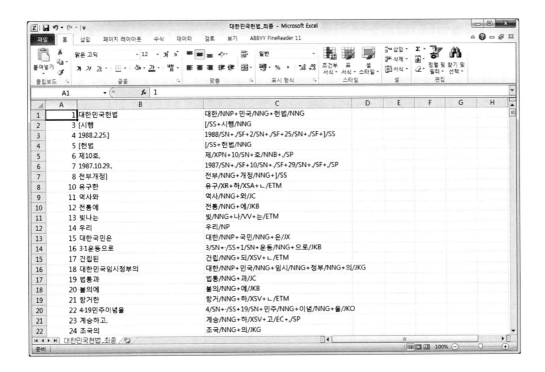

그러면 현재 자료가 원본 '대한민국헌법'의 순서대로 정렬된 것을 한눈에 알아볼 수 있다. 그리고 자료 사이사이에 보이던 빈칸이 모두 사라진 것도 확인할 수 있다(빈칸은 현재 모두 아래에 배치되어 있다는 것을 상기하자).

지금까지 문맥 색인을 붙이기 위해서 진행하였던 정렬 과정을 다시 한 번 정리해 보자.

- 문맥 색인을 붙이기 위한 정렬 방법
  ① 'Ctrl+A'(전체 선택)
  ② '정렬 및 필터 〉 사용자 지정 정렬'에서 B열 기준으로 정렬
  ③ B열 또는 C열에서 'Ctrl+↓'
  ④ 내용이 채워져 있는 부분과 공백만 있는 부분 사이에 빈칸 삽입
  ⑤ 내용이 채워져 있는 부분에서 다시 'Ctrl+A'(전체 선택)
  ⑥ '정렬 및 필터 〉 사용자 지정 정렬'에서 A열 기준으로 정렬

그런 다음 여기에 문맥 색인을 붙일 것이기 때문에 아래 그림처럼 B열과 C열의 폭을 적당한 간격으로 줄여 주자.

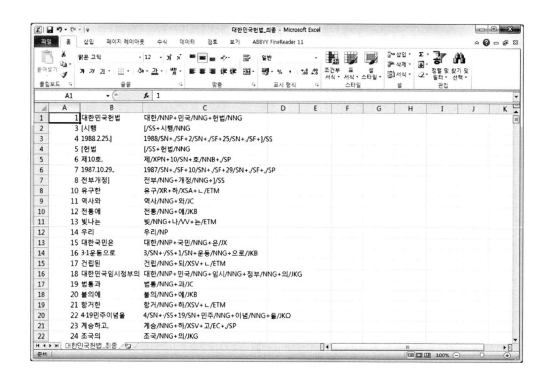

다음으로 앞서 저장했던 문맥 색인 자료('대한민국헌법_문맥색인')의 화면으로 가 보자.

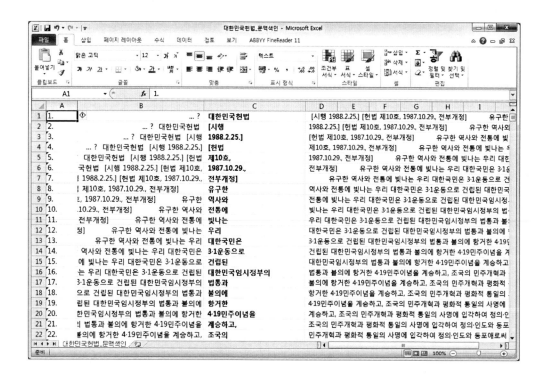

이 자료 전체를 복사하여 앞서 문맥 색인을 붙이기 위해서 정렬해 놓은 '지능형 형태소 분석기'의 분석 결과물인 '대한민국헌법_최종'에 붙일 것이기 때문에 화면의 아무 곳에 마우스포인터를 놓고 'Ctrl+A'(전체 선택)를 눌러서 문맥 색인 전체 자료를 선택하고,[121] 'Ctrl+C'를 눌러서 전체 자료를 복사한다.

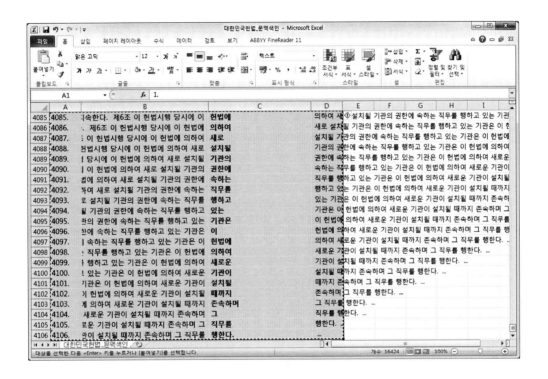

그런 다음 문맥 색인을 붙이기 위해서 정렬해 놓은 '대한민국헌법_최종' 파일 화면으로 와서, 정확히 D열 1행에 마우스 포인터를 놓고 'Ctrl+V'를 누르자.

---

121) 자료의 앞부분에서 1행에 마우스포인터를 놓고 'Ctrl+A'(전체 선택)를 눌렀다 하더라도 전체가 선택되면서 자료의 가장 뒷부분으로 화면이 이동하기 때문에 놀라지 않도록 하자.

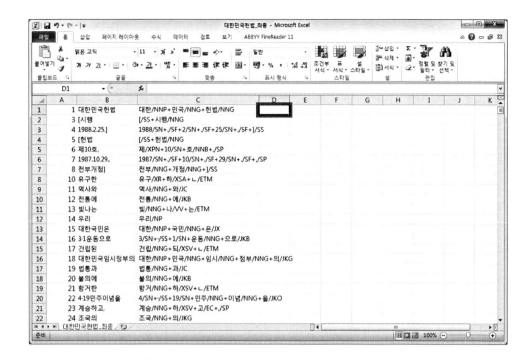

그러면 조금 전에 전체 복사를 했던 '대한민국헌법_문맥색인'의 모든 내용이 '대한민국헌법_최종' 파일의 D열, E열, F열, G열에 모두 복사된다. 원어절인 B열의 내용과 키워드 부분인 F열의 내용을 비교해 보면 오류 없이 내용이 정확히 복사된 것을 확인할 수 있다.

그런 다음 D열, E열, F열, G열 중 아무 곳에 마우스포인터를 놓고 Ctrl+↓를 눌러 보자. 그러면 아래 그림에서 보듯이 좌측 셀의 번호로는 4106번의 '행한다.'라는 어절에서 멈추는 것을 확인할 수 있다. 그리고 이 부분은 '대한민국헌법'의 가장 마지막 부분에 해당하고, 그 아래로는 4107번의 빈 줄과 '공백' 부분이 이어진 것을 확인할 수 있다. 즉 형태 분석 자료에 문맥 색인이 아무런 오류 없이 잘 결합되었다.

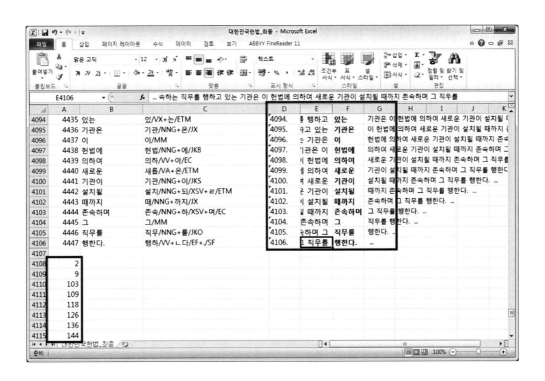

그 다음, 분석 내용이 들어 있는 1번 줄~4106번 줄의 부분과 일련번호만 남아 있는 4108번 줄~4408번 줄의 부분을 합치고, 다시 A열의 일련번호를 기준으로 정렬해 주면 작업이 끝난다. 먼저 윗부분과 아랫부분을 구분하기 위하여 삽입하였던 4107번 줄을 지워 주자.

위 그림에서처럼 4107번 줄을 마우스로 선택한 다음 마우스 오른쪽 버튼을 클릭하면 몇 가지 메뉴가 나타나는데, 그 중에 '삭제(D)'를 클릭하면 4107번 줄이 삭제되고, 윗부분과 아랫부분이 서로 붙게 된다.

그러면 이제는 A열을 기준으로 순서대로 정렬하여 형태 분석 자료의 원래 상태로 돌아가야 한다. 현재 엑셀 화면에서 A열~G열 중 아무 곳에 마우스포인터를 놓고 'Ctrl+A'(전체 선택)를 누르면 아래 그림과 같이 A열~G열의 모든 내용이 선택된다.

이렇게 전체 자료를 선택한 다음 엑셀 상단 탭의 '홈'에서 가장 오른쪽에 보이는 '정렬 및 필터'를 클릭한다. 그리고 여기서 나타나는 메뉴 중에 '사용자 지정 정렬(U)'을 클릭한다.

그러면 아래와 같이 '정렬' 창이 나타난다.

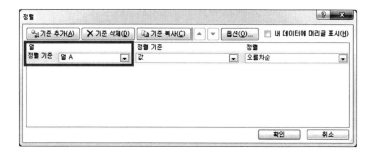

이 창에서는 정렬할 '열', 정렬할 '정렬 기준' 그리고 정렬할 '방법'을 선택해 주어야 한다. 여기서 설정해 주어야 하는 조건은 아래와 같다.

• 정렬 조건 설정
 ① 정렬 열: 'A'열
 ② 정렬 기준: '값'
 ③ 정렬 방법: '오름차순'('가나다'순 정렬)

이 자료는 '원어절' 부분인 A열을 기준으로, '가나다'순으로, 오름차순으로 정렬할 것이기 때문에 여기서 다른 부분은 그대로 두고 '정렬 기준'을 '열 A'로 선택한 다음 '확인' 버튼을 클릭한다.

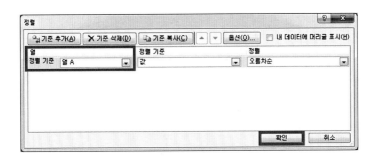

그러면 아래 그림과 같이 A열로 정렬된 결과를 확인할 수 있다.

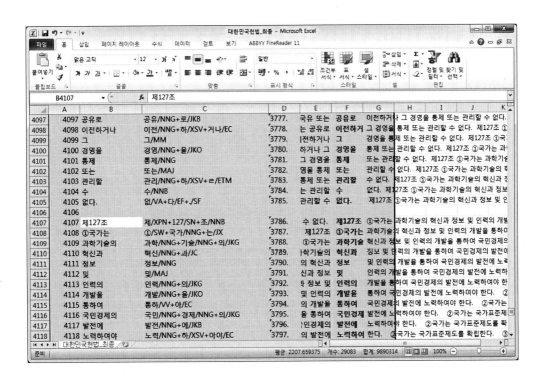

A열의 셀 아무 곳에 마우스포인터를 놓고 ⌨Ctrl+↓를 눌러서 자료의 가장 아랫부분으로 가 보자. 그러면 아래 그림에서 보듯이 좌측 열의 번호로는 4447행 '행한다.'라는 어절에서 멈추는 것을 확인할 수 있다. 그리고 그 아래는 모두 공백 부분이다.

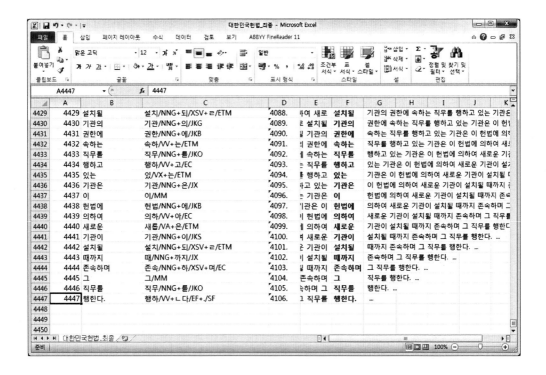

　　그러면 가장 왼쪽의 엑셀 줄번호와 A열의 일련번호가 일치하는 것을 확인할 수 있다. 그리고 B열의 어절과 F열의 어절도 서로 일치하는 것을 확인할 수 있다. 이 말은 이 자료가 아무런 오류 없이 결합되었다는 것을 의미한다. 단 여기서 D열의 일련번호는 줄번호와 A열의 일련번호와 서로 다른데, 이것은 D열의 일련번호가 문맥 색인 자체의 일련번호이기 때문에 서로 차이가 나는 것이다. 따라서 현재로서는 D열이 필요 없는 정보이기 때문에 D열을 선택하여 삭제해 준다.

　　마우스로 D열 전체를 선택한 다음 마우스 오른쪽 버튼을 클릭하면 몇 가지 메뉴가 나타나는데, 그 중에 '삭제(D)'를 클릭한다.

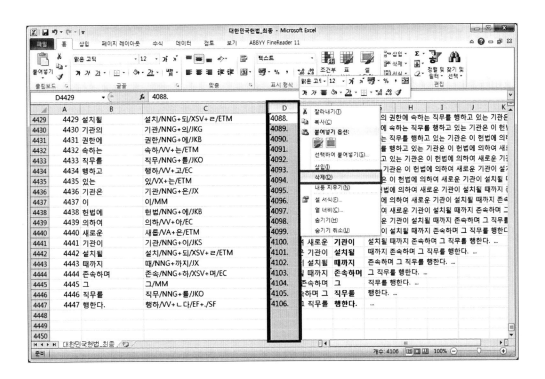

그러면 아래 그림에서 보듯이 D열이 삭제된 것을 확인할 수 있다.

그런 다음 전체 문맥 색인이 한눈에 잘 들어오도록 D열, E열, F열의 간격을 넉넉히 늘여줄 수 있도록 하자.

이렇게 하면 형태 분석 결과물에 문맥 색인을 붙이는 과정이 끝났다. 그렇다면 먼저 자료의 백업을 위하여 이 자료를 저장해 보자. 현재 문맥 색인은 '대한민국헌법_최종'이라는 엑셀 파일에 붙였기 때문에 다른 이름의 엑셀 파일로 저장해 주어야 한다. 그러기에 먼저 엑셀 화면의 상단 탭에서 '파일'을 선택한다.

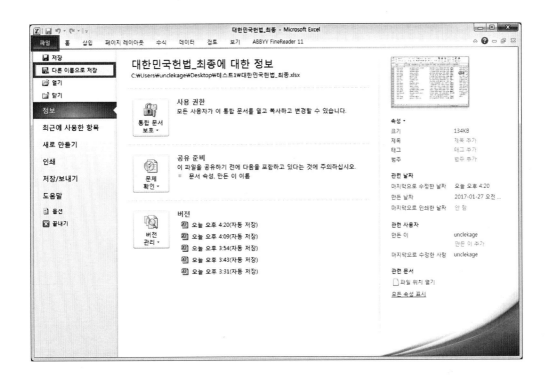

그런 다음 나타나는 메뉴 중에 '다른 이름으로 저장' 버튼을 클릭한다.

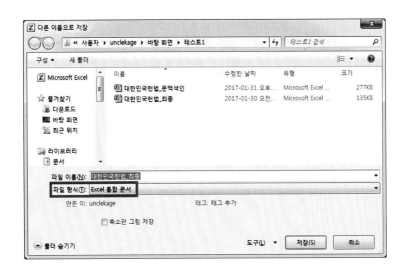

　그러면 위와 그림에서 보듯이 '다른 이름으로 저장' 창이 나타나는데, 현재 실행되고 있는 파일명이 '대한민국헌법_최종'이기 때문에 '파일 이름(N)'에도 '대한민국헌법_최종'으로 설정되어 있다. 이러한 파일명을 아래 그림처럼 '대한민국헌법_최종_문맥색인'으로

수정한 다음, '파일 형식(T)'은 그대로 두고 '저장(S)' 버튼을 클릭한다.

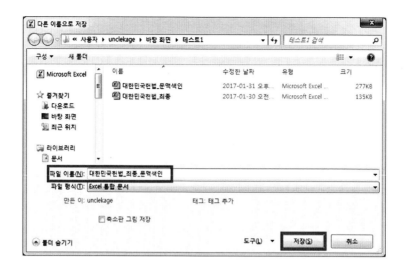

그러면 전체 자료가 엑셀 파일로 저장된다.

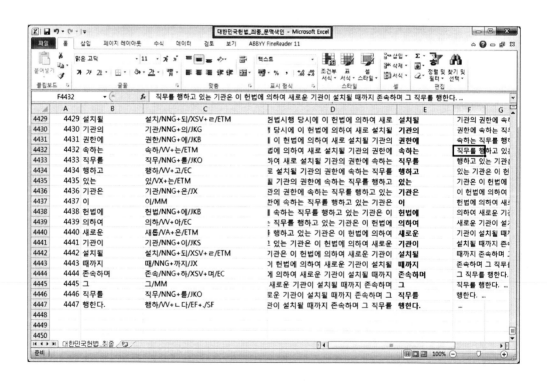

이렇게 하여 형태 분석 결과물에 문맥 색인을 붙이는 과정에 대해서 익혔다. 우리는 지금까지 왜 이렇게 문맥 색인을 만들어서 분석 결과에 붙이는 작업을 진행한 것일까?

다시금 상기해 보면 형태 분석에 활용하기 위해서였다는 것을 금방 이해할 수 있을 것이다. 그리고 나중에 검색기를 이용하지 않고 텍스트에디터에서 용례를 검색하기 위해 문맥 색인을 작성하여 분석 말뭉치에 붙여 준 것이다.

그렇다면 이렇게 문맥 색인을 이용하여 형태 분석 자료를 수정하는 방법에 대해서 살펴보도록 하자.

먼저 현재 엑셀 자료에서 내용이 들어 있는 A열~G열 중 아무 곳에 마우스포인터를 놓고 'Ctrl+A'(전체 선택)를 누르면 아래 그림과 같이 A열~G열의 모든 내용이 선택된다.

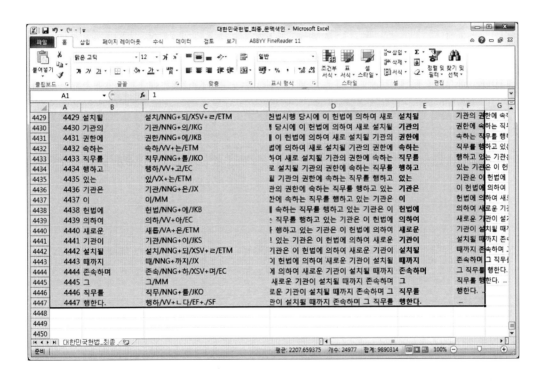

이렇게 전체 자료를 선택한 다음 엑셀 상단 탭의 '홈'에서 가장 오른쪽에 보이는 '정렬 및 필터'를 클릭한다. 그리고 여기서 나타나는 메뉴 중에 '사용자 지정 정렬(U)'을 클릭한다.

그러면 아래와 같이 '정렬' 창이 나타난다.

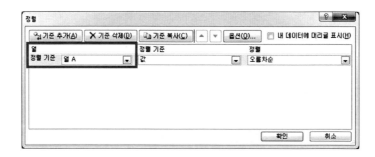

이 창에서는 정렬할 '열', 정렬할 '정렬 기준' 그리고 정렬할 '방법'을 선택해 주어야 한다. 여기서 설정해 주어야 하는 조건은 아래와 같다.

• 정렬 조건 설정

① 정렬 열: 'B'열

② 정렬 기준: '값'

③ 정렬 방법: '오름차순'('가나다'순 정렬)

이 자료는 '원어절' 부분인 B열을 기준으로, '가나다'순으로, 오름차순으로 정렬할 것이기 때문에 여기서 다른 부분은 그대로 두고 '정렬 기준'을 '열 B'로 선택한 다음 '확인' 버튼을 클릭한다.

그러면 아래 그림과 같이 B열로 정렬된 결과를 확인할 수 있다.

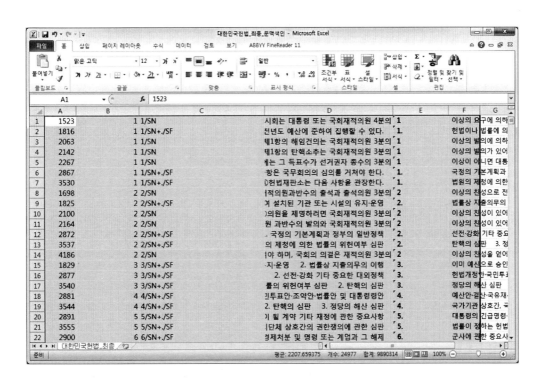

그러면 이렇게 정렬된 전체 자료의 B열(원어절)에서 '할'이라는 음절이 모여 있는 부분으로 가 보자.

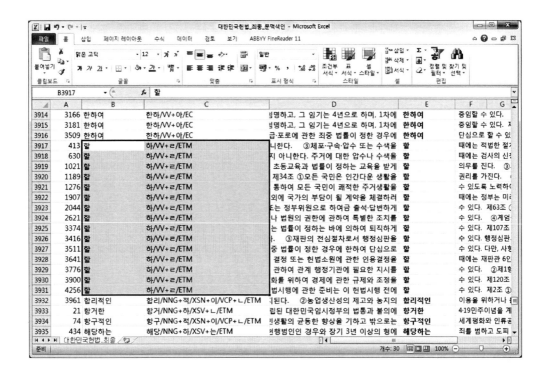

현재는 음절 '할'이 모두 동사의 활용형인 '하/VV＋ㄹ/ETM'으로 분석되어 있다. 그런데 D열~F열에 있는 문맥 색인을 통해서 확인해 보면 일련번호 '1021, 1907, 2044, 3374'의 '하다'는 '-게 하다, -려 하다' 구성에 쓰인 '하다'임을 알 수 있다. 따라서 본용언 '하다'가 아니라 보조용언 '하다'로 분석되어야 한다는 것을 확인할 수 있다.

· 분석 말뭉치의 수정

  ◦ 1021   할   하/VV＋ㄹ/ETM   →   하/VX＋ㄹ/ETM
  ◦ 1907   할   하/VV＋ㄹ/ETM   →   하/VX＋ㄹ/ETM
  ◦ 2044   할   하/VV＋ㄹ/ETM   →   하/VX＋ㄹ/ETM
  ◦ 3374   할   하/VV＋ㄹ/ETM   →   하/VX＋ㄹ/ETM

이러한 방식으로 문맥 색인을 확인하며 대략적으로 전체 자료를 수정했다고 생각된다면, 전체 자료를 저장한다. 그러면 형태 분석 자료의 수정이 모두 완료된다.

이렇게 문맥 색인을 작성하고 이를 분석 말뭉치에 붙이면 형태 분석의 수정에 상당한 도움을 얻을 수 있다. 이를 앞서 두 개의 엑셀 창을 열어서 일련번호로 문맥을 확인해 가며 분석 말뭉치를 수정했던 아래 그림과 비교해 보면 어떠한 것이 더욱 간편하고 직관적인지 분명히 이해할 수 있을 것이다.

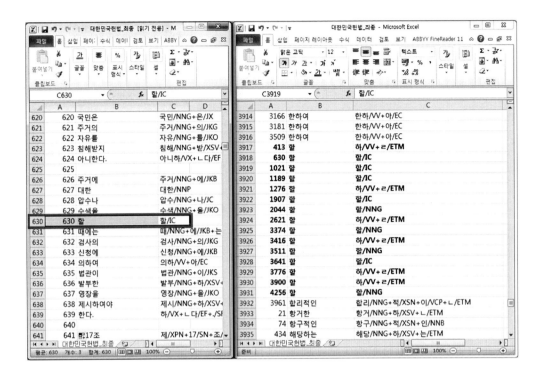

　그렇다면 우리가 지금까지 문맥 색인을 작성하여 여러 단계의 과정을 거친 이유를 분명히 이해했을 것이라 생각된다.

　지금까지는 '지능형 형태소 분석기'의 분석 결과물에 문맥 색인을 붙인 자료(말뭉치)를 만들었는데, '유태거'의 분석 결과물('형태' 단위 분석, '어휘' 단위 분석)에도 문맥 색인을 붙여 보자. 그 과정은 앞에서 익힌 과정에 기대면서 생략하기로 한다.[122]

　다음 장에서는 문맥 색인을 이용하여 분석기를 통해 얻는 분석 결과를 최종 수정한 결과물을 대상으로 하여, 각 검색기에서 읽어 들일 수 있는 형식의 검색용 말뭉치 만들기에 대해 설명한다.

1.3.6. 검색용 말뭉치 만들기

　앞에서는 분석기('지능형 형태소 분석기', '유태거')를 통해 얻는 분석 결과물을 문맥 색인을 이용하여 수정하는 방법에 대해서 익혀 보았다. 여기서는 앞서 만들어 놓은 수정 말뭉치를 각 검색기에서 읽어 들일 수 있는 형식의 검색용 말뭉치로 만들어 보기로 한다.

---

122) 앞으로의 설명에서는 '유태거'의 분석 결과물('형태' 단위 분석, '어휘' 단위 분석)에도 문맥 색인을 붙여 놓은 자료로 설명을 진행할 것이다.

1.3.6.1. '한마루2.0'용 말뭉치 만들기

다음으로 '유태거'의 분석 결과를 수정한 최종 결과물을 대상으로 각 검색기('한마루 2.0')에서 읽어 들일 수 있는 형식의 검색용 말뭉치로 만드는 방법에 대해서 설명하고자 한다. 큰 형식 변환 없이 사용할 수 있었던 '글잡이Ⅱ(색인)'용 검색 말뭉치와는 달리 '한마루2.0'에서 사용할 수 있는 형식은 다소의 변환이 필요하다. '한마루2.0'에서 사용할 수 있는 말뭉치의 형식은 '언어정보나눔터'를 통해서 내려받을 수 있는 '세종 말뭉치'의 형식을 뜻하는데, 먼저 세종 (형태 분석) 말뭉치의 형식을 확인해 보자.

```
<p>
BSGO0341-00000146    또          또/MAG
BSGO0341-00000147    일기는       일기__12/NNG+는/JX
BSGO0341-00000148    길게도       길/VA+게/EC+도/JX
BSGO0341-00000149    쓰고,        쓰_01/VV+고/EC+,/SP
BSGO0341-00000150    짧게도       짧/VA+게/EC+도/JX
BSGO0341-00000151    씁니다.      쓰_01/VV+ㅂ니다/EF+./SF
</p>
<p>
BSGO0341-00000152    날마다       날_01/NNG+마다/JX
BSGO0341-00000153    쓰면        쓰_01/VV+면/EC
BSGO0341-00000154    좋지만,      좋/VA+지만/EC+,/SP
BSGO0341-00000155    이따금       이따금/MAG
BSGO0341-00000156    쓰고        쓰_01/VV+고/EC
BSGO0341-00000157    싶을        싶/VX+을/ETM
BSGO0341-00000158    때          때_01/NNG
BSGO0341-00000159    써도        쓰_01/VV+어도/EC
BSGO0341-00000160    됩니다.      되_01/VV+ㅂ니다/EF+./SF
</p>
<p>
BSGO0341-00000161    이렇게       이렇/VA+게/EC
BSGO0341-00000162    일기는       일기__12/NNG+는/JX
BSGO0341-00000163    그          그/MM
BSGO0341-00000164    내용과       내용_02/NNG+과/JC
BSGO0341-00000165    형식을       형식_01/NNG+을/JKO
BSGO0341-00000166    마음대로      마음대로/MAG
BSGO0341-00000167    해서        하/VV+아서/EC
BSGO0341-00000168    쓰는        쓰_01/VV+는/ETM
BSGO0341-00000169    글입니다.     글/NNG+이/VCP+ㅂ니다/EF+./SF
</p>
<p>
```

```
BSGO0341-00000170      여기        여기/NP
BSGO0341-00000171      모은        모으/VV士/ETM
BSGO0341-00000172      여러        여러/MM
BSGO0341-00000173      어린이들의    어린이/NNG+들/XSN+의/JKG
BSGO0341-00000174      일기는       일기__12/NNG+는/JX
BSGO0341-00000175      이러한       이러/XR+하/XSA士/ETM
BSGO0341-00000176      일기글의     일기글/NNG+의/JKG
BSGO0341-00000177      특징을       특징/NNG+을/JKO
BSGO0341-00000178      잘          잘/MAG
BSGO0341-00000179      보여        보이__02/VV+어/EC
BSGO0341-00000180      줍니다.      주/VX+ㅂ니다/EF+./SF
〈/p〉
```

위 자료는 실제 '세종 문어 말뭉치'의 일부분인데, 이 자료는 기본적으로 '문장'과 '어절'을 구분하고 있다. 문장 단위는 '〈p〉'와 '〈/p〉' 태그로 구분되고, 어절 단위는 한 줄에 한 어절씩 배치하는 것으로 구분되어 있는 형식이다. 그리고 실제 말뭉치의 내용은 '인덱스(일련번호), 원어절, 분석 어절'이 '탭'(⇥)을 구분 기호로 하여 왼쪽에서 오른쪽으로 순서대로 구성되어 있는 것을 확인할 수 있다. 또 한 가지 특징으로 '〈p〉'와 '〈/p〉' 태그 부분에는 일련번호가 부여되어 있지 않은 것을 확인할 수 있다. 아래와 같이 '세종 형태 의미 분석 말뭉치'의 형식을 제시하면 아주 쉽게 말뭉치의 형식이 이해가 될 것이다.

• '세종 말뭉치'의 형식

```
〈p〉
인덱스(일련번호)⇥원어절⇥분석 어절
인덱스(일련번호)⇥원어절⇥분석 어절
인덱스(일련번호)⇥원어절⇥분석 어절
〈/p〉
```

그리하여 형태 분석 도구의 결과물을 '글잡이 II (색인)'용 형식과 조금 달리 위와 같은 형식으로 말뭉치를 만들어야 '한마루2.0'에서 사용할 수 있다. 먼저 최종적으로 엑셀에서 문맥 색인을 이용하여 수정한 자료를 '대한민국헌법_어휘.txt.tag' 파일에 복사해 넣은 다음, '글잡이 II (색인)'용 검색 말뭉치에서와는 달리 분석 결과물에 '〈p〉'와 '〈/p〉'를 넣어 주어야 한다. 그런 다음 말뭉치라는 것이 크게 '헤더+본문'의 형식으로 구성되어 있는데, 여기에 '헤더'를 작성하여 붙이면 '한마루2.0'의 형식으로 검색용 말뭉치 구축이 완료된다. 이러한 절차를 거치면 '한마루2.0'에서 검색할 수 있는 말뭉치가 된다. 이를 정리하면 아래와 같다.

- • '한마루2.0'으로 만드는 순서
  ① 최종적으로 수정한 엑셀 자료에서 '한마루2.0'용 인덱스(일련번호) 입력
  ② '①'의 자료를 '대한민국헌법_어휘.txt.tag' 파일에 복사
  ③ '②'의 자료에 '〈p〉, 〈/p〉' 태그 삽입
  ④ '③'에 '헤더' 달기
  ⑤ '④'의 자료를 '대한민국헌법_어휘_한마루.txt'로 저장
  * '한마루2.0'의 입력 형식: '인덱스(일련번호)⇥원어절⇥분석 어절'

　자! 그러면 '세종 말뭉치' 형식의 인덱스(일련번호)를 넣어 주는 방법에 대해서 알아보기로 하자. 인덱스(일련번호) 만들기에서는 엑셀을 활용하는 것이 편리한 측면이 있다. 그러면 먼저 '대한민국헌법_어휘' 엑셀 파일이나 '대한민국헌법_어휘_문맥색인'[123] 엑셀 파일을 불러오자. 아래 그림은 '대한민국헌법_어휘_문맥색인' 엑셀 파일을 불러온 것이다.

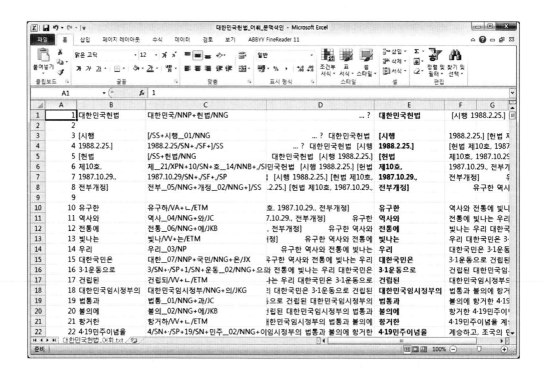

---

123) 앞서 '대한민국헌법_어휘_문맥색인' 파일을 만드는 방법에 대해서는 설명하지 않았는데, 이는 '대한민국헌법_최종_문맥색인' 파일을 만드는 방법과 동일하다. 즉 엑셀에서 '대한민국헌법_어휘' 파일에 '대한민국헌법_문맥색인' 파일을 붙여 주면 된다. 여기서는 미리 작성해 둔 '대한민국헌법_어휘_문맥색인' 파일을 이용하여 설명하고자 한다.

먼저 '세종 말뭉치' 형식의 인덱스는 분석 내용이 들어 있는 부분에만 부여되어야 한다. 위 그림에서 A열을 살펴보면 현재 엑셀 자료의 일련번호는 분석 내용이 있는 부분과 없는 부분에 모두 부여되어 있다. 위 그림에서 2행과 3행을 다른 행들과 비교해 보면 쉽게 이해가 될 것이다. 따라서 먼저 이 자료를 분석 내용이 들어 있는 부분으로만 정렬한 다음에 인덱스를 부여해야 한다. 그러므로 전체 자료를 선택한 다음 엑셀 상단 탭의 '홈'에서 가장 오른쪽에 보이는 '정렬 및 필터'를 클릭한다. 그리고 여기서 나타나는 메뉴 중에 '사용자 지정 정렬(U)'을 클릭한다.

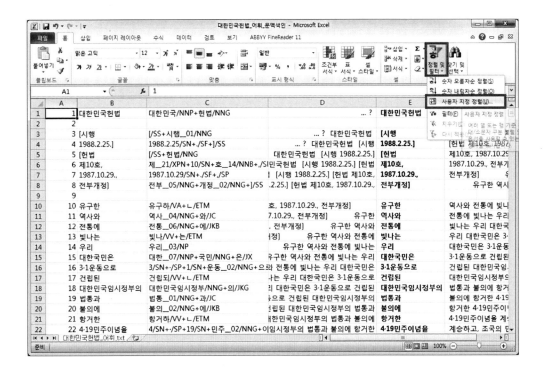

그러면 아래와 같이 '정렬' 창이 나타난다.

이 창에서는 정렬할 '열', 정렬할 '정렬 기준' 그리고 정렬할 '방법'을 선택해 주어야 한다. 여기서 설정해 주어야 하는 조건은 아래와 같다.

- 정렬 조건 설정
  ① 정렬 열: 'B'열
  ② 정렬 기준: '값'
  ③ 정렬 방법: '오름차순'('가나다'순 정렬)

이 자료는 '원어절' 부분인 B열을 기준으로, '가나다'순으로, 오름차순으로 정렬할 것이기 때문에 여기서 다른 부분은 그대로 두고 '정렬 기준'을 '열 B'로 선택한 다음 '확인' 버튼을 클릭한다.

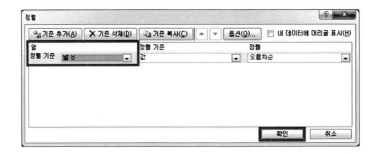

그러면 아래 그림과 같이 B열로 정렬된 결과를 확인할 수 있다.

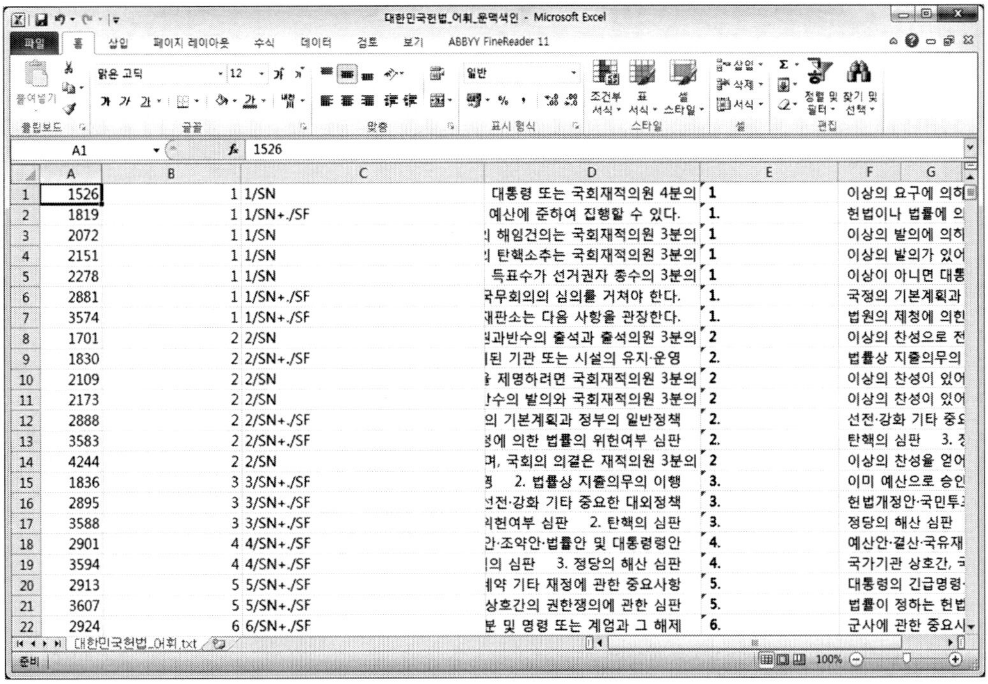

	A	B	C	D	E	F	G
1	1526	1 1/SN		대통령 또는 국회재적의원 4분의	1	이상의 요구에 의히	
2	1819	1 1/SN+./SF		예산에 준하여 진행할 수 있다.	1.	헌법이나 법률에 의	
3	2072	1 1/SN		해임건의는 국회재적의원 3분의	1	이상의 발의에 의히	
4	2151	1 1/SN		탄핵소추는 국회재적의원 3분의	1	이상의 발의가 있어	
5	2278	1 1/SN		득표수가 선거권자 총수의 3분의	1	이상이 아니면 대통	
6	2881	1 1/SN+./SF		무회의의 심의를 거쳐야 한다.	1.	국정의 기본계획	
7	3574	1 1/SN+./SF		재판소는 다음 사항을 관장한다.	1.	법원의 제청에 의한	
8	1701	2 2/SN		과반수의 출석과 출석의원 3분의	2	이상의 찬성으로 전	
9	1830	2 2/SN		된 기관 또는 시설의 유지·운영	2.	법률상 지출의무의	
10	2109	2 2/SN		제명하려면 국회재적의원 3분의	2	이상의 찬성이 있어	
11	2173	2 2/SN		수의 발의와 국회재적의원 3분의	2	이상의 찬성이 있어	
12	2888	2 2/SN+./SF		의 기본계획과 정부의 일반정책	2.	선전·강화 기타 중요	
13	3583	2 2/SN+./SF		에 의한 법률의 위헌여부 심판	2.	탄핵의 심판 3. 7	
14	4244	2 2/SN		며, 국회의 의결은 재적의원 3분의	2	이상의 찬성을 얻어	
15	1836	3 3/SN+./SF		2. 법률상 지출의무의 이행	3.	이미 예산으로 승인	
16	2895	3 3/SN+./SF		선전·강화 기타 중요한 대외정책	3.	헌법개정안·국민투	
17	3588	3 3/SN+./SF		위헌여부 심판 2. 탄핵의 심판	3.	정당의 해산 심판	
18	2901	4 4/SN+./SF		간·조약안·법률안 및 대통령안	4.	예산안·결산·국유재	
19	3594	4 4/SN+./SF		의 심판 3. 정당의 해산 심판	4.	국가기관 상호간, 두	
20	2913	5 5/SN+./SF		조약 기타 재정에 관한 중요사항	5.	대통령의 긴급명령·	
21	3607	5 5/SN+./SF		상호간의 권한쟁의에 관한 심판	5.	법률이 정하는 헌법	
22	2924	6 6/SN+./SF		분 및 명령 또는 계엄과 그 해제	6.	군사에 관한 중요시	

A1 | 1526

대한민국헌법_어휘.txt

A열의 셀 아무 곳에 마우스포인터를 놓고 'Ctrl+↓'를 눌러서 자료의 가장 아랫부분으로 가 보자. 그러면 아래 그림에서 보듯이 좌측 셀의 번호로는 4106행이 '훈장'이라는 어절에서 멈추는 것을 확인할 수 있다. 그리고 그 아래는 모두 공백 부분이다.

그러면 여기서 내용이 마지막으로 채워져 있는 4106번 줄의 바로 아래에 있는 4107번 줄을 선택한 다음 마우스 오른쪽 버튼을 눌러서 나오는 메뉴 중에 '삽입(I)'을 클릭한다.

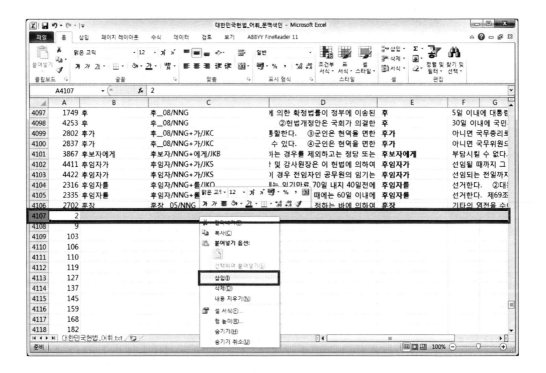

그러면 4107번 줄에 있던 일련번호 '2'가 아랫줄인 4108번 줄로 밀리고, 4107번 줄은 비어 있는 칸이 되는 것을 확인할 수 있다. 그리고 이 비어 있는 칸인 4107번 줄을 기준으로 그 위로는 내용이 있는 부분이 모여 있고, 그 아래로는 내용이 없는 공백 부분이 모여 있는 것을 확인할 수 있다.

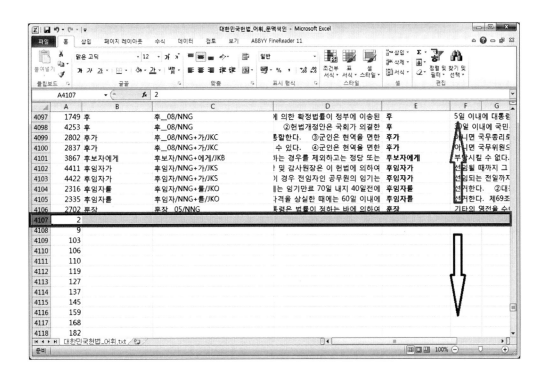

그런 다음 현재 화면에서 내용이 채워져 있는 부분의 A, B, C, D, E, F열의 아무 곳에 마우스포인터를 놓고 'Ctrl+A'(전체 선택)를 누르면 아래 그림과 같이 4106번 줄까지의 A열, B열, C열, D열, E열, F열의 모든 자료가 선택된다.

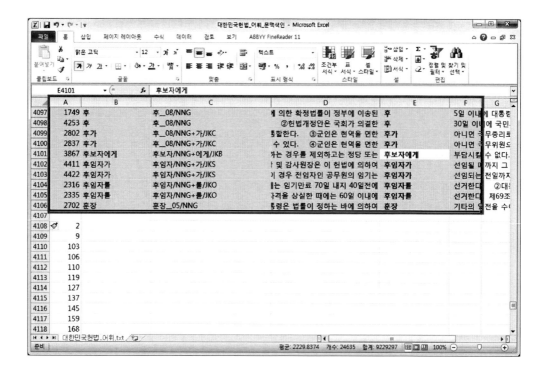

위 그림에서 보듯이 현재 상황에서 'Ctrl+A'(전체 선택)를 눌렀을 때 4106번 줄까지의 A열, B열, C열의 모든 자료만 선택되는 것은 그 아래에 비어 있는 4107번 줄이 벽(barrier, wall)의 역할을 하기 때문이다. 따라서 4107번 줄이 방벽이 되어 그 아래에 있는 일련번호만 있는 4108번 줄~4507번 줄까지는 선택하지 않은 것이다.

자 그러면 1열~4106열까지의 내용을 원래의 순서대로 돌려야 하기 때문에 다시 현재 화면에서 내용이 채워져 있는 부분의 A, B, C, D, E, F열의 아무 곳에 마우스포인터를 놓고 'Ctrl+A'(전체 선택)를 눌러서 4107번 줄 윗부분의 전체 내용을 선택하자.

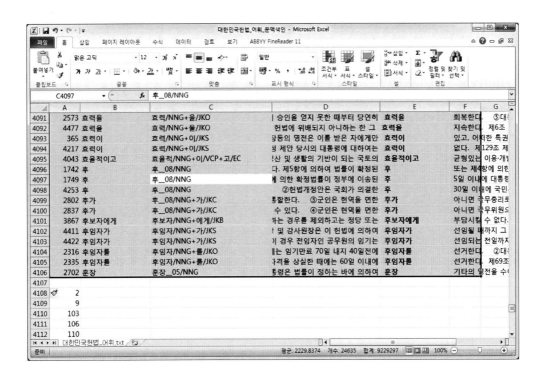

이렇게 전체 자료를 선택한 다음 엑셀 상단 탭의 '홈'에서 가장 오른쪽에 보이는 '정렬 및 필터'를 클릭한다. 그리고 여기서 나타나는 메뉴 중에 '사용자 지정 정렬(U)'을 클릭한다.

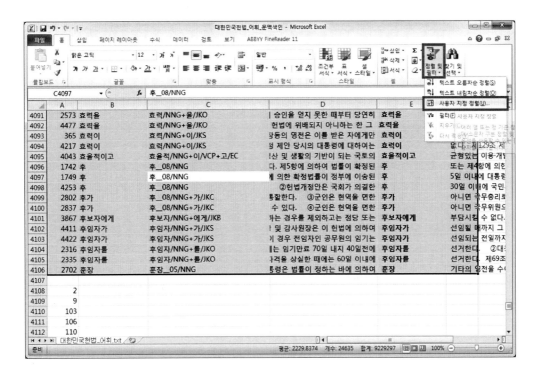

그러면 아래와 같이 '정렬' 창이 나타난다.

이 창에서는 정렬할 '열', 정렬할 '정렬 기준' 그리고 정렬할 '방법'을 선택해 주어야 한다. 여기서 설정해 주어야 하는 조건은 아래와 같다.

· 정렬 조건 설정
   ① 정렬 열: 'A'열
   ② 정렬 기준: '값'
   ③ 정렬 방법: '오름차순'('가나다'순 정렬)

이 자료는 '일련번호' 부분인 A를 기준으로, '가나다'순으로, 오름차순으로 정렬할 것이기 때문에 여기서 다른 부분은 그대로 두고 '정렬 기준'을 '열 A'로 선택한 다음 '확인' 버튼을 클릭한다. 그러면 내용이 채워져 있는 부분의 전체 자료가 일련번호순으로 정렬되기 때문에 원본의 순서대로 정렬될 것이다.

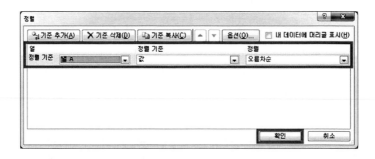

그런 다음 '확인' 버튼을 클릭하면 아래 창과 같이 A열을 기준으로 자료가 정렬된다.

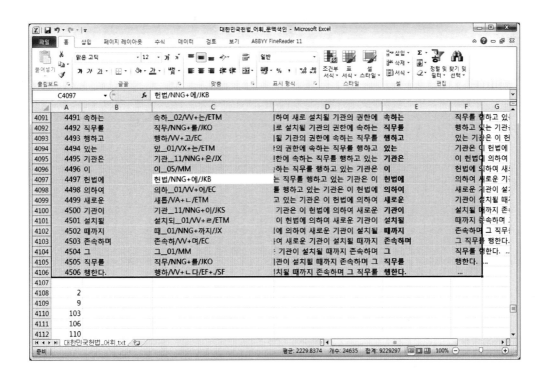

여기서 A, B, C, D, E, F열의 셀 아무 곳에 마우스포인터를 놓고 'Ctrl+↑'를 눌러서 자료의 가장 윗부분으로 가 보자.

현재 분석 내용이 채워져 있는 부분에 인덱스를 부여할 열을 하나 추가해 주어야 한다. 그리고 지금 보이는 A열의 일련번호는 인덱스를 부여한 후에 분석 내용 부분과 공백 부분을 원래의 순서대로 돌릴 때 사용할 것이다. 따라서 A열의 일련번호 부분은 그대로 두고 자료의 가장 왼쪽에 열을 하나 추가해 줄 필요가 있다. 그러면 A열 전체를 선택한 다음 마우스 오른쪽 버튼을 눌러서 나오는 메뉴 중에 '삽입(I)'을 클릭한다.

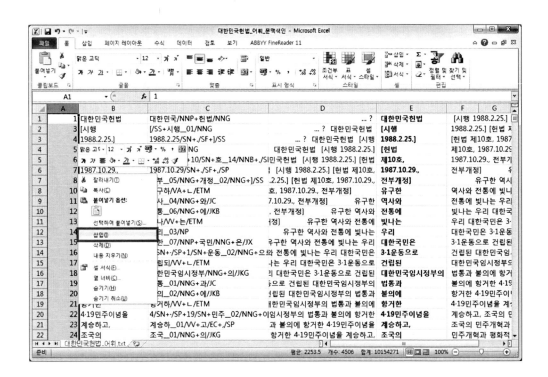

그러면 엑셀 화면의 가장 왼쪽에 비어 있는 A열이 생성되고, 기존의 A, B, C, D, E, F열에 있던 내용이 오른쪽으로 한 칸씩 밀리면서 각각 B, C, D, E, F, G열이 된 것을 확인할 수 있다.

현재 생성된 이 A열에 '세종 말뭉치' 형식의 인덱스를 작성하여 삽입할 것이다. '세종 말뭉치 형식'의 인덱스는 아래 표에서 보듯이 단순한 숫자만으로 구성된 것이 아니라 '파일명'과 '일련번호'의 조합으로 구성되어 있다.

```
<p>
BSHO0376-00000255 "에이,  "/SS+에이/IC+,/SP
BSHO0376-00000256 아빠는 아빠/NNG+는/JX
BSHO0376-00000257 또      또/MAG
BSHO0376-00000258 거짓말!"      거짓말/NNG+!/SF+"/SS
</p>
<p>
BSHO0376-00000259 초등학교에     초등학교/NNG+에/JKB
BSHO0376-00000260 다니는 다니/VV+는/ETM
BSHO0376-00000261 막둥이가      막둥이/NNG+가/JKS
BSHO0376-00000262 한      하/VV±/ETM
BSHO0376-00000263 말이었다.     말_01/NNG+이/VCP+었/EP+다/EF+./SF
</p>
```

인덱스가 '파일명'과 '일련번호'의 조합으로 구성되어 있기 때문에 새로 생성한 A열의 크기를 늘려 줄 필요가 있다.[124] 따라서 (A)의 오른쪽 세로 줄을 넉넉하게 늘여 준다.

1장 말뭉치 만들기   297

그런 다음 아래와 같이 인덱스를 만들어서 A열의 1행, 2행, 3행에 차례대로 입력하고, 이 세 칸을 드래그하여 선택해 보자.

*'대한민국헌법_어휘'(파일명)+'_'(언더바)+'0000000X'(8자리의 일련번호)[125]

= '대한민국헌법_어휘_00000001'

= '대한민국헌법_어휘_00000002'

= '대한민국헌법_어휘_00000003'

그러면 이 세 칸의 겉 테두리가 짙은 검은색으로 표시되는 것을 확인할 수 있다.

---

124) A열 탭을 마우스 왼쪽 버튼으로 클릭한 다음 ⬛ A ⬛ 모양 셀의 오른쪽 세로 줄을 마우스 왼쪽 버튼으로 잡고(누른 상태로) 오른쪽으로 넉넉하게 벌려 주면 된다.

125) 마지막에 다시 '한마루2.0'에서 구동하는 형식의 인덱스로 수정할 것이다. 여기서는 대체적으로 인덱스를 이러한 방식으로 만든다는 것만 이해하면 좋을 것이다. 보통 이러한 방식으로 인덱스를 만들어서 활용하고 있다.

그 다음 선택된 검은색 테두리 사각형의 오른쪽 귀퉁이에 있는 '■'에 하얀색 십자가 마우스포인터를 놓으면 마우스포인터가 '╋'로 바뀐다. 이 상태에서 마우스 왼쪽 버튼으로 더블클릭하면 인덱스가 아래 그림에서처럼 자동으로 부여된다.

인덱스에 '대한민국헌법_최종'이라는 이름이 있어도 파일명 뒤의 숫자가 순차적으로 증가하면서 인덱스가 부여되는 것을 확인할 수 있다.

그런 다음 A열의 아무 곳에 마우스포인터를 놓고 'Ctrl+↓'을 눌러 마지막 부분까지 인덱스가 순서대로 잘 채워졌는지 확인해 보자.

이로써 인덱스 붙이기가 성공적으로 완료되었다. 결과적으로 말뭉치에서 분석 내용이 들어 있는 부분(4106행)에 '세종 말뭉치' 형식의 인덱스를 모두 부여하였다.

이제는 분석 내용이 들어 있는 1행~4106행과 공백이 들어 있는 부분을 구분하고자 했던 4107행을 삭제해야 한다. 그런 다음 B열의 일련번호로 정렬하여 원래 자료의 순서대로 돌리면 분석 말뭉치에 인덱스를 부가하는 작업이 끝나게 된다. 먼저 윗부분과 아랫부분을 구분하기 위하여 삽입하였던 4107번 줄을 지워 주자.

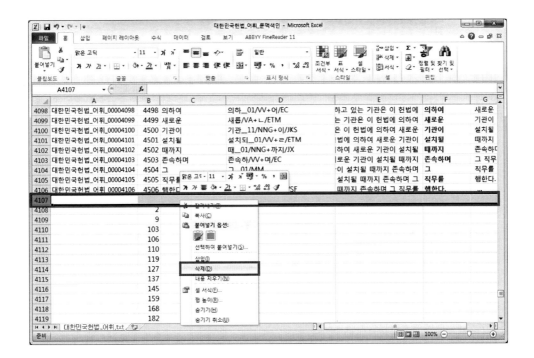

위 그림에서처럼 4107번 줄을 마우스로 선택한 다음 마우스 오른쪽 버튼을 클릭하면
몇 가지 메뉴가 나타나는데, 그 중에 '삭제(D)'를 클릭하면 4107번 줄이 삭제되고, 윗부분
과 아랫부분이 서로 붙게 된다.

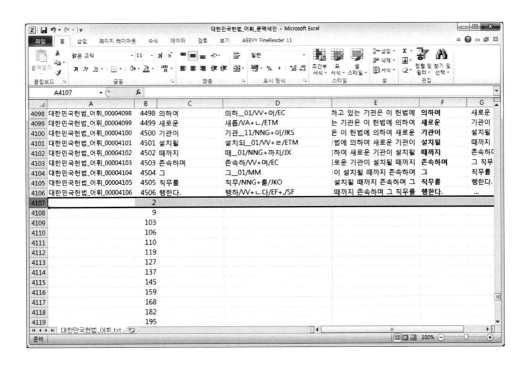

그런 다음 현재 엑셀 자료에서 A열~G열 중 아무 곳에 마우스포인터를 놓고 'Ctrl+A' (전체 선택)를 누르면 아래 그림과 같이 A열~G열의 모든 내용이 선택된다.

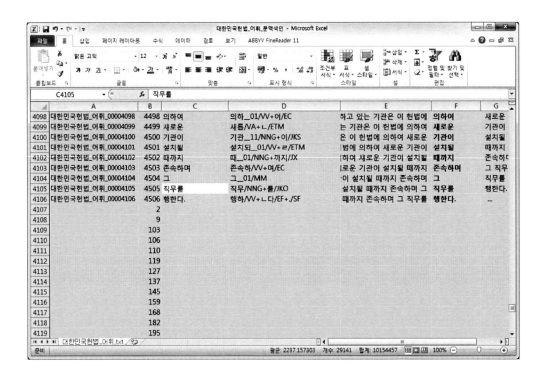

이렇게 전체 자료를 선택한 다음 엑셀 상단 탭의 '홈'에서 가장 오른쪽에 보이는 '정렬 및 필터'를 클릭한다. 그리고 여기서 나타나는 메뉴 중에 '사용자 지정 정렬(U)'을 클릭한다.

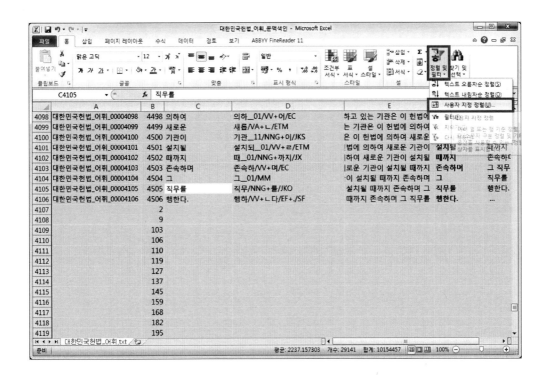

그러면 아래와 같이 '정렬' 창이 나타난다.

이 창에서는 정렬할 '열', 정렬할 '정렬 기준' 그리고 정렬할 '방법'을 선택해 주어야 한다. 여기서 설정해 주어야 하는 조건은 아래와 같다.

· 정렬 조건 설정
  ① 정렬 열: 'B'열
  ② 정렬 기준: '값'
  ③ 정렬 방법: '오름차순'('가나다'순 정렬)

이 자료는 '일련번호' 부분인 B열을 기준으로, '가나다'순으로, 오름차순으로 정렬할 것이기 때문에 여기서 다른 부분은 그대로 두고 '정렬 기준'을 '열 B'로 선택한 다음 '확인' 버튼을 클릭한다.

그러면 아래 그림과 같이 B열로 정렬된 결과를 확인할 수 있다.

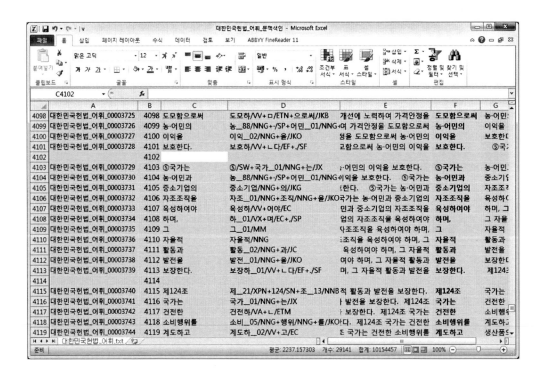

정확히 B열의 셀 아무 곳에 마우스포인터를 놓고 'Ctrl+↓'를 눌러서 자료의 가장 아랫부분으로 가 보자. 그러면 아래 그림에서 보듯이 가장 왼쪽의 엑셀 줄번호와 B열의 일련번호가 일치하는 것을 확인할 수 있다. 그 말은 이 자료가 아무런 오류 없이 결합되었다는 것을 의미한다.

이렇게 하여 '세종 말뭉치' 형식의 인덱스를 분석 내용이 들어 있는 부분에만 성공적으로 부여하였다. 이렇게 A열의 인덱스가 부여되면 이 자료에서 B열의 일련번호는 현재 불필요한 정보가 된다. 지금부터 B열은 필요 없는 정보이기 때문에 B열을 선택하여 삭제해준다.

마우스로 B열 전체를 선택한 다음 마우스 오른쪽 버튼을 클릭하면 몇 가지 메뉴가 나타나는데, 그 중에 '삭제(D)'를 클릭한다.

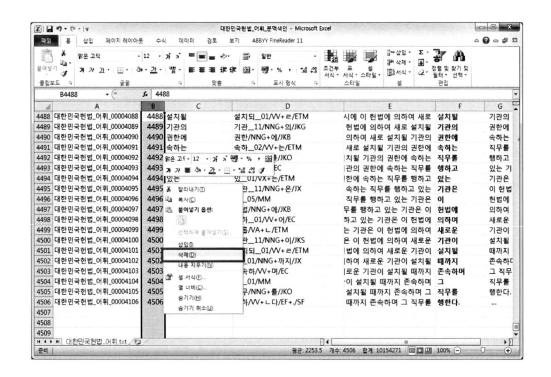

그러면 아래 그림에서 보듯이 B열이 삭제된 것을 확인할 수 있다.126)

---

126) 여기서 'Delete' 키를 눌러서 삭제해 주는 방법도 있지만, 엑셀에서 'Delete' 키를 누르는 삭제는 해당 부분에 들어 있는
    내용을 지우는 것이지 '열'이나 '행'을 삭제해 주지는 않는다. 따라서 조금 번거롭더라도 반드시 마우스 오른쪽 버튼을
    눌러 나오는 메뉴를 이용하여 삭제하도록 하자.

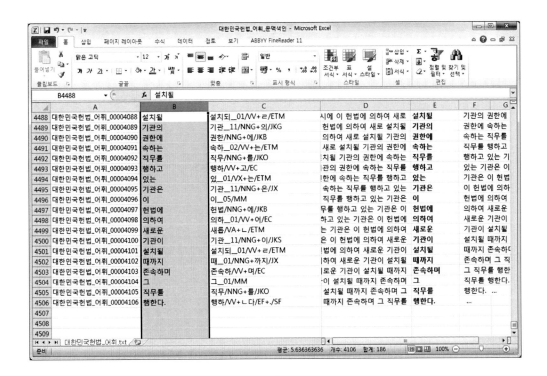

　　현재의 자료는 분석 내용들 사이사이에 공백이 들어 있다. 그래서 'Ctrl+↑'나 'Ctrl+↓'를 눌러서 자료의 가장 윗부분이나 가장 아랫부분으로 이동할 수 없다. 그러므로 자료의 가장 윗부분으로 이동하려면 'Ctrl+Home'을 눌러야 한다. 'Ctrl+Home'을 눌러서 자료의 가장 윗부분으로 가 보자. 그러면 아래와 같이 훌륭하게 분석 내용이 들어 있는 부분에만 인덱스가 부여된 것을 확인할 수 있다.

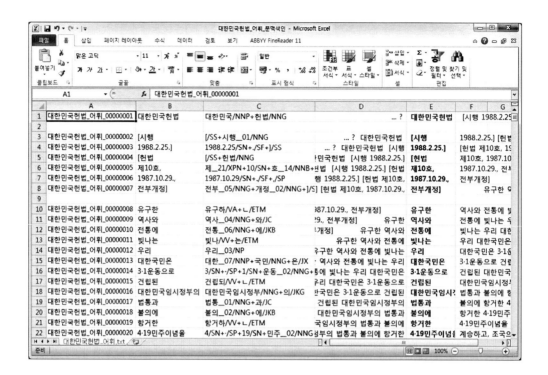

    그렇다면 우선 이 자료를 정보 보관의 차원에서 저장해 두기로 하자. 현재 인덱스를 부여한 이 자료는 '대한민국헌법_어휘_문맥색인'이라는 엑셀 파일이기 때문에 다른 이름의 엑셀 파일로 저장해 주어야 한다. 그러기에 먼저 엑셀 화면의 상단 탭에서 '파일'을 선택한다.

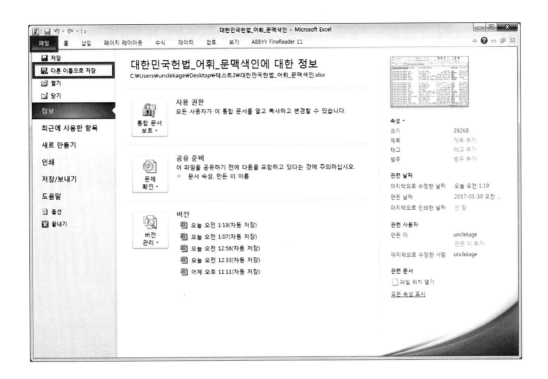

그런 다음 나타나는 메뉴 중에 '다른 이름으로 저장' 버튼을 클릭한다.

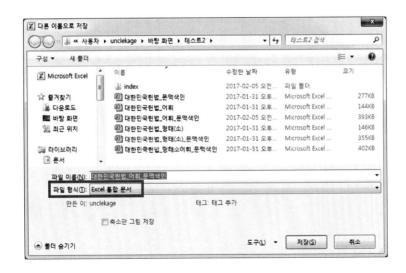

그러면 위와 같은 '다른 이름으로 저장' 창이 나타나는데, 현재 실행되고 있는 파일명이 '대한민국헌법_어휘_문맥색인'이기 때문에 '파일 이름(N)'에도 '대한민국헌법_어휘_문맥색인'으로 설정되어 있다. 이러한 파일명을 '대한민국헌법_어휘_한마루'로 수정한 다음, '파일 형식(T)'은 그대로 두고 '저장(S)' 버튼을 클릭한다.

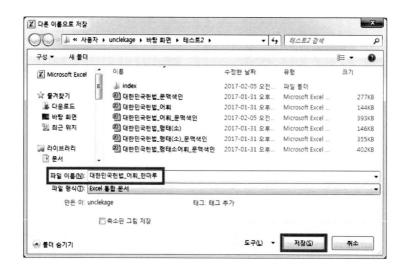

그러면 전체 자료가 엑셀 파일로 저장된다.

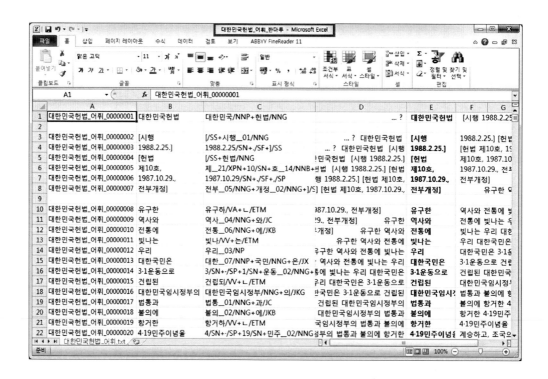

이렇게 하여 형태 분석 결과물에 '세종 말뭉치' 형식의 인덱스를 붙이는 과정에 대해서 익혔다. 이렇게 인덱스를 부여하는 것은 '한마루2.0' 입력 형식의 말뭉치를 만들기 위한 한 과정이기 때문이다.

그렇다면 이번에는 또 다른 '세종 말뭉치'의 형식인 '⟨p⟩, ⟨/p⟩' 태그를 부여하는 방법에 대해서 알아보기로 하자. 이제 인덱스를 부여한 자료를 파일 '대한민국헌법_어휘.txt.tag'에 검색 도구(한마루2.0)의 입력 형식으로 저장해 보자. '한마루2.0'의 입력 형식은 '인덱스', '원어절'과 '분석 어절'이 '탭'(⭾)으로 구분되어 있는 자료이다. 따라서 현재 '세종 말뭉치'의 형식으로 인덱스를 부여한 내용을 '대한민국헌법_어휘.txt.tag'에 복사해서 붙여 넣으면 된다.

그러면 '대한민국헌법_어휘_한마루' 엑셀 파일의 A열, B열, C열만 선택하고 'Ctrl+C'를 눌러서 이 세 부분만 복사한다.

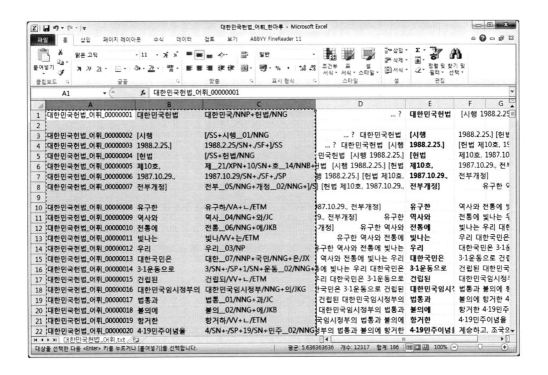

그런 다음 형태 분석 원본인 '대한민국헌법_어휘.txt.tag' 파일을 텍스트에디터에서 불러오자. 지금은 텍스트에디터 중에서 '이엠에디터'를 이용하기로 한다.[127] 아래 그림은 '대한민국헌법_어휘.txt.tag' 파일을 '이엠에디터'에서 불러온 것이다.[128]

---

127) 물론 다른 텍스트에디터로 '에디트플러스'를 이용해도 된다.

128) 여기서도 이런 의문이 들 수도 있다. 왜 새로운 텍스트 파일에 분석 결과물을 복사해 넣지 않고 이미 만들어져 있는 '대한민국헌법_최종.tag' 파일을 이용하는가이다. 앞서 언급한 바 있듯이 이것은 이후에 '글잡이Ⅱ(색인)'에서 '색인'이라는 과정을 거치게 되는데, 이때 사용 가능한 파일의 형식은 반드시 '.tag'이어야 하기 때문이다. 전문가라면 이 부분을 문제없이 조정할 수 있을 것이나, 초보자들에게는 이 부분이 어렵게 다가갈 수 있다. 따라서 최종 분석 결과물의 파일을 '.tag' 형식으로 유지하기 위해서 이미 만들어져 있던 '.tag' 파일을 재활용하는 것이다. 이 부분은 완전히 이해하지 않아도 좋으니, 계속 이어서 따라가 보자.

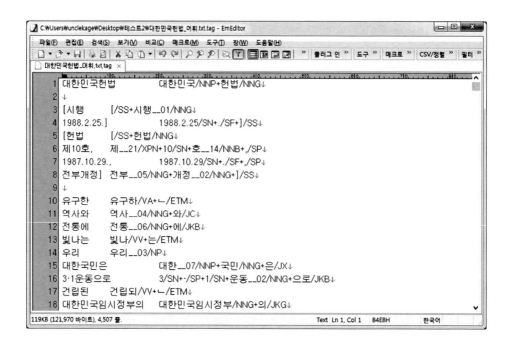

그런 다음 'Ctrl+A'(전체선택)를 눌러 전체 내용을 선택하자.

다음으로 'Delete' 키를 눌러 전체 내용을 삭제하자.

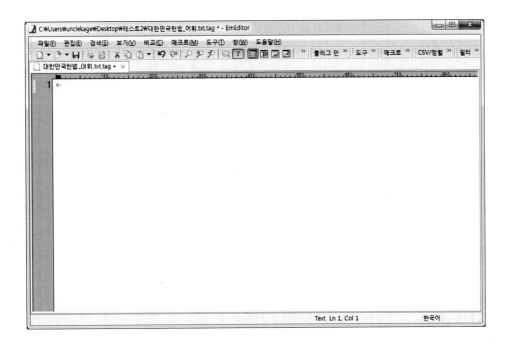

그런 다음 'Ctrl + V'(붙여 넣기)를 눌러서 붙여 넣으면, 앞서 엑셀에서 'Ctrl + C'(저장하기)로 저장했던 내용이 모두 복사된다.

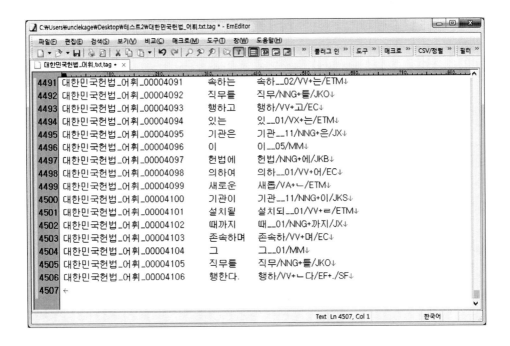

그런 다음 'Ctrl + Home'을 눌러서 이 자료의 가장 윗부분으로 가 보자.

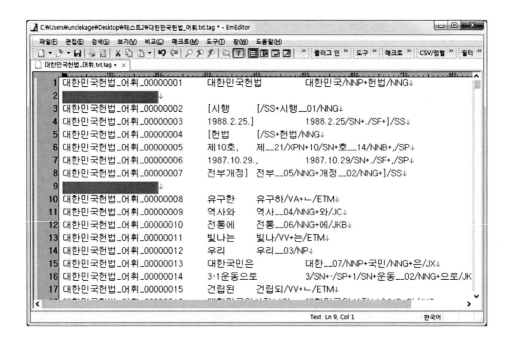

줄 번호 2와 9를 살펴보면 엔터(↓)가 바로 보이지 않고, '탭'(⬚)이 두 번 들어간 후 엔터(↓)가 들어가 있는 것을 확인할 수 있다. 이것은 어떻게 된 일일까? 잘 생각해 보면 정답을 알 수가 있다. 엑셀의 세 열(A열, B열, C열)을 복사해 온 것이기 때문에 엑셀에서 비어 있던 칸이 모두 '탭'(⬚)으로 표시된 것이다. 그래서 내용이 비어 있던 부분에는 현재 '탭'(⬚)이 두 개씩 삽입되어 있는 상태인데, 이 상태 그대로 '글잡이Ⅱ'나 '한마루2.0'에서 이 파일을 불러 오면 로딩(loading) 오류가 발생한다. 따라서 '바꾸기'를 통해서 이 부분을 수정해 주기로 하자. 'Ctrl+H'(바꾸기)를 눌러서 아래 그림의 '바꾸기' 창을 불러오자.

그런 다음 아래와 같이 입력하고 '모두 바꾸기(A)'를 클릭하자. 지금 사용하는 텍스트에 디터는 '이엠에디터'이기 때문에 '이스케이프 시퀀스 사용(E)'을 체크해 두어야 '탭'(\t\t or \t\t)과 '엔터'(₩n₩n or \n\n)가 인식된다. 만약 '이스케이프 시퀀스 사용(E)'을 체크하지 않는다면 '정규식 사용(X)'을 체크해 주어야 '탭'(₩t₩t or \t\t)과 '엔터'(₩n₩n or \n\n)가 인식된다. 여기서는 간단하게 사용할 수 있는 '이스케이프 시퀀스 사용(E)'을 체크해 주어야 한다는 것을 잊지 않기로 하자.129)

- '바꾸기' 창 입력 사항
  - 찾기: ₩t₩t₩n or \t\t\n
  - 바꾸기: ₩n or \n

---

129) 만약 사용자가 '에디트플러스'에서 '대한민국헌법_어휘.txt.tag'를 불러 왔다면 '이스케이프 시퀀스 사용(E)'이 아니라 '정규식'을 반드시 체크해야 한다. 잊지 않도록 하자!

그러면 엑셀에서 비어 있던 칸이 표시된 모든 잉여적 '탭'(↳)이 사라진 것을 확인할 수 있다.

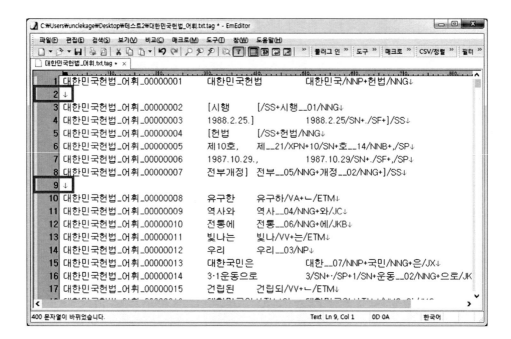

다음으로 앞서 나중에 다시 '한마루2.0'에서 구동하는 형식의 인덱스로 수정할 것이라고 했던 것을 기억할 수 있을까? 지금 만든 자료로는 어느 검색 프로그램에서도 사용할 수가 없다. 따라서 현재의 자료를 '한마루2.0'에서 활용하기 위한 말뭉치의 형식으로 만들어 주어야 하는데, 그러기 위해서는 '한마루2.0' 형식의 인덱스 수정이 필요하다. '한마루2.0'의 인덱스 형식은 아래와 같다.

• 현재의 인덱스 형식
  ◦ '대한민국헌법_어휘'(파일명)+'_'(언더바)+'0000000X'(8자리의 일련번호)

이러한 형식을 아래의 형식으로 수정해 주어야 한다.

• '한마루2.0'의 인덱스 형식
  ◦ '파일명'(4자리 영문명)+'파일 번호'(4자리 숫자)+'-'(붙임줄)+'0000000X'(8자리의 일련번호)
    = '대한민국헌법_어휘_00000001'   →   LAWS0002-00000001
    = '대한민국헌법_어휘_00000002'   →   LAWS0002-00000002
    = '대한민국헌법_어휘_00000003'   →   LAWS0002-00000003

따라서 '바꾸기'를 통해서 이 부분을 수정해 주기로 하자. 'Ctrl+H'(바꾸기)를 눌러서
아래 그림의 '바꾸기' 창을 불러오자.

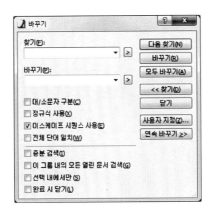

그런 다음 아래와 같이 입력하고 '모두 바꾸기(A)'를 클릭하자.

• '바꾸기' 창 입력 사항
  ◦ 찾기: 대한민국헌법_어휘_
  ◦ 바꾸기: LAWS0002-

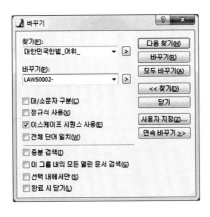

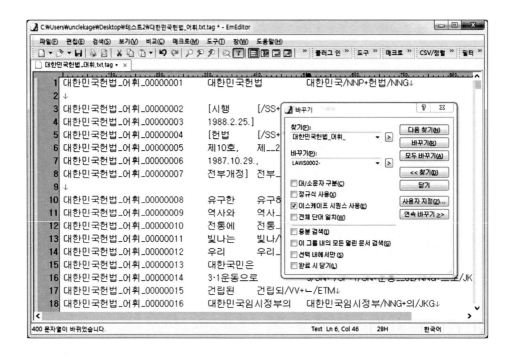

그러면 아래 그림에서 볼 수 있듯이 이전 파일명인 '대한민국헌법_어휘_'가 모두 'LAWS 0002-(LAWS000X-)'의 형식으로 변환된 것을 확인할 수 있다.

실제 인덱스명을 수정하는 것은 아래 그림에서와 같이 앞서 익히던 엑셀에서 수정해도 무방하다. 어떠한 방식이든지 연구자 자신에게 편안한 방법을 사용하면 된다. 먼저 먼저 A열을 전체 선택한 다음 'Ctrl+F'를 눌러서 '찾기 및 바꾸기' 창을 불러온다.

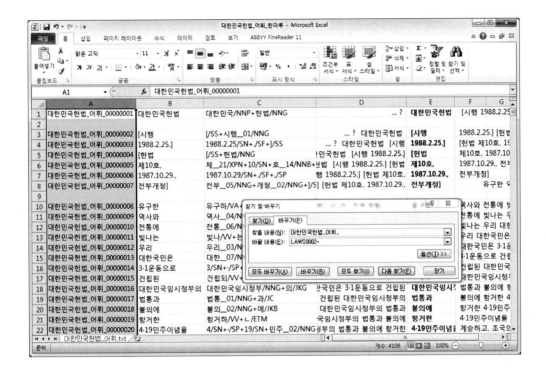

다음으로 엑셀의 '찾기 및 바꾸기' 창에 아래와 같이 입력한다.

- '찾기 및 바꾸기' 창 입력 사항
  - 찾을 내용: 대한민국헌법_어휘_
  - 바꿀 내용: LAWS0002-

그런 다음 '모두 바꾸기(A)' 버튼을 클릭하면 아래 그림에서처럼 인덱스 부분에 있는 모든 '대한민국헌법_어휘_'가 'LAWS0002-'으로 바뀌는 것을 확인할 수 있다.

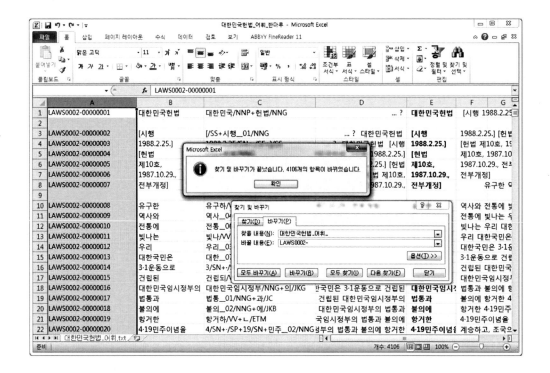

어떠한 방식을 사용하든 '대한민국헌법_어휘.txt.tag' 파일 내에 있는 인덱스명(파일명)을 모두 아래 그림에서 보는 것처럼 '세종 말뭉치'의 형식(즉, '한마루2.0'의 형식)으로 변환한다.

이렇게 인덱스명을 변환하였다면 우선 이 자료를 정보 보관의 차원에서 저장해 두기로 하자. 현재 이 자료는 확장자가 '.tag'인 텍스트 파일('대한민국헌법_어휘.txt.tag')인데, 이 번에는 확장자가 '.txt'인 텍스트 파일로 저장하고 파일 이름도 다른 이름으로 저장해 주자. 그러기에 먼저 '이엠에디터' 화면의 상단 탭에서 '파일(F)'을 선택한 다음 나타나는 여러 메뉴 중에 '다른 이름으로 저장(A)'을 클릭한다.

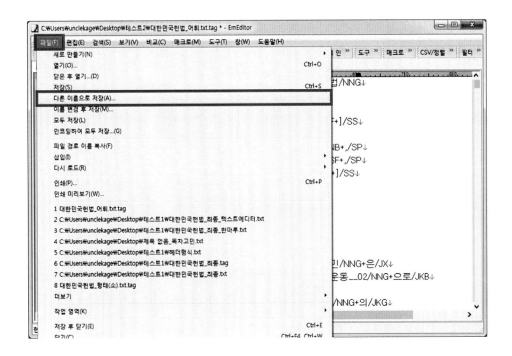

그러면 아래와 같이 '다른 이름으로 저장' 창이 나타난다.

여기에서 먼저 '파일 이름(N)'을 '대한민국헌법_어휘'에서 '대한민국헌법_어휘_한마루'로 수정해 준다. 그리고 현재 '모든 파일(*.*)'로 '파일 형식(T)'이 지정되어 있는데, 이것은 '대한민국헌법_어휘.txt.tag' 파일의 확장자가 '.tag'이기 때문이다. 따라서 이 파일을 확장자가 '.txt'인 일반 텍스트 파일로 저장하기 위해서는 두 가지 방법이 존재하는데, 하나는 수정할 파일명인 '대한민국헌법_어휘_한마루'의 끝부분에 확장자 '.txt'를 입력하여 '대한민국헌법_어휘_한마루.txt'로 저장하는 방법이다. 이 방법을 사용할 때에는 '파일 형식(T)'이 반드시 '모든 파일(*.*)'이어야 한다. 즉 '파일 형식(T)'이 '모든 파일(*.*)'이기 때문에 '파일 이름(N)'에서 이 파일의 파일명과 확장자를 함께 입력해 주는 것이 가능하고, 그 결과 이 파일이 일반 텍스트 파일로 저장될 것이다.

확장자가 '.txt'인 일반 텍스트 파일로 저장하기 위한 다른 방법으로, '파일 이름(N)'은 '대한민국헌법_어휘'에서 '대한민국헌법_어휘_한마루'로 수정하여 입력하고 '파일 형식(T)'을 '모든 파일(*.*)'에서 'Text'로 바꾸어 주는 것이다.

두 가지 방법은 어느 방법을 사용해도 무방하지만, 이 두 가지 방법을 통해서 일반 텍스트 파일로 저장할 수 있다는 것은 꼭 숙지할 수 있도록 하자.

어느 방법으로든지 '저장(S)'을 클릭하여 중간 정도 작업한 '한마루2.0' 형식의 말뭉치를 저장하도록 하자.

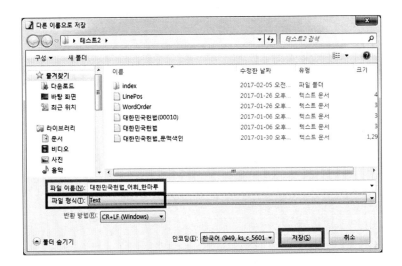

한 가지 간단히 언급해 둘 것은 위에서 자료를 저장하면서 '인코딩'에 대해서는 설명하지 않았는데, 참고로 '한마루2.0'에서 읽어 들일 수 있는 텍스트 파일의 '인코딩'은 'UTF-16' 혹은 '유니코드'이다. '인코딩'은 마지막에 '헤더'를 입력한 다음에 다시 저장하면서 설정해도 되기 때문에 여기서는 '인코딩'을 신경 쓰지 않고 '저장(S)' 버튼을 클릭하면 된다.

이제 본격적으로 '세종 말뭉치'의 형식인 '⟨p⟩, ⟨/p⟩' 태그를 부여하는 방법에 대해서 알아보기로 하자. '대한민국헌법_어휘_한마루.txt' 파일을 텍스트에디터에서 불러 오자. 여기에서는 다른 텍스트에디터의 사용법도 익힐 겸하여 '에디트플러스'를 이용하기로 한다.[130] 아래 그림은 '대한민국헌법_어휘_한마루.txt' 파일을 '에디트플러스'에서 불러온 것이다.

---

130) 물론 다른 텍스트에디터로 '이엠에디터'를 이용해도 된다.

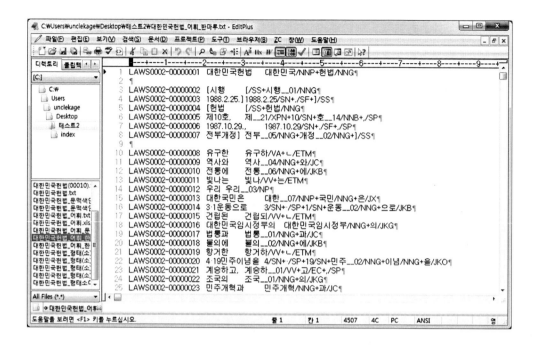

위 그림에서 2행, 9행 등은 문장 단위를 표시한 것이라 생각해도 좋을 것이다. 원본을 그대로 존중하여 원본(원시 말뭉치)에서 줄바꿈(엔터, Enter↵)이 들어가 있는 부분을 구분해 주기 위하여 줄바꿈이 한 번씩 더 삽입되어 있는 것이다. 이 정보를 이용하여 '세종 말뭉치'의 형식으로 만들어 보자.

'한마루2.0'에 입력되는 말뭉치는 일반적으로 '세종 말뭉치'(배포판)이다[131]. 이 '세종 말뭉치'에서 2행, 9행 등의 줄바꿈을 각각 그 바로 앞줄의 정보와 비교해 보면 결과적으로 엔터(Enter↵)가 두 번씩 들어가 있다는 것을 확인할 수 있다. 다시 실제 자료를 보면서 이해해 보자.[132]

제1장 제__21/XPN+1/SN+장__25/NNG
총강 총강/NNG   ☞ **일반 엔터**
¶   ☞ **줄바꿈용 엔터**
제1조 제__21/XPN+1/SN+조__13/NNB
①대한민국은   ①/SW+대한민국/NNP+은/JX
민주공화국이다. 민주__02/NNG+공화국__02/NNG+이/VCP+다/EF+./SF ☞ **일반 엔터**

---

131) 여기서 언급하는 것은 '세종 말뭉치'의 '형태 분석 말뭉치'와 '형태 의미 분석 말뭉치'이다. '원시 말뭉치'에 대해서는 따로 언급하지 않는다.

132) 아래 자료에서는 화면의 구성상 임의로 인덱스 부분을 제외하고 제시하였지만, 말뭉치의 형식을 확인하는 데에는 문제가 없다. 이후에 텍스트에디터에서 실행할 때에는 인덱스 부분이 있는 자료로 설명할 것이다.

¶　　☞ **줄바꿈용 엔터**
②대한민국의　　②/SW＋대한민국/NNP＋의/JKG
주권은 주권__01/NNG＋은/JX
국민에게　　　　　　국민/NNG＋에게/JKB
있고,　있__01/VA＋고/EC＋,/SP
모든　　모든/MM
권력은 권력__02/NNG＋은/JX
국민으로부터　　국민/NNG＋으로부터/JKB
나온다.　　　　나오/VV＋ㄴ다/EF＋./SF　　☞ **일반 엔터**
　¶　　☞ **줄바꿈용 엔터**
제2조 제__21/XPN＋2/SN＋조__13/NNB
①대한민국의　　①/SW＋대한민국/NNP＋의/JKG
국민이 국민/NNG＋이/JKC
되는　되__01/VV＋는/ETM
요건은 요건/NNG＋은/JX
법률로 법률/NNG＋로/JKB
정한다.　　　　정하__03/VV＋ㄴ다/EF＋./SF　　　☞ **일반 엔터**
　¶　　☞ **줄바꿈용 엔터**
②국가는　　　　　②/SW＋국가__01/NNG＋는/JX
법률이 법률/NNG＋이/JKS
정하는 정하__03/VV＋는/ETM
바에　　바__03/NNB＋에/JKB
의하여 의하__01/VV＋어/EC
재외국민을　　　재외/NNG＋국민/NNG＋을/JKO
보호할 보호하/VV＋ㄹ/ETM
의무를 의무__01/NNG＋를/JKO
진다.　지__05/VV＋ㄴ다/EF＋./SF　　☞ **일반 엔터**
　¶　　☞ **줄바꿈용 엔터**

이를 아주 간단히 하여 '줄바꿈용 엔터'가 들어가 있는 부분만 확인하면 아래와 같다.

총강　총강/NNG　　☞ **일반 엔터**
　¶　　☞ **줄바꿈용 엔터**

민주공화국이다. 민주__02/NNG＋공화국__02/NNG＋이/VCP＋다/EF＋./SF ☞ **일반 엔터**
　¶　　☞ **줄바꿈용 엔터**

나온다.　　　　나오/VV＋ㄴ다/EF＋./SF　　☞ **일반 엔터**
　¶　　☞ **줄바꿈용 엔터**

정한다.　　　　정하__03/VV＋ㄴ다/EF＋./SF　　☞ **일반 엔터**

¶   ☞ **줄바꿈용 엔터**

진다. 지__05/VV+ㄴ다/EF+./SF   ☞ **일반 엔터**
¶   ☞ **줄바꿈용 엔터**

이들 정보를 이용하여 '세종 말뭉치'의 형식으로 만들게 될 것이다. '21세기 세종 계획'의 '형태 (의미) 분석 말뭉치'는 문장 단위로 '⟨p⟩, ⟨/p⟩' 태그(tag)가 들어가 있다[133]. 즉 한 문장을 '⟨p⟩, ⟨/p⟩' 태그(tag)가 싸고 있는 모습인데 '⟨p⟩'는 한 문장이 시작된다는 것을 의미하고, '⟨/p⟩'는 한 문장이 끝난다는 것을 의미한다. 그런데 '⟨p⟩, ⟨/p⟩' 태그를 부여하기 위해서 연구자가 말뭉치를 처음부터 끝까지 일일이 읽으면서 이들 태그를 부착하는 것은 백사장에서 모래알을 세는 것과도 같은 일이기도 하며, 수작업의 특성상 오류가 발생할 가능성이 매우 높다.[134] 따라서 프로그래밍을 하든지 아니면 텍스트에디터를 이용하여 기계적으로 바꾸어 줄 필요가 있는데, 실제 바꾸어 주어야 할 부분을 형식화시키면 아래 표와 같다.

☞ **일반 엔터**
☞ **줄바꿈용 엔터**
☞
⟨/p⟩
⟨p⟩

위 표에서 '일반 엔터'가 있는 어절은 문장의 마지막 부분이므로 문장의 끝났음을 표시하는 태그인 '⟨/p⟩'를 부여해 주고, '줄바꿈용 엔터'의 다음 어절은 다음 문장의 첫 부분이므로 문장이 시작됨을 표시하는 태그인 '⟨p⟩'를 부여해 준다. 이를 '에디트플러스'의 '바꾸기' 창에서 표현하는 방법은 아래와 같다.

---

133) 실제 문장을 의미하는 태그로는 '⟨s⟩, ⟨/s⟩'를 사용하는 것이 좋을 수도 있다. 이것이 'sentence'를 의미할 수 있으므로 직관에 더 부합하는 측면이 있다. 하지만 '세종 구어 말뭉치'에서 '발화(speech)'라는 단위를 사용하면서 '⟨s⟩, ⟨/s⟩' 태그를 사용하고 있으므로, '세종 문어 말뭉치'에서는 문장의 구분 단위로 '⟨p⟩, ⟨/p⟩'를 사용하고 있다. 행여 썩 마음에 들지 않는다 하더라도 이미 약속되어 있는 것이거니와, '세종 말뭉치'와의 호환성, 일관성 등을 감안하여 '⟨p⟩, ⟨/p⟩' 태그를 사용할 수 있도록 하자.

134) 보통 사람들은 다른 이들보다는 자신에 대한 믿음이나 신뢰도가 꽤 높은 편이지만, 말뭉치를 구축할 때에는 자신에 대한 믿음을 잠시 놓아 둘 필요가 있다. 되도록 기계적인 방법을 이용하여 일관성을 기해야 오류를 줄일 수 있다.

- '바꾸기' 창 입력 사항
  - 찾을 말: ₩n₩n
  - 바꿀 말: ₩n⟨/p⟩⟨p⟩₩n

그런데 이렇게 바꾸게 되면 아래 표에서와 같이 '⟨p⟩' 태그와 '⟨/p⟩' 태그가 붙어서 '⟨/p⟩⟨p⟩'으로 바뀌게 된다.

제1장   제__21/XPN+1/SN+장__25/NNG
총강   총강/NNG
⟨/p⟩⟨p⟩
제1조   제__21/XPN+1/SN+조__13/NNB
①대한민국은   ①/SW+대한민국/NNP+은/JX
민주공화국이다.   민주__02/NNG+공화국__02/NNG+이/VCP+다/EF+./SF

'형태 (의미) 분석 말뭉치'에서 이들 태그는 한 줄에 하나씩 반영되어야 문장 구분 표식으로 기능하게 되므로 '⟨p⟩' 태그와 '⟨/p⟩' 태그 사이에 엔터를 한 번 더 주어야 한다. 이를 '에디트플러스'의 '바꾸기' 창에서 표현해 주면 아래와 같다.

- '바꾸기' 창 입력 사항
  - 찾을 말: ₩n₩n
  - 바꿀 말: ₩n⟨/p⟩₩n⟨p⟩₩n

따라서 앞서 익혔듯이 '에디트플러스'의 상단 탭 메뉴에서 '검색(S)'을 선택하고 두 번째에 보이는 '바꾸기(R)'를 선택하든지, Ctrl+H를 눌러 '바꾸기' 창을 불러온다.

- '에디트플러스'에서 '바꾸기' 창 불러오기
  - ㉠ 상단 탭 메뉴에서 '검색(S)'을 선택하고 두 번째에 보이는 '바꾸기(R)'를 선택
  - ㉡ Ctrl+H

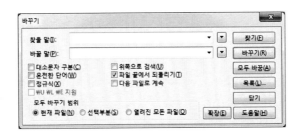

그런 다음 아래와 같이 '찾을 말'과 '바꿀 말'을 입력한다.

- **'바꾸기' 창 입력 사항**
  - ◦ 찾을 말: ₩n₩n
  - ◦ 바꿀 말: ₩n⟨/p⟩₩n⟨p⟩₩n

그리고 '에디트플러스'에서 위와 같은 방식을 사용할 경우에는 '정규식(X)' 박스를 꼭 체크해 주어야 한다. 잊지 않도록 하자! '에디트플러스'의 '바꾸기'에서 '엔터(₩n or \n)'나 '탭(₩t or \t)'을 의미하는 '이스케이프 시퀀스(escape sequence)'135)를 사용할 때에는 반드시 '정규식(X)' 박스를 꼭 체크해 주어야 한다. 그런 다음 '모두 바꿈(A)'을 클릭한다.

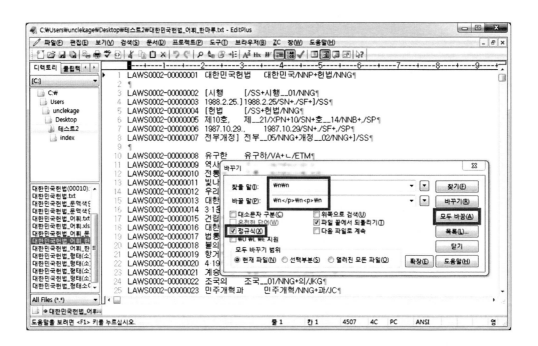

그 결과 '줄바꿈용 엔터'가 모두 사라지고 문장과 문장 사이, 좀 더 정확히 말하자면 앞 문장의 끝부분과 뒤 문장의 앞부분 사이에 '⟨/p⟩₩n⟨p⟩'가 들어가 있는 것을 확인할 수 있다.

---

135) "이스케이프 시퀀스(escape sequence)는 컴퓨터와 주변 기기의 상태를 바꾸는 데에 쓰이는 일련의 문자열이다.", 『위키백과』
https://ko.wikipedia.org/wiki/%EC%9D%B4%EC%8A%A4%EC%BC%80%EC%9D%B4%ED%94%84_%EC%8B%9C%ED%80%80%EC%8A%A4

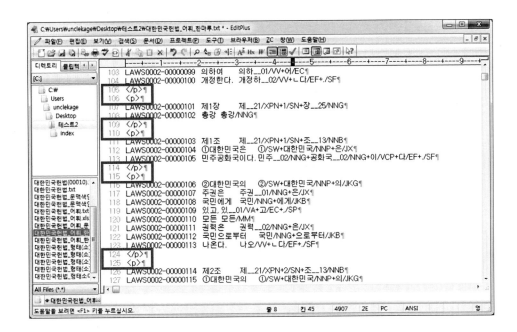

이것으로 '⟨p⟩, ⟨/p⟩' 태그 삽입이 모두 끝난 것은 아니다. '[Ctrl]+[Home]'136)을 눌러 자료의 최상단으로 가 보자. 말뭉치의 가장 앞부분으로 가 보면, 1행의 어절 '대한민국헌법'에 닫는 태그 '⟨/p⟩'는 있는데 여는 태그 '⟨p⟩'가 없다는 것을 확인할 수 있다.

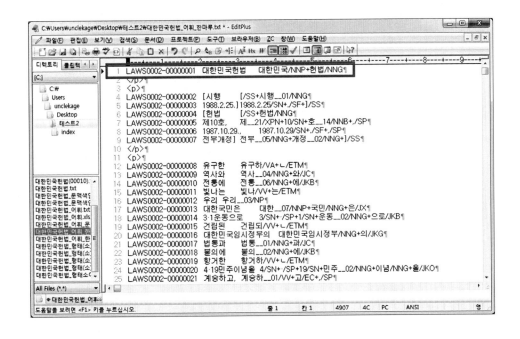

---

136) 텍스트에디터에서 '[Ctrl]+[Home]'은 화면의 가장 앞부분 혹은 가장 윗부분으로 이동하라는 명령이다. 반대로 '[Ctrl]+[End]'는 화면의 가장 뒷부분 혹은 가장 아랫부분으로 이동하라는 명령이다.

이것은 텍스트의 가장 앞부분에 엔터가 없어서 '바꾸기'의 패턴에 해당하지 않은 것인데, 조금 불편하더라도 여는 태그 '⟨p⟩'를 입력하고 엔터를 한 번 눌러 주도록 하자.

다음으로 이번에는 '[Ctrl]+[End]'[137]를 눌러 자료의 최하단으로 가 보자.

---

137) 앞서 언급되었듯이 '[Ctrl]+[End]'는 화면의 가장 뒷부분 혹은 가장 아랫부분으로 이동하라는 명령이다.

말뭉치의 가장 뒷부분으로 가 보면, 4908~4909행에 닫는 태그 '〈/p〉'와 여는 태그 '〈p〉'가 연달아 입력된 것을 확인할 수 있다. 이것은 텍스트의 가장 마지막 부분에 엔터가 있어서 '바꾸기'를 통해서 입력된 것인데, 역시 조금 불편하더라도 여는 태그 '〈p〉'를 삭제해 주도록 하자.138)

위 그림의 부분은 자료를 정리하는 상황에 따라 아래 그림과 같이 나타날 수도 있다.

이것은 앞서 텍스트의 가장 마지막 부분에 엔터가 있어서 '바꾸기'를 통해서 4908~4909행에 닫는 태그 '〈/p〉'와 여는 태그 '〈p〉'가 연달아 입력된 것과 조금 다르다. 이러한 현상은 마지막 부분에 엔터가 없어서 더 이상 바꿀 엔터가 없어서 나타난 현상이다. 이런 경우에는 역시 조금 불편하더라도 마지막 부분인 4908행에 닫는 태그 '〈/p〉'를 입력해 주도록 하자.139) 그러면 어떠한 상황이든 아래 그림과 같이 자료의 마지막에는 닫는 태그 '〈/p〉' 한 개만 남도록 수정해 주면 된다.

---

138) 꼭 'Ctrl + Home'과 'Ctrl + End'를 눌러서 텍스트의 가장 앞부분과 가장 뒷부분이 어떻게 되어 있는지 확인하고 수정할 수 있도록 하자.
139) 꼭 'Ctrl + Home'과 'Ctrl + End'를 눌러서 텍스트의 가장 앞부분과 가장 뒷부분이 어떻게 되어 있는지 확인하고 수정할 수 있도록 하자.

이렇게 하면 형태 분석 말뭉치에 문장 구분 기호를 모두 삽입하는 과정이 끝난다.

지금까지의 과정은 '에디트플러스'를 이용한 수정 방법이었는데, 이제는 '이엠에디터'를 통해서 문장 구분 기호를 넣는 방법을 익혀 보자. 아래 그림은 '대한민국헌법_어휘_한마루.txt' 파일을 '이엠에디터'에서 불러온 것이다.

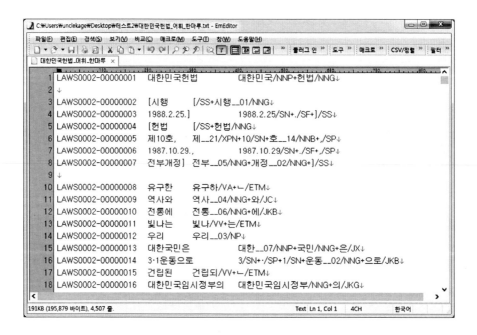

위 자료도 역시 '이엠에디터'의 '바꾸기' 창에서 아래와 같이 입력해 주면 문장 구분 태그가 입력될 것이다.

- **'바꾸기' 창 입력 사항**
    - 찾을 말: ₩n₩n
    - 바꿀 말: ₩n〈/p〉₩n〈p〉₩n

따라서 앞서 익혔듯이 '이엠에디터'의 상단 탭 메뉴에서 '검색(S)'을 선택해서 나오는 메뉴 중에 '바꾸기(R)'를 선택하거나 Ctrl + H 를 눌러서 '바꾸기' 창을 불러온다.

- **'이엠에디터'에서 '바꾸기' 창 불러오기**
    - ㉠ 상단 탭 메뉴에서 '검색(S)'을 선택하고 '바꾸기(R)'를 선택
    - ㉡ Ctrl + H

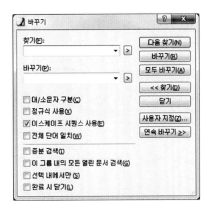

그런 다음 '바꾸기' 창에 아래와 같이 '찾기'와 '바꾸기' 부분을 입력한다.

- **'바꾸기' 창 입력 사항**
    - 찾기: ₩n₩n
    - 바꾸기: ₩n〈/p〉₩n〈p〉₩n

그리고 '이엠에디터'에서는 위와 같은 방식을 사용할 경우에는 '이스케이프 시퀀스 사용(E)' 박스를 꼭 체크해 주어야 한다. 잊지 않도록 하자! '에디트플러스'와는 달리 '이엠에디터'에서는 '바꾸기'에서 '엔터(₩n or \n)'나 '탭(₩t or \t)'을 의미하는 '이스케이프 시퀀스

(escape sequence)'[140])를 사용할 때에는 반드시 '이스케이프 시퀀스 사용(E)' 박스를 꼭 체크해 주어야 한다.[141]) 그런 다음 '모두 바꾸기(A)' 버튼을 클릭한다.

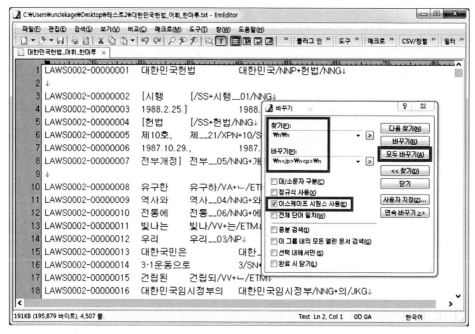

---

140) 이스케이프 시퀀스(escape sequence)는 컴퓨터와 주변 기기의 상태를 바꾸는 데에 쓰이는 일련의 문자열이다. 위키백과
https://ko.wikipedia.org/wiki/%EC%9D%B4%EC%8A%A4%EC%BC%80%EC%9D%B4%ED%94%84_%EC%8B%9C%ED%80%80%EC%8A%A4

141) 물론 '이엠에디터'에서도 '정규식 사용' 박스를 체크하여 사용해도 된다. 다만 속도에 차이가 있다. '이엠에디터'의 '바꾸기'에서 '엔터'(\n)와 '탭'(\t)을 표현할 때에는 '이스케이프 시퀀스(escape sequence)'의 사용을 습관화하자.

그 결과 '줄바꿈용 엔터'가 모두 사라지고 문장과 문장 사이에 '⟨/p⟩₩n⟨p⟩'가 들어가 있는 것을 확인할 수 있다.

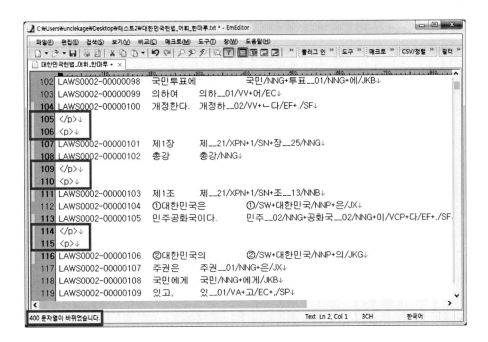

물론 앞서 '에디트플러스'에서 해 본 것과 같이 이것으로 '⟨p⟩, ⟨/p⟩' 태그 삽입이 모두 끝난 것은 아니다. 'Ctrl+Home'을 눌러 자료의 최상단으로 가 보자.

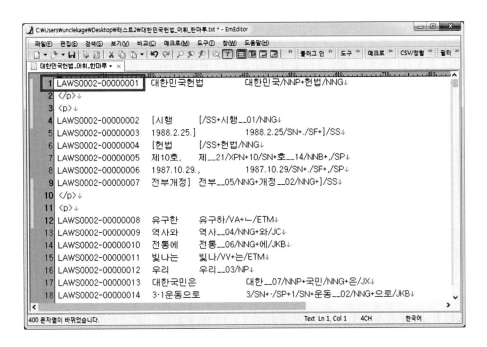

말뭉치의 가장 앞부분으로 가 보면, 1행의 어절 '대한민국헌법'에 닫는 태그 '</p>'는 있는데 여는 태그 '<p>'가 없다는 것을 확인할 수 있다. 이것은 텍스트의 가장 앞부분에 엔터가 없어서 '바꾸기'의 패턴에 해당하지 않은 것인데, 조금 불편하더라도 여는 태그 '<p>'를 입력하고 엔터를 한 번 눌러 주도록 하자.

다음으로 이번에는 'Ctrl+End'142)를 눌러 자료의 최하단으로 가 보자.

---

142) 앞서 언급되었듯이 'Ctrl+End'는 화면의 가장 뒷부분 혹은 가장 아랫부분으로 이동하라는 명령이다.

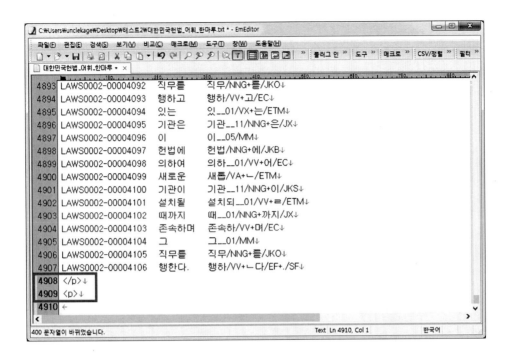

말뭉치의 가장 뒷부분으로 가 보면, 4908~4909행에 닫는 태그 '⟨/p⟩'와 여는 태그 '⟨p⟩'가 연달아 입력된 것을 확인할 수 있다. 이것은 텍스트의 가장 마지막 부분에 엔터가 있어서 '바꾸기'를 통해서 입력된 것인데, 역시 조금 불편하더라도 여는 태그 '⟨p⟩'를 삭제해 주도록 하자.[143]

위 그림의 부분은 자료를 정리하는 상황에 따라 아래 그림과 같이 나타날 수도 있다.

---

143) 꼭 'Ctrl + Home'과 'Ctrl + End'를 눌러서 텍스트의 가장 앞부분과 가장 뒷부분이 어떻게 되어 있는지 확인하고 수정할 수 있도록 하자.

이것은 앞서 텍스트의 가장 마지막 부분에 엔터가 있어서 '바꾸기'를 통해서 4908~4909
행에 닫는 태그 '⟨/p⟩'와 여는 태그 '⟨p⟩'가 연달아 입력된 것과 조금 다르다. 이러한 현상
은 마지막 부분에 엔터가 없어서 더 이상 바꿀 엔터가 없어서 나타난 현상이다. 이럴 경우
에는 역시 조금 불편하더라도 마지막 부분인 4908행에 닫는 태그 '⟨/p⟩'를 입력해 주도록
하자.144) 그러면 어떠한 상황이든 아래 그림과 같이 자료의 마지막에는 닫는 태그 '⟨/p⟩'
한 개만 남도록 수정해 주면 된다.

---

144) 꼭 'Ctrl + Home'과 'Ctrl + End'를 눌러서 텍스트의 가장 앞부분과 가장 뒷부분이 어떻게 되어 있는지 확인하고 수정할
수 있도록 하자.

이렇게 하면 역시 형태 의미 분석 말뭉치에 문장 구분 기호를 모두 삽입하는 과정이 끝난다. 지금까지는 문장 구분 표지를 부여하는 방법에 대해서 살펴보았다. 생각보다는 간단한데, 이를 정리하자면 아래와 같다.

- 문장 구분 기호(태그) 삽입하기('한마루2.0'용)

  ① 형태 분석기에서 원자료(원시 말뭉치)를 분석한다.

  ② ('유태거' 분석 결과의 경우) 분석 결과물을 '에디트플러스'에서 열어서, 캐리지 엔터를 지워준다.

  ③ 캐리지 엔터를 삭제한 자료를 엑셀에서 열어서 수정한다.

  ④ 자료를 수정할 때 되도록 문맥 색인을 작성하고 이를 참고하여 수정한다.

  ⑤ 수정한 자료를 복사하여 텍스트 파일에 붙인다.

  ⑥ 엑셀을 이용하여 '한마루2.0' 입력용 인덱스를 입력해 준다.

  ⑦ 인덱스를 입력한 자료를 복사하여 텍스트 파일에 붙인다.

  ⑧ 일괄적으로 문장 태그를 입력해 준다.

  ⑨ 텍스트의 앞뒤로 덜 들어가 있거나 더 들어간 태그를 지워준다.

  *⑩ 헤더를 작성하여 입력한다.(미실행)

문장 구분 태그('<p>, </p>') 삽입이 모두 끝났다면 마지막으로 '헤더(header)'를 작성하여 붙여 주어야 한다. 말뭉치에서 '헤더(header)'에는 문서에 대한 메타 정보가 포함되어 있다. 따라서 '제목, 저자, 출판사, 출판 일시, 말뭉치 구축 일시, 구체적인 말뭉치 구축 정보' 등이 '헤더'에 포함된다. '헤더'가 어떠한 모습을 갖추고 있는지 확인하기 위하여, '세종 말뭉치'의 샘플 중 하나를 열어 보자.

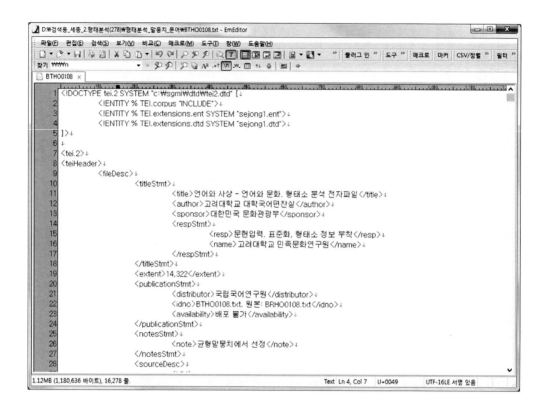

위 화면에 보이는 것이 '헤더' 부분인데, 이 헤더 중에 필수적인 부분과 선택적인 부분을 구분하여 표시하면 아래와 같다. 아래에서 '빨간색'으로 된 부분이 필수적인 입력 부분이고, '파란색'으로 된 부분이 선택적인 입력 부분이다. 따라서 '빨간색' 부분은 내용이 바뀌더라도 반드시 입력되어야 하고, '파란색' 부분은 필요한 경우에만 입력해도 괜찮다.

・ 'BTHO0108.txt'의 헤더 형식(full version)

```
<!DOCTYPE tei.2 SYSTEM "c:\sgml\dtd\tei2.dtd" [
    <!ENTITY % TEI.corpus "INCLUDE">
    <!ENTITY % TEI.extensions.ent SYSTEM "sejong1.ent">
    <!ENTITY % TEI.extensions.dtd SYSTEM "sejong1.dtd">
]>
```

```
〈tei.2〉
〈teiHeader〉
    〈fileDesc〉
        〈titleStmt〉
            〈title〉언어와 사상－언어와 문화, 형태소 분석 전자파일〈/title〉
            〈author〉고려대학교 대학국어편찬실〈/author〉
            〈sponsor〉대한민국 문화관광부〈/sponsor〉
            〈respStmt〉
                〈resp〉문헌입력, 표준화, 형태소 정보 부착〈/resp〉
                〈name〉고려대학교 민족문화연구원〈/name〉
            〈/respStmt〉
        〈/titleStmt〉
        〈extent〉14,322〈/extent〉
        〈publicationStmt〉
            〈distributor〉국립국어연구원〈/distributor〉
            〈idno〉BTHO0108.txt, 원본: BRHO0108.txt〈/idno〉
            〈availability〉배포 불가〈/availability〉
        〈/publicationStmt〉
        〈notesStmt〉
            〈note〉균형말뭉치에서 선정〈/note〉
        〈/notesStmt〉
        〈sourceDesc〉
            〈bibl〉
                〈author〉고려대학교 대학국어편찬실〈/author〉
                〈title〉언어와 사상－언어와 문화〈/title〉
                〈publisher〉고려대학교 출판부〈/publisher〉
                〈date〉1994〈/date〉
            〈/bibl〉
        〈/sourceDesc〉
    〈/fileDesc〉
    〈encodingDesc〉
        〈projectDesc〉21세기 세종계획 6차년도 형태 말뭉치 구축〈/projectDesc〉
        〈samplingDecl〉21세기 세종계획 균형 말뭉치 파일을 형태 정보 부착 파일로
변환〈/samplingDecl〉
        〈editorialDecl〉21세기 세종계획 형태소 분석 말뭉치 구축 지침(2003-1)에
따른 형태소 정보 부착〈/editorialDecl〉
    〈/encodingDesc〉
    〈profileDesc〉
        〈creation〉
            〈date〉1998〈/date〉
        〈/creation〉
        〈langUsage〉
            〈language id="KO" usage="99"〉한국어, 표준어〈/language〉
```

```
                        〈/langUsage〉
                        〈textClass〉
                                〈catRef scheme="SJ21" target="M1352"〉책: 인문, 언어〈/catRef〉
                        〈/textClass〉
                〈/profileDesc〉
                〈revisionDesc〉
                        〈respStmt〉
                                〈resp〉프로젝트 책임자〈/resp〉
                                〈name〉○○○〈/name〉
                        〈/respStmt〉
                        〈change〉
                                〈date〉2003〈/date〉
                                〈respStmt〉
                                        〈resp〉연구보조원〈/resp〉
                                        〈name〉○○○, ○○○, ○○○, ○○○〈/name〉
                                〈/respStmt〉
                                〈item〉21세기 세종계획 형태소 분석 말뭉치 구축 지침(2003-1)에
따른 형태소 정보 검토, 수정〈/item〉
                                〈note〉원문(14,423) 띄어쓰기 오류 등의 수정에 따른 어절수 변경
〈/note〉
                        〈/change〉
                        〈change〉
                                〈date〉2006〈/date〉
                                〈respStmt〉
                                        〈resp〉연구책임자〈/resp〉
                                        〈name〉○○○〈/name〉
                                        〈resp〉연구원〈/resp〉
                                        〈name〉○○○〈/name〉
                                        〈resp〉연구보조원〈/resp〉
                                        〈name〉○○○, ○○○, ○○○〈/name〉
                                〈/respStmt〉
                                〈item〉유니코드 변환. 일부 오류 수정〈/item〉
                        〈/change〉
                        〈change〉
                                〈date〉2009〈/date〉
                                〈respStmt〉
                                        〈resp〉국립국어원 업무위탁〈/resp〉
                                        〈name〉○○○〈/name〉
                                〈/respStmt〉
                                〈item〉XML 오류 수정. 문장 분리.〈/item〉
                        〈/change〉
                        〈change〉
                                〈date〉2009〈/date〉
```

```
            〈respStmt〉
                    〈resp〉국립국어원 업무위탁〈/resp〉
                    〈name〉○○○〈/name〉
            〈/respStmt〉
            〈item〉오류 수정〈/item〉
        〈/change〉
    〈/revisionDesc〉
〈/teiHeader〉
```

이를 간단하게 정리하여 '헤더'를 압축적으로 표현하면 아래와 같이 표현될 수 있을 것이다. 그리고 그 내용은 '대한민국헌법'에 대한 사항으로 수정하여 입력하였다. 따라서 '한마루2.0' 입력용 말뭉치를 만들 때 '헤더'는 아래 헤더 형식을 복사하여 사용하되, 구축되는 말뭉치에 해당하는 정보 부분만 수정하여 입력해 주면 될 것이다.

- '대한민국헌법' 말뭉치의 간단한 헤더 형식(short version)

```
<!DOCTYPE tei.2 SYSTEM "c:\sgml\dtd\tei2.dtd" [
    〈!ENTITY % TEI.corpus "INCLUDE"〉
    〈!ENTITY % TEI.extensions.ent SYSTEM "sejong1.ent"〉
    〈!ENTITY % TEI.extensions.dtd SYSTEM "sejong1.dtd"〉
])

〈tei.2〉
〈teiHeader〉
    〈fileDesc〉
        〈titleStmt〉
                〈title〉대한민국헌법, 형태 의미 분석 전자파일〈/title〉
                〈author〉대한민국 국회〈/author〉
                〈sponsor〉직접 구축〈/sponsor〉
                〈respStmt〉
                        〈resp〉문헌입력, 표준화, 형태 정보 부착〈/resp〉
                        〈name〉직접 구축〈/name〉
                〈/respStmt〉
        〈/titleStmt〉
        〈extent〉4,106〈/extent〉
        〈publicationStmt〉
                〈distributor〉대한민국〈/distributor〉
                〈idno〉LAWS0002.txt, 원본: 대한민국헌법.txt〈/idno〉
                〈availability〉배포 불가〈/availability〉
        〈/publicationStmt〉
```

```
          〈notesStmt〉
                  〈note〉국가법령정보센터에서 입수〈/note〉
          〈/notesStmt〉
          〈sourceDesc〉
                  〈bibl〉
                          〈author〉대한민국 국회〈/author〉
                          〈title〉대한민국헌법〈/title〉
                          〈publisher〉대한민국 법제처〈/publisher〉
                          〈date〉1987〈/date〉
                  〈/bibl〉
          〈/sourceDesc〉
    〈/fileDesc〉
    〈encodingDesc〉
          〈projectDesc〉연구용 형태 의미 말뭉치 구축〈/projectDesc〉
          〈samplingDecl〉배포되고 있는 법률 파일을 형태 의미 정보 부착 파일로 변환
〈/samplingDecl〉
          〈editorialDecl〉21세기 세종계획 형태소 의미 분석 말뭉치 구축 지침에 따른
형태소 의미 정보 부착〈/editorialDecl〉
    〈/encodingDesc〉
    〈profileDesc〉
          〈creation〉
                  〈date〉2016〈/date〉
          〈/creation〉
          〈langUsage〉
                  〈language id="KO" usage="99"〉한국어, 표준어〈/language〉
          〈/langUsage〉
          〈textClass〉
                  〈catRef scheme="SJ21" target="M1464"〉기타 출판물: 법, 행정,
공문서〈/catRef〉
          〈/textClass〉
    〈/profileDesc〉
〈/teiHeader〉
```

이렇게 하여 '헤더'를 작성하였다면 앞서 문장 구분 기호('〈p〉, 〈/p〉')를 입력했던 자료의 가장 앞부분에 '헤더' 내용을 복사하여 붙여 넣으면 된다. 대신 마지막으로 말뭉치의 전체적인 형식의 골격에 대해서 설명하기로 한다.

• 말뭉치 형식의 주요 골격

⟨!DOCTYPE tei.2 SYSTEM "c:\sgml\dtd\tei2.dtd" [　　⟨!ENTITY % TEI.corpus "INCLUDE"⟩ 　　⟨!ENTITY % TEI.extensions.ent SYSTEM "sejong1.ent"⟩ 　　⟨!ENTITY % TEI.extensions.dtd SYSTEM "sejong1.dtd"⟩]⟩	문서 정의
⟨tei.2⟩	말뭉치의 시작
⟨teiHeader⟩ … …　　　　　　🖉 헤더 내용 입력 … ⟨/teiHeader⟩	'헤더(header)'의 시작과 끝
⟨text⟩ … …　　　　　　🖉 구축 말뭉치 내용 입력 … … ⟨/text⟩	'바디(body)'의 시작과 끝
⟨/tei.2⟩	말뭉치의 끝

　　보통 말뭉치는 크게 '헤더(header)'와 '바디(body)'의 두 부분으로 이루어져 있다고들 말한다. 따라서 실제 분석된 말뭉치의 내용은 '바디'에 포함되는데, ①분석 말뭉치의 가장 윗부분과 아랫부분에 각각 '⟨text⟩'와 '⟨/text⟩'를 입력해 준다. 그리고 ②'헤더' 부분의 가장 윗부분과 아랫부분에 각각 '⟨teiHeader⟩'와 '⟨/teiHeader⟩'를 입력해 준다. 그런 다음 ③'헤더' 부분과 '바디' 부분을 차례대로 복사하여 붙인 다음 이들의 가장 윗부분과 아랫부분에 각각 '⟨tei.2⟩'와 '⟨/tei.2⟩'를 입력해 준다. 그리고 마지막으로 ④'문서 정의' 부분을 말뭉치의 가장 윗부분에 복사해 넣으면 말뭉치 구축이 완료된다. 이 과정을 정리하면 아래와 같다.

• 말뭉치 구축 과정(형식적 측면)
　　① 분석 말뭉치의 가장 윗부분과 아랫부분에 '⟨text⟩'와 '⟨/text⟩'를 입력
　　② '헤더' 부분의 가장 윗부분과 아랫부분에 '⟨teiHeader⟩'와 '⟨/teiHeader⟩'를 입력
　　③ '헤더＋바디'의 가장 윗부분과 아랫부분에 '⟨tei.2⟩'와 '⟨/tei.2⟩'를 입력
　　④ '문서 정의' 부분을 말뭉치의 가장 윗부분에 복사하여 입력

또는(or)

① 분석 말뭉치의 가장 윗부분과 아랫부분에 '⟨text⟩'와 '⟨/text⟩'를 입력
② 위의 '간단한 헤더 형식(short version)' 작성하여 '바디'의 윗부분에 입력
  : '문서 정보' + '⟨tei.2⟩' + '헤더 내용'
  ㉠ '문서 정보' 입력
  ㉡ '문서 정보' 아래에 '⟨tei.2⟩' 태그 입력
  ㉢ '헤더'의 내용 부분 작성·입력
  ㉣ 헤더의 가장 윗부분과 아랫부분에 '⟨teiHeader⟩'와 '⟨/teiHeader⟩'를 입력
③ '바디'(전체 내용)의 가장 아랫부분에 '⟨/tei.2⟩'를 입력

그러면 위의 순서에 따라서 헤더와 몇 가지 마지막 마크업 태그를 달아 보는데, 두 번째의 방법으로 진행하고자 한다. 아래 그림은 문장 구문 태그 '⟨p⟩, ⟨/p⟩'를 부여한 자료이다.

먼저 '바디(body)'의 시작과 끝을 나타내는 태그인 '⟨text⟩'와 '⟨/text⟩'를 입력해 보자. 먼저 위 그림의 가장 윗부분(줄번호 1)에 여는 태그인 '⟨text⟩'를 입력하고 엔터를 한 번 눌러 준다.

그런 다음 'Ctrl+End'를 눌러 말뭉치 본문의 최하단으로 가 보자.

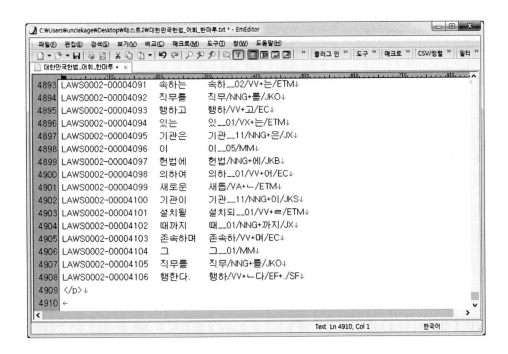

그 다음 위 그림의 가장 아랫부분(줄번호 4910)에 닫는 태그인 '</text>'를 입력하고 엔터를 한 번 눌러 준다.[145]

다음으로 '[Ctrl]+[Home]'을 눌러 자료의 최상단으로 가 보자.

---

145) 여기서는 제일 윗부분에서 했던 것과 달리 '엔터'를 입력해 주어도 되고 해 주지 않아도 된다.

위 그림에서 '⟨text⟩' 태그 윗부분에 '헤더' 부분 전체를 작성하여 입력해 주어야 한다. '헤더' 부분을 연구자가 일일이 만드는 것은 복잡하고 시간이 많이 드는 일이므로, 앞서 확인했던 '간단한 헤더 형식(short version)'을 만들어서 이 부분에 붙이기로 한다. 마침 '대한민국헌법'의 '헤더'에 해당하는 '간단한 헤더 형식(short version)'을 미리 만들어 두었다. 아래 그림을 확인해 보자.

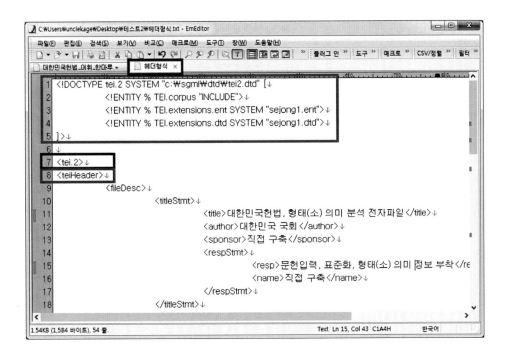

위 그림을 보면 현재의 '헤더'에는 가장 윗부분에 '문서 정보', 그 아래에 전체 말뭉치를 둘러싸는 것을 의미하는 태그인 '⟨tei.2⟩'(여는 태그), 그리고 그 아래에 '헤더' 부분의 시작을 뜻하는 태그인 '⟨teiHeader⟩'가 부여되어 있다. 이들 아래로는 실제 '헤더'의 내용에 대한 부분이 입력되어 있다. 그런 다음 'Ctrl+End'를 눌러 '헤더' 부분의 최하단으로 가 보자.

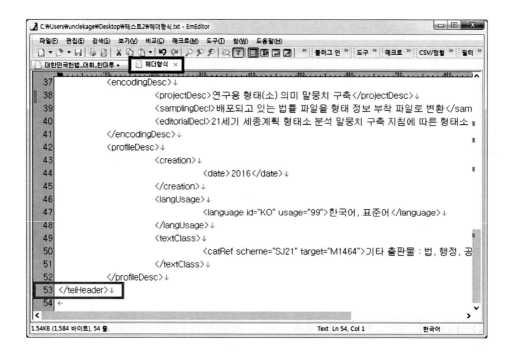

그러면 '헤더'의 줄번호 53에 '헤더' 부분의 마지막을 뜻하는 태그인 '</teiHeader>'가 부여되어 있는 것을 확인할 수 있다. 이러한 '헤더'는 미리 '간단한 헤더 형식(short version)'으로 만들어 두고, 수정해 가면서 사용하는 것이 효율적이다.

그렇다면 이번에는 이 '헤더' 부분을 전체 복사하여 말뭉치 본문의 앞부분에 붙여 넣어야 한다. 따라서 'Ctrl+A'를 눌러서 전체 '헤더' 부분을 복사하자.

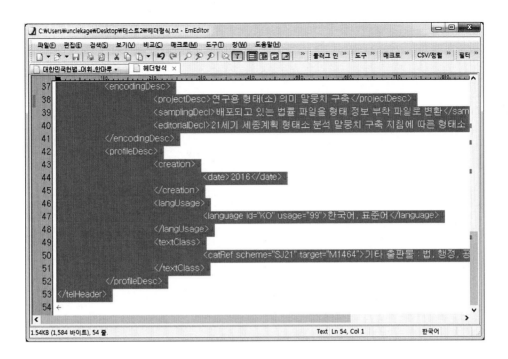

그런 다음 말뭉치 본문의 가장 윗부분('〈text〉' 태그가 있는 곳)으로 가서 'Ctrl+V'를 눌러서 '헤더'를 붙여 넣자.

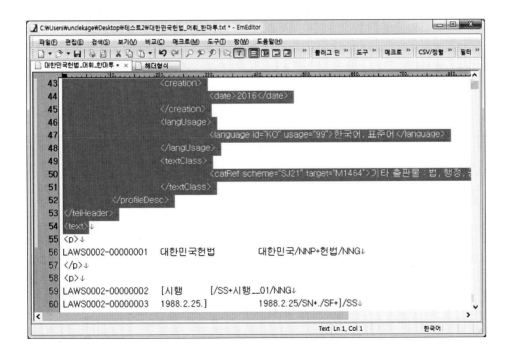

그러면 위 그림에서 '헤더' 전체가 본문 '바디'의 시작 부분 태그인 '〈text〉' 앞(위)에 입력된 것을 확인할 수 있다. 그렇다면 헤더가 성공적으로 입력되었다고 생각해도 좋을 것이다. 혹시 모르니 Ctrl+Home 을 눌러 파일의 제일 앞부분으로 가서 헤더가 잘 부착되었는지를 확인해 보자.

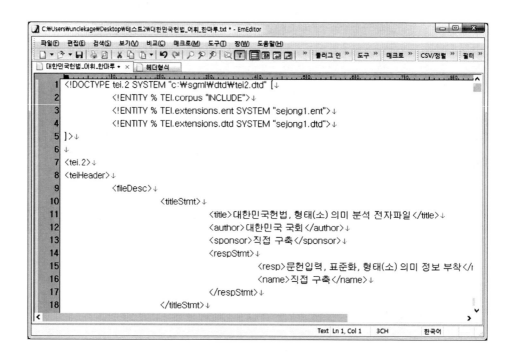

위 그림을 보면 앞서 작성하였던 '헤더'의 '문서 정보', '〈tei.2〉', '〈teiHeader〉' 등등이 아무 이상 없이 잘 복사되었다는 것을 확인할 수 있다. 지금까지 '헤더'는 정확히 부착하였으나 이것으로 모든 과정이 끝난 것은 아니다. 마지막으로 현재 전체 내용의 가장 아랫부분에 전체 말뭉치를 둘러싸는 것을 의미하는 '〈/tei.2〉'(닫는 태그)를 부여해 주어야 한다. 그렇다면 이번에는 'Ctrl+End'를 눌러 '헤더' 부분의 최하단으로 가 보자.

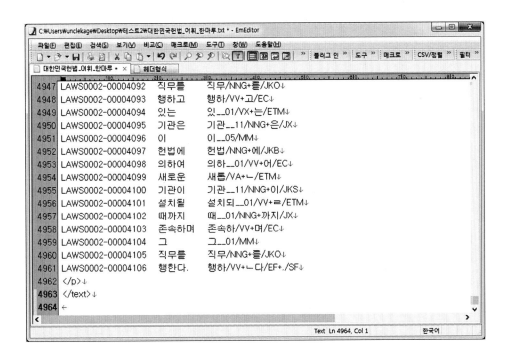

위 그림에는 문장 구분 태그 중 닫는 태그인 '</p>'와 말뭉치의 실제 내용 부분을 둘러싸는 태그인 '</text>'(닫는 태그)가 보인다. 여기서 '</text>' 태그의 아래에 전체 말뭉치 부분이 끝났다는 것을 의미하는 '</tei.2>'(닫는 태그)를 부여해 주어야 한다. 따라서 위 그림의 가장 아랫부분(줄번호 4964)에 닫는 태그인 '</tei.2>'를 입력하고 엔터를 한 번 눌러 준다.[146]

---

146) 여기서는 제일 윗부분에서 했던 것과 달리 '엔터'를 입력해 주어도 되고 해 주지 않아도 된다.

　이렇게 하면 '한마루2.0'용 입력 형식의 말뭉치 구축이 모두 끝났다. 그렇다면 다음으로 이 자료를 저장해야 하는데 단지 `Ctrl`+`S`를 눌러서 저장하면 '한마루2.0'에서 사용할 수가 없다. 왜냐하면 '한마루2.0'은 텍스트 파일이 'UTF-16'으로 인코딩된 형태 분석 말뭉치의 입력만을 지원하기 때문이다. 따라서 `Ctrl`+`S`를 눌러서 자료를 저장하는 것은 좋지만, 이렇게 저장하는 자료는 인코딩이 '일반 텍스트 코드(CP949, KS-5601, ANSI, ASCII 등)'이기 때문에 그 뒤에 다시 'UTF-16'으로 인코딩하여 달리 저장해 주어야 한다.

그러면 이 자료를 '한마루2.0'에서 사용할 수 있는 인코딩 파일로 만들어 보자. 먼저 '이엠에디터' 화면의 상단 탭에서 '파일(F)'을 선택한 다음 나타나는 여러 메뉴 중에 '다른 이름으로 저장(A)'을 클릭한다.

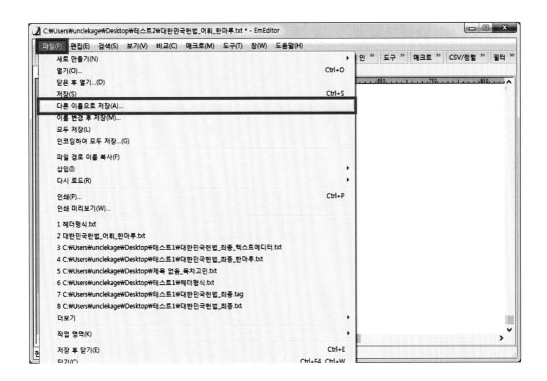

그러면 아래와 같이 '다른 이름으로 저장' 창이 나타난다.

여기에서 먼저 '파일 이름(N)'은 '대한민국헌법_어휘_한마루'로 그대로 두어도 좋을 것이다. 그리고 확장자의 경우는 이미 앞서 한 번 저장한 적이 있기 때문에 현재 설정되어 있는 'Text'도 그대로 두면 된다. 마지막으로 여기서는 '인코딩' 부분에 신경을 써서 설정해 주어야 하는데 지금 현재는 '인코딩(E): 한국어(949, ks_c_5601) ▼'로 설정되어 있다. 이것은 현재 이 파일이 'CP949, KS-5601'의 인코딩으로 설정되어 있다는 말인데, 다소 어렵더라도 이 파일이 '유니코드'가 아닌 '일반 텍스트 코드'로 인코딩되어 있다고 이해하면 쉽게 다가올 것이다. 이러한 현재 인코딩을 '유니코드' 중 'UTF-16'으로 설정해 주어야 한다. 따라서 인코딩 부분의 '▼'를 눌러 보자. 그러면 아래 그림에서와 같이 여러 언어의 인코딩이 나타나는 것을 확인할 수 있다.

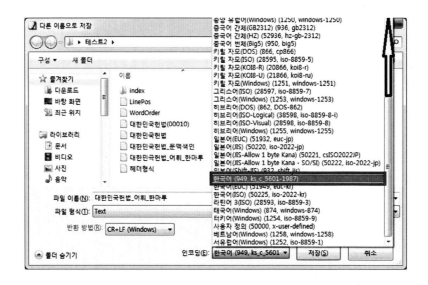

지금은 '한국어(949, ks_c_5601-1987)'로 설정되어 있는데 오른쪽에 보이는 막대 바를 움직여서 '유니코드'가 있는 부분을 찾아야 한다. 그리하여 코딩 메뉴의 가장 윗부분으로 가 보자.

그러면 아래 그림에서 보듯이 인코딩의 가장 위쪽에 '유니코드(UTF)'가 모여 있는 부분을 확인할 수 있다.

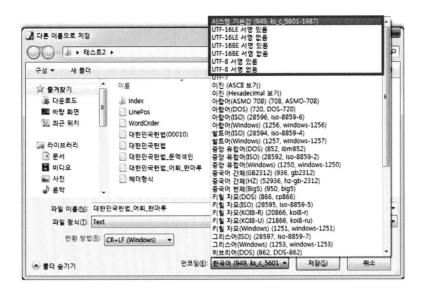

　'이엠에디터'의 '다른 이름으로 저장' 창의 인코딩 메뉴는 아래와 같은 인코딩으로 시작된다.

- '이엠에디터'의 '다른 이름으로 저장' 창에서의 '인코딩' 메뉴
  - 시스템 기본값(949, ks_c_5601-1987)
  - UTF-16LE 서명 있음
  - UTF-16LE 서명 없음
  - UTF-16BE 서명 있음
  - UTF-16BE 서명 없음
  - UTF-8 서명 있음
  - UTF-8 서명 없음

　먼저 '시스템 기본값(949, ks_c_5601-1987)'이 제시되어 있고, 다음으로 'UTF16', 'UTF-8'이 배치되어 있다. 역시 다소 어렵게 다가오겠으나 자세한 것은 모른다고 하더라도 크게 문제가 되지 않는다. 보통 우리가 한국어를 연구하기 위해서 사용하는 공개용 도구에서는 세 가지 인코딩만 알고 있으면 되는데, '일반 텍스트 코드'와 '유니코드' 중 'UTF-16LE'와 'UTF-8'이다.

- '이엠에디터'의 '다른 이름으로 저장' 창에서의 '인코딩' 메뉴
  - 시스템 기본값(949, ks_c_5601-1987)

◦ UTF-16LE 서명 있음

◦ UTF-8 서명 없음

    우리가 가장 많이 사용하는 인코딩이 '일반 텍스트 코드'인데, 여기서는 '지능형 형태소 분석기'의 입력과 출력 형식이며, '글잡이II(직접/색인)'의 입력과 출력 형식이 된다. 그리고 'UTF-16LE 서명 있음'은 '한마루2.0'의 입력·출력 형식이다. 'UTF-8 서명 없음'은 여기서는 다루지 않지만 유용한 도구인 '앤트콘크(Antconc)'에서 사용할 수 있는 인코딩 형식이며, 자연 언어 처리에서 많이 사용하는 인코딩 형식이기도 하다.[147]

    이 중에서 지금 우리는 '한마루2.0'의 형식으로 말뭉치를 구축하고 있기 때문에 아래 그림에서처럼 인코딩의 메뉴 중에 가장 위쪽에서 두 번째에 있는 'UTF-16LE 서명 있음'을 선택한다.[148]

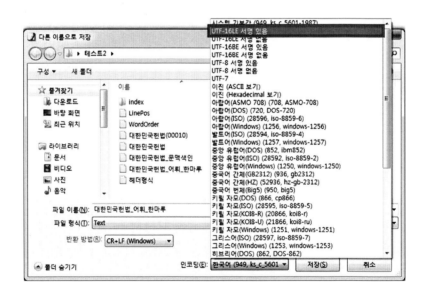

    한편 현재 우리가 사용하고 있는 텍스트에디터인 '이엠에디터' 외에 '에디트플러스'에서의 인코딩 설정에 대해서 잠시 확인해 보도록 하자.

    아래 그림은 '에디트플러스'에서 '다른 이름으로 저장' 창을 불러온 화면이다.

---

147) 이들이 어떠한 차이가 있는지에 대해서는 더 깊이 설명하지 않고 관련 참고 서적에 기대기로 한다.

148) 간혹 어떠한 텍스트에디터에서는 '서명 있음'이 'BOM'으로 표시되어 있기도 하다.

　'에디트플러스'의 '다른 이름으로 저장' 창에서도 '파일 이름(N)'은 '대한민국헌법_어휘_한마루'로 그대로 두어도 좋을 것이다. 그리고 확장자의 경우는 이미 앞서 한 번 저장한 적이 있기 때문에 현재 설정되어 있는 'Text(.txt)'도 그대로 두면 된다. 여기서도 마지막으로 '인코딩' 부분에 신경을 써서 설정해 주어야 하는데 지금 현재는 '인코딩(E): ANSI ▼'로 설정되어 있다. 이것은 현재 이 파일이 'ANSI'의 인코딩으로 설정되어 있다는 말인데, 이 역시 다소 어렵더라도 이 파일이 '유니코드'가 아닌 '일반 텍스트 코드'로 인코딩되어 있다고 이해하면 쉬울 것이다. 이러한 현재 인코딩을 '유니코드' 중 'UTF-16'으로 설정해 주어야 한다. 따라서 인코딩 부분의 '▼'를 눌러 보자. 그러면 '이엠에디터'의 인코딩 메뉴만큼은 아니지만 몇 가지 인코딩이 나타나는 것을 확인할 수 있다.

'에디트플러스'의 '다른 이름으로 저장' 창의 인코딩 메뉴는 아래와 같은 인코딩으로 구성되어 있다.

- '에디트플러스'의 '다른 이름으로 저장' 창에서의 '인코딩' 메뉴
  - ANSI
  - Unicode
  - Unicode big endian
  - UTF-8
  - UTF-8+BOM

'에디트플러스'에서는 먼저 'ANSI'가 제시되어 있고, 다음으로 'Unicode', 'UTF-8'이 배치되어 있다. 여기서 새롭게 나타난 'Unicode'는 'UTF-16LE 서명 있음'이라 생각하면 좋을 것이다. 이들 역시 다소 어렵게 다가오겠으나 자세한 것은 모른다고 하더라도 크게 문제가 되지 않는다.

이를 '이엠에디터'에서 확인했던 인코딩과 비교해 보면 아래 표와 같은데, '이엠에디터' 쪽이 인코딩 부분에서 조금 더 세밀하다는 것을 이해할 수 있다.

이엠에디터(Emeditor)	에디트플러스(EditPlus)
시스템 기본값(949, ks_c_5601-1987)	ANSI
UTF-16LE 서명 있음	Unicode
UTF-16LE 서명 없음	
UTF-16BE 서명 있음	Unicode big endian
UTF-16BE 서명 없음	
UTF-8 서명 있음	UTF-8+BOM
UTF-8 서명 없음	UTF-8

그렇지만 실제 우리가 주로 사용하는 인코딩만 배치해 놓은 '에디트플러스'의 인코딩 제시도 상당히 유용한 측면이 있다.

앞서 보통 우리가 한국어를 연구하기 위해서 사용하는 공개용 도구에서는 '일반 텍스트 코드'와 'UTF-16LE', 'UTF-8'만 알고 있으면 된다고 하였는데, '에디트플러스'에는 이들이 'ANSI', 'Unicode', 'UTF-8'로 제시되었다. 따라서 '에디트플러스'의 인코딩 부분은 '이엠에디트'보다는 그 수가 적은 편이지만, 인코딩의 수가 적어서 결과적으로 필요한 인코딩만을

제기하고 있기 때문에 초심자들에게는 조금 더 쉽게 다가갈 수 있을 것이다.

- '이엠에디터'의 '다른 이름으로 저장' 창에서의 '인코딩' 메뉴
  - ANSI   =   시스템 기본값(949, ks_c_5601-1987)
  - Unicode =   UTF-16LE 서명 있음
  - UTF-8   =   UTF-8 서명 없음

이 중에서 지금 우리는 '한마루2.0'의 형식으로 말뭉치를 구축하고 있기 때문에 아래 그림에서처럼 인코딩의 메뉴 중에 가장 위쪽에서 두 번째에 있는 'UTF-16LE 서명 있음'을 뜻하는 'Unicode'를 선택한다.[149]

그러면 아래 그림에서와 같이 '인코딩' 부분이 'Unicode'로 설정되었다. 그런 다음 '저장 (S)' 버튼을 클릭하면 이 자료가 'UTF-16LE 서명 있음' 즉 '한마루2.0' 입출력용으로 저장 된다.

그러면 다시 '이엠에디터'의 인코딩 설정 화면으로 돌아가 보자. 여기서 '한마루2.0'의 형식으로 저장하기 위해서 아래 그림에서처럼 인코딩의 메뉴 중에 가장 위쪽에서 두 번째 에 있는 'UTF-16LE 서명 있음'을 선택한다.[150]

---

149) 간혹 어떠한 텍스트에디터에서는 '서명 있음'이 'BOM'으로 표시되어 있기도 하다.
150) 간혹 어떠한 텍스트에디터에서는 '서명 있음'이 'BOM'으로 표시되어 있기도 하다.

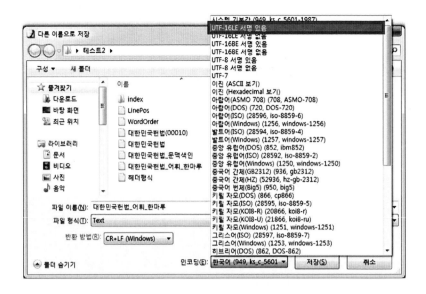

그러면 아래 그림에서와 같이 '인코딩' 부분이 'UTF-16LE 서명 있음'으로 설정되었다. 그런 다음 '저장(S)' 버튼을 클릭하면 이 자료가 '한마루2.0' 입출력용으로 저장된다. 따라서 '저장(S)' 버튼을 클릭해 보자.

그러면 아래 그림과 같이 '다른 이름으로 저장 확인' 창이 나타난다. 이는 일종의 경고창인데 현재 '대한민국헌법_어휘_한마루.txt'라는 '일반 텍스트 코드'로 저장된 파일이 존재하기 때문에 이를 인코딩이 'UTF-16LE 서명 있음'인 파일로 바꾸어 저장할 것이냐고 묻고 있다. 보통 저장 과정에서 이러한 경고창이 나타날 때에는 현재의 파일로 이전의 파일을 덮어쓰게 된다. 따라서 이전 파일의 백업에 대해서 다시금 신중히 생각해 보라는 취지에서 보통 '아니요(N)' 버튼으로 기본 설정이 되어 있는 경우가 많다. 여기서는 이전 파일에 덮어써도 문제가 없기 때문에 '예(Y)' 버튼을 클릭하여 저장한다.

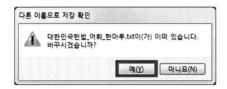

그러면 아래 그림처럼 '대한민국헌법_어휘_한마루.txt' 파일이 인코딩이 'UTF-16LE 서명 있음'인 파일로 저장된다. 그러면 인코딩을 'UTF-16LE 서명 있음'으로 저장했다는 것을 아래 그림의 오른쪽 아래 화면에서 확인할 수 있다. 즉 현재 '이엠에디터'에서 실행하고 있는 텍스트 파일의 인코딩이 'UTF-16LE 서명 있음'이라는 것을 표시하고 있다.

'한마루2.0'에서는 '대한민국헌법_어휘_한마루.txt'라는 이름으로 사용해도 무관하지만, 앞서 헤더와 인덱스 부분에 이 파일의 이름이 'LAWS0002'라고 명시한 바가 있다. 따라서 마지막으로 파일명 '대한민국헌법_어휘_한마루.txt'를 'LAWS0002.txt'로 바꾸어 보자.

먼저 아래 그림에서처럼 '대한민국헌법_어휘_한마루.txt'가 저장된 폴더에서 '대한민국헌법_어휘_한마루.txt'를 선택한다.

그런 다음 Ctrl 키를 누르고 마우스 오른쪽 버튼을 클릭한 상태에서 마우스를 위 폴더의 아무 곳으로 움직인 다음 마우스에서 손을 떼면 아래와 같이 '대한민국헌법_어휘_한마루.txt'의 복사본인 '대한민국헌법_어휘_한마루−복사본.txt'가 생성된다.

그런 다음 '대한민국헌법_어휘_한마루−복사본.txt'를 '이엠에디터'에서 열자.

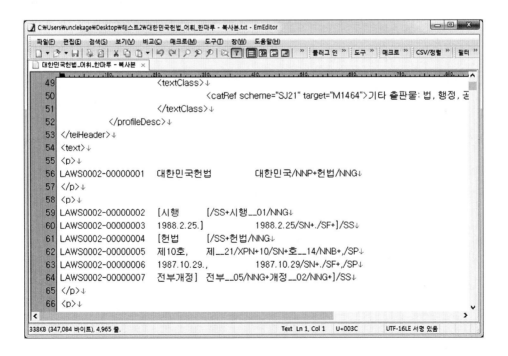

만약 '이엠에디터'에서 연 이 파일의 이름을 무엇으로 저장해야 할지 순간적으로 기억이
나지 않는다면 헤더가 끝나고 본문(바디)이 시작되는 부분으로 이동한다.

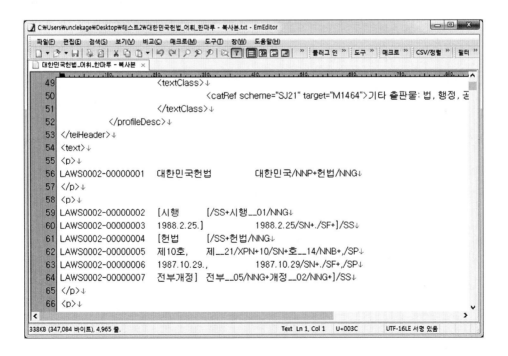

그 다음 인덱스에서 파일명으로 사용할 부분('LAWS0002')을 복사한다.

그런 다음 '이엠에디터' 화면의 상단 탭에서 '파일(F)'을 선택한 다음 나타나는 여러 메뉴 중에 '다른 이름으로 저장(A)'을 클릭한다.

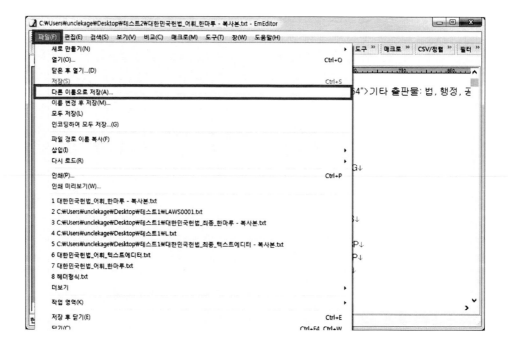

그러면 아래와 같이 '다른 이름으로 저장' 창이 나타난다.

여기에서 먼저 '파일 이름(N)'은 '대한민국헌법_어휘_한마루-복사본'을 'LAWS0002'로
수정해 준다. 다음으로 확장자의 경우는 이미 앞서 한 번 저장한 적이 있기 때문에 현재
설정되어 있는 'Text'도 그대로 두면 된다. 마지막으로 '인코딩' 부분은 이것을 '한마루2.0'
에서 사용할 것이기 때문에 이미 주어진 '인코딩(E): UTF-16LE 서명 있음'으로 둔다. 그런
다음 '저장(S)' 버튼을 클릭하면 이 자료가 '한마루2.0' 입출력용으로 저장된다.

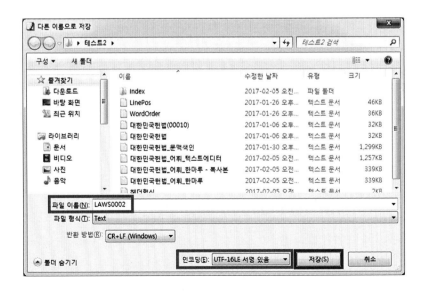

'저장(S)' 버튼을 클릭했다면 'LAWS0002.txt'가 저장된 폴더로 가 보자. 그러면 아래 그

림에서처럼 최종적으로 'LAWS0002.txt' 파일이 생성되었다는 것을 확인할 수 있다.

한편 'LAWS0002.txt' 파일을 생성하는 좀 더 간편한 방법을 알아보도록 하자. 아래 그림에 보이는 것처럼 '대한민국헌법_어휘_한마루.txt'의 복사본인 '대한민국헌법_어휘_한마루-복사본.txt'를 생성한다.

그런 다음 마우스포인터로 '대한민국헌법_어휘_한마루-복사본.txt'를 선택한 다음 마우스 오른쪽 버튼을 클릭한다. 그리고 나타나는 메뉴 중에 '이름 바꾸기(M)'를 선택한다. 그 다음 파일 이름을 '대한민국헌법_어휘_한마루-복사본'에서 'LAWS0002'로 바꾸어 준다. 그러면 아래 그림에서처럼 최종적으로 'LAWS0002.txt' 파일이 생성되었다는 것을 확인할 수 있다.

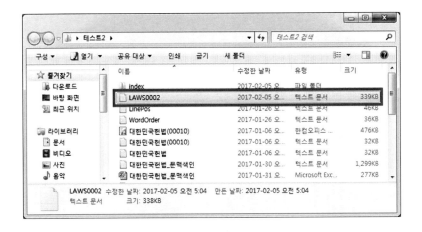

그런 다음 이 파일을 '한마루2.0'에서 불러서 사용하면 된다. '한마루2.0'에서 이 자료를 사용하는 방법은 2장에서 설명하기로 한다.

1.3.6.2. '텍스트에디터'용 말뭉치 만들기

여기서는 기존에 배포되어 있는 검색기('글잡이Ⅱ(색인)', '한마루2.0')를 사용하지 않고, 분석 말뭉치를 텍스트에디터에서 검색할 수 있는 형식으로 만드는 방법에 대해서 설명하고자 한다. 이러한 형식의 말뭉치에는 앞서 작성해 보았던 '문맥 색인'을 부착해 주어야 한다. 따라서 문맥 색인을 부착한 형태 분석 말뭉치를 텍스트 파일로 저장해 놓으면 이후에 '이엠에디터'나 '에디트플러스'와 같은 텍스트에디터에서 검색을 할 수 있다.
'텍스트에디터'용 검색 말뭉치를 만드는 방법은 다소 간단하다. 이미 '대한민국헌법_어휘_문맥색인'와 '대한민국헌법_어휘_한마루'이라는 이름의 엑셀 자료를 앞에서 만들어 놓았기 때문에 이 자료 전체를 복사하여 텍스트 파일에 붙여 넣고 저장하면 된다. 이 두 파일 중 '대한민국헌법_어휘_문맥색인' 파일을 이용하여 그 과정을 정리하면 아래와 같다.

- '텍스트에디터'용 검색 말뭉치 만드는 순서
  ① 문맥 색인을 붙인 엑셀 '대한민국헌법_어휘_문맥색인' 실행
  ② '대한민국헌법_어휘_문맥색인'의 내용을 전체 복사
  ③ 새 텍스트 문서 생성하여, '②'에서 복사한 내용 붙여 넣기
  ④ 확장자가 '.txt'인 텍스트 파일로 저장하기
  ⑤ 파일명 '대한민국헌법_어휘_문맥색인'으로 저장하기

먼저 '이엠에디터'에서 새 텍스트 파일을 하나 열어 보자. '이엠에디터' 전체 화면의 '도

구 모음'에서 가장 왼쪽에 보이는 아이콘 '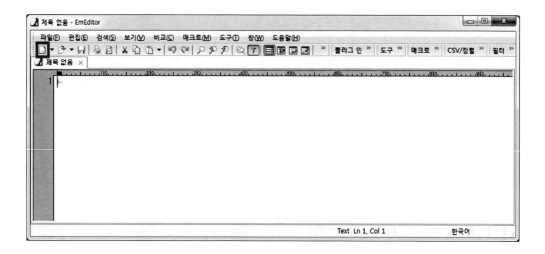'을 클릭하면 '제목 없음'이라는 이름의 새 문서가 나타난다.

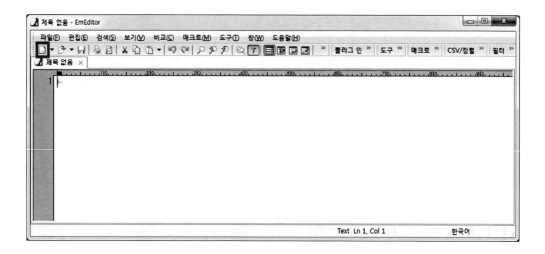

또는 상단의 메뉴에서 '파일(F)'을 선택해서 나오는 메뉴 중에 '새로 만들기(N)'를 클릭한다.

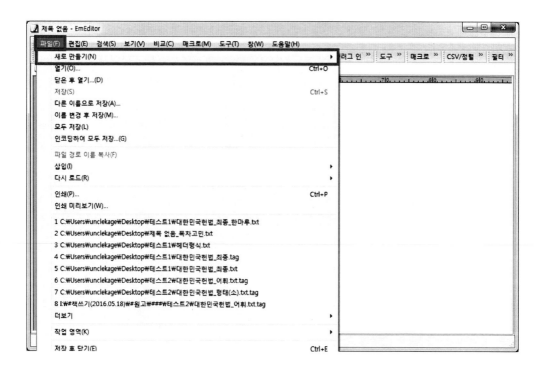

그러면 역시 아래 그림과 같이 '제목 없음'이라는 이름의 새 문서가 나타난다.

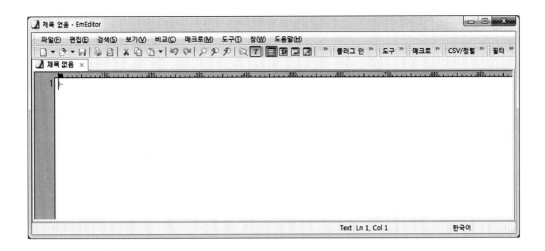

그런 다음 앞에서 만들어서 저장해 두었던 엑셀 자료를 열어야 하는데, 반드시 '인덱스'
와 '문맥 색인'이 부여된 자료를 이용해야 한다. 현재 '대한민국헌법_어휘_문맥색인.xlsx'
나 '대한민국헌법_어휘_한마루.xlsx'를 사용할 수 있는데, '대한민국헌법_어휘_문맥색
인.xlsx'은 인덱스 부분이 '대한민국헌법_어휘_'로 되어 있는 파일이고, '대한민국헌법_어
휘_한마루.xlsx'는 인덱스 부분이 'LAWS0002-xxxxxxxx'로 되어 있는 파일이라는 데에만
유의하자. 아래 그림은 '대한민국헌법_어휘_문맥색인.xlsx' 파일을 연 그림이다.

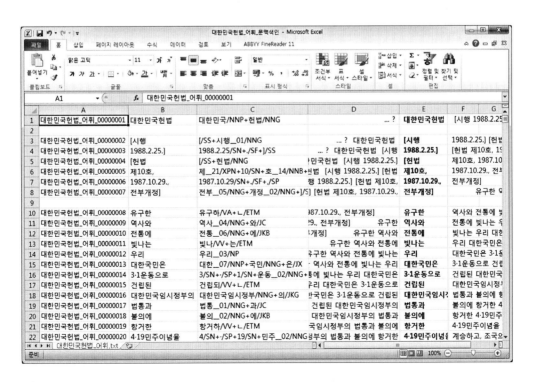

위 그림을 살펴보면 '대한민국헌법_어휘_문맥색인.xlsx' 파일은 A열에 '인덱스'가 부여
되어 있고, D열~F열에는 '문맥 색인'이 부여되어 있다. 그런 다음 이 자료의 A열 부분에서
F열 부분 전체를 마우스로 드래그하여 선택한다.

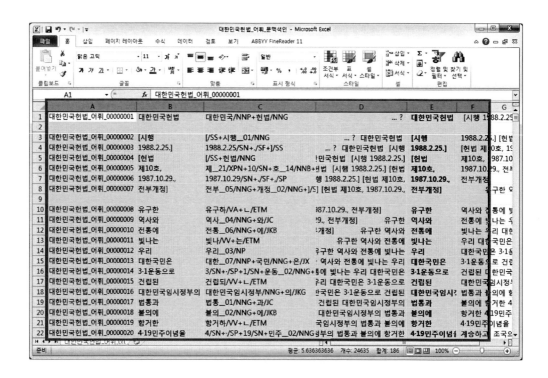

전체 자료를 선택하였다면 'Ctrl+C'를 눌러서 선택한 전체 자료를 복사해 둔다. 그런데
'Ctrl+C'를 누르면 아래 그림과 같이 '그림이 너무 커서 그림의 일부분이 잘립니다.'라는
문구의 경고창이 나타난다.151) 이 경고창은 복사하는 내용이 많은 경우에 나타나는 것이다.

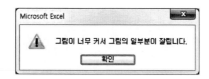

그런데 실제 이 자료에는 그림도 없을뿐더러 생각보다 자료의 양이 많지 않으므로 실제
복사한 자료에는 아무런 영향을 끼치지 않는다. 따라서 '확인' 버튼을 클릭하여 전체 자료
를 복사해 둔다.

---

151) 컴퓨터에 따라서는 이 경고창이 나타나지 않을 수도 있다.

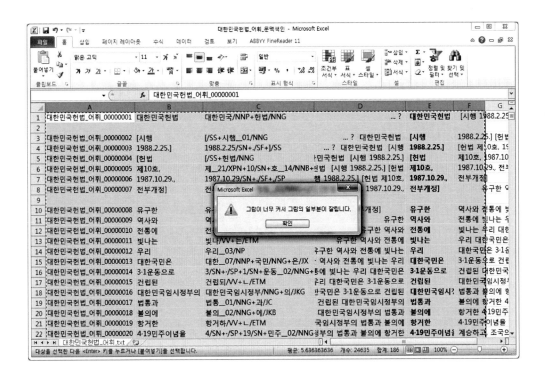

그런 다음 다시 전체 내용을 '이엠에디터' 화면으로 돌아와서, Ctrl + V (붙여 넣기)를
눌러서 엑셀 A열에서 F열까지의 내용을 붙여 넣는다.

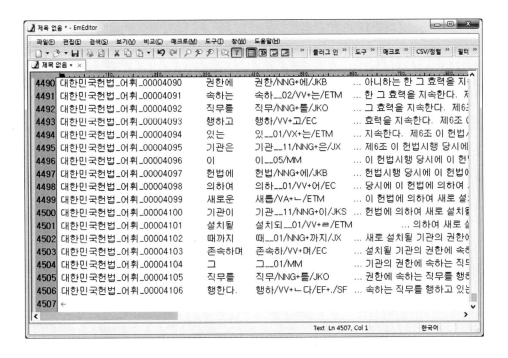

그런 다음 이 자료를 저장하면 텍스트에디터 검색용 자료 구축이 모두 끝나게 된다. 이후에 이 자료로 여러 텍스트에디터에서 용례 검색이 가능해진다.

그런데 마지막으로 한 가지 작업을 더 해 주어야 하는데 자료를 자세히 살펴보자.[152]

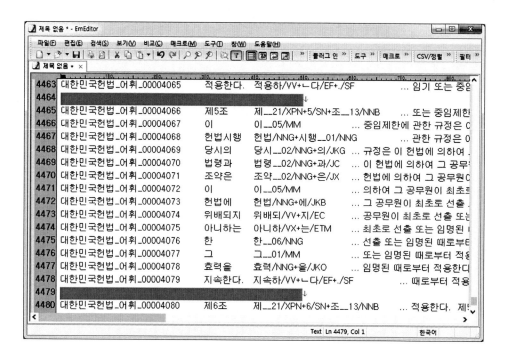

줄 번호 4464와 4479를 보면 엔터(↓)가 바로 보이지 않고, '탭'(⇥)이 여러 번 들어간 후 엔터(↓)가 들어가 있는 것을 확인할 수 있다. 이것은 어떻게 된 일일까? 잘 생각해 보면 정답을 알 수가 있다. 앞서 우리는 엑셀에서 여섯 개의 열(A열, B열, C열, D열, E열, F열)을 복사해 왔기 때문에, 엑셀에서 비어 있는 칸의 수만큼 '탭'(⇥)이 들어간 후 마지막에 엔터(↓)가 들어가 있는 것이다. 따라서 엑셀에서 비어 있던 칸 중 5개가 '탭'(⇥)으로 표시되고 마지막 비어 있는 칸 1개가 엔터(↓)로 표시된 것이다. 따라서 '바꾸기'를 통해서 이 부분을 수정해 주기로 하자. 'Ctrl+H'(바꾸기)를 눌러서 아래 그림의 '바꾸기' 창을 불러오자.

---

152) 현재 상태 그대로 저장하여 사용하여도 다른 검색 도구를 사용하지 않기 때문에 이대로 검색이 가능하다. 아래에 설명하는 것은 선택 사항이므로 읽으면서 간단히 이해만 해 두어도 좋을 것이다.

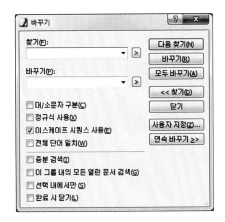

지금 사용하는 텍스트에디터는 '이엠에디터'이기 때문에 '이스케이프 시퀀스 사용(E)'을 체크해 두어야 '탭'(\t or \t)과 '엔터'(\n or \n)가 인식된다. 만약 '이스케이프 시퀀스 사용(E)'을 체크하지 않는다면 '정규식 사용(X)'을 체크해 주어야 '탭'(\t or \t)과 '엔터'(\n or \n)가 인식된다. 여기서는 간단하게 사용할 수 있는 '이스케이프 시퀀스 사용(E)'을 체크해 주어야 한다는 것을 잊지 않기로 하자.[153]

현재 우리는 '탭'(⭾) 5개와 '엔터'(↓) 1개로 이루어져 있는 부분을 '엔터'(↓)로만 바꾸려면 단순히 '탭'(\t\n or \t\n)을 '엔터'(\n or \n)로 바꾸는 과정을 모두 5번 실행하면 될 것이다. 그렇다면 우리는 아래와 같이 입력한 다음 '모두 바꾸기(A)'를 5번 눌러 주면 원했던 결과를 얻을 수 있을 것이다.[154]

- '바꾸기' 창 입력 사항
  - 찾기: (\t\n or \t\n)
  - 바꾸기: (\n or \n)
    → '모두 바꾸기(A)' 5회 실시

그렇지만 이러한 방법은 조금 단순한 측면이 있다. 그리하여 아래에서 보는 것처럼 '바꾸기' 창의 '찾기' 부분에 '탭'(\t or \t)을 5번 입력해 주면 그 결과는 위와 같을 것으로 예상할 수 있다.

---

153) 만약 사용자가 '에디트플러스'에서 '새 파일'을 열었다면 '이스케이프 시퀀스 사용(E)'이 아니라 '정규식'을 반드시 체크해야 한다. 잊지 않도록 하자!

154) 혹은 바꾸기 할 것이 없을 때까지 '모두 바꾸기(A)'를 클릭해 준다.

- '바꾸기' 창 입력 사항

　∘ 찾기: ~~\t\t\t\t\t\n~~ or \t\t\t\t\t\n

　∘ 바꾸기: ~~\n~~ or \n

위와 같이 입력한 다음 '모두 바꾸기(A)' 버튼을 클릭하자.

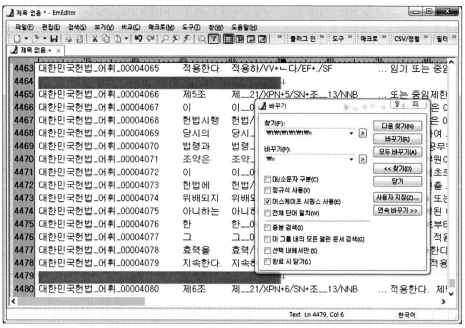

그러면 엑셀에서 비어 있던 칸이 표시된 모든 잉여적 '탭'(⇥)이 사라진 것을 확인할 수 있다.

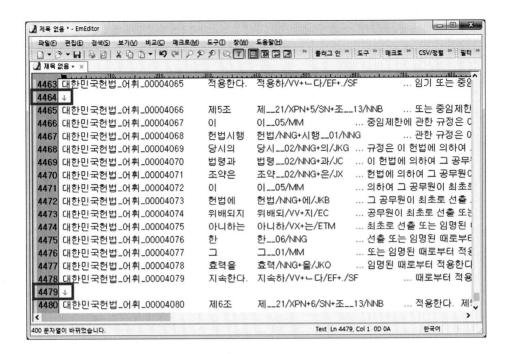

하지만 이러한 방식은 정보학적인 처리 방법이라 할 수가 없을 것이다. 이러한 자료를 정리하는 데에는 '정규식'을 사용하는 것이 전문가다운 위용을 내비칠 수 있는 방법이라 할 수 있을 것이다. 따라서 위 자료에서 여러 번 나타나는 '탭'을 지우기 위해 사용하는 정규식은 아래와 같다.

- '바꾸기' 창 입력 사항[155]
  - 찾기: ₩t+₩n or \t+\n
  - 바꾸기: ₩n or \n

위 방법이 '정규식' 내에서 의미하는 바를 알아보자.

- '바꾸기' 창에서 '찾기'가 의미하는 바
  - '+': 왼쪽에 있는 문자(위에서는 '탭')가 1개 이상 있다는 것을 의미
  - '₩t+': 왼쪽에 있는 '탭'이 1개 이상 있다는 것을 의미

위의 내용을 참조하면 '₩t+'가 의미하는 것은 아래와 같다.

---

155) 여러 번 들어 있는 '탭'만 삭제하는 것이기 때문에 뒤쪽에 부여된 '엔터'는 입력하지 않아도 된다. 즉 '찾기'에 '₩t'을, '바꾸기'에 아무 것도 입력해 주지 않아도 결과는 같다.

- '바꾸기' 창에서 '찾기'(₩t+₩n)가 의미하는 바
  - '탭'이 한 개 이상 있고 마지막에 '엔터'가 있는 줄에서 '탭'을 모두 삭제하라.

여기서 '엔터(₩n)'와 '탭(₩t)'은 '이엠에디터'에서 '이스케이프 시퀀스 사용(E)'를 선택해도 되고, '정규식 사용(X)'을 선택해도 그 결과가 같다.[156] 하지만 여기서는 '찾기'에 '+'를 사용하기 때문에 반드시 '정규식 사용(X)'을 체크해 주어야 한다. 잊지 않도록 하자!

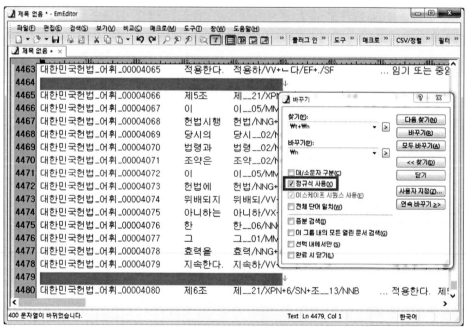

---

156) 자료의 양이 어마어마하게 많은 경우, '정규식 사용(X)'을 선택하면 속도가 느려지는 측면이 있다. 하지만 보통의 경우는 큰 차이가 없다.

그런 다음 '모두 바꾸기(A)' 버튼을 클릭해서 그 결과를 확인해 보자.

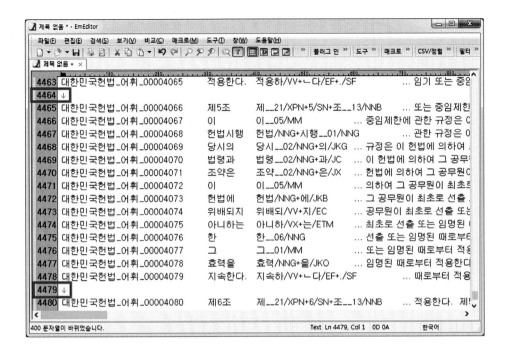

그러면 모든 잉여적으로 '탭'(⊡)이 들어간 부분의 '탭'(⊡)이 사라진 것을 확인할 수 있다.

이제는 마지막으로 이 자료를 저장해 주어야 한다. 상단 탭 중에 '파일'을 클릭하면 여러 가지 메뉴가 나타난다. 그 중에 '다른 이름으로 저장(A)'을 클릭하자.

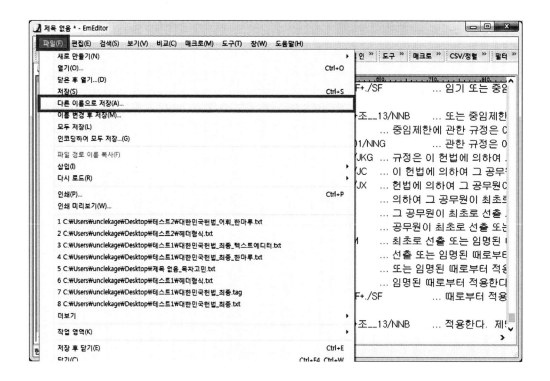

그러면 아래와 같이 '다른 이름으로 저장' 창이 나타난다.

한편 이 자료는 '이엠에디터' 전체 화면의 '도구 모음'에서 세 번째에 보이는 디스켓 모양의 아이콘(💾)을 클릭하면 위와 같이 '다른 이름으로 저장' 창이 나타난다.

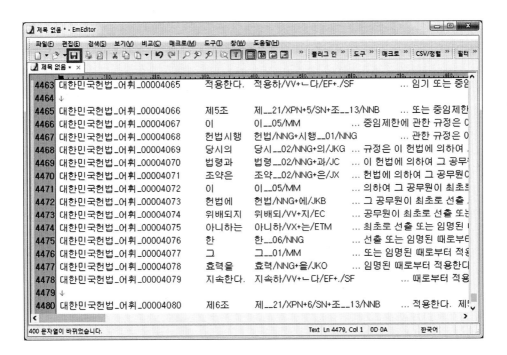

이 아이콘을 클릭해서 저장하여도 '다른 이름으로 저장' 창이 나타나는 것은 현재 이 파일이 한 번도 저장된 적이 없기 때문인데, 만약 이전에 한 번 저장되어 있던 파일에서 'ⓗ'을 클릭하면 이전 파일에 현재 내용을 덮어쓰게 된다(그렇기 때문에 주의할 필요가 있다.). 디스켓 모양의 아이콘(ⓗ)을 클릭하는 것은 Ctrl+S를 누르는 것과 그 효과가 같은데, 현재 파일에서 Ctrl+S를 눌러도 위와 같이 '다른 이름으로 저장' 창이 나타난다.

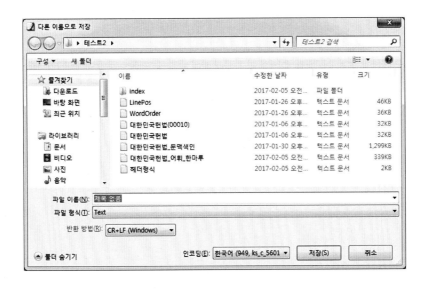

그러면 먼저 위의 '다른 이름으로 저장' 창에서 '파일 이름(N)'에는 '대한민국헌법_어휘_텍스트에디터' 또는 '대한민국헌법_어휘_텍스트에디터_검색용'이라고 입력하자. 그리고 '파일 형식(T)'은 현재 '.txt'를 나타내는 'Text'로 설정되어 있으므로 그대로 둔다. 그런 다음 '인코딩'은 'CP949, KS-5601'나 '유니코드' 중 어떤 것으로 설정해도 괜찮은데, 보통 '이엠에디터' 등의 텍스트에디터에서 저장할 때에는 기본적으로 일반 텍스트 코드('CP949, KS-5601')가 설정되어 있으므로 이대로 저장하기로 하자.[157] 만약 실수로 다른 것을 누른 상태라면, 인코딩 부분을 클릭하여 가장 윗부분에 있는 '시스템 기본값'인 '한국어(949, ks_c_5601)'을 선택한다.

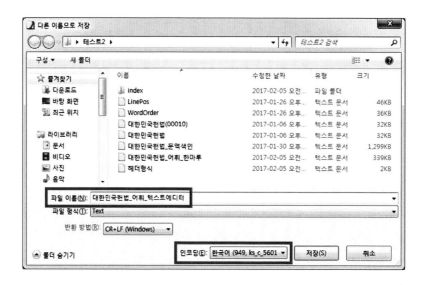

그런 다음 '저장(S)' 버튼을 클릭한다. 이렇게 하면 '텍스트에디터' 검색용 형태 (의미)분석 말뭉치 구축이 완료된다.

---

157) 나머지 부분도 그대로 둔다. '반환 방법'의 경우 현재 설정되어 있는 대로 'CF+LF(Windows)'로 설정해야 한다. 그냥 그대로 두면 된다.

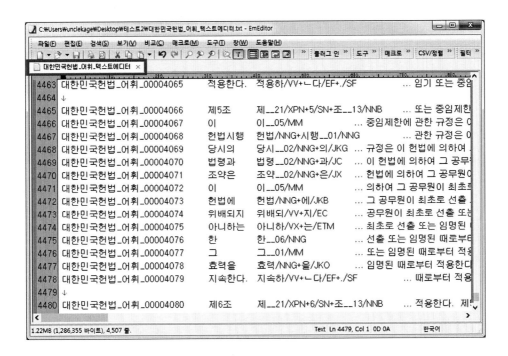

텍스트 파일로 저장을 하면 '이엠에디터'에서 이전에 '제목 없음'이라 되어 있던 자료의 이름이 '대한민국헌법_어휘_텍스트에디터'로 바뀐 것을 확인할 수 있다.

그리고 자료가 잘 저장되었는지 확인하기 위해서 파일을 저장했던 폴더로 가 보면, 텍스트 문서로 저장된 '대한민국헌법_어휘_텍스트에디터' 파일을 확인할 수 있다.

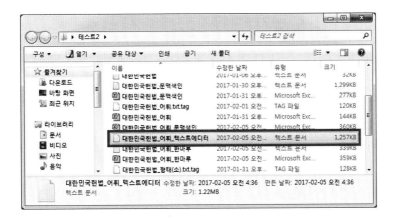

지금까지 텍스트에디터에서 검색할 수 있는 형식의 말뭉치를 구축하는 방법에 대해서 알아보았다. 다시금 강조하지만 텍스트에디터에서 검색할 수 있는 말뭉치의 형식에는 반드시 '인덱스'와 '문맥 색인'이 부가되어 있어야 한다. 이것만 잊지 않도록 하자.

텍스트에디터에서 이 파일로 용례를 검색하는 방법은 2장에서 설명하기로 한다.

2장

구축 말뭉치로 검색하고 빈도 내 보기

지금까지 1장에서는 기존에 배포되어 사용하는 일반 말뭉치가 아니라 연구자가 직접 자신의 연구 목적에 부합하는 말뭉치를 만드는 방법에 대해서 살펴보았다. 과거에는 말뭉치 자체를 접할 기회가 적었기 때문에 이미 배포되어 있는 말뭉치만으로 연구하는 경향이 짙었으나, 현재는 다양한 텍스트 장르에 대한 연구가 심화되고 활발해지면서 연구자 자신이 자료를 구축하여 연구하는 경향이 두드러지고 있다. 이에 2장에서는 '21세기 세종계획 균형 말뭉치'와 '세종 말뭉치' 외에 연구자 자신이 만든 말뭉치를 기존에 배포되어 있는 검색 도구와 텍스트에디터에서 검색하고 빈도를 산출하는 방법에 대해서 설명하고자 한다.

여기서는 '원시 말뭉치'와 '형태 분석 말뭉치'의 검색 및 빈도 산출에 대해서 설명할 것인데, '원시 말뭉치'는 '글잡이Ⅱ(직접)'와 '한마루2.0'을 사용하고 '형태 분석 말뭉치'는 '글잡이Ⅱ(색인)'과 '한마루2.0', '텍스트에디터'를 사용할 것이다.

- 말뭉치에 따른 검색 도구
  - 원시 말뭉치: '글잡이Ⅱ(직접)', '한마루2.0'
  - 형태 분석 말뭉치: '글잡이Ⅱ(색인)', '한마루2.0', 텍스트에디터

2.1. 기본 준비물

우리가 지금까지 익혀 오면서 구축한 말뭉치와 이 말뭉치로 검색과 빈도 산출을 진행할 수 있는 도구를 갖추어야 한다. 따라서 몇 가지 꼭 필요한 준비물만 제시하고자 한다.

- 연구자 자신의 말뭉치
  - '글잡이Ⅱ(직접)'용: '대한민국헌법.hwp', '대한민국헌법.txt'
  - '글잡이Ⅱ(색인)'용:
    - 'index' 폴더('지능형 형태소 분석기')
    - 'index' 폴더('유태거')

◦ '한마루2.0'용:
  ◦ 형태 단위: '대한민국헌법_최종_한마루.txt'
  ◦ 어휘 단위: '대한민국헌법_어휘_한마루.txt'
◦ '텍스트에디터'용:
  ◦ 형태 단위: '대한민국헌법_최종_텍스트에디터.txt'
  ◦ 어휘 단위: '대한민국헌법_어휘_텍스트에디터.txt'

• 검색 도구
  ◦ '글잡이Ⅱ(직접)', '글잡이Ⅱ(색인)'
  ◦ '한마루2.0'
  ◦ '텍스트에디터'('이엠에디터', '에디트플러스' 등)

앞서도 모두 설명하였지만 이 중 '텍스트에디터'는 인터넷에서 일정 기간의 무료 사용
버전을 얻을 수 있고, '검색 도구'는 '언어 정보 나눔터'에 가입하고 내려 받을 수 있다.

자 이렇게 '말뭉치'와 '검색 도구' 등이 준비되었다면 지금부터 검색과 빈도 산출 방법에
대해서 알아보도록 하자.

2.2. '한마루2.0'으로 검색하고 빈도 내기

여기서는 연구자 자신이 직접 만든 말뭉치를 '한마루2.0'에서 검색하는 방법에 대해서 살펴보기로 한다. '한마루2.0'은 단일한 검색기가 '원시 말뭉치, 형태 분석 말뭉치, 형태 의미 분석 말뭉치' 모두를 읽어 들여 검색을 하고 통계를 낼 수 있다. 이럴 경우 이들 말뭉치를 모두 '세종 말뭉치'의 형식으로 만들어 주어야 한다. 즉 말뭉치가 각종 마크업과 헤더가 부착되어야 하고, 종국에는 유니코드(UTF-16)로 저장된 텍스트 파일로 저장되어야 '한마루2.0'에서 사용할 수 있다. 그런데 '형태 의미 분석 말뭉치'를 구축하면 '원시 말뭉치, 형태 분석 말뭉치, 형태 의미 분석 말뭉치'를 모두 검색하는 효과를 거둘 수 있다. 따라서 여기서는 '형태 의미 분석 말뭉치'를 검색 도구('한마루2.0')에서 사용하는 방법에 대해서 알아보기로 한다.

정리하자면 우리가 앞서 구축한 말뭉치가 '형태 의미 분석 말뭉치'이기 때문에 검색 도구는 '한마루2.0'으로 삼고, 이 도구에서 구축 말뭉치를 검색하고 빈도를 산출하는 방법에 대해서 살펴보기로 한다. 다만, 말뭉치가 '한마루2.0'에 입력이 가능한 형식으로 구축이 되어 있어야 하는데, 이에 대해서는 1장에서 익힌 바 있다.

2.2.1. 말뭉치 불러오기

먼저 '한마루2.0'에서 형태 의미 분석 말뭉치를 불러와야 하기 때문에 '한마루2.0'을 실행해 보자. 먼저 '21세기 세종계획'의 DVD에서 설치한 '말뭉치_활용프로그램' 폴더의 내용을 확인해 보기로 한다.

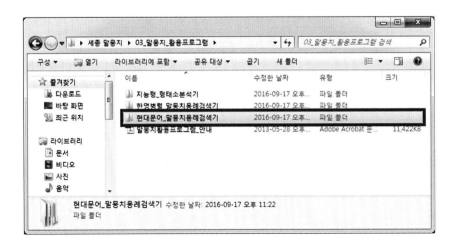

그 중에서 '현대문어_말뭉치용례검색기'를 선택해서 폴더로 들어가 보면 아래 그림처럼 '글잡이Ⅱ'와 '한마루2.0' 폴더가 보인다. 우리가 이용하고자 하는 검색 도구는 '한마루2.0' 이기 때문에 '한마루2.0' 폴더를 선택하여 들어가 보자.

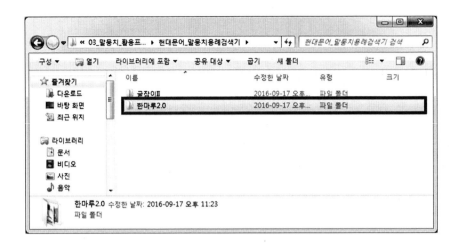

그러면 아래 그림에서 보듯이 '한마루2.0' 폴더와 '한마루2.0'의 사용자 설명서가 보인다. 다시 한 번 '한마루2.0' 폴더로 들어가 보자.

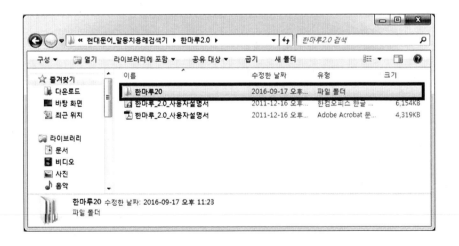

그러면 이제 '한마루2.0'의 실행 파일이 보인다. 아이콘 '🐜'로 되어 있는 'Hanmaru(.exe)' 라는 파일이 실행 파일인데, 이 파일을 더블클릭해 보자.

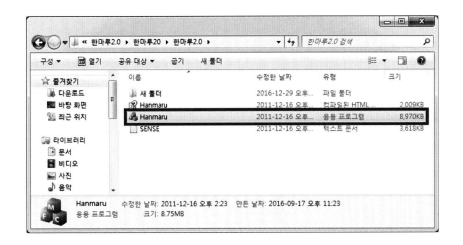

그러면 아래 그림처럼 '한마루2.0' 프로그램이 나타난다.

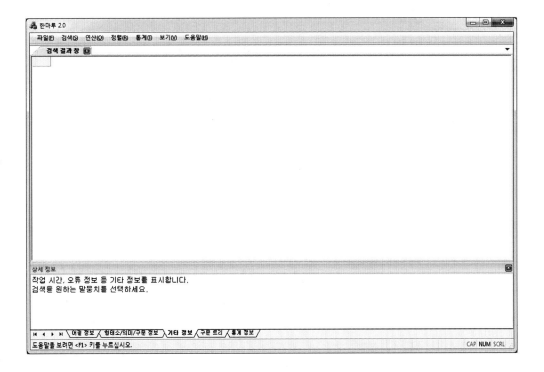

- '한마루2.0' 실행 방법

  ◦ ' ' 아이콘의 'Hanmaru(.exe)' 파일 클릭

다음으로 '한마루2.0'에서 말뭉치를 읽어 들여야 한다. 먼저 '한마루2.0'의 메인 화면에

서 '파일(F)' 탭을 클릭한 다음, 나타나는 메뉴 중에 '열기(O)'를 클릭하고, 다시 나타나는
메뉴 중에 '말뭉치 열기(C)'를 클릭한다.

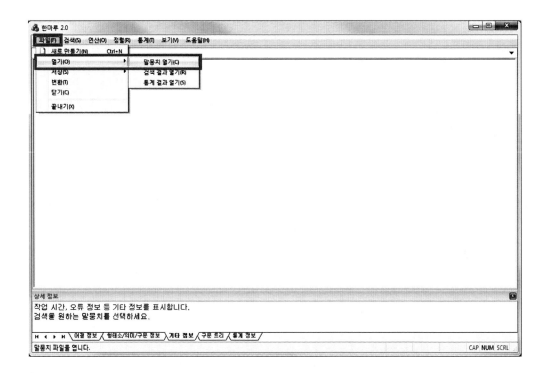

그러면 아래와 같이 '말뭉치 열기' 창이 나타나는데, 여기서 사용자가 검색하고자 하는
형태의 말뭉치를 선택하면 된다.

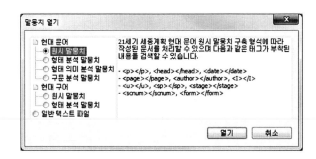

앞서 우리가 '한마루2.0'에서 사용하기 위해서 원본인 '대한민국헌법'을 분석하고 형식
을 변환하여 '대한민국헌법_어휘_한마루(.txt)'라는 파일을 만들어 두었다. 현재 이 자료는
동형어가 분석되어 있는 '형태 의미 분석 말뭉치'이다. 따라서 위 그림에서 '현대 문어'
중에 '형태 의미 분석 말뭉치'를 선택하자.

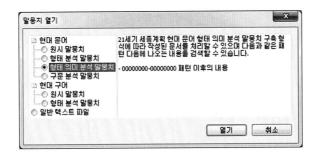

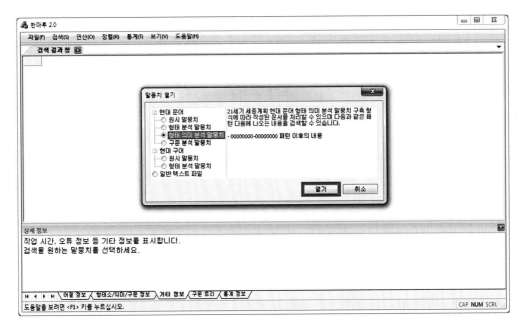

'말뭉치 열기' 창에서 '열기' 버튼을 클릭하면 아래 그림처럼 '열기' 창이 나타난다.

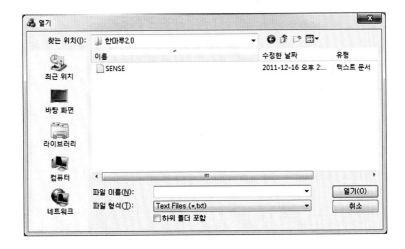

이 창에서 '찾는 위치(I)'를 이용하여 앞서 '대한민국헌법_어휘_한마루(.txt)' 파일을 자신의 컴퓨터에 저장한 곳으로 찾아간다. 그런 다음 이 파일을 선택하고 '열기(O)' 버튼을 클릭한다.

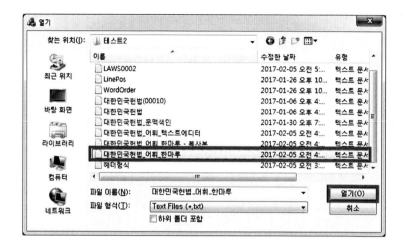

'대한민국헌법_어휘_한마루(.txt)' 파일을 선택한 다음 '열기(O)' 버튼을 클릭하면 선택한 파일을 '한마루2.0'에서 읽어 들이는 과정이 시작된다. 이 과정이 모두 끝나면 다시 선택한 파일을 '한마루2.0'에서 '형태 의미 분석 말뭉치'를 분석하는 과정이 시작된다. 그런 다음 이 분석 과정마저 끝나면 아래 창과 같이 '말뭉치 분석 및 열기가 완료되었습니다.'라는 문구가 보이는 창이 나타나면서, 선택한 말뭉치를 모두 읽어 들이게 된다.

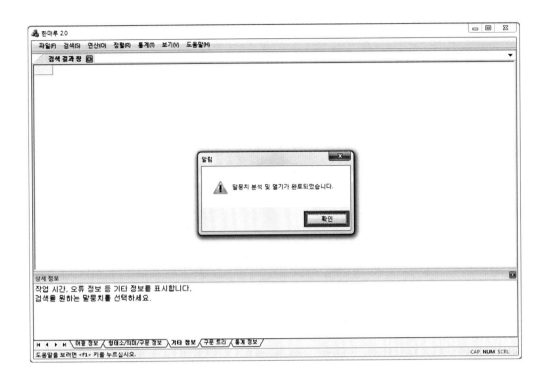

이때의 말뭉치 분석은 선택한 말뭉치의 어절수, 문장의 개수 등을 '한마루2.0'이 분석하는 것이다. 분석 과정마저 끝나면 아래 창과 같이 '말뭉치 분석 및 열기가 완료되었습니다.'라는 문구가 보이는 창이 나타나면서, 선택한 말뭉치를 모두 읽어 들이게 된다.

그런 다음 알림창의 '확인' 버튼을 클릭하면 '한마루2.0'에서 형태 의미 분석 말뭉치를 검색할 준비가 모두 끝난 것이다.

- 말뭉치 읽어 들이기
  ◦ '파일(F)' ⇨ '열기(O)' ⇨ '말뭉치 열기(C)' ⇨ '열기' 칭 ⇨ 말뭉치 선택

이제 '확인' 버튼을 클릭한 다음 본격적으로 '한마루2.0'에서 검색을 진행해 보자.

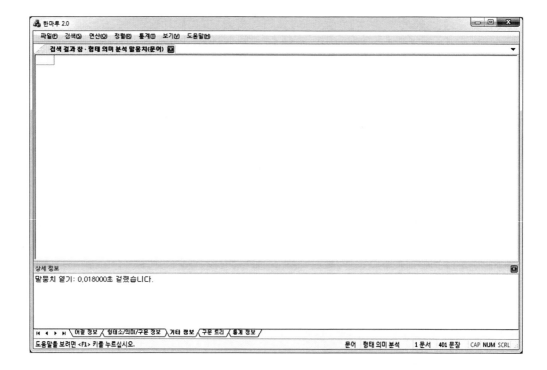

지금부터 본격적으로 연구자가 직접 구축한 '형태 의미 분석 말뭉치'의 검색 방법을 배워 보도록 하자.

2.2.2. 어절 검색(음절 검색)

'한마루2.0'에서 형태 의미 분석 말뭉치를 불러왔다면, 아래 그림처럼 '검색 결과 창 – 형태 의미 분석 말뭉치(문어)'라는 탭의 이름을 확인할 수 있다. 먼저 '어절 검색' 중 '음절 검색' 방법에 대해 알아보기로 하자. 현재 읽어 들인 말뭉치는 '형태 의미 분석 말뭉치'이지만 여기서도 '어절 검색'이 가능하다. 이 말은 '형태 의미 분석 말뭉치'를 이용하여 검색을 시도할 때에도 말뭉치의 형태 (의미) 분석 부분뿐만 아니라 원시 부분에 대한 검색을 지원한다는 것이다.

- 원시 말뭉치
  - 공유가 밥을 먹는다.

• 형태 의미 분석 말뭉치

인덱스	원어절	분석 어절
corpus-00000001	공유가	공유/NNP+가/JKS
corpus-00000002	밥을	밥_01/NNG+을/JKO
corpus-00000003	먹는다.	먹_02/VV+는다/EF+./SF

즉 '형태 의미 분석 말뭉치'를 이용한 검색에서는 '분석 어절' 부분에 대한 검색으로 검색과 통계의 정확률을 높이는 장점이 있는데, 이 말뭉치에서도 '원어절' 부분에 대한 검색인 '어절 검색'(음절 검색, 자소 검색)이 가능하다는 것이다.

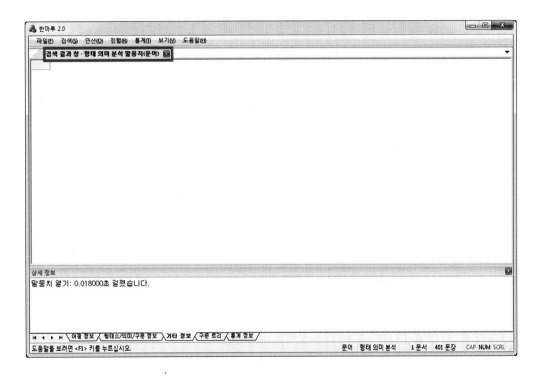

이렇게 '형태 의미 분석 말뭉치'를 불러왔다면, '한마루2.0' 메인 창의 상단 탭에서 '검색 (S)'을 클릭하고 나오는 메뉴 중에 '어절 검색(W)'을 클릭한다.

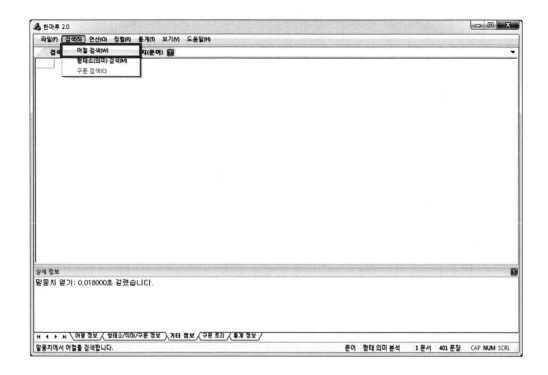

그러면 아래 그림과 같은 '어절 검색' 창이 나타난다.

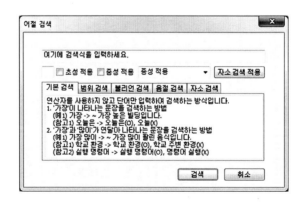

- '어절 검색(W)' 창 불러오기
  - 상단 탭 '검색(S)' ⇨ '어절 검색(W)'

그러면 검색 키워드를 입력해 보자. '어절 검색' 창의 입력 부분에 '헌법'을 입력하고 '검색' 버튼을 눌러 보자.

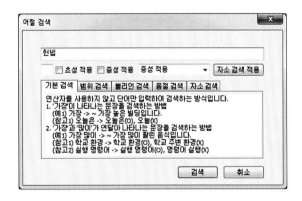

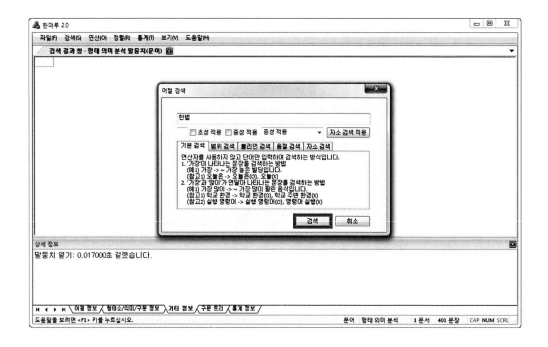

그러면 검색어 '헌법'에 대한 진행 과정을 보여 주는 창이 나타나면서, 검색 진행 과정을 보여 주게 되는데, 그 결과 아래와 같이 '한마루2.0' 전체 창 안에 검색어(검색식) '헌법'의 용례를 보여 준다.

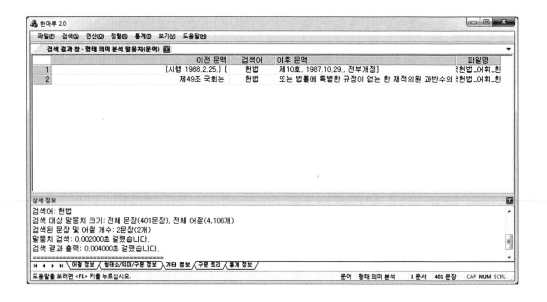

그런데 현재 검색 결과에는 '헌법'으로 검색한 결과가 단 두 건 나타나 있는데 정말 '대한민국헌법' 자료에는 '헌법'이라는 말이 딱 두 번만 나타난 것일까? 그렇지는 않을 것이

다. 이 역시 앞서 우리가 원시 말뭉치의 검색에서 반복해서 익혀 왔듯이 이것은 검색 방법의 차이로 인한 것이다. 검색식에 '헌법'을 입력하고 검색을 진행하면 '대한민국헌법_어휘_한마루(.txt)'에서 한 어절이 '헌법'으로만 이루어진 것만을 찾아 검색 결과로 내어 준다. 따라서 위의 그림과 같은 결과가 나타난 것이다.

앞서 연구자가 원하는 특정한 패턴 검색이 아니라면 검색어 양쪽에 '*'를 붙여서 '*검색어*'와 같은 검색식을 사용해 주는 것이 일반적이다.

◦ 추천 검색법: '*검색어*'

따라서 '대한민국헌법_어휘_한마루(.txt)'에서 '헌법은, 헌법이, 헌법을, 헌법에, 헌법이다'와 같은 결합형들을 검색하기 위하여 와일드카드 '*'를 검색어 양쪽에 입력하여 검색해 보기로 한다.

그러면 다시 '어절 검색' 창을 불러오자. '한마루2.0' 메인 창의 상단 탭에서 '검색(S)'을 클릭하고 나오는 메뉴 중에 '어절 검색(W)'을 클릭하자.

• '어절 검색(W)' 창 불러오기
  ◦ 상단 탭 '검색(S)' ⇨ '어절 검색(W)'

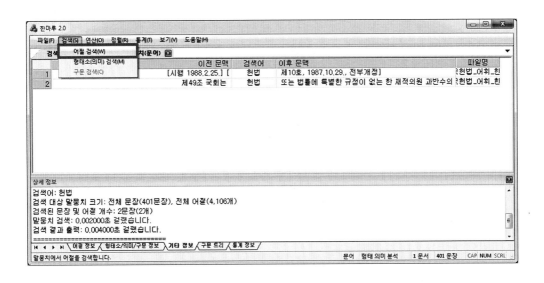

그러면 아래와 같이 '어절 검색' 창이 나타난다.

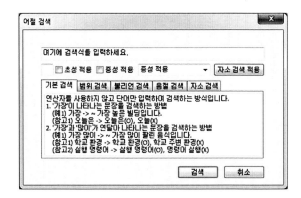

다음으로 검색어를 입력하는 칸에 '*헌법*'와 같이 입력해 보자.

　◦ 검색식: '*헌법*'

　　→ 어절 단위 검색에서 한 어절이 꼭 '헌법'으로 시작되지 않아도 된다는 것을 함의

그런 다음 '검색' 버튼을 클릭한다.

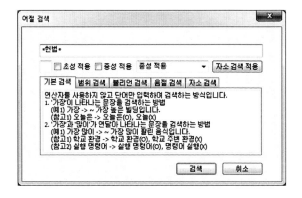

그러면 검색어 '*헌법*'에 대한 진행 과정을 보여 주는 창이 나타나면서, 검색 진행 과정을 보여 주게 되는데, 그 결과 아래와 같이 '한마루2.0' 전체 창 안에 검색어(검색식) '*헌법*'의 용례를 보여 준다.

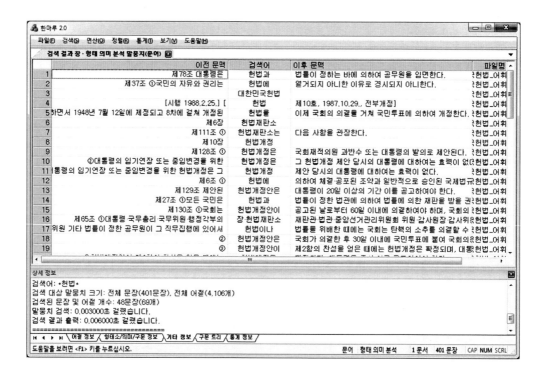

그런 다음 검색 창 오른쪽 막대(bar)를 내려서 화면의 가장 아래쪽으로 내려가 보자.

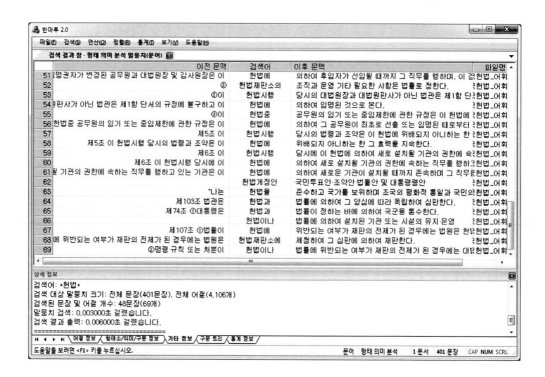

가장 왼쪽에 보이는 일련번호가 '69'인 것으로 보아, 형태 의미 분석 말뭉치 전체에서 나타난 '헌법'의 전체 빈도는 69어절이라고 생각할 수 있겠다. 아니 좀 더 정확히 말하자면, '어절 검색' 창에서 '*헌법*'로 검색한 결과, 전체 말뭉치에서 한 어절 안에 '헌법'이 포함된 어절이 총 69번 나타났다는 것이 더 정확할 것이다. 앞서 '헌법'으로 검색한 결과가 2어절이었다는 것을 상기해 본다면 이제는 '헌법'이 포함된 어절을 제대로 검색한 것이라 생각할 수 있을 것이다.

명사 '헌법' 이외에 '법률, 국가, 국민, 국가' 등의 키워드로도 용례를 검색해 볼 수 있도록 하자. 다만 반드시 '어절 검색' 시에는 와일드카드인 '*'를 검색어 좌우에 입력하여 '*법률*, *국가*, *국민*, *국가*'로 검색할 수 있도록 하자.

나머지 이 검색 결과를 정렬하여 정리하는 방법은 생략하기로 한다.

2.2.3. 어절 검색(자소 검색)

다음으로 형태 의미 분석 말뭉치 검색 방법 중 '자소 검색'에 대해서 살펴보기로 한다. 현재 읽어 들인 말뭉치는 '형태 의미 분석 말뭉치'이지만 여기서도 '어절 검색'의 '자소 검색'이 가능하다.

자 이제 '한마루2.0'의 화면으로 돌아가서 '자소 검색'을 시도해 보자. 아래는 이전 검색 결과의 창인데, '한마루2.0'을 다시 실행해도 된다.

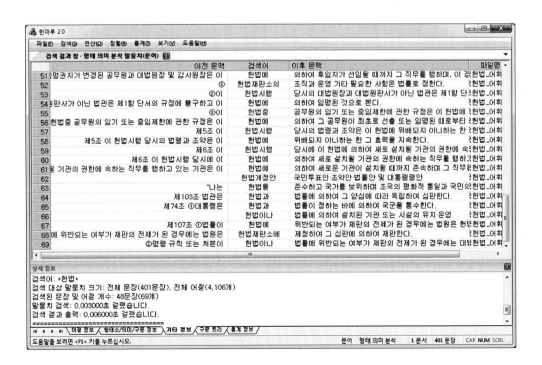

먼저 '한마루2.0' 메인 창의 상단 탭에서 '검색(S)'을 클릭하고 나오는 메뉴 중에 '어절 검색(W)'을 클릭하여, '어절 검색' 창을 불러오자.

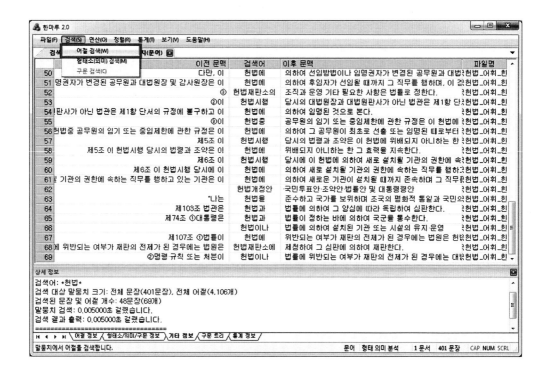

- '어절 검색(W)' 창 불러오기
  - 상단 탭 '검색(S)' ⇨ '어절 검색(W)'

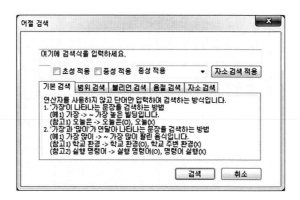

그런 다음 자세한 '자소 검색'의 방법은 이 창의 아래 다섯 가지 탭 중에 마지막에 보이는 '자소 검색' 부분을 클릭하여 도움을 얻도록 하자.

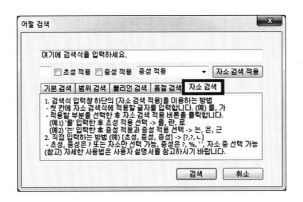

　'한마루2.0'에서의 '자소 검색'은 '글잡이Ⅱ(직접)'의 검색 방법과 대동소이한데, 다만, '글잡이Ⅱ(직접)'에서는 사용자가 '자소 검색'을 위한 검색식을 일일이 입력해야 한다. 하지만 '한마루2.0'은 자소 검색식의 입력을 도와주는 기능이 지원되어 사용자의 편의성이 고려되었다는 장점이 있다.

　먼저 검색 대상에 대해서 생각해 보자. '법률'과 같이 격식성이 높은 텍스트에서는 체언의 준말과 '체언＋조사'의 준말이 잘 나타나지 않는다. 따라서 체언보다는 용언의 활용형 검색에 자소 검색을 활용하는 것이 도움이 될 것이다.

　앞서 '글잡이Ⅱ'에서는 동사 '의하다'의 활용형 검색에 자소 검색을 이용해 보았는데 이번에는 동사 '관하다'의 활용형 검색에 자소 검색을 이용해 보자. 동사 '관하다'는 이론적으로 '관하고, 관하니, 관하여, 관해, 관한, 관할, 관했다' 등과 같이 활용할 수 있는데,[158] 이러한 활용형의 가능 형태를 고려하면 '관하다'에서 첫음절 '관'은 고정이 되고 둘째 음절 '하'가 변화한다는 것을 이해할 수 있다. 그리고 둘째 음절 '하'는 '관하다'가 활용하면서 (이론적으로) '하, 해, 한, 할, 함, 했' 등과 같은 형태로 나타나는데 이를 초성, 중성, 종성으로 분석할 수 있다. 이때 '초성'에는 오직 자음 'ㅎ'만 나타날 수 있고 '중성'에는 'ㅏ, ㅐ'만 나타날 수 있으며 '종성'에는 'ㄴ, ㄹ, ㅁ, ㅆ' 등이 나타날 수 있다. 물론 '종성'에는 아무 것도 나타나지 않을 수 있다. 이를 정리하면 아래와 같다.

---

158) 실제 동사 '관하다'는 대부분 '관하여, 관해, 관한' 정도로만 활용한다. 나머지는 이론적으로 제시한 활용형이다.

원어절	1음절(고정)	2음절 이하					
		2음절 이하	음절	초성	중성	종성	어미/조사
관하고	관	하고	하	ㅎ	ㅏ	Ø	고
관하니	관	하니	하	ㅎ	ㅏ	Ø	니
관하여	관	하여	하	ㅎ	ㅏ	Ø	여
관해	관	해	해	ㅎ	ㅐ	Ø	(여)
관한	관	한	한	ㅎ	ㅏ	ㄴ	ㄴ
관할	관	할	할	ㅎ	ㅏ	ㄹ	ㄹ
관함에	관	함	함	ㅎ	ㅏ	ㅁ	에
관했다159)	관	했다	했	ㅎ	ㅐ	ㅆ	다

이렇게 자소 패턴이 정리되었다면 다시 '용례 검색' 창을 열고 아래와 같이 입력하여 검색해 보자. 첫 음절은 '관'으로 고정되기 때문에 그대로 입력하고, 그 다음 음절은 자소 검색을 위한 대괄호'[,]'를 입력한다. 두 번째 음절에서 초성은 'ㅎ'으로 고정되기 때문에 'ㅎ'을 입력하고, 중성은 'ㅏ, ㅐ'만 나타나지만 이들을 묶을 수 있는 것으로 하나의 자소를 나타내는 기호인 '?'를 입력한 다음, 종성은 나타날 수도 있고 나타나지 않을 수도 있기 때문에 이를 나타내는 기호인 '%'를 입력한다. 그리고 반드시 검색식에서 검색어의 왼쪽과 오른쪽에 '*'를 삽입해야 한다는 것을 잊지 않도록 하자.

 • 검색식: '*관[ㅎ,?,%]*'

'한마루2.0' 사용에 익숙한 사람은 아래 그림에서 보듯이 검색식 '*관[ㅎ,?,%]*'를 바로 입력하면 된다.

---

159) 동사 '관하다'는 '관하였다'로도 활용이 가능한데 이때에는 음절 '하'와 음절 '였'이 분리되어 두 번째 음절이 '하'로 나타나기 때문에 2음절의 '자소 단위' 패턴에 대해서 고민할 필요가 없다. '자소'의 패턴에 대해서 고민해야 하는 것은 '관했다'가 된다. 물론 이때의 '관했다'는 이론적인 활용형이고 실제는 이러한 활용형이 잘 나타나지 않는다.

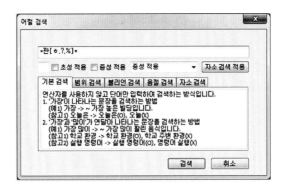

그런데 자소 검색에 익숙하지 않은 사람은 먼저 검색식에 동사 '관하다'의 활용 형태에서 변하지 않는 음절인 '관'을 입력한다.

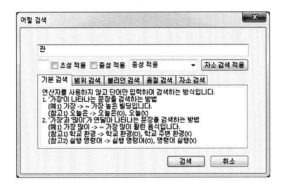

다음으로 '관하다'가 활용할 때 변하는 부분인 두 번째 음절 '하'를 자소 설정 칸에 입력해 보자.[160]

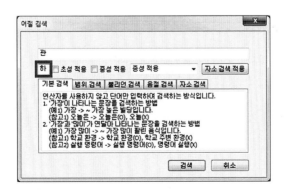

---

160) 물론 여기서 '하'뿐만 아니라 '해, 한, 할, 함, 했' 등과 같이 입력할 수도 있다. 그럴 경우 자소의 적용 조건이 조금씩 달라진다.

그런 다음 동사 '관하다'가 활용하면서 '하'의 형태가 초성은 'ㅎ'으로 고정되고 중성은 'ㅏ'와 'ㅐ'로 변하며 종성은 나타나지 않을 수도 있고 나타날 수 있다는 것을 자소의 조건으로 설정해 주어야 한다. 따라서 자소 설정 창에 입력된 임시 음절 '하'를 기준으로 하면 초성 'ㅎ'은 적용이 되기 때문에 '초성 적용'을 체크하고(√), 중성은 'ㅏ'가 될 수도 있지만 'ㅐ'도 될 수 있기에, 음절 '하'에 항상 일치하는 것은 아니므로 적용하지(체크하지) 않는다. 마지막으로 '종성 적용'을 클릭하여 나오는 메뉴를 살펴보자.

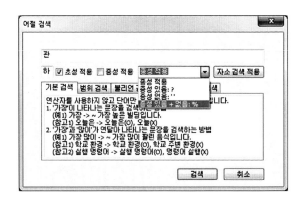

여기서 종성의 조건을 설정해 주어야 하는데, '하, 해, 한, 할, 했' 등으로 종성이 나타나지 않을 수도 있고 나타날 수도 있기 때문에 '종성 적용'을 클릭하여 나오는 메뉴 중에 '종성 있음+없음: %'를 선택해 준다. 그런 다음 자소 조건 설정 부분의 가장 오른쪽에 보이는 '자소 검색 적용' 버튼을 클릭한다.

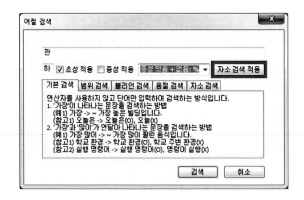

그러면 검색식에 자소 조건에 해당하는 '[ㅎ,?,%]'가 자동으로 입력이 되어 검색식에 '관[ㅎ,?,%]'로 표현된다.

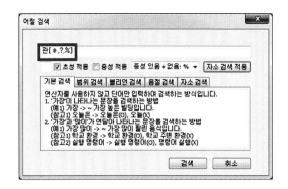

이러한 자소 패턴 입력 기능은 상당히 편리하고 효율적인 측면이 있는데, 만약 '글잡이 Ⅱ(직접)'의 자소 검색 방법에 익숙한 사용자는 '글잡이Ⅱ(직접)'의 자소 검색 방법과 같이 검색식에 직접 자소 패턴을 입력해도 된다.

그런 다음 '어미'가 결합하는 다양한 활용 형태의 패턴도 검색해야 하기 때문에 '관[ㅎ,?,%]' 양 옆에 '*'를 입력해 준다.

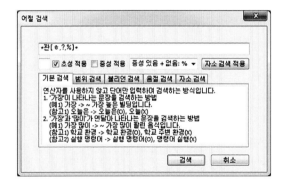

그러면 이제 '자소 검색'의 검색식은 정확히 입력했으므로 '어절 검색' 창 가장 아래 보이는 '검색' 버튼을 클릭하여 검색을 진행해 보자.

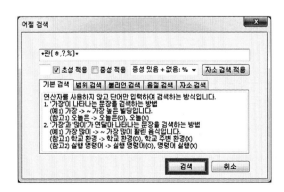

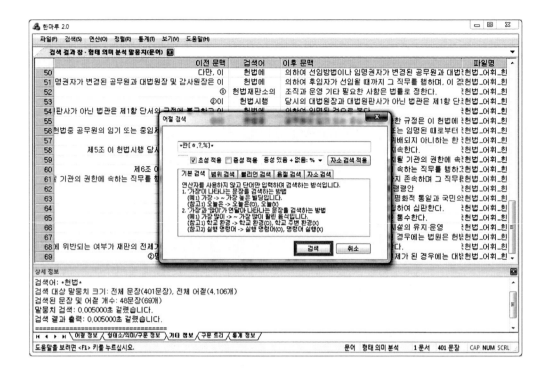

그렇게 하여 검색 결과의 출력 과정이 끝나면 진행 과정을 보여 주는 팝업창이 나타났다가 사라지면서 아래 그림과 같은 검색 결과를 보여 준다.

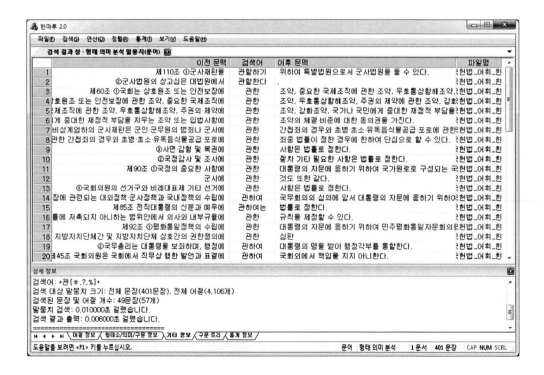

그런 다음 검색 창 오른쪽 막대(bar)를 내려서 화면의 가장 아래쪽으로 내려가 보자.

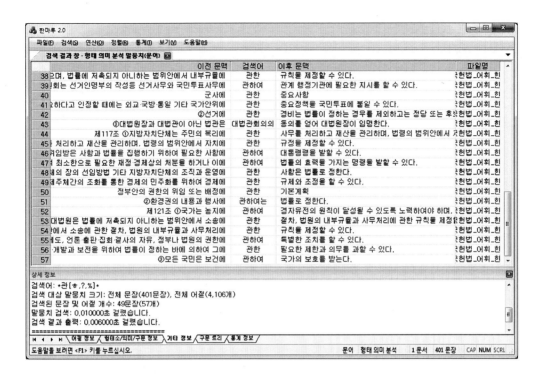

가장 왼쪽에 보이는 일련번호가 '57'인 것으로 보아, 형태 분석 말뭉치 전체에서 나타난 '관[ㅎ,?,%]'의 전체 빈도는 57어절이라고 생각할 수 있겠다. 아니 좀 더 정확히 말하자면, '형태소(의미) 검색' 창에서 '*관[ㅎ,?,%]*'로 검색한 결과, 전체 말뭉치에서 한 어절 안에 '*관[ㅎ,?,%]*'의 패턴에 부합하는 어절이 총 57번 나타났다는 것이 더 정확할 것이다. '*관[ㅎ,?,%]*'의 검색 결과는 '관[ㅎ,?,%]'의 앞뒤에 형태(기호 포함)가 0개 이상 있는 것을 모두 출력한 것이다. 검색 결과를 살펴보면 동사 '관하다'의 활용형인 '관하여, 관한'을 확인할 수 있는데 좀 더 정확하게 검색 결과를 확인하기 위하여 이 자료를 '검색어' 부분을 중심으로 정렬해 보자. 그림에서 '검색어'로 된 부분에 마우스 포인터를 놓고 마우스 오른쪽 버튼을 클릭하면 아래 그림처럼 두 가지의 정렬 메뉴가 나타난다.

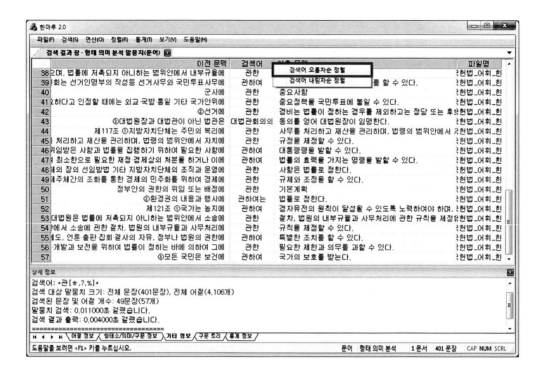

여기서 오름차순으로 정렬하고자 한다면 '검색어 오름차순 정렬'을 클릭하고, 내림차순
으로 정렬하고자 한다면 '검색어 내림차순 정렬'을 클릭한다. 그러면 시간이 조금 걸린
뒤에 '검색어'를 중심으로 정렬(sort)된 결과를 확인할 수 있다.

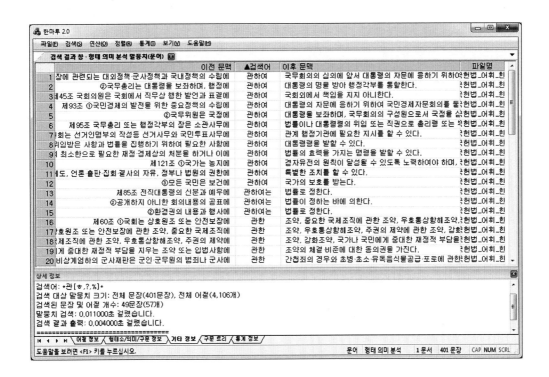

  '검색어' 부분으로 오름차순 정렬을 하면 오름차순으로 정렬했다는 정보가 '검색어' 부분에 '▲검색어'로 표시되면서 검색된 모든 자료가 정렬되어 나타난다. 위 그림을 확인해 보면 '관하다'의 활용형으로 '관하여(는)'와 '관한'이 나타난 것을 확인할 수 있다.

  이번에는 정렬된 자료의 가장 아랫부분으로 가 보자. 그러면 '관하다'의 활용형 '관한'으로 끝난 다음에 '관할하기', '관할한다(관할하다)', '대법관회의의'라는 3용례가 마지막에 배치된 것을 확인된다.

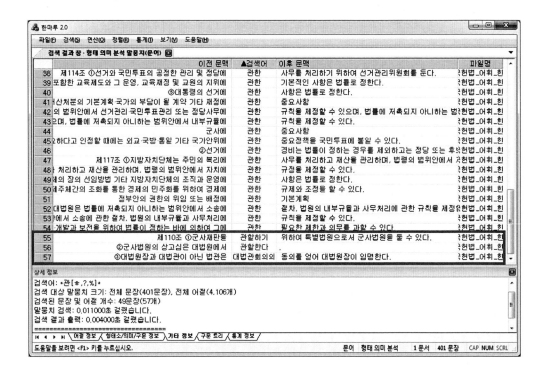

이들은 '관하다'와 상관없는 용례이므로 삭제해 주어야 한다. 그렇다면 이 자료에서 '관하다'의 용례는 최종적으로 57개가 아니라 54개가 된다. 나머지 이 검색 결과를 정렬하여 정리하는 방법은 생략하기로 한다.

2.2.4. 형태 검색

우리가 현재 다루고 있는 말뭉치가 '형태 의미 분석 말뭉치'이고 다루고 있는 검색 도구가 '한마루2.0'이므로, 여기서는 '형태소(의미) 검색'을 시도해 보기로 하자.[161] 먼저 '한마루2.0'을 다시 실행하자. 그런 다음 말뭉치의 종류를 '형태 의미 분석 말뭉치'로 선택한다.

---

[161] 앞서 '한마루2.0'을 다루었던 부분에서는 '형태소 검색'에서 '형태 분석 말뭉치'를 읽어 들였는데, '형태 의미 분석 말뭉치'를 읽어 들인 상태에서도 '형태소 검색'이 가능하기 때문에 여기서는 '형태(소) 의미 분석 말뭉치'인 '대한민국 헌법_어휘_한마루(.txt)' 파일을 읽어 들인 것이다.

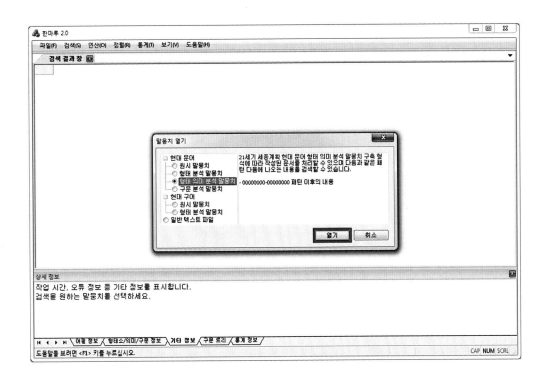

그리고 '형태 의미 분석 말뭉치'인 '대한민국헌법_어휘_한마루(.txt)' 파일을 선택한다.

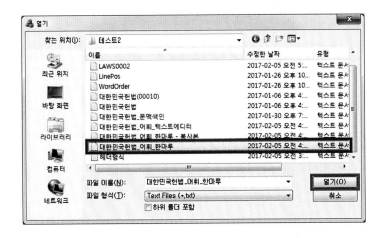

'대한민국헌법_어휘_한마루(.txt)' 파일을 선택한 다음 '열기(O)' 버튼을 클릭하면 '말뭉치 분석 및 열기가 완료되었습니다.'라는 문구가 보이는 '알림' 창이 나타난다.

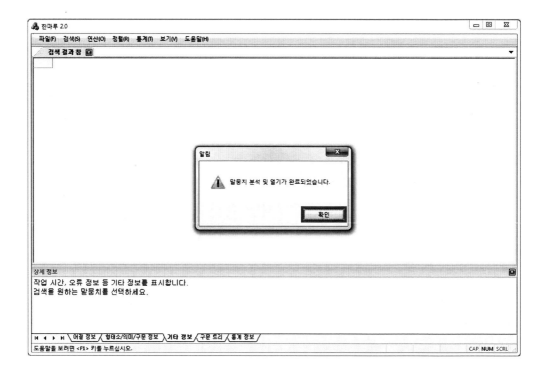

여기서 '확인' 버튼을 클릭하면 '한마루2.0'에서 말뭉치를 읽어 들인 상태가 되고, 이어 검색이 가능하게 된다.

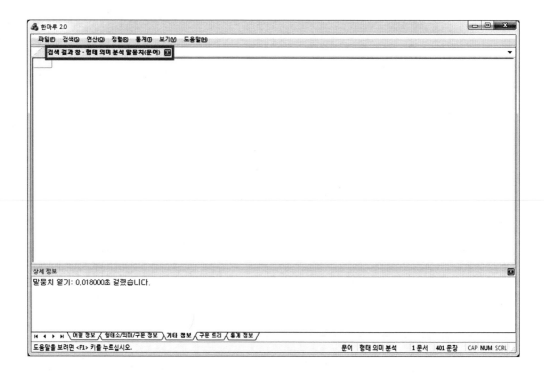

그러면 먼저 메인 창의 상단 탭에서 '검색(S)'을 클릭하고 나오는 메뉴 중에 '형태소(의미) 검색(M)'을 클릭한다. 현재 '한마루2.0'은 '형태 분석 말뭉치'를 읽어 들인 상태이기 때문에 '어절 검색'과 '형태소(의미) 검색'만 가능하고 '구문 검색(C)'은 이용할 수 없기에 비활성화되어 있는 것이다.

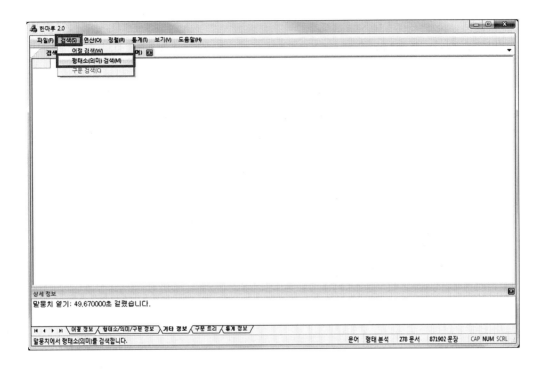

'한마루2.0'의 메뉴에서는 뒤에서 익히게 될 '형태 의미 분석 말뭉치'의 의미 검색 시에도 같은 메뉴를 사용하기 때문에 그 명칭이 '형태소(의미) 검색'으로 병기되어 있다. 하지만 엄밀히 말하자면 '형태 의미 분석 말뭉치'에서 '형태' 부분으로만 검색하는 것이기 때문에 '형태소 검색'[162]이라 할 수 있다. 즉 현재 읽어 들인 말뭉치는 '형태 의미 분석 말뭉치'이지만 여기서도 '형태소 검색'이 가능하다. 이 말은 '형태 의미 분석 말뭉치'를 이용하여 검색을 시도할 때에도 말뭉치의 형태 (의미) 분석 부분뿐만 아니라 형태 부분에 대한 검색을 지원한다는 것이다. 그런데 '형태 의미 분석 말뭉치'에는 '형태 의미 분석' 부분만 있고 '형태 분석' 부분이 없지 않은가? 아래 표로 이를 이해해 보기로 하자.

---

162) 이를 '형태 검색'이라 할 수도 있다. 용어 하나하나의 사용은 유의해야 할 필요가 있으나, 그 용어가 함의하는 바를 명확히 이해하는 수준에서 그치고자 한다. 여기서는 '한마루2.0'에서 사용하고 있는 용어가 '형태소'이기 때문에 '형태소 검색'이라는 용어를 사용한다.

- 원시 말뭉치

  ◦ 공유가 밥을 먹는다.

- 형태 분석 말뭉치

인덱스	원어절	분석 어절(형태소)
corpus-00000001	공유가	공유/NNP+가/JKS
corpus-00000002	밥을	밥/NNG+을/JKO
corpus-00000003	먹는다.	먹/VV+는다/EF+./SF

- 형태 의미 분석 말뭉치

인덱스	원어절	분석 어절(형태 의미)
corpus-00000001	공유가	공유/NNP+가/JKS
corpus-00000002	밥을	밥__01/NNG+을/JKO
corpus-00000003	먹는다.	먹__02/VV+는다/EF+./SF

위 표에서 보듯이 '형태 의미 분석 말뭉치'는 분석 어절 부분에 '형태 의미' 분석의 결과(동형어 번호)가 제시되어 있다. 따라서 분석 어절이 포함하고 있는 정보는 '형태 분석 말뭉치'와 '형태 의미 분석 말뭉치'가 서로 다르다. 그렇다면 '형태 의미 분석 말뭉치'에서 어떻게 '형태 검색'이 가능한 것일까? 그것은 '한마루2.0'이 내부적으로 '형태 의미 분석 어절'에서 '의미'를 나타내는 동형어 표시('__2자리숫자')를 삭제한 다음 검색과 빈도 산출을 진행하기 때문이다.

(형태 분석 어절)	←	형태 의미 분석 어절
공유/NNP+가/JKS	⇐	공유/NNP+가/JKS
밥/NNG+을/JKO	⇐	밥__01/NNG+을/JKO
먹/VV+는다/EF+./SF	⇐	먹__02/VV+는다/EF+./SF

그리하여 '한마루2.0'에서 읽어 들인 말뭉치는 '형태 의미 분석 말뭉치'이지만 프로그램 내부에서 어떠한 과정을 거쳐서 '형태소 검색'이 가능하게 되는 것이다. 이것은 '형태 분석 말뭉치'와 '형태 의미 분석 말뭉치'에서 '어절 검색'이 가능한 것과 같은 원리이다. 정리하자면 아래 표에서 보는 바와 같이 '원어절'과 '분석 어절(형태 의미)'만 존재하는 '형태 의미

분석 말뭉치'에서 표의 가운데 보이는 '분석 어절(형태)'을 임의로 생성하여 '형태소 검색'이 가능하도록 '한마루2.0'이 지원하는 것이다.

인덱스	원어절	(분석 어절(형태))	분석 어절(형태 의미)
corpus-00000001	공유가	(공유/NNP+가/JKS)	공유/NNP+가/JKS
corpus-00000002	밥을	(밥/NNG+을/JKO)	밥__01/NNG+을/JKO
corpus-00000003	먹는다.	(먹/VV+는다/EF+./SF)	먹__02/VV+는다/EF+./SF

그러면 다시 메인 창의 상단 탭에서 '검색(S)'을 클릭하고 나오는 메뉴 중에 '형태소(의미) 검색(M)'을 클릭한다.

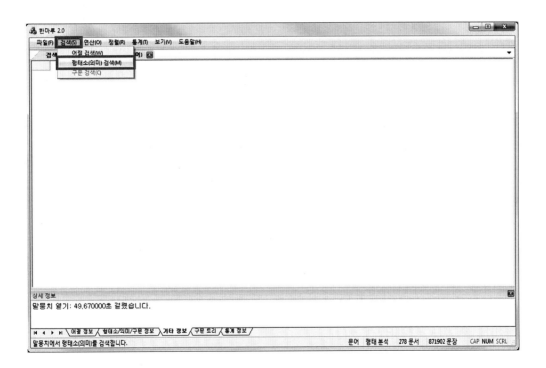

그러면 아래 그림과 같은 '형태소(의미) 검색' 창이 나타난다.

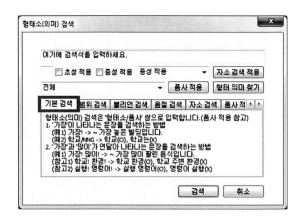

- '형태소(의미) 검색(M)' 창 불러오기
  - 상단 탭 '검색(S)' ⇨ '형태소(의미) 검색(M)'

그러면 이 화면에서 검색 키워드를 입력해 보기로 하는데, 먼저 '형태소(의미) 검색' 창의 입력 부분에 '국회'를 입력하자.

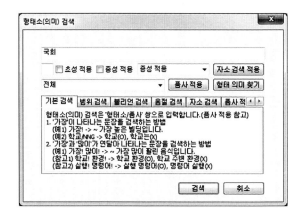

그런 다음 현재 '전체'로 설정되어 있는 '품사' 부분을 '국회'의 품사인 '일반명사'로 선택해 준다.

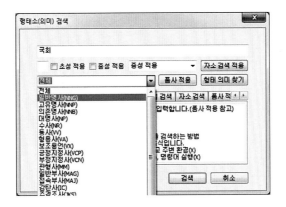

검색식을 입력하고 '품사'를 선택했다면 반드시 바로 오른쪽에 보이는 '품사적용'이라는
버튼을 클릭해 주어야 한다.

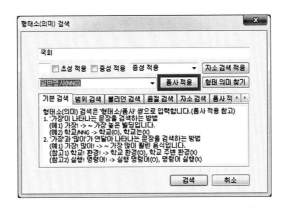

그러면 검색식에 '국회'라고 입력했던 부분에 품사 태그('/태그명')가 자동으로 들어가
면서 '국회/NNG'로 표시된다. '한마루2.0'에서 표시되는 '국회/NNG'는 '글잡이Ⅱ(색인)'
에서 '국회_〈일반명사〉'를 의미하는 것이다. 그런 다음 '검색' 버튼을 클릭한다.

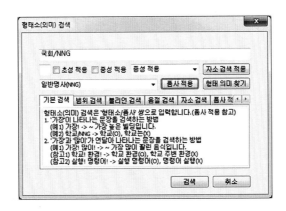

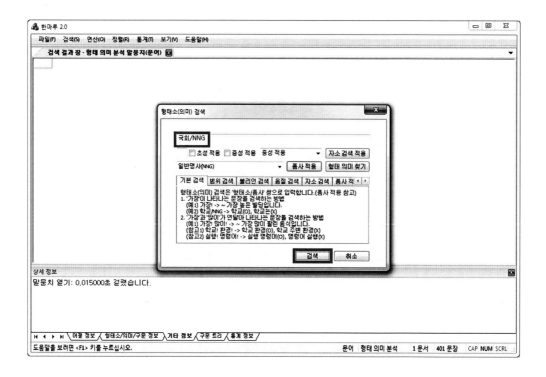

그런 다음 '검색' 버튼을 클릭하면 검색이 시작되는데, '한마루2.0' 화면에서 작업이 진행되는 창이 나타났다가 사라지면서 아래 그림과 같은 결과를 출력해 준다.

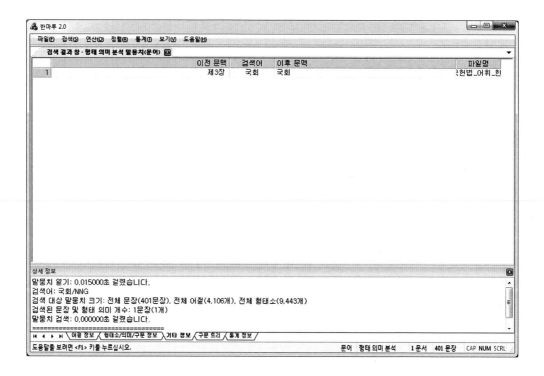

그런데 '국회/NNG'로 검색한 결과가 단 1건이 나타났다. '국회/NNG'의 검색 결과가 1건이라는 것도 의아하지만, '국회/NNG'에 '조사'나 '이다'가 결합된 용례가 검색되지 않았다. 이는 어찌된 일일까? 우리가 앞서도 계속해서 익혀 왔듯이 이것은 검색 방법의 차이에 따른 것이다. 다시금 '한마루2.0'의 메인 창의 상단 탭에서 '검색(S)'을 클릭하고 나오는 메뉴 중에 '형태소(의미) 검색(M)'을 클릭하여 '형태소(의미) 검색' 창을 불러오자.

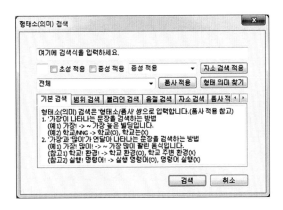

이 창의 아랫부분에 보면 검색 방법에 대해서 설명하는 여러 탭들이 보이는데, 이 중에 '품사 적용'에 대해서 설명하는 부분을 살펴보자.

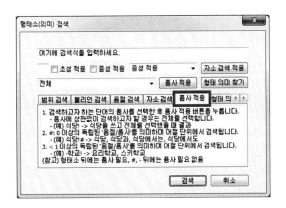

앞서 언급했듯이 '한마루2.0'에서는 검색어가 '형태소/품사'의 쌍으로 입력되어야 하는데, 화면에 보이는 '품사 적용' 메뉴를 사용하여도 되고 사용자가 해당 형태의 품사를 모를 때에는 '모든 품사'를 의미하는 '!'를 사용할 수도 있다.

• '형태 (의미) 분석 말뭉치' 검색 시 검색어 입력법
  ◦ 학교/NNG(일반 명사), 학생/NNG(일반 명사)

- 가장/MAG(일반 부사), 아주/MAG(일반 부사)
- 학교!, 학생!, 가장!, 아주!(모든 품사)

그리고 '형태소(의미) 검색' 시에 유의해야 할 것이 있는데, '글잡이Ⅱ(색인)', '한마루2.0'의 '어절 검색'과 다른 와일드카드가 여기서 제공된다는 것을 알 수 있다.

의미	원시	형태 분석	의미
0 이상	*(문자열)	#(형태)	0 이상의 독립된 '형태소/품사'의 쌍
1 이상	+(문자열)	-(형태)	1 이상의 독립된 '형태소/품사'의 쌍
모든(전체) 품사		!	

'원시 말뭉치' 검색('어절 검색')에서 '0 이상의 문자(열)'를 의미했던 '*'가 여기서는 '#'으로 바뀌었고, '1 이상의 문자(열)'를 의미했던 '+'가 여기서는 '-'로 바뀌었다. 다만, '*,+'은 일치하는 문자(열)의 의미하는 데 반하여, '#, -'는 일치하는 형태(형태소/품사, 학생/NNG)을 의미한다. 앞서 언급하였듯이 그렇다고 하여 '형태소(의미) 검색'에서 와일드카드 '*'와 '+'를 사용할 수 없는 것은 아닌데, 이들은 '검색식'에 적용되는 것이 아니라 이들이 원래 함의하는 바 그대로 '검색어(형태소)' 부분에서 사용할 수 있다. 그리고 이전에는 적용한 바가 없는 '!'가 '모든 품사(전체 품사)'를 의미하는 기호로 추가되었다. 이것은 일반적인 형식이 아니라 '한마루2.0'에서만 사용하는 형식이라는 것에 유의할 수 있도록 하자.

그렇다면 와일드카드로 검색할 때, '글잡이Ⅱ(색인)'의 '어절 검색'과 '형태소 검색'의 차이점, '글잡이Ⅱ(직접)'의 '음절 단위' 검색과 '자소 단위' 검색의 차이점, 더불어 '한마루2.0'의 '어절 검색'과 '형태소(의미) 검색'의 차이점을 이해할 수 있을 것이다.

- 와일드카드 검색 시 검색어 입력법
  - '글잡이Ⅱ(직접)': '음절 단위' 검색 ← 와일드카드 '*,+' 사용
  - '글잡이Ⅱ(직접)': '자소 단위' 검색 ← 와일드카드 '*,+' 사용
  - '글잡이Ⅱ(색인)': '어절 검색' ← 와일드카드 '*,+' 사용
  - '글잡이Ⅱ(색인)': '형태소 검색' ← **와일드카드 '*,+' 사용할 수 없음.**
  - '한마루2.0(원시)': '어절 검색' ← 와일드카드 '*,+' 사용
  - '한마루2.0(형태소)': '형태소 검색' ← **와일드카드 '#, -' 사용, '!' 사용(검색식)**
                        ※**와일드카드 '*,+' 사용(검색어 부분에서)**

그리고 이 중에서 '글잡이 II (색인)'의 '형태소 검색'과 '한마루2.0(형태소)'의 '형태소 검색'을 비교해 보면 아래와 같다.

- '글잡이 II (색인)'의 '형태소 검색' 방법
  - 학교_〈일반명사〉 ← 검색 성공
  - *학교_〈일반명사〉, 학교_〈일반명사〉* ← 검색 **실패**
  - *학교_〈일반명사〉* ← 검색 **실패**

- '한마루2.0'의 '형태소(의미) 검색' 방법
  - 학교/NNG ← 검색 성공
  - #학교/NNG, 학교/NNG#, #학교/NNG# ← 검색 성공
  - *학교/NNG, 학교*/NNG ← 검색 성공
  - #*학교/NNG, *학교/NNG#, #학교*/NNG, 학교*/NNG# ← 검색 성공
  - 학교#/NNG ← 검색 **실패**

이 둘의 대표적인 차이는 '글잡이 II (색인)'에서는 와일드카드를 사용할 수 없다는 것이고, '한마루2.0(형태소)'에서는 와일드카드를 사용할 수 있다는 것이다. 여기서 주의할 것은 '검색어'와 '품사 태그' 사이에 와일드카드 '#, –'를 넣을 수 없고, '형태소(검색어)/품사 태그'의 앞과 뒤에만 와일드카드를 넣을 수 있다는 것이다. 예를 들어 '학교장' 등의 어형을 검색하기 위하여 '검색어'와 '품사 태그' 사이에 형태를 의미하는 와일드카드 '#, –'를 넣어 '학교#/NNG'와 같이 검색할 수 없고, '학교*/NNG'와 같이 문자(열)를 의미하는 와일드카드 '*,+'를 넣어 검색해야 한다. 또 '중학교', '대학교'와 같은 사례를 찾기 위해서는 '#학교/NNG'와 같이 검색하는 것이 아니라 '*학교/NNG', '#*학교/NNG'와 같이 검색해야 한다. 이러한 차이 등에 유의하며 '한마루2.0'에서 '형태소 검색'을 진행해 보자.

따라서 '국회는, 국회가, 국회를, 국회에, 국회이다'와 같은 결합형들을 검색하기 위하여 와일드카드 '#'를 검색어 양쪽에 입력하여 검색해 보기로 한다. '형태소(의미) 검색'에서 기호 '#'를 검색어 양쪽에 붙여 사용하면 한 어절 내에서 '국회/NNG'라는 형태 앞뒤로 '0'개 이상의 다른 형태가 있는 것을 검색하라는 의미가 된다.

그러면 다시 '한마루2.0' 메인 창의 상단 탭에서 '검색(S)'을 클릭하고 나오는 메뉴 중에 '형태소(의미) 검색(M)'을 클릭하여, 검색창을 불러오자.

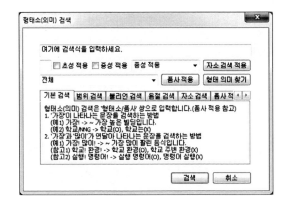

- '형태소(의미) 검색(M)' 창 불러오기
  - 상단 탭 '검색(S)' ⇨ '형태소(의미) 검색(M)'

그러면 검색 키워드를 입력해야 하는데, '형태소(의미) 검색' 창의 입력 부분에 다시 '국회'를 입력하자.

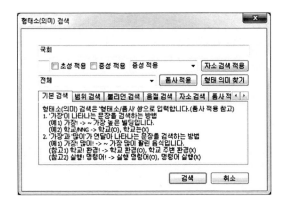

그런 다음 '국회'의 품사(일반 명사)를 알고 있고 그 '태그'(NNG)를 알고 있는 사람은 '슬래시'(/)와 '태그'(NNG)를 '국회' 다음에 '국회/NNG'처럼 입력해 준다. 만약 '국회'의 품사(일반 명사)나 적용되는 태그(NNG)를 알지 못한다면 '품사 적용' 버튼 전에 보이는 '▼'를 클릭해 보자. 그러면 아래 그림처럼 '형태 (의미) 분석 말뭉치'에 적용되어 있는 모든 품사 태그가 나타나는데 검색어 '국회'에 해당하는 품사를 선택해 주면 된다.

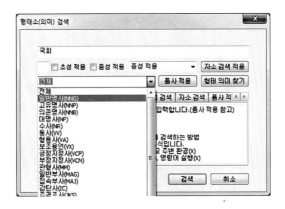

‘국회’는 ‘일반 명사’이므로 ‘일반명사(NNG)’를 선택하고 오른쪽에 보이는 ‘품사 적용’ 버튼을 클릭한다. 만약 이때 검색어의 품사를 모르겠다면 품사 메뉴 중 ‘전체’를 선택하고 오른쪽에 보이는 ‘품사 적용’ 버튼을 클릭하면 되는데, 그러면 ‘국회’에 기호 '!'가 삽입된다.

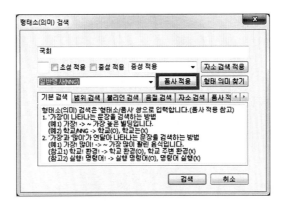

그러면 아래 그림처럼 ‘검색식’에 ‘국회’에 ‘/NNG’가 삽입된 것을 확인할 수 있다.

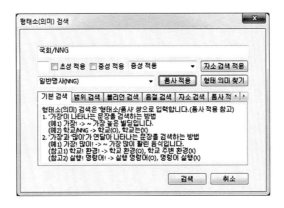

그런 다음 검색식 부분에 입력된 '국회/NNG'의 양 옆에 '국회'의 '조사', '이다' 결합형을 검색하기 위하여 기호 '#'을 입력해 주자. 이때의 기호 '#'은 형태 0개 이상을 의미한다.

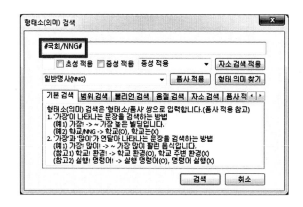

이렇게 검색식에 검색어를 입력하였다면 마지막으로 '검색' 버튼을 클릭한다.

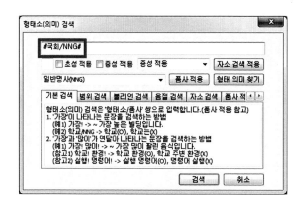

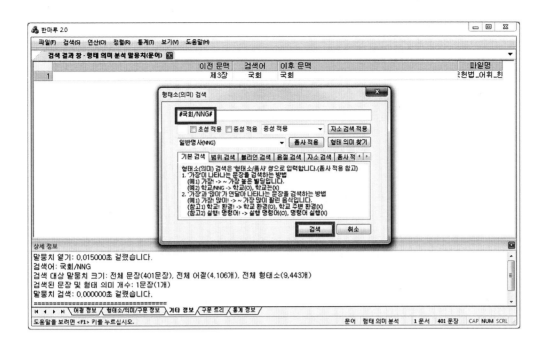

그러면 검색어 '#국회/NNG#'에 대한 진행 과정을 보여 주는 창이 나타나면서, 검색 진행 과정을 보여 준다. 검색 결과의 출력 과정이 끝나면 진행 과정을 보여 주는 팝업창이 사라지면서 아래 그림과 같은 검색 결과를 보여 준다.

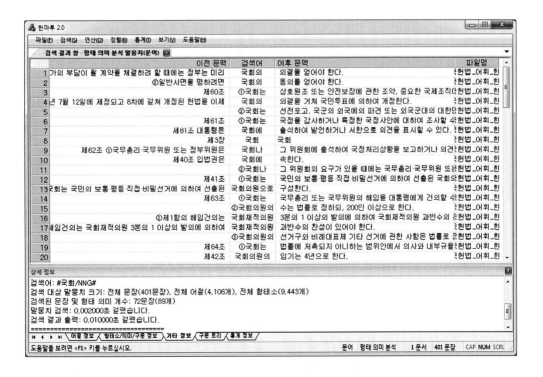

그런 다음 검색 창 오른쪽 막대(bar)를 내려서 화면의 가장 아래쪽으로 내려가 보자.

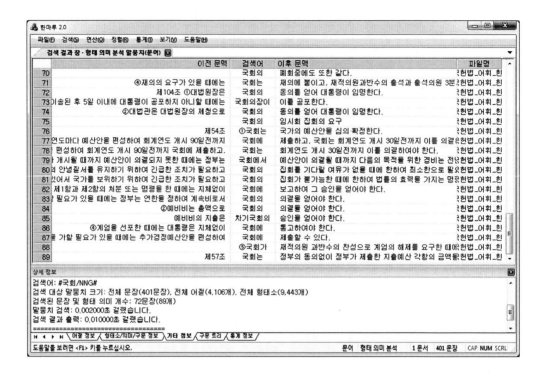

가장 왼쪽에 보이는 일련번호가 '89'인 것으로 보아, 형태 (의미) 분석 말뭉치 전체에서 나타난 '국회'의 전체 빈도는 89어절이라고 생각할 수 있겠다. 아니 좀 더 정확히 말하자면, '형태소(의미) 검색' 창에서 '#국회/NNG#'으로 검색한 결과, 전체 말뭉치에서 한 어절 안에 '국회'가 포함된 어절이 총 89번 나타났다는 것이 더 정확할 것이다. '#국회/NNG#'의 검색 결과는 '국회/NNG'의 앞뒤에 형태가 0개 이상 있는 것을 모두 출력한 것이다. 따라서 앞서 '국회/NNG'로 검색한 결과가 1어절이었다는 것을 상기해 본다면 이제는 '국회'가 포함된 어절을 제대로 검색한 것이라 생각할 수 있을 것이다.

다음으로 이 자료를 '검색어' 부분을 중심으로 정렬해 보자. 그림에서 '검색어'로 된 부분에 마우스 포인터를 놓고 마우스 오른쪽 버튼을 클릭하면 아래 그림처럼 두 가지의 정렬 메뉴가 나타난다.

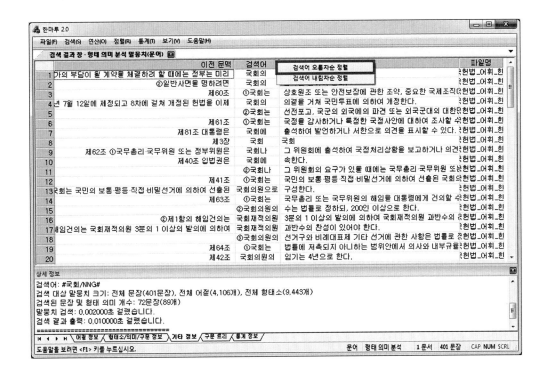

　여기서 오름차순으로 정렬하고자 한다면 '검색어 오름차순 정렬'을 클릭하고, 내림차순으로 정렬하고자 한다면 '검색어 내림차순 정렬'을 클릭한다. 우리는 보통 한글로 된 자료를 오름차순으로 정렬하기 때문에 '검색어 오름차순 정렬'을 클릭하여 정렬하도록 한다. 그러면 시간이 조금 걸린 뒤에 '검색어'를 중심으로 정렬(sort)된 결과를 확인할 수 있다.

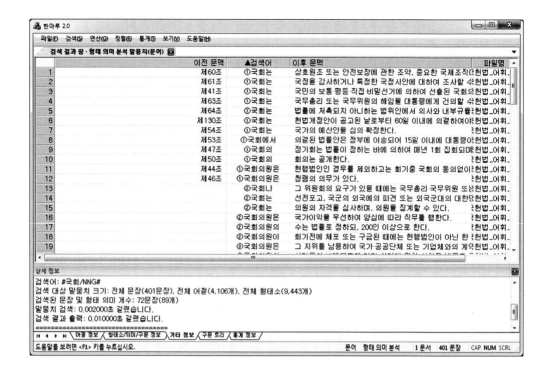

    '검색어' 부분으로 오름차순 정렬을 하면 오름차순으로 정렬했다는 정보가 '검색어' 부분에 '▲검색어'로 표시되면서 검색된 모든 자료가 정렬되어 나타난다. 간혹 '검색어' 부분의 어절이 너무 길어 현재의 화면으로 잘 보이지 않을 수 있으니 '검색어' 부분의 양 옆에 있는 'ㅣ'를 충분히 늘여 줄 수 있도록 하자.

    그런 다음 화면의 오른쪽 막대(bar)를 내려가면서 '국회'의 용례를 천천히 살펴보자. 그러면 '국회' 다음에 조사가 결합된 용례를 확인할 수 있다. 따라서 '국회/NNG'로 검색하면 '국회'가 단독으로 나타난 어절만 검색해 내고 '#국회/NNG#'으로 검색하면 '국회/NNG'가 포함된 모든 어절을 검색해 낸다는 것을 이해할 수 있을 것이다.

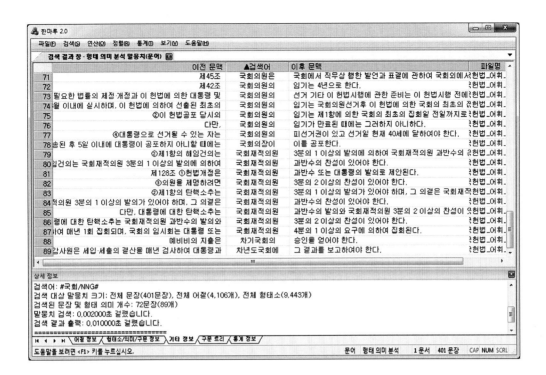

다음으로 와일드카드 '-'를 넣어서 '-국회/NNG-'로도 검색해 보자. '형태소(의미) 검색'
에서 기호 '-'를 검색어 양쪽에 붙여 사용하면 한 어절 내에서 '국회/NNG'라는 형태 앞뒤
로 '1'개 이상의 다른 형태가 있는 것을 검색하라는 의미가 된다.

그 외에도 사이시옷이 들어간 일반 명사 등을 추출할 수 있도록 '형태/태그'의 검색어
형식에서 검색어의 '형태' 부분에 자소 검색을 지원하므로, 연구자가 이를 유용하게 활용
할 수 있을 것이다.

이들에 대한 실제 검색은 생략하기로 한다.

마지막으로 특정 범주에 대한 검색 방법에 대해서 살펴보기로 한다. 현재 '한마루2.0'
화면의 상단 탭에서 '검색(S)'을 클릭하고 나오는 메뉴 중에 '형태소(의미) 검색(M)'을 클릭
하여 '형태소(의미) 검색' 창을 불러오자.

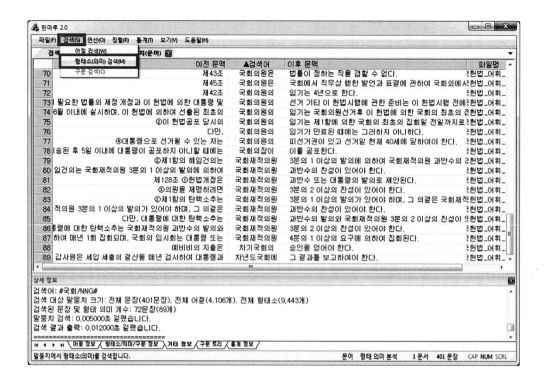

그러면 아래 그림과 같이 '형태소(의미) 검색' 창이 나타난다.

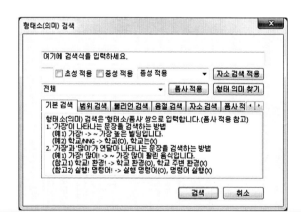

- '형태소(의미) 검색(M)' 창 불러오기
  - 상단 탭 '검색(S)' ⇨ '형태소(의미) 검색(M)'

그러면 검색식에 검색 키워드를 입력해야 하는데, 이번에는 '대한민국헌법'에서 나타나는 전체 동사의 검색 방법에 대해 알아보기로 하자. 특정 동사가 아니라 전체 동사이기 때문에 어떠한 형태의 키워드를 입력할 수는 없다. 따라서 어떠한 것이 나타날지 모르기 때문에 검색어의 '형태' 부분에 입력되는 것으로서 와일드카드 '*'나 '+'를 입력한다. 여기서는 '*'를 입력하도록 하자.

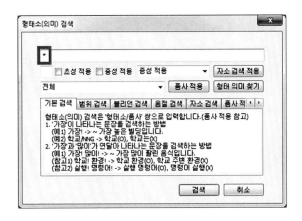

그런 다음 우리가 동사를 검색할 것이기 때문에 말뭉치의 동사 태그를 알고 있는 사람은 '슬래시'(/)와 '태그'(VV)를 '*' 다음에 '*/VV'처럼 입력해 준다. 만약 동사의 태그(VV)를 알지 못한다면 '품사 적용' 버튼 전에 보이는 '▼'를 클릭해 보자. 그러면 아래 그림처럼 '형태 (의미) 분석 말뭉치'에 적용되어 있는 모든 품사 태그가 나타나는데 검색어 동사의 품사를 선택해 주면 된다.

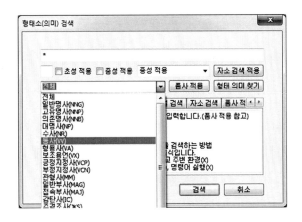

품사를 '동사(VV)'로 선택했다면 바로 오른쪽에 보이는 '품사 적용' 버튼을 클릭한다.

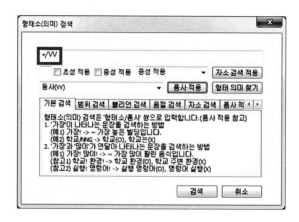

그러면 아래 그림처럼 '검색식'에 '*'에 '/VV'가 삽입된 것을 확인할 수 있다.

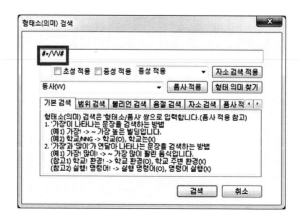

그런 다음 검색식 부분에 입력된 '*/VV'의 양 옆에 동사에 '어미'가 결합된 여러 활용형을 검색하기 위하여 기호 '#'을 입력해 주자. 이때의 기호 '#'은 형태 0개 이상을 의미한다.

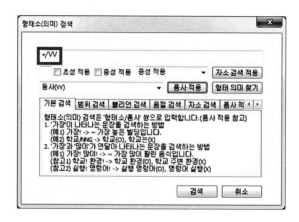

이렇게 검색식에 검색어를 입력하였다면 마지막으로 '검색' 버튼을 클릭한다.

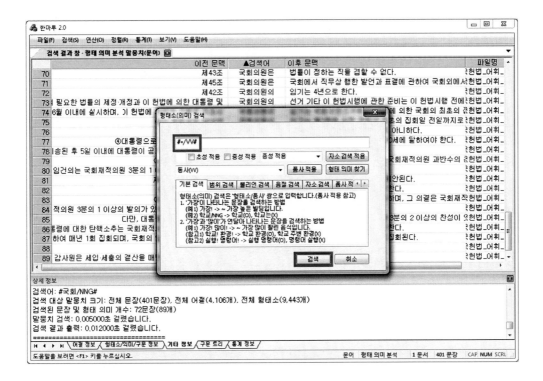

그러면 검색어 '#*/VV#'에 대한 진행 과정을 보여 주는 창이 나타나면서, 검색 진행 과정을 보여 준다. 검색 결과의 출력 과정이 끝나면 진행 과정을 보여 주는 팝업창이 사라지면서 아래 그림과 같은 검색 결과를 보여 준다.

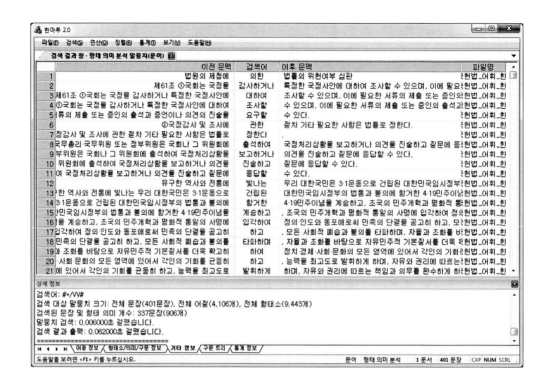

그런 다음 검색 창 오른쪽 막대(bar)를 내려서 화면의 가장 아래쪽으로 내려가 보자.

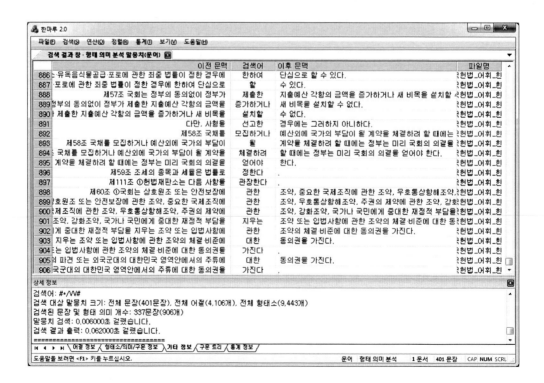

가장 왼쪽에 보이는 일련번호가 '906'인 것으로 보아, 형태 (의미) 분석 말뭉치 전체에서 나타난 품사 '동사'의 전체 빈도는 906어절이라고 생각할 수 있겠다. 아니 좀 더 정확히 말하자면, '형태소(의미) 검색' 창에서 '#*/VV#'으로 검색한 결과, 전체 말뭉치에서 한 어절 안에 동사가 포함된 어절이 총 906번 나타났다는 것이 더 정확할 것이다. '#*/VV#'의 검색 결과는 '*/VV'의 앞뒤에 형태가 0개 이상 있는 것을 모두 출력한 것이다.

다음으로 이 자료를 '검색어' 부분을 중심으로 정렬해 보자. 그림에서 '검색어'로 된 부분에 마우스 포인터를 놓고 마우스 오른쪽 버튼을 클릭하면 아래 그림처럼 두 가지의 정렬 메뉴가 나타난다.

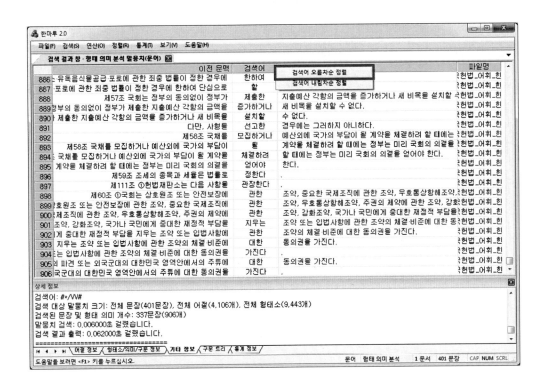

여기서 오름차순으로 정렬하고자 한다면 '검색어 오름차순 정렬'을 클릭하고, 내림차순으로 정렬하고자 한다면 '검색어 내림차순 정렬'을 클릭한다. 우리는 보통 한글로 된 자료를 오름차순으로 정렬하기 때문에 '검색어 오름차순 정렬'을 클릭하여 정렬하도록 한다. 그러면 시간이 조금 걸린 뒤에 '검색어'를 중심으로 정렬(sort)된 결과를 확인할 수 있다.

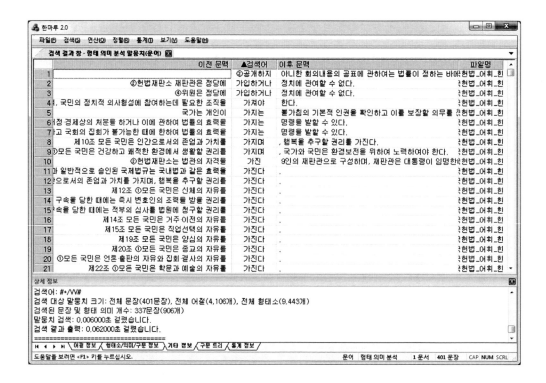

　'검색어' 부분으로 오름차순 정렬을 하면 오름차순으로 정렬했다는 정보가 '검색어' 부분에 '▲검색어'로 표시되면서 검색된 모든 자료가 정렬되어 나타난다. 간혹 '검색어' 부분의 어절이 너무 길어 현재의 화면으로 잘 보이지 않을 수 있으니 '검색어' 부분의 양 옆에 있는 'Ⅰ'를 충분히 늘여 줄 수 있도록 하자.

　그런 다음 화면의 오른쪽 막대(bar)를 내려가면서 동사의 용례를 천천히 살펴보자. 그러면 '대한민국헌법' 자료에 사용된 다양한 동사의 유형을 확인할 수 있다.

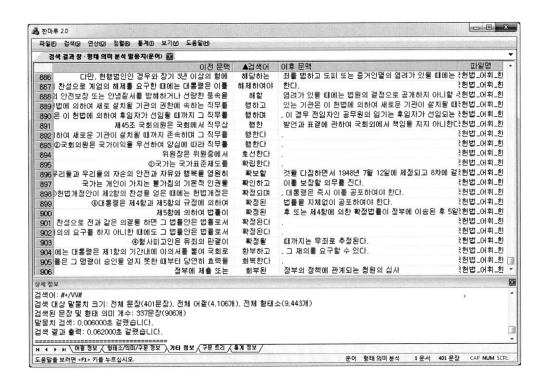

이렇듯 '한마루2.0'에서는 '형태/태그'의 검색어 형식에서 검색어의 '형태' 부분에 자소 검색과 와일드카드 검색 등을 지원하므로, 연구 목적에 맞게 적재적소에 활용할 수 있을 것이다.

이들에 대한 실제 검색은 생략하기로 한다.

2.2.5. 형태 의미 검색

다음으로 여기서는 우리가 현재 다루고 있는 '형태 의미 분석 말뭉치'에 부합하는 '형태소(의미) 검색'을 시도해 보기로 한다. 먼저 '한마루2.0'을 다시 실행하자. 그런 다음 말뭉치의 종류를 '형태 의미 분석 말뭉치'로 선택하여 '대한민국헌법_어휘_한마루(.txt)' 파일을 불러오자.

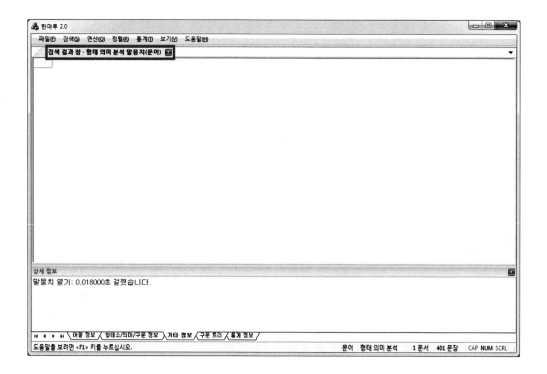

그러면 먼저 메인 창의 상단 탭에서 '검색(S)'을 클릭하고 나오는 메뉴 중에 '형태소(의미) 검색(M)'을 클릭하여 '형태소(의미) 검색' 창을 불러오자.

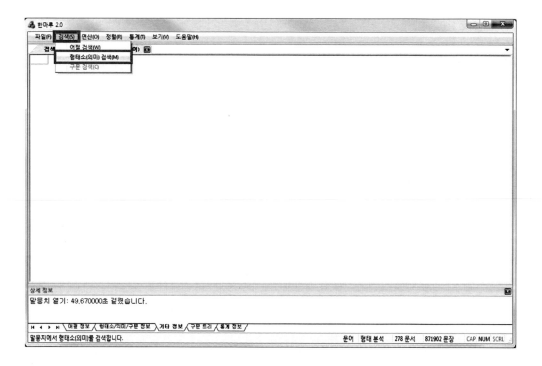

그러면 아래 그림과 같이 '형태소(의미) 검색' 창이 나타난다.

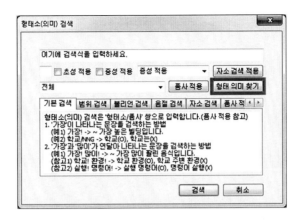

• '형태소(의미) 검색(M)' 창 불러오기
  ◦ 상단 탭 '검색(S)' ⇨ '형태소(의미) 검색(M)'

그러면 검색식에 검색 키워드를 입력해야 하는데, '형태소 의미 검색'을 하기 위해서는 '형태소 검색' 때와 달리 검색 키워드를 먼저 입력하지 않고 바로 '형태 의미 찾기' 버튼을 클릭한다. 그러면 아래 그림과 같이 '형태 의미 찾기' 창이 나타난다.

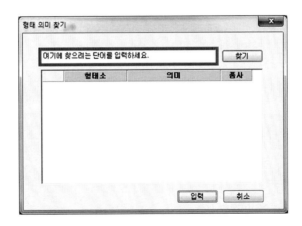

그러면 여기서 검색 키워드를 입력해야 하는데, "여기에 찾으려는 단어를 입력하세요." 라는 문구가 보이는 입력 부분에 '국가'를 입력하고 '찾기' 버튼을 클릭하자.

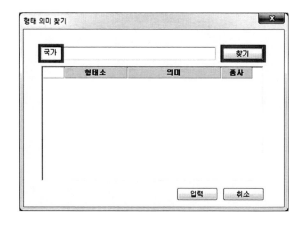

그러면 아래 그림과 같이 '(세종) 형태 의미 분석 말뭉치'에 반영된 모든 '국가'의 동형어 정보가 나타난다. 여기서 '국가'의 의미는 사용자의 편의를 위하여 '의미' 부분에 한자 정보와 같이 이들을 구분할 수 있는 정보가 제시되어 있다.

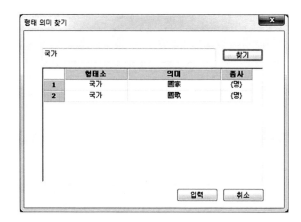

여기서 연구자가 검색하고자 하는 동형어를 선택해 주면 된다. 먼저 『표준국어대사전』에서 표제어 '국가'에 대한 정보를 확인해 보자.

• 『표준국어대사전』의 인터넷판(현재)

  *국가01(國家)「명사」

  일정한 영토와 거기에 사는 사람들로 구성되고, 주권(主權)에 의한 하나의 통치 조직을 가지고 있는 사회 집단. 국민·영토·주권의 삼요소를 필요로 한다.

  ¶ 새로운 국가의 건설을 위하여 노력하다.

*국가02(國歌)「명사」

나라를 대표·상징하는 노래. 그 나라의 이상이나 영예를 나타내며 주로 식전(式典)에서 연주·제창한다.

¶ 각 나라의 국가를 연주하다/어린 학생들이 국악대의 취주에 맞추어 국가를 불렀다. ≪이원규, 훈장과 굴레≫

여기서 우리가 검색하고자 하는 것은 '국가01'의 '國家'이다.163) 따라서 '국가(國家)'를 의미하는 첫 번째의 '국가'를 선택하고 '입력' 버튼을 클릭하자.

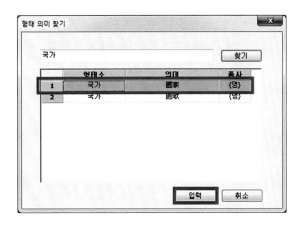

그러면 아래 그림에서 보는 바와 같이 '형태소(의미) 검색' 창의 검색식에 '국가__01/NNG'라는 키워드가 자동으로 삽입된다. 만약 '세종 말뭉치'와 『표준국어대사전』의 사용에 익숙한 사람이라면 키워드 '국가__01/NNG'를 손으로 바로 입력해도 된다.

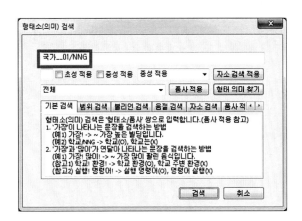

163) 물론 '대한민국헌법'에는 '애국가'를 의미하는 '국가'가 잘 나타나지 않을 것으로 예상된다.

그런 다음 '국가는, 국가가, 국가를, 국가에, 국가(이)다'와 같은 결합형들을 검색하기 위하여 와일드카드 '#'를 검색어 양쪽에 삽입하여 검색식을 아래 그림처럼 '#국가_01/NNG#'과 같이 입력한 다음 '검색' 버튼을 클릭한다.

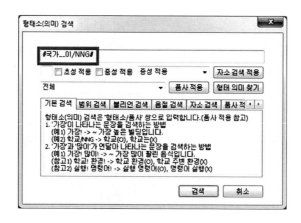

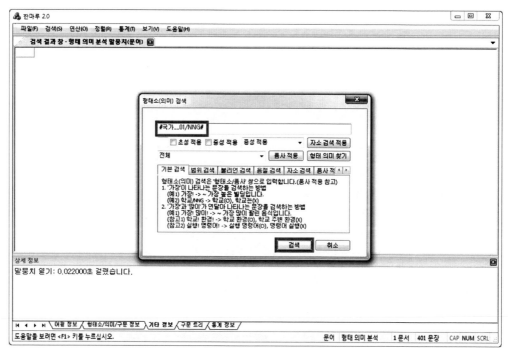

그러면 검색어 '#국가_01/NNG#'에 대한 진행 과정을 보여 주는 창이 나타나면서, 검색 진행 과정을 보여 준다. 검색 결과의 출력 과정이 끝나면 진행 과정을 보여 주는 팝업창이 사라지면서 아래 그림과 같은 검색 결과를 보여 준다.

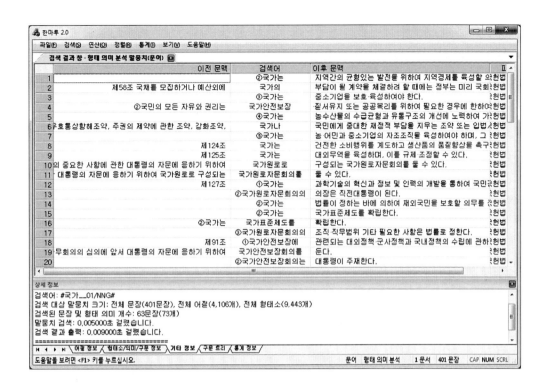

그런 다음 검색 창 오른쪽 막대(bar)를 내려서 화면의 가장 아래쪽으로 내려가 보자.

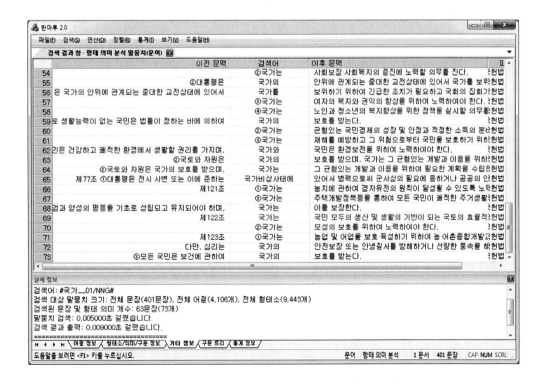

가장 왼쪽에 보이는 일련번호가 '73'인 것으로 보아, 형태 의미 분석 말뭉치 전체에서 나타난 '국가'의 전체 빈도는 73어절이라고 생각할 수 있겠다. 아니 좀 더 정확히 말하자면, '형태소(의미) 검색' 창에서 '#국가_01/NNG#'으로 검색한 결과, 전체 말뭉치에서 한 어절 안에 '나라'를 뜻하는 '국가(國家)'가 포함된 어절이 총 73번 나타났다는 것이 더 정확할 것이다. '#국가_01/NNG#'의 검색 결과는 '국가_01/NNG'의 앞뒤에 형태가 0개 이상 있는 것을 모두 출력한 것이다.

다음으로 이 자료를 '검색어' 부분을 중심으로 정렬해 보자. 그림에서 '검색어'로 된 부분에 마우스 포인터를 놓고 마우스 오른쪽 버튼을 클릭하면 아래 그림처럼 두 가지의 정렬 메뉴가 나타난다.

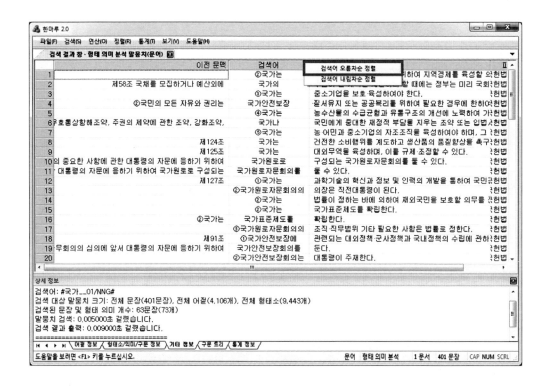

여기서 오름차순으로 정렬하고자 한다면 '검색어 오름차순 정렬'을 클릭하고, 내림차순으로 정렬하고자 한다면 '검색어 내림차순 정렬'을 클릭한다. 우리는 보통 한글로 된 자료를 오름차순으로 정렬하기 때문에 '검색어 오름차순 정렬'을 클릭하여 정렬하도록 한다. 그러면 시간이 조금 걸린 뒤에 '검색어'를 중심으로 정렬(sort)된 결과를 확인할 수 있다.

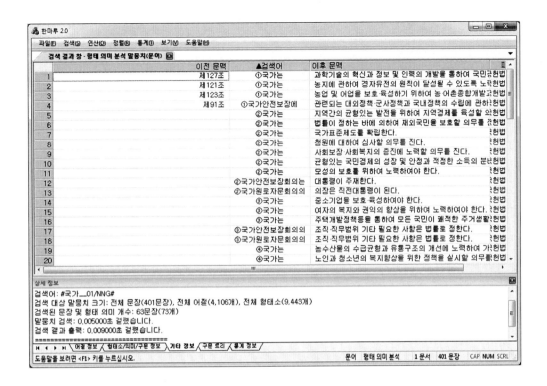

'검색어' 부분으로 오름차순 정렬을 하면 오름차순으로 정렬했다는 정보가 '검색어' 부분에 '▲검색어'로 표시되면서 검색된 모든 자료가 정렬되어 나타난다. 간혹 '검색어' 부분의 어절이 너무 길어 현재의 화면으로 잘 보이지 않을 수 있으니 '검색어' 부분의 양 옆에 있는 'l'를 충분히 늘여 줄 수 있도록 하자.

그런 다음 화면의 오른쪽 막대(bar)를 내려가면서 '국가(國家)'의 용례를 천천히 살펴보자. 그러면 '국가' 다음에 조사가 결합된 용례를 확인할 수 있다. 따라서 '국가＿01/NNG'로 검색하면 '국가(國家)'가 단독으로 나타난 어절만 검색해 내고 '#국가＿01/NNG#'으로 검색하면 '국가＿01/NNG'가 포함된 모든 어절을 검색해 낸다는 것을 이해할 수 있을 것이다.

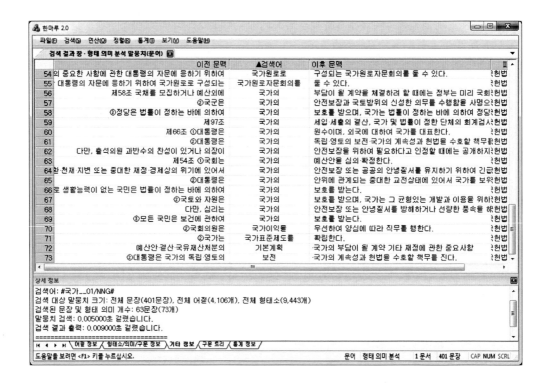

다음으로 '한마루2.0'에서는 역시 '형태/태그'의 검색어 형식에서 검색어의 '형태' 부분에 와일드카드를 이용한 여러 가지 검색을 지원하기 때문에 연구자가 다양하게 활용할 수 있을 것이다. 여기서는 이들에 대한 실제 검색은 생략하기로 한다.

2.2.6. 통계 내기

여기서는 연구자 자신이 직접 만든 말뭉치로 '한마루2.0'에서 통계를 산출하는 방법에 대해서 살펴보기로 한다. 앞서 살핀 검색 결과의 빈도수가 바로 '검색 빈도'이므로 여기서는 말뭉치 전체의 빈도인 '전체 빈도'에 대해서 살펴볼 것이다. 먼저 '한마루2.0'을 다시 실행하자. 그런 다음 말뭉치의 종류를 '형태 의미 분석 말뭉치'로 선택하여 '대한민국헌법_어휘_한마루(.txt)' 파일을 불러오자.

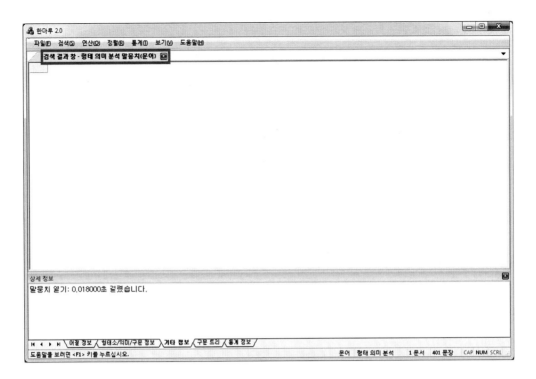

여기서 잠시 '한마루2.0'에서 제공하는 통계 정보에 대해서 알아보도록 하자. '한마루2.0' 의 '통계(T)' 메뉴를 클릭해 보면 '검색 결과 통계(R)'와 '말뭉치 통계(C)'를 확인할 수 있는 데, 첫 번째 수준에 해당하는 이들 검색에서 '검색 결과 통계(R)'는 현재 검색되어 있는 결과에 대한 통계이며, '말뭉치 통계(C)'는 현재 읽어 들인 말뭉치 전체에 대한 통계이다. 따라서 사용자가 필요에 따라서 선택하여 통계 정보를 얻을 수 있다.

아래는 '검색 결과 통계(R)'의 수준별 통계의 유형을 정리한 것이다.

• 검색 결과 통계(R)

	1수준	2수준	3수준	4수준
통계	검색 결과 통계(R)	어절(W)	전체 통계(A)	어절 통계(W) 음절 통계(S) 자소 통계(P)
			파일별 통계(F)	어절 통계(W) 음절 통계(S) 자소 통계(P)
			장르별 통계(G)	어절 통계(W) 음절 통계(S) 자소 통계(P)
		형태소(M)	전체 통계(A)	형태소 통계(M) 형태 의미 통계(S)
			파일별 통계(F)	형태소 통계(M) 형태 의미 통계(S)
			장르별 통계(G)	형태소 통계(M) 형태 의미 통계(S)
		연어 구성어(O)		어절(W) 형태소(M) 형태 의미(S)
		연어(P)		어절(W) 형태소(M) 형태 의미(S)
		구문(C)		검색 구문 구조(R) 삼각 구조(T) 모든 노드(A) 최상위 노드(M) 최하위 노드(B)

다음은 '말뭉치 통계(C)'의 수준별 통계의 유형을 정리한 것이다.

・말뭉치 통계(C)

	1수준	2수준	3수준	4수준
통계	말뭉치 통계(C)	어절(W)	전체 통계(A)	어절 통계(W) 음절 통계(S) 자소 통계(P)
			파일별 통계(F)	어절 통계(W) 음절 통계(S) 자소 통계(P)
			장르별 통계(G)	어절 통계(W) 음절 통계(S) 자소 통계(P)
		형태소(M)	전체 통계(A)	형태소 통계(M) 형태 의미 통계(S)
			파일별 통계(F)	형태소 통계(M) 형태 의미 통계(S)
			장르별 통계(G)	형태소 통계(M) 형태 의미 통계(S)

그리고 말뭉치의 유형별로 얻을 수 있는 통계 정보를 정리하면 아래와 같다.

・말뭉치별 가능 통계 정보

말뭉치의 종류	어절(W)	형태소(M)	연어(구성어)	의미(S)	구문(C)
원시 말뭉치	자소,음절,어절	×	×	×	×
형태 분석 말뭉치	자소,음절,어절	형태	형태	×	×
형태 의미 분석 말뭉치	자소,음절,어절	형태	형태(의미)	의미	×
구문 분석 말뭉치	자소,음절,어절	형태	형태(의미)	의미	구문

따라서 현재 읽어 들인 '형태 의미 분석 말뭉치'에서는 '자소, 음절, 어절, 형태, 연어, 형태(의미)'에 대한 통계를 확인할 수 있다.

여기서 우리는 '말뭉치 통계(C)'에 대해서 살펴볼 터인데, 그 중에서 '의미(S)' 빈도에 대해서 살펴보고자 한다. 나머지 통계 산출 방법은 메뉴를 선택해 가며 직접 연습해 보도록 하자.

먼저 '한마루2.0'의 상단 메뉴에서 '통계(T)'를 선택한 다음 나오는 메뉴 중에서 다시 '말뭉치 통계(O)'를 선택하면 '어절(W), 형태소(M)'의 통계 메뉴가 나타난다.

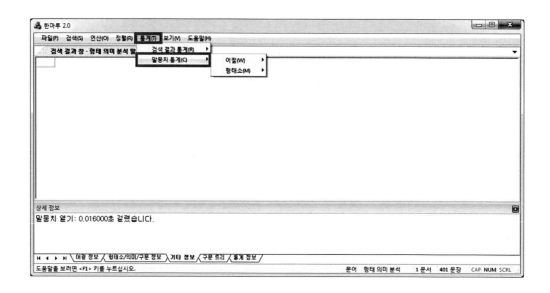

이 중에서 '말뭉치 통계(C)'를 선택한 후에 '형태소(M)'를 선택한다. 그러면 다시 메뉴인 '전체 통계(A), 파일별 통계(F), 장르별 통계(G)'라는 메뉴가 나타나는데 이 중에 '전체 통계(A)'를 선택한다. 그러면 마지막으로 다시 '형태소 통계(M)'와 '형태 의미 통계(S)'라는 메뉴가 나타나는데, 현재 읽어 들인 말뭉치가 '형태 의미 분석 말뭉치'이므로 '형태 의미 통계(S)'를 선택하자.

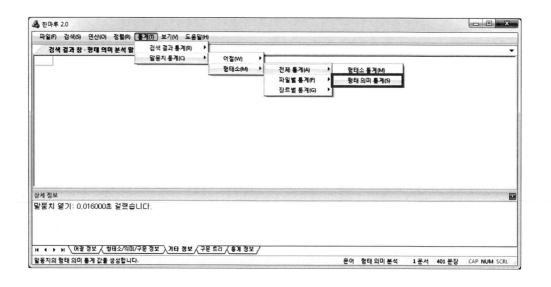

'형태 의미 통계(S)'를 선택하면 아래와 같이 통계 정보를 생성하는 과정을 보여 주는 팝업창이 나타나서, 그 진행 과정을 보여 준다.

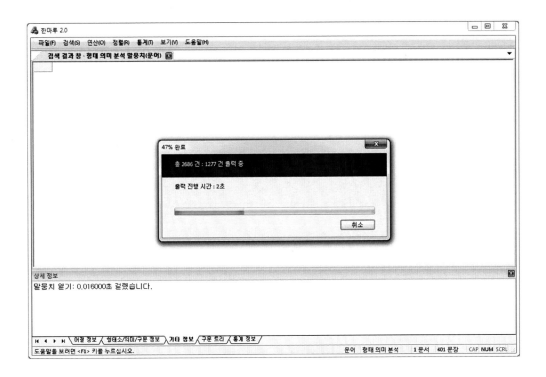

통계 정보 출력 진행 과정이 끝나면 아래 그림과 같이 "통계 생성을 완료하였습니다."라는 문구가 보이는 알림창이 나타나면서, 형태 의미 통계 결과 생성이 완료된다.

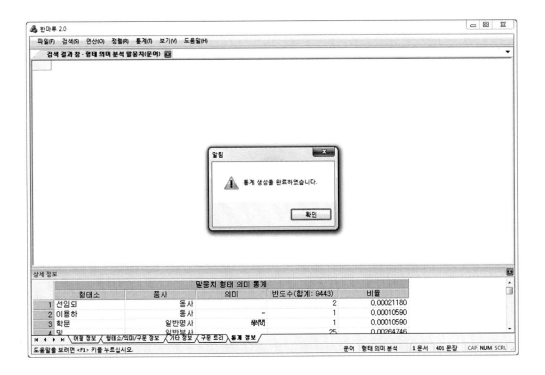

그런 다음 알림창의 '확인' 버튼을 클릭하자. 그러면 전체 화면에서 아래 '상세 정보'의 '통계 정보'라는 탭에 '말뭉치 형태 의미 통계'를 확인할 수 있다. 다만 아래 '상세 정보' 부분이 작아서 통계 정보를 확인하기가 어렵게 되어 있으므로, '상세 정보' 부분의 상단 가로 줄을 마우스 왼쪽 버튼으로 선택한 다음 위쪽으로 움직여 보자. 통계 정보를 넉넉히 확인할 수 있을 만큼 움직이면 된다.

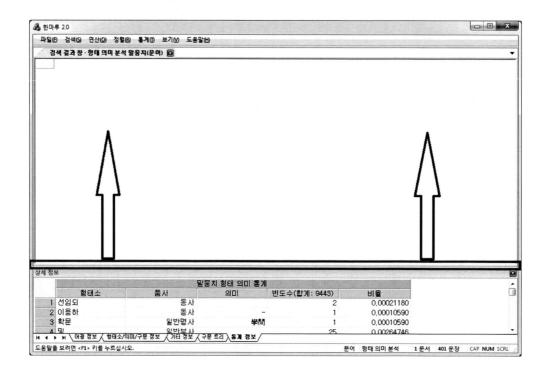

그러면 아래 그림에서 보듯이 전체 화면에서 아래 '상세 정보'의 '통계 정보'라는 탭에 '말뭉치 형태 의미 통계'를 넉넉히 확인할 수 있다.

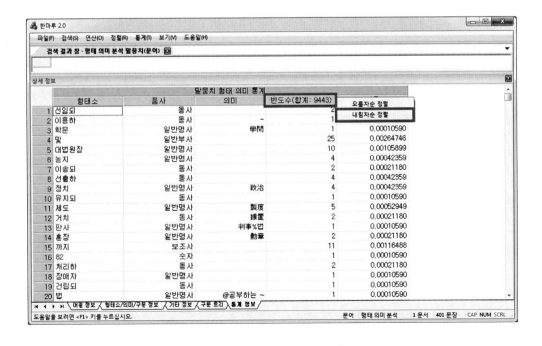

통계 정보 화면을 보면 검색 결과의 형태 의미 통계가 보이는데 '빈도수' 부분을 보면 빈도가 정리되어 있지 않다. 따라서 이 부분을 기준으로 정렬할 필요가 있다. 따라서 이 자료를 '빈도수' 부분을 중심으로 정렬해 보자. 즉 '빈도수'로 된 부분에 마우스 포인터를 놓고 마우스 오른쪽 버튼을 클릭해서 나오는 메뉴 중에 '내림차순 정렬'을 선택해 보자.

그러면 아래 그림과 같이 '빈도수'를 기준으로 '내림차순'으로 정렬된 통계 결과를 확인할 수 있다.

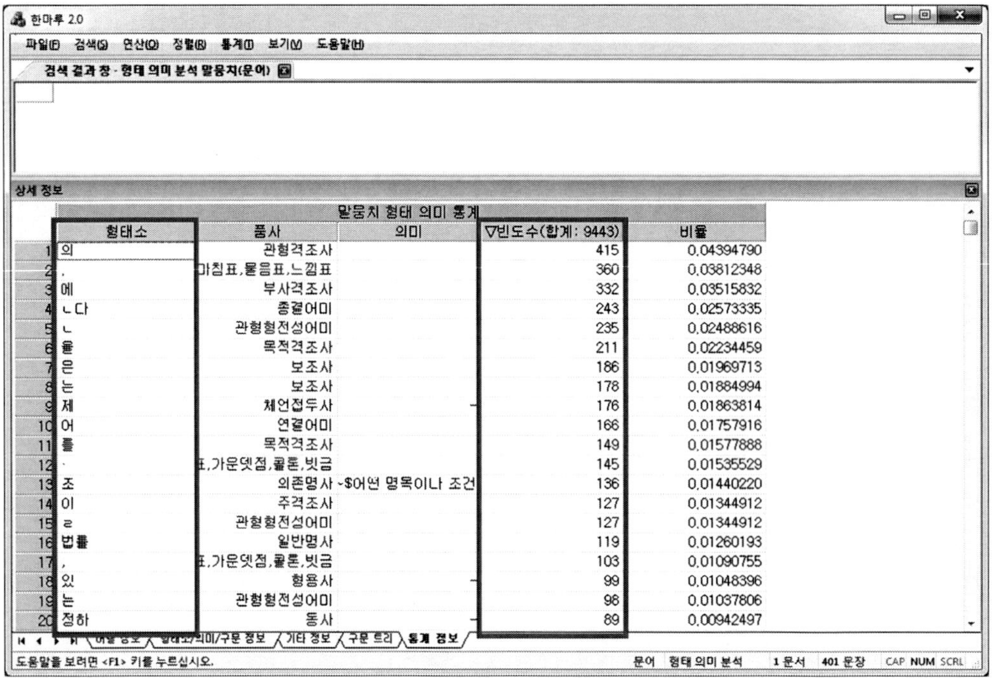

	말뭉치 형태 의미 통계				
	형태소	품사	의미	▽빈도수(합계: 9443)	비율
1	의	관형격조사		415	0.04394790
2	.	마침표,물음표,느낌표		360	0.03812348
3	에	부사격조사		332	0.03515832
4	ㄴ다	종결어미		243	0.02573335
5	ㄴ	관형형전성어미		235	0.02488616
6	을	목적격조사		211	0.02234459
7	은	보조사		186	0.01969713
8	는	보조사		178	0.01884994
9	제	체언접두사	-	176	0.01863814
10	어	연결어미		166	0.01757916
11	를	목적격조사		149	0.01577888
12	·	표,가운뎃점,콜론,빗금		145	0.01535529
13	조	의존명사	~$어떤 명목이나 조건	136	0.01440220
14	이	주격조사		127	0.01344912
15	ㄹ	관형형전성어미		127	0.01344912
16	법률	일반명사		119	0.01260193
17	,	표,가운뎃점,콜론,빗금		103	0.01090755
18	있	형용사	-	99	0.01048396
19	는	관형형전성어미		98	0.01037806
20	정하	동사	-	89	0.00942497

위 그림은 '빈도수'를 기준으로 '내림차순'으로 정렬한 자료인데, 앞쪽의 '형태소' 부분을 보면 '의, 에, 을, 은, 는, 이' 등의 조사와 'ㄴ다, ㄴ, 어, ㄹ, 는' 등의 어미가 상위 순위를 차지하고 있는 것을 확인할 수 있다. 이것은 폐쇄범주가 고빈도로 나타나는 일반적인 빈도 성향과 일치하는 것이다. 다음으로 다른 동형어가 존재하는 형태는 '의미' 부분에 해당 형태의 의미가 제시되어 있다. 위 그림에서는 13위의 의존 명사 '조'가 이에 해당하는데, 여기서의 '조'가 '조항, 조목'의 의미를 나타낸다는 것을 '의미' 부분에서 "@헌법 제1~$어떤 명목이나 조건"으로 표시하고 있다.

- 『표준국어대사전』의 종이판(1999)/인터넷판(현재)

  *조13(條)「의존명사」

  「1」 '조목'이나 '조항'의 뜻을 나타내는 말. ¶ 헌법 제1조를 보시오.

  「2」 ((주로 '조로' 꼴로 쓰여)) 어떤 명목이나 조건. ¶ 보상금 조로 받은 돈을 모두 잃고 말았다./경우는 어르신네만 믿고 있겠노라는 간절한 부탁과 함께 교제비 조로 상당한 금액을 바치고 개성으로 돌아왔다. ≪박완서, 미망≫

현재의 '한마루2.0'에서는 이들 통계 자료를 전체적으로 확인하고 다루기가 다소 불편한 측면이 있다. 따라서 현재의 통계 자료를 저장하여 텍스트에디터나 엑셀에서 확인하는 것이 도움이 되므로, 이 자료를 저장해 보자. 현재의 통계를 저장하기 위하여 '한마루2.0'의 상단 탭에서 '파일(F)'을 선택한 다음 나오는 메뉴에서 '저장(S)'을 선택한다. 그런 다음 다시 나타나는 메뉴 중에 '통계 결과 저장(S)'을 선택하자.

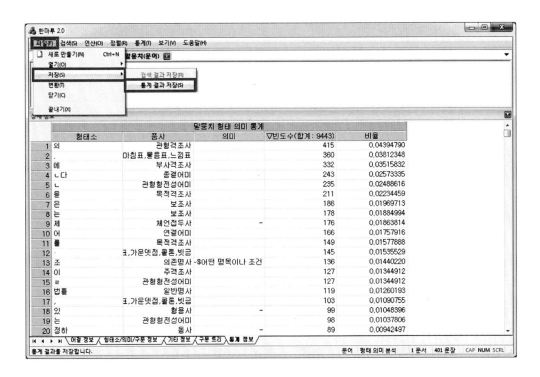

그러면 아래 그림과 같이 '다른 이름으로 저장' 창이 나타난다.

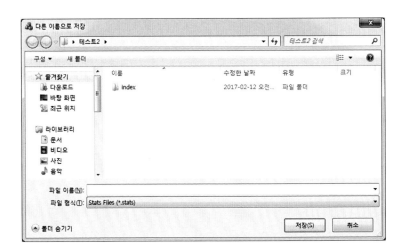

현재 자동으로 설정된 저장 경로에는 확장자가 '.stats'인 통계 결과물이 없기 때문에 아무런 파일이 나타나 있지 않다. 이 창에서는 '파일 이름(N)'을 입력해 주어야 하는데 이 부분에 '대한민국헌법_어휘_한마루_전체통계_형태의미'로 입력하고 '저장(S)' 버튼을 클릭하면, '한마루2.0' 통계 결과가 저장된다.

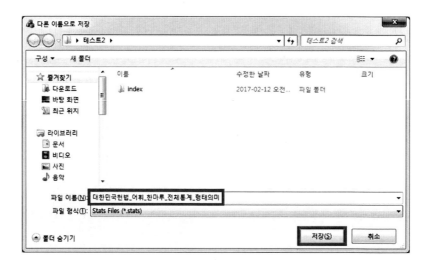

'저장(S)' 버튼을 클릭하면 아래 그림과 같이 "파일 저장이 완료되었습니다. [위치: ~~~] 저장된 폴더를 열겠습니까?"라는 문구가 보이는 알림창이 나타나면서, 통계 결과 파일의 생성이 완료된다.

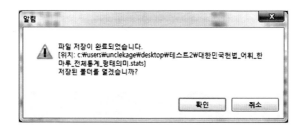

이 알림창에서 '확인' 버튼을 클릭하면 아래 그림처럼 통계 결과가 저장된 폴더가 자동으로 나타난다. 즉 '한마루2.0'에서 '대한민국헌법'의 전체 형태 의미 통계 결과가 성공적으로 저장된 것이다.

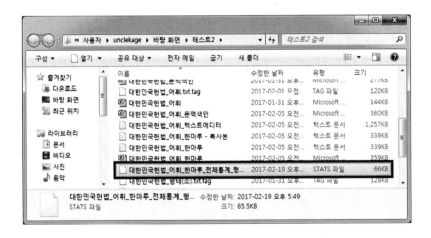

다음으로는 이 '대한민국헌법_어휘_한마루_전체통계_형태의미.stats'를 엑셀에서 열어서 아래 그림과 같이 정리해 주어야 한다.

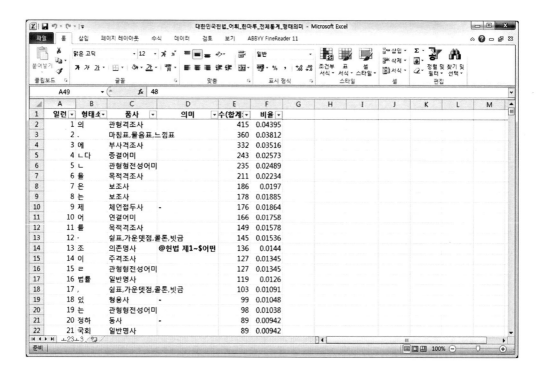

이렇듯 통계 결과를 엑셀에서 열어서 정리를 해 주면 이 자료를 '빈도순'으로, '형태 의미순'으로, '범주순'으로 다룰 수 있을 것이다.

한편 '한마루2.0'은 '글잡이Ⅱ(직접)'과 달리 '연어' 빈도와 '파일별', '장르별' 빈도도 제공한다는데, 이들 통계도 연구자가 '대한민국헌법_어휘_한마루' 파일을 이용하여 연습해 볼 수 있도록 하자.

2.3. '텍스트에디터'로 검색하고 빈도 내기

여기서는 연구자 자신이 직접 만든 말뭉치를 텍스트에디터에서 검색하는 방법에 대해서 살펴보기로 한다. 지금까지 다루어 왔던 '글잡이Ⅱ(직접)', '글잡이Ⅱ(색인)', '한마루2.0'은 전문적인 검색기 겸 통계 산출기로서 다양한 기능을 제공하는 유용한 도구임에 틀림없다. 다만 연구자가 항상 이들 도구를 갖추고 있어야 한다는 것이 전제가 된다. 그런데 연구자가 '이엠에디터'나 '에디트플러스'와 같은 텍스트에디터만 갖추고 있어도 검색과 통계 산출이 가능하다.164) 이들 텍스트에디터로 통계를 산출하는 것은 다소 복잡한 과정을 거

---

164) 물론 이전까지 다루어 왔던 말뭉치가 먼저 구축되어 있어야 한다는 것은 필수 선결 조건이 된다.

쳐야 하기 때문에 다른 기회를 통해서 설명하기로 하고[165] 여기서는 이들로 말뭉치를 검색하는 방법에 대해서 소개하고자 한다.

대신 텍스트에디터에서 검색하고자 하는 말뭉치는 앞서 텍스트에디터에서 검색하기 위하여 '지능형형태소분석기'나 '유태거'를 통해서 분석한 말뭉치에 '문맥 색인'을 부착한 말뭉치이어야 한다.

- **준비물**
  - 검색 대상 말뭉치: '문맥 색인'이 부착되어 있는 텍스트에디터 검색용 말뭉치
  - 텍스트에디터: '이엠에디터', '에디트플러스' 등등

여기서는 '에디트플러스'로 텍스트에디터를 이용한 검색 방법에 대해서 알아보기로 한다. 앞서 텍스트에디터 검색용으로 구축한 말뭉치가 저장된 곳으로 찾아가 보자.

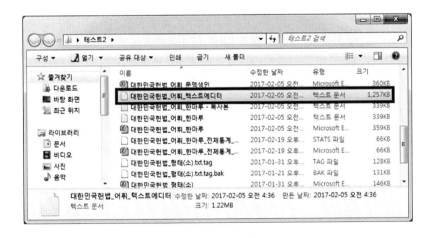

위 그림에서 '대한민국헌법_어휘_텍스트에디터.txt' 파일이 텍스트에디터 검색용 말뭉치이다. 이 말뭉치를 '에디트플러스'에서 열어 보자. 먼저 이 파일을 마우스 왼쪽 버튼으로 선택한 다음 마우스 오른쪽 버튼을 클릭해 보자. 그러면 아래 그림과 같이 몇 가지 메뉴가 나타난다.

---

165) 통계 중에 '검색 빈도' 산출은 그리 복잡하지 않다.

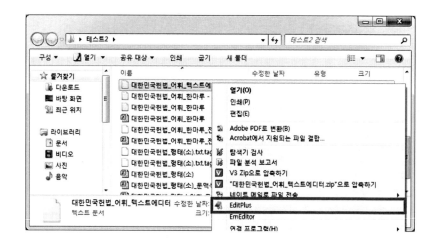

이 중에서 'EditPlus'를 선택하면 '대한민국헌법_어휘_텍스트에디터.txt'의 내용을 '에디
트플러스'에서 확인할 수 있다.

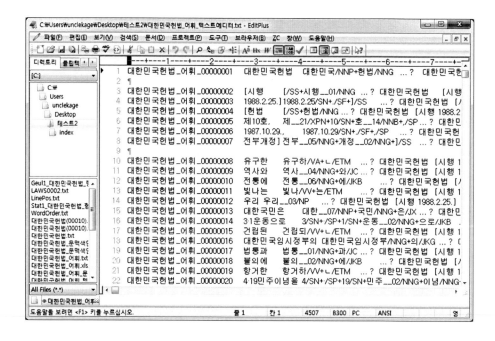

'에디트플러스'에서의 검색은 '찾기' 창을 이용한다.166) 그러므로 상단의 '검색(S)' 메뉴
를 선택하여 나타나는 메뉴 중에 '찾기(F)'를 클릭한다. 혹은 단축키로 'Ctrl+F' 키를 동시
에 누른다.

---

166) 일반적으로 텍스트에디터의 검색은 '찾기' 창('Ctrl+F')을 이용한다.

㉠ 상단 탭 메뉴에서 '검색(S)'을 선택하고 '찾기(F)'를 선택

㉡ Alt + S + F (Alt는 계속 누른 상태에서, 순서대로 S와 F를 누른다.)

㉢ Ctrl + F

내용 바꾸기는 위 ㉠, ㉡, ㉢의 세 가지 방법 중에 어느 것을 선택해도 된다. 보통 ㉢을 외어서 사용하는 것이 일반적인데, ㉢이 기억나지 않는다면 ㉠의 방법을 사용한다.

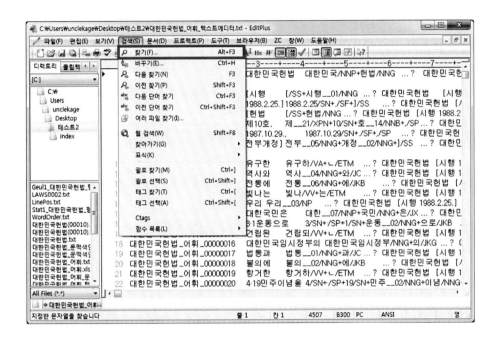

상단 탭에서 '검색(S)'을 선택하고 나오는 메뉴 중에서, 다시 '찾기(F)'를 선택하면 아래와 같은 '찾기' 창이 나타난다.

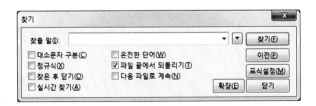

앞에 '이엠에디터' 부분에서도 살펴보았듯이 지금 우리가 다루고 있는 것이 적어도 형태 정보 이상이 부여된 '형태 의미 분석 말뭉치'이므로 '분석 어절'을 대상으로 검색을 시도하는 것이 가장 바람직하다. 따라서 입력 부분에 '대통령'을 '대통령/NNG'의 형식으로 입력

해 보자. 『표준국어대사전』에 '대통령'은 다른 동형어가 존재하지 않는다.

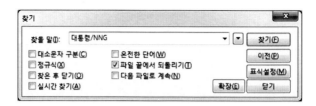

그런 다음 일반적으로 사용하는 '찾기(F)' 버튼을 클릭하지 않고, 그 아래에 보이는 '표식 설정(M)' 버튼을 클릭해 보자. '에디트플러스'에서의 '표식' 기능은 '이엠에디터'의 '책갈 피' 기능과 같다.

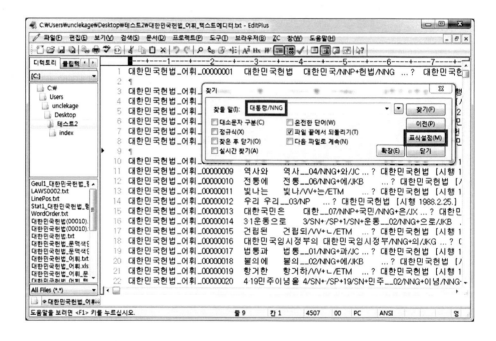

그러면 아래 그림과 같이 "일치하는 내용이 85개의 줄에서 발견되었습니다."라는 문구 를 보여 주는 팝업창이 나타난다. 여기에서 '대통령/NNG'의 빈도가 85라는 것을 확인할 수 있다.

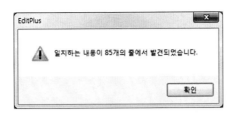

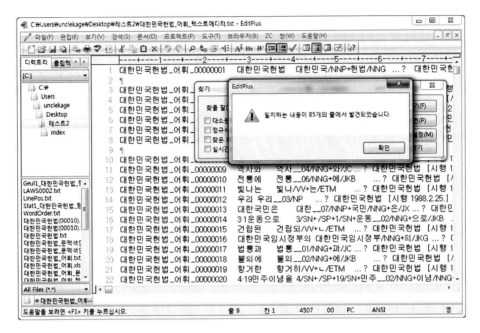

'이엠에디터'와 달리 검색된 부분이 다른 색으로 표시되는 것을 확인할 수 없지만, '대통령/NNG'이 있는 곳으로 가 보자. 그러면 아래 그림에서 보듯이 '대통령/NNG'이 포함된 줄의 가장 왼쪽에 작은 녹색 사각형이 표시된 것을 확인할 수 있다.

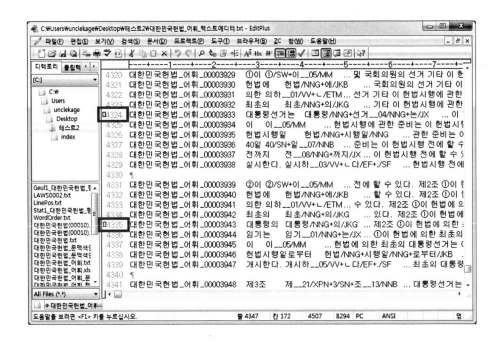

‘에디트플러스’에서 이렇게 검색된 자료만 모아서 확인할 수 있는 방법은 무엇일까? 바로 이러한 방법 때문에 ‘찾기’ 창에서 ‘찾기(F)’ 버튼을 이용하지 않고 ‘표식설정(M)’ 버튼을 이용하였다. 위와 같이 ‘표식설정(M)’ 버튼으로 검색하면 현재 연구자의 컴퓨터가 ‘표식’이 되어 있는 줄을 모두 기억하고 있다. 따라서 우리는 이 정보를 활용하여 검색 용례를 추출하고자 한다.

‘표식’이 된 정보를 활용하려면 상단 탭에서 ‘편집(E)’을 선택하고 나오는 메뉴 중에서, 다시 ‘클립보드(O)’를 선택한다. 그러면 다시 여러 가지 메뉴가 보이는데 이 중에서 ‘표식 있는 줄 복사(O)’를 클릭한다.

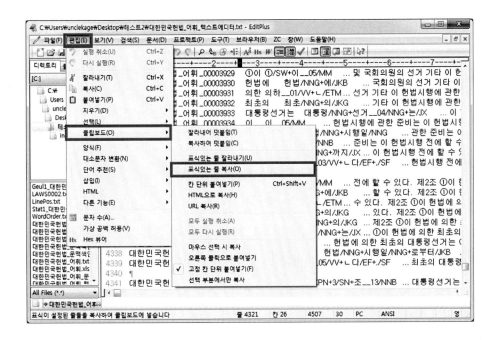

그러면 연구자의 컴퓨터가 표식이 설정된 부분만 'Ctrl+C'를 누른 것처럼 임시로 기억하게 된다.

그런 다음 상단 화면에서 '🗋' 아이콘을 클릭하면 몇 가지 메뉴가 나타나는데 그 중에서 '보통 문서(N)'를 클릭한다.

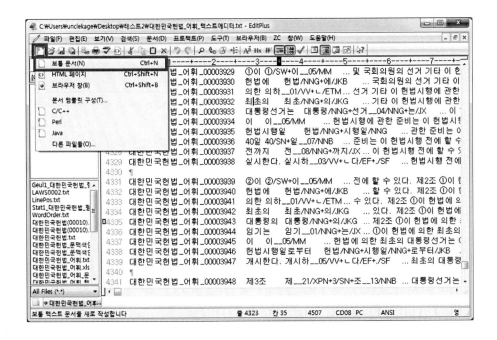

'📄' 아이콘을 클릭 후 '보통 문서(N)'를 선택하면 '에디트플러스' 화면의 파일 탭에 'Noname1'이라는 이름의 새 문서가 생성된다.

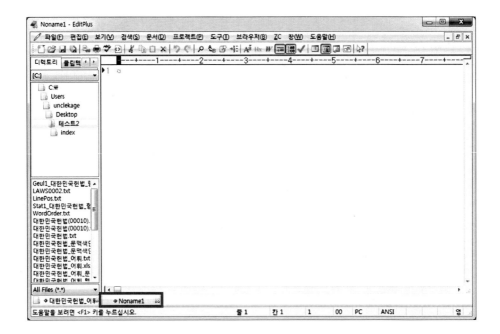

그런 다음 'Ctrl+V'를 누르면 아래 그림에서 보듯이, '대한민국헌법_어휘_텍스트에디터.txt' 파일에서 '대통령/NNG'로 검색하여 표식이 지정된 내용이 모두 'Noname1' 파일에 복사된다.

　그러면 '대한민국헌법_어휘_텍스트에디터.txt' 파일에서 '대통령/NNG'로 검색한 결과
가 모두 추출된 것이다.

　다음으로 이 자료를 저장해 보자. '에디트플러스'의 상단 탭에서 '파일(F)'를 선택하고
나오는 메뉴 중에서, '새 이름으로(A)'를 선택한다.

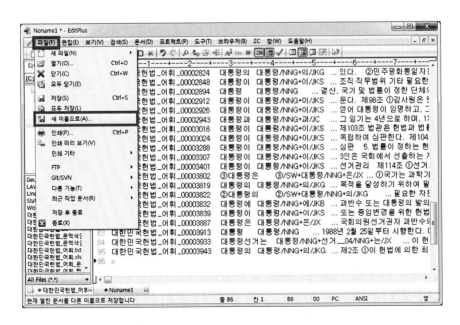

　그러면 아래 그림과 같이 '다른 이름으로 저장' 창이 나타난다.

그런 다음 다른 부분은 그대로 두고 '파일 이름(N)' 부분에 '대한민국헌법_어휘_텍스트에디터_검색_대통령'과 같이 파일명을 입력한다. 다음으로 '저장(S)' 버튼을 클릭하면 '대통령/NNG'로 검색한 자료가 모두 저장된다.

그런 다음 이렇게 저장된 자료를 엑셀에서 정리하면 되는데, 이 부분은 생략하기로 한다.

다음으로 '이엠에디터'에서 살펴본 것처럼 텍스트에디터의 강력한 검색 기능에 대해 살펴보도록 하자. 이러한 강력한 검색 기능은 '에디트플러스'에서도 제공한다. 먼저 '에디트플러스'를 불러오자.

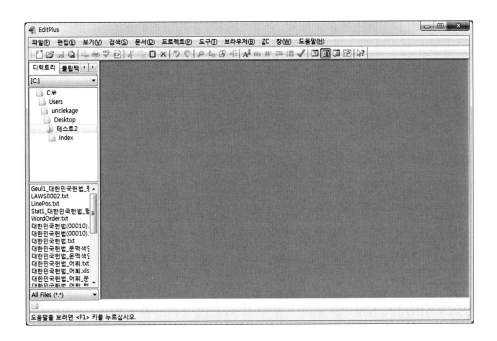

그런 다음 상단 화면에서 '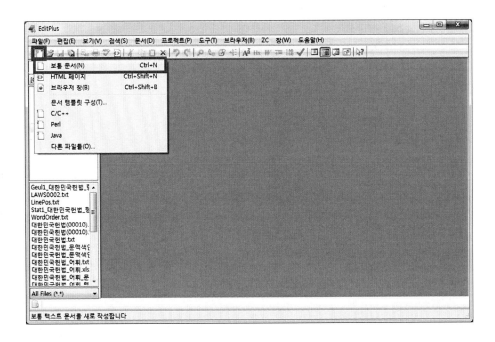' 아이콘을 클릭하면 몇 가지 메뉴가 나타나는데 그 중에서 '보통 문서(N)'를 클릭한다.

'' 아이콘을 클릭한 후에 '보통 문서(N)'를 선택하면 '에디트플러스' 화면의 파일 탭에 'Noname1'이라는 이름의 새 문서가 생성된다.

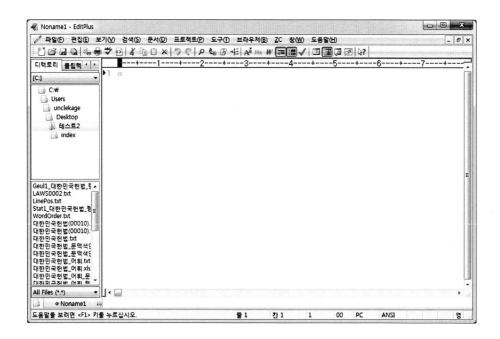

새로 불러온 '에디트플러스'의 상단 탭에서 '검색(S)'을 선택하고 나오는 메뉴 중에서, '여러 파일 찾기(I)'를 선택한다.

그러면 아래 그림과 같이 '여러 파일 찾기' 창이 나타난다.

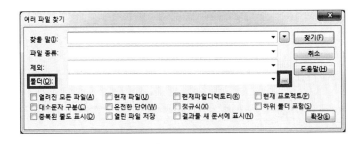

이 창은 대체로 '찾기' 창의 모습과 유사하지만, 여러 선택 사항이 많이 제시되어 있다. 하지만 몇 가지만 설정해 주면 되기 때문에 그리 복잡하지는 않다. 천천히 따라해 보자.

몇 가지를 설정하여 '여러 파일 찾기'를 사용하는 방법에 대해서 살펴보기로 하자. 앞서 '이엠에디터'에서도 말뭉치가 저장되어 있는 폴더의 경로를 설정해 주었듯이 '에디트플러스'에서도 검색 대상이 되는 말뭉치의 경로를 설정해 주어야 한다. 텍스트에디터는 '글잡이 II'나 '한마루2.0'과 달리 검색 도구가 아니기 때문에 '로딩(loading)'의 과정을 거치는 것이 아니라 검색 대상이 되는 말뭉치가 들어 있는 폴더를 지정해 주어야 한다. 그렇기 때문에 위 그림에서 '폴더(O)' 부분을 설정해 주어야 하는데, 직접 말뭉치가 들어 있는 폴더의 경로를 입력하는 것은 상당히 불편하므로, 다른 방법을 사용한다. '폴더(O)'의 경로 입력 부분의 오른쪽에 보면 버튼 모양의 '...'가 보인다. 이 부분을 마우스 왼쪽 버튼으로 클릭하면 아래 그림과 같이 몇 가지 메뉴가 나타나는데, 여기서 '찾아보기'를 선택한다.

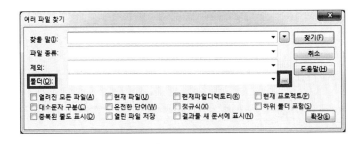

그러면 아래 그림같이 '폴더 찾아보기' 창이 나타난다.

이 창에서 검색하고자 하는 말뭉치가 들어 있는 폴더를 선택해 주어야 하는데, 우선 여기서는 '세종 말뭉치'의 '형태 의미 분석 말뭉치'가 들어 있는 폴더를 지정해 주도록 하자.

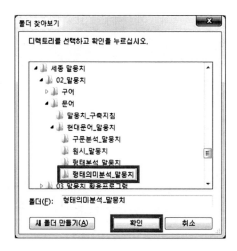

그런 다음 '확인' 버튼을 클릭하면 지정된 폴더의 전체 경로가 '폴더(O)'에 표시된다.

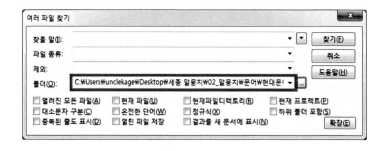

그런 다음 '찾을 말(I)' 부분에 검색어를 입력해야 하는데 '대통령/NNG'와 같이 입력해 주자.

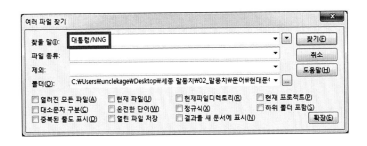

그런 다음 '파일 종류' 부분에 검색 대상 말뭉치의 파일 유형을 입력하는데, 우리가 검색 하는 파일의 유형은 보통 텍스트 파일이므로 아래 그림에서 보듯이 '*.txt'와 같이 입력해 주자.

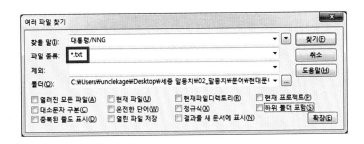

그런 다음 '하위 폴더 포함(S)' 부분을 반드시 체크해 주어야 하는데, 아래 그림처럼 '하 위 폴더 포함(S)' 부분에 체크(☑)를 해 줄 수 있도록 하자.

그 외 나머지 선택 사항은 상황에 맞게 사용자가 선택하여 이용할 수 있도록 하자.

- '여러 파일 찾기' 창의 설정
  ◦ '폴더(O)': 검색 대상 말뭉치가 들어 있는 폴더 지정
  ◦ '찾을 말(I)': 검색어 입력
  ◦ '파일 종류': 검색 대상 말뭉치의 파일 유형 입력. 보통 '*.txt'
  ◦ '옵션': '하위 폴더 보기(S)' 반드시 체크(☑)

위에서 제시한 검색 조건은 반드시 설정해 주어야 하는 것이고, 나머지는 말 그대로 선택 사항이다. 이렇게 검색 조건을 설정을 완료했다면 '찾기(F)' 버튼을 클릭하여 검색을

진행한다.

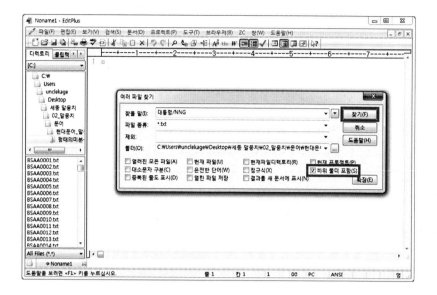

여기서는 '에디트플러스'가 '이엠에디터'와 조금 다른 점이 있으니 주의할 수 있도록 하자. '찾기(F)' 버튼을 클릭하면 검색 결과가 바로 화면에 나타나는 것이 아니라 아래 그림 처럼 가운데 큰 화면이 자동으로 분리되고, 화면의 아래쪽에 작은 창이 생기면서 검색 과정을 보여 준다.

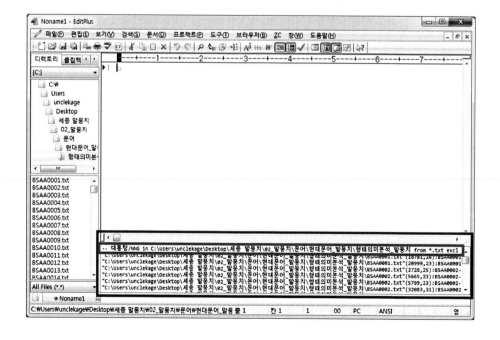

아래 화면의 제일 윗줄은 'C:\user…형태의미분석_말뭉치'라는 폴더에서 '대통령/NNG'라는 키워드로 검색을 진행하고 있다는 것을 알려 준다. 그리고 그 아래에는 '이엠에디터'의 검색 결과처럼 해당 키워드가 위치하는 경로 정보가 출력되고 있다.

검색이 모두 끝나면 가장 아래 줄에 '대통령/NNG'이라는 키워드가 발견된 파일 수(165)의 정보와, 이 파일에서 총 5,009번 발견되었다는 빈도 정보가 제시된다.

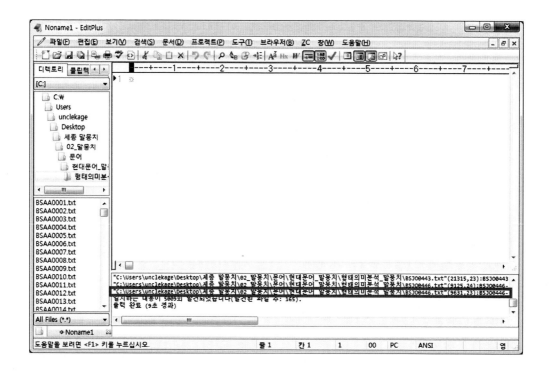

　　아래 화면에서 출력된 경로 중에 하나를 선택한 다음 마우스 왼쪽 버튼으로 더블클릭을
해 보자.167) 그러면 아래 그림에서 보듯이 '이엠에디터'에서 확인했던 것처럼 현재 검색
키워드가 포함되어 있는 말뭉치 파일(BSJO0446)이 파일 탭에 나타나고, 해당 파일의 경로
에 위치하는 '대통령/NNG'의 용례를 문맥을 통해서 확인할 수 있도록 해 준다. 결과적으
로 방식은 다르지만 '이엠에디터'에서 경로 부분에 적용되었던 하이퍼링크 기능이 '에디트
플러스'의 검색 결과 화면에 적용되어 있는 것이다.

　　그런데 아래쪽 화면의 내용 전체를 어떻게 복사하거나 저장할 수 있을까? 물론 아래쪽
화면 오른쪽의 세로 막대(bar)를 움직여서 복사하는 방법이 있기는 하지만, 검색 시에 어떠
한 조건을 설정함으로써 활용할 수 있는 방법이 있다.

---

167) 마우스로 선택한 다음 더블클릭을 하지 않으면 아무 일도 발생하지 않는다. 꼭 더블클릭을 할 수 있도록 하자.

다음으로 조금 다른 검색 방식에 대해서도 간단히 살펴보자. 현재 화면에서 '에디트플러스'의 상단 탭에서 '검색(S)'을 선택하고 나오는 메뉴 중에서, '여러 파일 찾기(I)'를 선택한다.

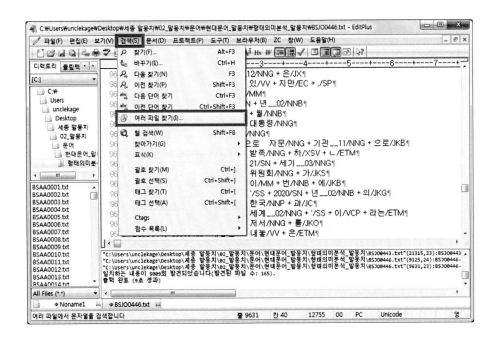

그러면 아래 그림과 같이 '여러 파일 찾기' 창이 나타난다.

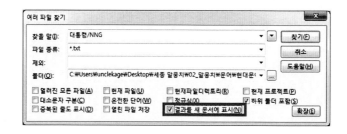

현재 '여러 파일 찾기' 화면은 이전 검색 결과가 그대로 반영되어 있는데, 다른 검색 조건은 그대로 두고 이번에는 '결과를 새 문서에 표시(N)' 옵션을 선택해서 검색을 시도해 본다. 이 옵션을 선택하면 검색 결과가 큰 화면에 나타날 것으로 예측된다. 이렇게 검색 조건을 설정을 완료했다면 '찾기(F)' 버튼을 클릭하여 검색을 진행한다.

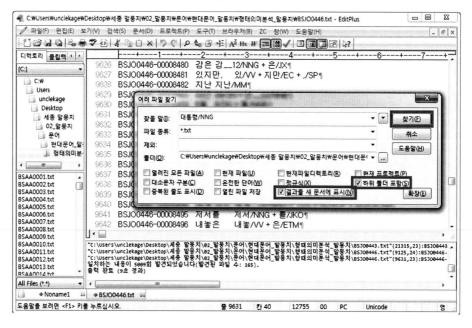

'찾기(F)' 버튼을 클릭하여 검색이 끝나면 다른 화면은 변함이 없고, 파일 탭에 'Noname2' 라는 새 파일이 생성되면서 '에디트플러스'의 아래쪽 화면에 출력되었던 내용이 그대로

출력된 것을 확인할 수 있다.

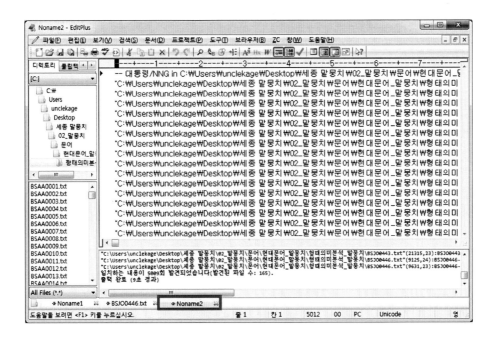

현재 화면에서 보이는 경로는 '파일 이름'을 보여 주기 위해서 표시된 것이다. 화면의 가장 아래쪽에 보이는 가로 막대(bar)를 움직여서 화면의 오른쪽으로 가 보자. 그러면 말뭉치의 경로 끝부분에 괄호('()')로 둘러싸인 숫자가 보이고, 말뭉치의 내용인 '인덱스, 원어절, 분석 어절'이 보인다.

여기서 괄호로 둘러싸인 숫자는 대상 말뭉치에서 해당 검색어가 포함되어 있는 줄과 칸의 번호라고 생각하면 될 것이다. 만약 '…ABC(18781,26)'라고 되어 있다면 이것은 '…'라는 컴퓨터의 경로에 있는 말뭉치 'ABC'라는 파일의 세로 '18781'번째 줄, 가로 '26'번째 칸에 '대통령/NNG'가 있다는 것을 의미한다. 그런 다음 해당 말뭉치의 해당 줄에 있는 말뭉치의 실제 내용이 나열되어 있다.

다만 '결과를 새 문서에 표시(N)' 옵션을 선택해서 나온 위 결과물에서는 링크 기능이 사라져 있다. 링크 기능을 이용하여 해당 키워드가 나오는 문맥을 확인하고 싶다면 '결과를 새 문서에 표시(N)' 옵션을 선택하지 않고 검색을 진행하면 될 것이다.

지금까지 텍스트에디터에서 말뭉치를 검색하고 '검색 빈도'를 구하는 방법에 대해서 살펴보았다. 말뭉치 검색기('글잡이 II', '한마루2.0' 등)를 사용하지 않고도 텍스트에디터에서 간단하게나마 자신이 구축한 말뭉치 혹은 이미 배포된 말뭉치를 검색할 수 있다는 것을 확인하였다. 그만큼 기술 발전으로 인하여 텍스트에디터가 강력한 검색 기능까지 제공하는 것이다. 다만 여기서 한 가지 의문이 들 수 있다. 이렇게 텍스트에디터를 통해서 검색까지는 가능한데 '원어절' 부분의 빈도나 '분석 어절'에 있는 형태에 대한 빈도를 구할 수는 없는 것일까? '원어절'이나 '분석 어절'에 대한 통계(빈도) 산출은 전문 검색기만을 이용해야 하는 것일까?

인덱스	원어절	분석 어절	선행 문맥	검색어	후행 문맥
0001	공유가	공유/NNP+가/JKS		공유가	밥을 먹는다.
0002	밥을	밥__01/NNG+을/JKO	공유가	밥을	먹는다.
0003	먹는다.	먹__02/VV+는다/EF+./SF	공유가 밥을	먹는다.	

결론만 말하자면 꼭 그렇지는 않다. 텍스트에디터와 엑셀 등을 이용하여 위 표의 '원어절'이나 '분석 어절' 부분의 빈도를 산출할 수 있다. 하지만 지면의 한계로 인하여 여기서는 설명하는 것이 다소 어려운 점이 있다. 간단히 '원어절'이나 '분석 어절'의 빈도를 산출하는 방법을 개략적으로 설명하면 다음과 같다.

- 텍스트에디터와 엑셀을 이용한 '원어절'의 통계 산출
  ① '파일 경로'+'원어절'+'분석 어절'+('문맥 색인')
  ② 정규식을 이용하여 ①에서 나머지 내용 삭제하고 '원어절'만 남김.
  ③ '원어절' 부분을 엑셀에서 읽어 들임.
  ④ 엑셀의 '삽입' 탭에 있는 '피벗 테이블'을 이용하여 빈도 산출

- 텍스트에디터와 엑셀을 이용한 '분석 어절'의 통계 산출
  ① '파일 경로'+'원어절'+'분석 어절'+('문맥 색인')
  ② 정규식을 이용하여 ①에서 나머지 내용 삭제하고 '분석 어절'만 남김.
  ③ 형태별 구분 기호인 '+'를 모두 엔터('\n')로 바꾸기.
  ④ '분석 어절' 부분을 엑셀에서 읽어 들임.
  ⑤ 엑셀의 '삽입' 탭에 있는 '피벗 테이블'을 이용하여 빈도 산출

참고문헌

1. 단행본 및 연구 논문

강범모(2003/2011), 『언어, 컴퓨터, 코퍼스 언어학』, 고려대학교 출판부.

김일환(2013), 「텍스트 유형과 어휘의 사용 빈도」, 『언어와 정보사회』 19, 서강대학교 언어정보연구소, 161~201쪽.

김한샘(2000), 「의미 주석 말뭉치의 활용을 위한 기초 연구」, 『연세대학교 언어정보연구원 학술발표 논문집』, 연세대학교 언어정보연구원, 17~27쪽.

김한샘(2004), 「국어 어휘 분석 말뭉치의 구축과 활용」, 『한말연구』 14, 한말연구학회, 117~145쪽.

김한샘(2012), 「국어 어휘 계량 연구의 성과」, 『한민족문화연구』 41, 한민족문화학회, 39~74쪽.

김한샘(2016), 「연세20세기말뭉치의 구축」, 『언어사실과 관점』 37, 연세대학교 언어정보연구원, 229~251쪽.

김한샘(2016), 「한국어 언어 자원 분석의 표준: 형태 분석을 중심으로」, 『배달말』 58, 배달말학회, 1~31쪽.

김한샘·서상규(1998), 「말뭉치의 구성과 가공: 말뭉치의 구축과 활용: 연세 말뭉치 1의 구상과 실제」, 연세대학교 언어정보연구원(구 연세대학교 언어정보개발원), 74~104쪽.

민경모(2003), 「현대국어 형태 정보 주석 문어 말뭉치의 주석 단위 표기 방안에 대하여」, 『언어 정보와 사전편찬』 13, 연세대학교 언어정보연구원, 69~111쪽.

배진영·최정도·김민국(2013), 『말뭉치 기반 구어 문어 통합 문법 기술1: 어휘 부류』, 박이정.

배진영·최정도·손혜옥·김민국(2014), 『말뭉치 기반 구어 문어 통합 문법 기술 2: 명사와 명사구 I』, 박이정.

배진영·최정도·손혜옥·김민국(2014), 『말뭉치 기반 구어 문어 통합 문법 기술 2: 명사와 명사구 II』, 박이정.

서상규(2008), 「균형 말뭉치 구축 방법론의 새로운 모색: "일본어 문어 균형 말뭉치(BCCWJ)"의 분석」, 『언어사실과 관점』 22, 연세대학교 언어정보연구원, 5~44쪽.

서상규(2009), 「국어 특수 자료 구축의 성과와 전망」, 『새국어생활』 19(1)(봄), 국립국어원.

서상규(2013), 「한국어의 구어와 말뭉치」, 『한국어 교육』 24(3), 국제한국어교육학회, 71~107쪽.

서상규·김형정(2005), 「구어 말뭉치 설계의 몇 가지 조건」, 『언어사실과 관점』 16, 연세대학교 언어정보연구원, 5~29쪽.

서상규·안의정·봉미경·최정도·박종후·백해파·송재영·김선혜(2013), 『한국어 구어 말뭉치 연구』, 한국문화사.

서상규·한영균(1998), 『국어 정보학 입문』, 태학사.

소강춘(2001), 「국어사 자료의 정보 처리 방법론」, 『국어문학』 36, 국어문학회, 179~218쪽.

소강춘(2004), 「문학 텍스트의 정보처리 방안에 대한 연구」, 『한국어학』 25, 한국어학회, 23~52쪽.

소강춘(2016), 「한국어 정보화의 현황과 과제」, 『언어사실과 관점』 39, 연세대학교 언어정보연구원, 107~141쪽.

소강춘(2016), 「남북한 말뭉치 통합 방안에 대한 연구」, 『국어문학』 63, 국어문학회, 5~37쪽.

연규동·박진호·최운호(2003), 『인문학을 위한 컴퓨터』, 태학사.

안예리·이주현(2014), 「20세기 문어 말뭉치 구축을 위한 기초 연구: 띄어쓰기와 표본 선정 및 추출」, 『한국어학』 63, 한국어학회, 229~265쪽.

이주현(2013), 「17세기 국어의 명사형 어미 연구」, 연세대학교 석사논문.

이진병·소강춘(2016), 「북한 구어 말뭉치의 전사와 주석」, 『언어사실과 관점』 38, 연세대학교 언어정보연구원, 253~280쪽.

최정도(2011), 「말뭉치를 이용한 사전 편찬에서의 몇 문제에 대하여」, 『언어사실과 관점』 27, 연세대학교 언어정보연구원, 237~276쪽.

홍윤표(2001), 「국어사자료와 정보화: 국어사 자료 코퍼스의 구축 현황과 과제」, 『한국어학』 14, 한국어학회, 1~32쪽.

홍윤표(2001), 「한국어 전자 자료의 수집과 정리 및 활용 방안」, 『새국어생활』 11(2)(여름), 국립국어원, 37~75쪽.

홍윤표(2002), 『한국어와 정보화』, 태학사.

홍윤표(2008), 「컴퓨터를 이용한 국어 자료 처리 방법」, 『국어문학』 44, 국어문학회, 5~53쪽.

홍윤표(2009), 「21세기 세종계획 사업 성과 및 과제」, 『새국어생활』 19(1)(봄), 국립국어원, 5~33쪽.

홍윤표(2012), 『국어 정보학』, 태학사.

황용주(2007), 「연어 구성의 계량언어학적 연구: 신소설 말뭉치를 중심으로」, 전북대학교 박사논문.

황용주·최정도(2016), 「21세기 세종 말뭉치 제대로 살펴보기: 언어정보나눔터 활용하기」, 『새국어생활』 26(2)(여름), 국립국어원, 73~86쪽.

2. 21세기 세종계획 보고서

문화체육부(1997), 『21세기 세종계획(국어정보화 중장기 발전계획)』, 문화체육부.

문화관광부(1998), 『21세기 세종계획 국어 기초자료 구축』, 문화관광부.

문화관광부(1999), 『21세기 세종계획 국어 기초자료 구축』, 문화관광부.

문화관광부(2000), 『21세기 세종계획 국어 기초자료 구축』, 문화관광부.

문화관광부(2000), 『21세기 세종계획 국어 기초자료 구축 분과: 특수자료구축 소분과』, 문화관광부.

국립국어연구원(2001), 『21세기 세종계획 국어 기초자료 구축』, 국립국어연구원.

국립국어연구원(2001), 『21세기 세종계획 국어 특수자료 구축』, 국립국어연구원.

국립국어연구원(2002), 『21세기 세종계획 국어 기초자료 구축』, 국립국어연구원.

국립국어연구원(2002), 『21세기 세종계획 국어 특수자료 구축』, 국립국어연구원.

국립국어연구원(2003), 『21세기 세종계획 국어 기초자료 구축』, 국립국어연구원.

국립국어연구원(2003), 『21세기 세종계획 국어 특수자료 구축』, 국립국어연구원.

국립국어원(2004), 『21세기 세종계획 국어 기초자료 구축』, 문화관광부.

국립국어원(2004), 『21세기 세종계획 국어 특수자료 구축』, 문화관광부.

국립국어원(2005), 『21세기 세종계획 국어 기초자료 구축』, 문화관광부.

국립국어원(2005), 『21세기 세종계획 국어 특수자료 구축』, 문화관광부.

국립국어원(2006), 『21세기 세종계획 국어 기초자료 구축』, 국립국어원.

국립국어원(2006), 『21세기 세종계획 국어 특수자료 구축』, 국립국어원.

국립국어원(2007), 『21세기 세종계획 국어 기초자료 구축』, 국립국어원.

국립국어원(2007), 『21세기 세종계획 국어 특수자료 구축』, 국립국어원.

서울에서 태어나 연세대 국어국문학과를 졸업하고 연세대 대학원에서 국어정보학 전공으로 석·박사학위를 받았다.
2002년부터 2014년까지 국립국어원에서 21세기 세종계획, 어휘 조사, 신어 조사, 전문용어 정비, 국어 순화 등 말뭉치와
어휘에 대한 언어 정책 연구를 수행하였다.
대표 논문으로 「말뭉치 기반 한국어 연구의 현황과 전망」, 「신어사전에 나타난 근대 사회 문화 연구」 등이 있으며,
국제표준화기구(ISO) TC/37 언어자원분과 전문위원으로 활동 중이다. 학술부문 한국어문상을 수상한 바 있다.
현재 연세대학교에 재직 중이며, 언어정보연구원의 언어관측소장을 맡고 있다.

지은이 최정도

부산에서 태어나 부산대 국어국문학과를 졸업하고 연세대 언어정보학협동과정에서 국어정보학으로 석사학위를 받았으며
연세대 국어국문학과에서 국어문법 전공으로 박사학위를 받았다.
2003년부터 2014년까지 연세대학교 언어정보연구원에서 말뭉치 구축과 관련 연구를 수행하였다.
펴낸 책으로 『한국어 구어 말뭉치 연구』(공저), 『구어 문어 통합 문법기술』 1~2(공저) 등이 있다.
현재 국립국어원에 재직하며, 사전과 말뭉치 구축 등의 업무를 담당하고 있다.

초보자를 위한 한국어 말뭉치 길잡이

연구용 말뭉치 구축의 기초

© 김한샘·최정도, 2020

1판 1쇄 인쇄__2020년 02월 10일
1판 1쇄 발행__2020년 02월 20일

지은이__김한샘·최정도
펴낸이__양정섭

펴낸곳__경진출판
    등록__제2010-000004호
    이메일__mykyungjin@daum.net
    사업장주소__서울특별시 금천구 시흥대로 57길(시흥동) 영광빌딩 203호
    전화__070-7550-7776 팩스__02-806-7282

값 27,000원
ISBN 978-89-5996-725-4 93700

※ 이 책은 본사와 저자의 허락 없이는 내용의 일부 또는 전체의 무단 전재나 복제, 광전자 매체 수록 등을 금합니다.
※ 잘못된 책은 구입처에서 바꾸어 드립니다.
※ 이 도서의 국립중앙도서관 출판예정도서목록(CIP)은 서지정보유통지원시스템 홈페이지(http://seoji.nl.go.kr)와 국가자료공동목록시스템(http://www.nl.
    go.kr/kolisnet)에서 이용하실 수 있습니다. (CIP제어번호: 2020005345)